2018—2019 年长三角城市群青年民生发展报告

张 悈 主 编

赵 文 蔡宜旦 戴启明 副主编

上海交通大学出版社
SHANGHAI JIAO TONG UNIVERSITY PRESS

内容提要

本书从城市发展与青年发展互为因果、彼此互动的视角出发,聚焦长三角一体化国家战略背景下长三角城市群青年民生问题,着重调查研究长三角城市群青年在教育学习、就业创业、恋爱婚姻、安全保障、社会参与等民生领域的发展情况。作为国内首部长三角城市群青年民生发展调研报告,本书取样广泛、数据翔实、结论丰富,对于解决长三角城市群青年民生问题,促进青年优先发展和全面发展,推动长三角具有全球影响力的世界级城市群建设,实现长三角一体化国家战略具有积极意义。

图书在版编目(CIP)数据

2018—2019年长三角城市群青年民生发展报告/ 张恽主编. — 上海: 上海交通大学出版社, 2020
ISBN 978 - 7 - 313 - 23959 - 4

Ⅰ. ①2… Ⅱ. ①张… Ⅲ. ①长江三角洲-城市群-青年-生活-研究报告-2018 - 2019 Ⅳ. ①D432.64

中国版本图书馆CIP数据核字(2020)第206351号

2018—2019年长三角城市群青年民生发展报告
2018—2019 NIAN CHANGSANJIAO CHENGSHIQUN QINGNIAN MINSHENG FAZHAN BAOGAO

主　　编: 张　恽
出版发行: 上海交通大学出版社　　　　　　地　　址: 上海市番禺路951号
邮政编码: 200030　　　　　　　　　　　电　　话: 021 - 64071208
印　　制: 常熟市文化印刷有限公司　　　　经　　销: 全国新华书店
开　　本: 710 mm×1000 mm　1/ 16　　　印　　张: 24.25
字　　数: 421千字
版　　次: 2020年12月第1版　　　　　　　印　　次: 2020年12月第1次印刷
书　　号: ISBN 978 - 7 - 313 - 23959 - 4
定　　价: 88.00元

编　委　会

编　　委（按姓氏笔画排序）

王静波　张　恽　陈　宁　俞　中

蔡宜旦　戴玉忠　戴启明

主　　编　张　恽

副　主　编　赵　文　蔡宜旦　戴启明

执行编辑　俞晓歆　邱　懿　卫甜甜　尉　驰

目　　录

第一章 绪 论

第一节 研究的背景、内容与方法

长三角一体化战略自 20 世纪 80 年代启动，在党中央、国务院高度重视和推动下，实现了由自由发展到综合协同发展模式的转变。2016 年，国务院常务会议通过《长江三角洲城市群发展规划(2015—2030 年)》，提出培育更高水平的经济增长极，到 2030 年全面建成具有全球影响力的世界级城市群，这对于"一带一路"建设、长江流域经济带建设以及我国社会主义现代化建设、中华民族伟大复兴中国梦的实现具有重大的战略意义。长三角一体化发展，全面建成具有全球影响力世界级城市群离不开高素质的劳动力和高质量的人才，尤其需要大批具有创新精神和创造活力的青年和青年人才。城市为青年提供美好生活，青年为城市增强活力，解决好长三角城市群发展过程中的青年民生问题是吸引青年、留住青年、发展好青年，形成城市与青年良性互动，实现城市群与青年共发展、同进步的重要抓手和前提条件。

一、研究的背景

(一) 长三角区域合作与一体化发展进程

长三角一体化从 1982 年上海经济区成立发展至 2018 年上升为国家战略，是一个循序渐进，由量变到质变，不断发展推进的过程。

(1) 初创阶段(1982～1988)。1982 年 12 月 22 日，国务院发出《关于成立上海经济区和山西能源基地规划办公室的通知》，正式确立上海经济区，范围是以上海为中心，包括苏州、无锡、常州、南通、杭州、嘉兴、湖州、宁波、绍兴等长江三角洲的 9 个城市。此后，长三角经济区多次扩容，包括了除山东以外的整个华东地区。1988 年，因国务院机构改革需要以及上海经济区间巨大的经济社会发展差距和利益冲突，上海经济区撤销。

（2）区域合作发展阶段（1992～2013）。1992 年，"长江三角洲及长江沿江地区经济规划座谈会"在北京召开，建立了长江三角洲协作办（委）主任联席会议，区域包括上海、杭州、宁波、湖州、嘉兴、绍兴、舟山、南京、镇江、扬州、泰州、常州、无锡、苏州、南通等城市。2003 年，以苏浙沪 16 城市为主体形态的长三角城市群最终得以形成。此后这个主体框架一直保持稳定并得到普遍认可。期间，时任浙江省委书记的习近平分别与上海、江苏签署了《关于进一步推进沪浙经济合作与发展的协议书》和《进一步加强经济技术交流与合作协议》，以便更好地开展城市间的经济合作。2010 年，国家发展和改革委员会发布"长江三角洲地区区域规划"，将长三角区域范围界定为苏浙沪全境内的 25 个地级市，在原有 16 个城市的基础上，加进了苏北的徐州、淮阴、连云港、宿迁、盐城和浙西南的金华、温州、丽水、衢州，建立起了政府层面的三级运作机构，大大推进了长三角的区域合作。

（3）区域一体化发展阶段（2104～至今）。2014 年，习近平总书记在考察上海时指出长三角地区要率先发展、一体化发展。2016 年，国务院《长江三角洲城市群发展规划》发布。长三角一体化区域扩展至三省一市，包括上海市，江苏省的南京、苏州、无锡、南通、泰州、扬州、盐城、镇江、常州，浙江省的杭州、湖州、嘉兴、宁波、舟山、绍兴、金华、台州，安徽省的合肥、芜湖、马鞍山、铜陵、安庆、池州、滁州、宣城等城市。2018 年，《长三角地区一体化发展三年行动计划（2018—2020 年）》正式下发。与此同时，国家主席习近平在首届中国国际进口博览会开幕式上宣布长三角一体化发展上升为国家战略，与京津冀、粤港澳大湾区共同构成中国开放发展的经济脊梁。

纵观长三角一体化发展历程，对于落实"推动长三角更高质量一体化发展"具有重要的参考和借鉴意义。长三角区域协调发展打破了行政、省区的界限，按照市场经济的要求，以市场配置资源为基础，贯彻统筹规划、合理分工、发挥比较优势、互惠互利、共同发展，研究解决地区间的重大问题。过去 30 多年长三角一体化发展的成就是在开放条件下取得的，未来长三角一体化更高质量的发展也必须在更加开放的条件下进行。

2018 年长江三角洲区域一体化发展上升为国家战略，为长三角迎来了最好的历史发展机遇。2019 年，李克强总理在政府工作报告中提出，"将长三角区域一体化发展上升为国家战略，编制实施发展规划纲要"。"两会"期间，长三角一体化更是成为两会"高频热词"，沪、苏、浙、皖三省一市代表委员积极建言建策。可以预见，在长三角一体化发展国家战略的推动下，长三角区域必将成为国家推进更高起点的深化改革和更高层次的对外开放、完善中国改革开放空间布局、着力落实新发展理念、构建现代化经济体系的试验田和排头兵。

（二）长三角一体化国家战略为青年民生发展带来新机遇、新变化

所谓"民生"，通俗讲，就是"人民的生计、生活"。在现代社会，民生与民主、民权相互倚重，不仅是指生计与生活问题，而且是指包括物质精神文化和政治生活在内的事关国民生存与发展的一切因素。[①] 就我国青年目前所面临的民生问题来看，主要涉及教育、就业、婚恋、住房、医疗、社会保障等。这是青年群体矛盾突出的焦点，也是他们最关心的问题。在当代社会"青年问题社会化"和"社会问题青年化"相互交织愈发凸显的情况下，保障和改善青年民生是消除社会不稳定因素，构建和谐社会的基础与关键。

青年是国家的未来、民族的希望。青年兴则民族兴，青年强则国家强。促进青年更好成长、更快发展，是国家的基础性、战略性工程。党的十八大以来，以习近平同志为核心的党中央高度重视青年发展事业。在党和国家的关心、支持和推动下，我国青年发展事业取得巨大进步和历史性成就。但我们必须清醒认识到，青年发展事业与社会主义现代化建设的新要求、经济社会发展的新形势、广大青年的新期待相比，还存在不少亟待解决的突出问题。表现为：青年思想教育的时代性、实效性有待增强；青年体质健康水平亟待提高；青年社会教育和实践教育需要加强；青年创业创新的热情有待进一步激发；人口结构的新特点新变化使得青年一代的工作和生活压力不断增大，在婚恋、社会保障等方面需要获得更多关心和帮助；统筹协调青年发展工作的体制机制还不完善，各方面共同推进青年发展的合力有待进一步形成。

赢得青年才能赢得未来，塑造青年才能塑造未来。就长三角城市群青年群体而言，这一青年群体是都市中最具创新创造活力的力量，他们在城市的建设发展工作中扮演着重要的角色，发挥着重要的力量。青年的成长与城市的进步互为依托，两者呈现一定的辩证关系。作为社会的新生代，青年的生存和发展取决于社会愿意为他们提供的物质和文化资源；青年发展的态势又能够对社会发展产生重要的能动作用。新时代长三角一体化发展上升为国家战略，把长三角城市群建成具有全球影响力的世界级城市群成为重要的国家战略目标，这些为长三角城市群青年民生发展提供了新机遇、创造了新条件，同时也给他们的成长带来了更高的要求和更多挑战。

一方面，随着长三角一体化上升为国家战略，长三角交通出勤、医疗服务、就

---

① 共青团上海市委.民生为本与当代青年[M].上海：上海人民出版社，2011：01.

业创业、教育学习等公共服务领域一体化快速发展,使长三角区域包括青年在内的城市居民在民生服务上得到更多的实惠和便利;另一方面,伴随着长三角一体化战略深入推进,经济社会不断升级发展,吸引聚集越来越多的外来青年来到长三角城市群工作学习、安家落户。由于城市公共服务的匮乏和失衡,使得青年在就业、住房、教育、医疗、社会保障等方面面临巨大的压力,进而带来更多的青年民生问题以及社会问题。为此,我们必须抓住长三角一体化发展上升为国家战略的重大历史契机,在习近平新时代中国特色社会主义思想指导下,结合《国家中长期青年发展规划(2016—2025)》以及长三角城市群发展的实际,奋发有为、开拓创新,在积极推进长三角区域经济社会由高速度向高质量发展的同时,保持长三角区域经济社会转型升级发展与青年民生发展的良性互动。从城市发展和青年发展互为因果互动的角度来看,只有解决好青年民生问题,关注青年民生、保障青年民生、改善青年民生,切实解决好青年最关心、最直接、最现实的民生问题,才能更好地发展青年,更加有力地激活城市群的创新力和竞争力,早日把长三角城市群建成具有全球影响力的世界级城市群,实现长三角一体化发展的国家战略,进而为全面实现"两个一百年"奋斗目标、实现中华民族伟大复兴的中国梦做贡献。

二、研究的内容与方法

本研究将贯彻落实习近平总书记关于推动长三角更高质量一体化发展的重要批示,结合《中长期青年发展规划(2016—2025 年)》《长江三角洲城市群发展规划(2015—2030 年)》《长三角一体化发展三年行动计划》等,针对长三角一体化进程中长三角城市群青年民生问题展开调研,以上海、南京、杭州、合肥、苏州、宁波、芜湖等七座城市中 14~35 周岁的青年为研究对象,主要通过问卷调查、座谈访谈等方式对长三角城市群青年民生的现状、特点以及存在的问题进行实证研究,并从长三角一体化战略的角度对城市群青年的教育、就业、婚恋、休闲、住房、养老、育儿等民生问题的解决与发展提出相应的对策建议。

本报告的研究内容框架如下:第一章"绪论"。概述本报告的研究背景、研究内容、研究方法以及长三角城市群青年民生发展总体状况;第二章"学习与教育"。研究青年的子女择校、校外培训问题;第三章"就业与职业"。研究青年的创新创业、职场压力问题;第四章"恋爱与婚姻"。研究青年的婚恋观,尤其是大龄未婚青年的婚恋问题;第五章"抚养与养育"。研究青年的子女隔代抚养、育儿成本等问题;第六章"住房与医疗"。研究青年的住房与医疗保障问题;第七章"娱乐与休闲"。研究青年的网络活动以及低碳绿色生活;第八章"风险与安全"。

主要研究青年的安全意识、安全教育等问题;第九章"参与与服务"。研究青年的社区参与和志愿公益服务;第十章"共青团与青年民生"。研究共青团面向青年民生问题的服务维权以及青年工作的协同创新。专题报告一为"逐梦希望的田野:乡村振兴战略背景下农村创业青年群体调查报告",专题报告二为"长三角青少年事务社会一体化发展:基于沪皖地区青少年事务社会工作的比较研究"。

本报告的调研方法以问卷调查与访谈调查为基础,主要采用实证研究的方法对长三角城市群青年群体的民生基本状况和总体特征进行描述分析,并对不同青年群体的民生问题、同一青年群体内不同的民生问题进行比较剖析。与此同时,结合文献研究方法,对青年民生问题产生的背景原因及解决对策进行分析探讨。问卷调查涉及上海、合肥、南京、苏州、杭州、宁波、芜湖等七个城市,采取自填问卷的方法,通过上海青少年研究数据平台网络调查系统随机发放问卷 9 454 份,其中,在校学生回收问卷 4 603 份(样本来自初中、高中、中专、职高、大学专科、本科、研究生等学生群体),在职青年(含社会青年)回收问卷 4 851 份(样本来自政府机关、事业单位、国有和集体企业、三资企业、民营企业、个体户、新社会组织、自雇佣者等青年群体),问卷回收率、有效率为 100%。具体样本结构见表 1-1。

表 1-1 样本整体结构

变 量	变 量 水 平	人数/n	百分比/%
性 别	男	3 910	41.4
	女	5 544	58.6
独生子女	是	5 365	56.7
	否	4 089	43.3
青年类别	在校学生	4 603	48.7
	在职青年(含社会青年)	4 851	51.3
城市分布	杭 州	905	9.6
	宁 波	1 076	11.4
	南 京	1 119	11.8
	苏 州	1 476	15.6
	合 肥	1 090	11.5
	芜 湖	1 216	12.9
	上 海	2 572	27.2

在校学生、在职青年是本次抽样调查的两大子样本,由于其特征与民生问题存在一定的差异性,我们面向这两大子样本分别设计和发放了不同的问卷。两个子样本的主要统计特征见表 1-2 和表 1-3。

表 1-2 子样本结构(在校学生)($n = 4\,603$)

变 量	变量水平	人数/n	百分比/%
性 别	男	1 748	38.0
	女	2 855	62.0
学 段	初 中	588	12.8
	高 中	863	18.7
	大 专	391	8.5
	本 科	2 601	56.5
	研究生	160	3.5
政治面貌	中共党员(含预备党员)	209	4.5
	共青团员	3 459	75.1
	民主党派	15	0.4
	无党派人士	18	0.4
	群 众	328	7.1
	少先队员	574	12.5
是否学生干部	是	2 021	44.0
	否	2 582	56.0
是否独生子女	是	2 682	58.3
	否	1 921	41.7

表 1-3 子样本结构(在职与社会青年)($n = 4\,851$)

变 量	变量水平	人数/n	百分比/%
性 别	男	2 162	44.6
	女	2 689	55.4
是否独生子女	是	2 683	55.3
	否	2 168	44.7
年龄段	1980 年前出生	339	6.9
	1980~1984 年间出生	656	13.5

（续表）

变　量	变　量　水　平	人数/n	百分比/%
年龄段	1985～1989 年间出生	1 424	29.4
	1990～1994 年间出生	1 803	37.2
	1995～1999 年间出生	597	12.3
	2000 年以后出生	32	0.7
婚姻情况	未婚单身	1 270	26.2
	未婚有恋人	682	14.1
	已婚未育	554	11.4
	已婚已育	2 224	45.8
	离　异	121	2.5
政治面貌	共青团员	1 743	35.9
	中共党员（含预备党员）	1 667	34.4
	民主党派	34	0.7
	无党派人士	135	2.8
	群　众	1 270	26.2

　　本次调查数据主要采用 SPSS 软件进行统计分析，辅之以 STATA 等软件的数据分析。在分析方法上，除了单变量描述统计之外，多采用双变量、多变量等统计分析。我们希望在长三角一体化上升为国家战略的时代背景下，"长三角城市群青年民生发展"课题的研究，能为长三角更高质量一体化发展、长三角城市群青年的优先发展、积极发展提供较为可靠的资料与信息，能使各级党政以及社会各界对长三角城市群青年的民生现状、特点、发展需求等有一个较为准确的认识和把握，并为有关青年民生决策提供相应的依据和参考。

　　此外，需要说明的是，本报告各章如未特别指明调查样本来源，则说明其所用调查样本均来自表 1-1～表 1-3。样本如有其他来源，各章将会在文中单独指出。在此不再赘述。

第二节　长三角城市群青年
民生发展总体状况

　　2016 年国务院通过的《长江三角洲城市群发展规划（2015—2030 年）》明确

指出,长三角城市群发展面临的突出矛盾问题之一就是城市民生公共服务发展不均衡、不充分。"城市群内约有 2 500 万人未在常住城市落户,未能在教育、就业、医疗、养老、保障性住房等方面均等化享受城镇居民基本公共服务。城市内部二元矛盾突出,给经济社会发展带来诸多风险隐患。"这其中就有许多涉及青年的民生问题。长三角一体化发展上升为国家战略,更高质量地实现一体化发展,共建共享民生工程,增强包括广大青年在内的人民群众对长三角地区一体化发展的获得感和认同感是其中的重要内容。在此背景下,分析研究"青年民生发展现状如何""对自身发展所面临的民生问题的态度与看法怎样""对长三角民生服务一体化的认知、体验及期待又有哪些"等等问题。这些分析研究对于促进长三角一体化发展国家战略下长三角城市群青年的全面发展、优先发展,进而推动青年积极投身长三角一体化高质量发展,早日把长三角城市群建设成为具有全球影响力的世界级城市群具有积极意义。

一、青年对自身民生问题现状的态度与看法

（一）青年最为关注与切身利益相关的住房、食品安全等问题,70% 左右的青年对政府改善民生的努力表示满意

调查发现,在住房、租房、校园安全、物价上涨、就业创业、环境保护、食品安全、教育费用、收入差距、看病难、看病贵、贪污腐败、生育政策、个税改革、婚恋问题、父母养老、子女教育等涉及青年民生的问题中,2018 年青年最为关注的问题是住房、租房问题,不论是在职青年、大学生,还是中学生,对住房与租房问题的关注度都是最高的。其中,在职青年最为关注的三个问题依次是住房与租房问题(占 88.6%)、物价上涨问题(占 42.2%)、食品安全问题(占 39.0%)。大学生最为关注的三个问题依次是住房与租房问题(占 70.4%)、校园安全问题(占 48.7%)、就业创业问题(占 47.2%)。中学生最为关注的三个问题依次是住房与租房问题(占 67.3%)、校园安全问题(占 59.9%)、食品安全问题(占 49.9%)。可见住房与租房问题成为不同群体青年最为关注的焦点问题。除此之外,与各自身份处境相关,大学生群体第二关心的是校园安全和就业创业问题,中学生群体第二关心的是校园安全和食品安全问题,在职青年第二关心的是物价上涨和食品安全问题。

在被问及对目前国内收入差距的看法时,中学生认为收入差距不大的占 7.6%、比较大的占 46.6%、非常大的占 21.4%;大学生认为收入差距不大的占 2.9%、比较大的占 48.4%、非常大的占 38.1%;在职青年中认为收入差距不大的

占 2.8%、比较大的占 37.9%,非常大的占 48.8%。调查结果显示,在职青年认为国内收入差距大的占比相对最高,近半数的在职青年认为国内收入差距非常大,中学生和大学生认为收入差距非常大的分别占 20% 和 40% 左右。反映出已走上社会的在职青年对于国内收入差距的感受更为明显。

表 1-4 不同群体青年对国内收入差距的看法/%

	不 大	比较大	非常大	说不清	从不关注
中学生	7.6	46.6	21.4	18.3	6.1
大学生	2.9	48.4	38.1	9.3	1.3
在职青年	2.8	37.9	48.8	9.1	1.4

在对在职青年收入进行交叉分析时发现,总体而言,与所在城市职工收入相比,目前平均月收入处于中低收入层次的在职青年认为国内收入差距非常大、比较大的要超过高收入层次的在职青年。其中,中等收入层次青年、较低收入层次青年、很低收入层次青年认为国内收入差距"非常大"和"比较大"的分别占74.4%、79.8%、86.1%。很高收入层次青年、较高收入层次青年认为国内收入差距"非常大"和"比较大"的分别占 53.9%、71.4%。可以看出,很低收入层次青年对国内收入差距大的反应相对最为强烈,很高收入层次青年对此反应相对平和,他们中对此从不关注的占比相对最高,达 23.0%(见表 1-5)。而很低收入层次、较低收入层次、中等收入层次、较高收入层次、很高收入层次青年在青年总体中的占比分别为 17.1%、44.0%、36.9%、1.6%、0.4%。这意味着在青年中人数占绝大多数的自认为是中低收入者的青年对国内收入差距的反应强烈。这是一个值得关注的问题。

表 1-5 不同收入层次在职青年对于国内收入差距的看法/%

	不 大	比较大	非常大	说不清	从不关注
很低收入层次	3.3	22.5	63.6	7.9	2.7
较低收入层次	1.7	37.7	52.1	7.7	0.8
中等收入层次	3.6	45.9	38.5	10.8	1.2
较高收入层次	6.1	30.6	40.8	18.4	4.1
很高收入层次	7.7	15.4	38.5	15.4	23.0

(卡方检验值 $P = 0.00 < 0.001$)

受访青年对于过去一年政府在民生问题上的努力总体上较为肯定。大学生中对于过去一年里政府改善民生所做努力表示非常满意、比较满意、不太满意、非常不满意、从不关心此事的分别占 9.3%、63.3%、16.8%、2.0%、8.7%；中学生中表示非常满意、比较满意、不太满意、非常不满意、从不关心此事的分别占 18.7%、57.6%、13.1%、2.3%、8.3%；在职青年中表示非常满意、比较满意、不太满意、非常不满意、从不关心此事的分别占 10.5%、57.1%、21.9%、3.6%、6.9%。若将非常满意、比较满意合计为"满意"，则有 70% 左右的青年对于过去一年政府改善民生所做的努力表示满意。调查青年对于政府解决民生问题的满意情况时发现，在解决就业问题上，大学生表示满意的占 35.0%，中学生表示满意的占 44.4%，在职青年表示满意的占 39.3%；在解决教育问题上，大学生表示满意的占 46.0%，中学生表示满意的占 54.1%，在职青年表示满意的占 38.8%；在解决安全问题上，大学生表示满意的占 53.1%；中学生表示满意的占 58.6%；在职青年表示满意的占 53.3%。可见，不同群体青年在政府解决安全问题上满意度都相对较高，而在解决教育、就业问题上在职青年的满意度相对较低，中学生的满意度都相对较高。

（二）不同学生群体对未来生活的信心程度存在差异。中学生生活状况相对好于大学生和在职青年，对于自己未来生活的信心也相对更强

以 0 分代表信心程度最低，10 分代表信心程度最高，从身心健康、工作学习、居住状况、幸福感等几个维度调查了解青年一年来的生活状况发现，大学生、中学生、在职青年对自己一年来的身体健康程度分别打分 7.65 分、7.94 分、7.22 分；心理健康程度打分 7.67 分、7.81 分、7.37 分；工作学习情况打分 6.61 分、6.94 分、6.35 分；居住状况打分 7.13 分、7.30 分、6.60 分；幸福感打分 7.49 分、7.59 分、6.84 分。综合来看，显然中学生群体一年来的生活状况明显好于大学生、在职青年群体。而在职青年群体一年来的生活状况情况相对较差。

在回答对自己未来生活是否有信心时，调查对象中大学生回答对自己未来生活充满信心、比较有信心的分别占 13.1%、40.8%；中学生回答对自己未来生活充满信心、比较有信心的分别占 27.4%、38.0%；在职青年回答对自己未来生活充满信心、比较有信心的分别占 16.2%、34.8%（见表 1-6）。这显示出不同群体青年中，相对而言，对自己未来生活最充满信心的是中学生，在职青年、大学生对自己未来生活的信心相对较弱。

表 1-6 不同群体青年对自己未来生活的态度/%

	充满信心	比较有信心	一般	比较悲观	充满悲观
中学生	27.4	38.0	26.8	5.0	2.8
大学生	13.1	40.8	38.7	5.9	1.5
在职青年	16.2	34.8	39.6	6.5	2.9

就学生群体来说,政治面貌、家庭背景、受教育程度等因素都会影响受访学生对未来生活的信心程度。性别交叉分析发现,男生对未来生活充满信心的比例超过女生,但同时对未来生活持悲观预期的也超过女生。男大学生对自己未来生活充满信心、比较有信心、一般、比较悲观、充满悲观的占比分别是17.7%、42.3%、32.1%、5.9%、2.0%;女大学生对自己未来生活充满信心、比较有信心、一般、比较悲观、充满悲观的占比分别是10.9%、40.0%、42.0%、5.8%、1.2%(卡方检验值 $P=0.00<0.001$)。男中学生对自己未来生活充满信心、比较有信心、一般、比较悲观、充满悲观的占比分别是31.7%、37.4%、22.4%、5.7%、2.9%;女中学生对自己未来生活充满信心、比较有信心、一般、比较悲观、充满悲观的占比分别是23.5%、38.7%、30.9%、4.3%、2.7%(卡方检验值 $P=0.00<0.001$)。

与政治身份交互分析发现,党员、干部身份学生对自己未来生活相对更有信心。大学生中党员学生、团员学生、普通学生对自己未来生活"充满信心"的占比分别为14.9%、13.0%、13.0%;"比较有信心"的占比分别为51.9%、40.2%、16.7%;"一般"的占比分别为28.2%、39.8%、34.2%;"比较悲观"的占比分别为4.4%、5.7%、8.1%;"充满悲观"的占比分别为0.6%、1.3%、2.5%(卡方检验值 $P=0.00<0.001$)。中学生当中,学生干部、普通学生对自己未来生活"充满信心"的分别占32.4%、24.2%;"比较有信心"的分别占38.4%、37.8%;"一般"的分别占22.2%、29.8%;"比较悲观"的分别占4.6%、5.2%;"充满悲观"的分别占2.5%、2.9%(卡方检验值 $P=0.00<0.001$)。

与学生家庭收入交叉分析显示,总体而言,随着家庭收入层次的提高,中学生对于自己未来生活的信心度随之提高。不过,很高收入层次家庭的中学生对于自己未来生活的信心程度呈现两极分化趋势,"充满信心"的占比最高,达46.2%,与此同时,"充满悲观"的占比同样相对较高,占比达11.5%(见表1-7)。

表 1-7　不同家庭收入中学生对自己未来生活的信心程度/%

	充满信心	比较有信心	一般	比较悲观	充满悲观
很低收入层次	14.6	26.8	35.4	7.3	15.9
较低收入层次	23.1	30.8	32.1	10.9	3.2
中等收入层次	27.9	40.3	26.3	3.8	1.7
较高收入层次	38.0	42.0	17.0	3.0	0.0
很高收入层次	46.2	30.8	11.5	0.0	11.5

（卡方检验值 $P=0.00<0.001$）

　　与中学生类似,总体上不同家庭收入大学生随着家庭收入层次的提升,对于自己未来生活的信心也随之增强。但来自很高收入层次家庭的大学生对于自己未来生活的信心程度也呈现出两极分化趋势,对自己未来生活"充满信心""充满悲观"的占比均高于其他家庭收入层次学生,占比分别达 45.5%、9.1%（见表 1-8）。

表 1-8　不同家庭收入大学生对自己未来生活的信心程度/%

	充满信心	比较有信心	一般	比较悲观	充满悲观
很低收入层次	15.2	35.1	32.0	11.6	6.1
较低收入层次	10.1	38.9	42.1	8.0	0.9
中等收入层次	13.2	42.4	39.6	3.9	0.9
较高收入层次	20.4	47.1	27.4	4.5	0.6
很高收入层次	45.5	27.3	13.6	4.5	9.1

（卡方检验值 $P=0.00<0.001$）

　　此外,来自不同家庭结构的中学生、大学生对于自己未来生活的信心程度存在较为明显的差异。不同家庭结构的中学生中,家庭完整的中学生对于自己未来生活充满信心、比较有信心的占比远远超过缺失家庭的中学生、孤儿身份的中学生。单亲家庭的中学生中,父母离异的中学生比父母一方离世的中学生对未来生活更有信心,悲观的相对较少。身为孤儿的中学生显然是对自己未来生活最为悲观的,需要特别予以关爱和帮助（见表 1-9）。

表 1-9 不同家庭结构中学生对自己未来生活的信心程度/%

	充满信心	比较有信心	一般	比较悲观	充满悲观
单亲家庭父母离异	19.3	33.3	29.8	14.1	3.5
单亲家庭一方离世	3.4	20.7	51.7	24.1	0.1
孤　儿	0.0	9.1	27.2	18.2	45.5
家庭完整	28.9	39.1	26.0	3.6	2.4

（卡方检验值 $P=0.00<0.001$）

家庭完整的大学生对自己未来生活充满信心和比较有信心的占比超过其他家庭结构的大学生。身为孤儿的大学生对自己未来生活有信心的占比相对最低。单亲家庭的大学生中,父母一方离世的大学生相对于父母离异的大学生对自己未来生活相对更有信心。这点是与单亲家庭的中学生不同的地方,可能与中学生与大学生处于不同成长发展阶段和对于单亲家庭所带来的影响,在认知理解以及应对上有所不同相关(见表 1-10)。

表 1-10 不同家庭结构大学生对自己未来生活的信心程度/%

	充满信心	比较有信心	一般	比较悲观	充满悲观
单亲家庭父母离异	8.3	39.0	44.7	6.7	1.3
单亲家庭一方离世	13.9	40.7	35.2	8.3	1.9
孤　儿	9.5	33.3	28.6	4.8	23.8
家庭完整	13.7	41.0	38.3	5.7	1.3

（卡方检验值 $P=0.00<0.001$）

(三) 在职青年工作压力大,事业心强是其单身的首要原因,多数青年对于目前的居住状况较为满意,对所在城市医疗条件满意度一般

如前所述,在职青年群体相对于学生群体生活状况要差。造成在职青年群体生活状况不佳的原因是多方面的,工作压力是其中重要原因之一。受访在职青年认为工作压力主要来自"工作任务繁重,有时需要在紧迫的时间完成"的占54.2%;来自"工作的薪酬制度不合理"的占43.6%;来自"工作职位晋升比较困难,竞争激烈"的占37.5%;来自"工作需要多方面或高水平的技术和能力"的占29.3%;来自"在工作中不能充分发挥自己的能力,缺乏价值观、成就感"的占23.7%;来自"工作中人际关系紧张"的占18.4%;来自"单位的信息沟通渠道不畅通"的占9.4%。显示出工作任务繁重、薪酬制度不合理、职位晋升困难等是位

列在职青年工作压力前三位的压力源。

调查单身未婚的在职青年,在问到其单身的主要原因是什么时,回答单身的最主要原因是"追求事业发展,暂时不想谈恋爱"的占 24.1%;"缺乏择偶的主动性"的占 21.8%;"不想过早稳定下来,想继续享受自由的人生"的占 20.3%;"房价太高,经济压力大,不敢恋爱、婚姻"的占 19.0%;"找不到比自己更优秀的人,身边的人都不如自己强"的占 5.9%;"不相信爱情"的占 4.4%。反映出追求事业发展是青年暂时单身的首要原因。进一步询问单身青年最希望获得哪些方面的婚恋资源时,回答"网络交友平台"的占 27.8%;"现场相亲活动"的占 26.2%;"一对一婚恋心理辅导"的占 13.1%;"婚恋讲座"的占 7.1%;"婚恋学习书籍"的占 4.7%;"婚恋方面的小组心理辅导"的占 4.6%。

调查显示,在职青年目前的住房情况是:属于自购商品房的占 31.1%、住父母(或配偶父母)的住房的占 38.3%、租房的占 26.3%、其他的占 4.3%。青年筹集购房款时,自己积累的占 34.6%、父母资助的占 27.6%、配偶父母资助的占 8.2%、双方父母共同资助的占 11.0%、向亲戚朋友借款的占 12.6%、其他占 6.0%。在租房青年中,通过房屋中介等租赁到私房的占 14.1%、租单位宿舍或人才公寓的占 6.6%、租公共租赁房的占 3.0%、借助亲戚或朋友的房的占 1.7%、其他占 1.0%。租房形式是单独租房的占 11.1%、合租房的占 12.2%、群租房的占 2.7%、其他占 0.3%。青年在租房过程中最担心的事情依次是,"房东随意提价"的占 32.7%、"房东违约"的占 15.6%、"小区安全没有保障"的占 13.8%、"中介欺诈"的占 12.3%、"房东提前收回房子"的占 8.6%、"室内设施损害导致经济纠纷"的占 7.2%、"遭到二房东盘剥"的占 4.4%、"孩子没处落户口,上学成问题"的占 2.9%、其他占 2.4%。在问受访在职青年对于目前居住状况是否满意时,回答"非常满意"的占 10.6%、"比较满意"的占 60.9%、"不太满意"的占 23.1%、"很不满意"的占 2.7%、"说不清"的占 2.8%,这反映出大多数青年对目前居住状况还是满意的。在回答"您认为青年住房问题的解决主要靠谁"这一问题时,受访青年中 39.4% 的选择"靠青年个人的努力",31.6% 的选择"靠政府的政策支持",24.3% 的选择"靠家庭和亲戚的帮助",3.5% 的选择"靠所在单位的支持",选择"其他"的占 1.2%,这表明青年对于解决住房问题的态度行为还是较为理性客观的,主流的选择是青年个人努力加上政府的政策支持。

调查对象中认为所在城市"看病难"的占 35.3%、认为"不难"的占 36.4%、表示"说不清"的占 28.3%。接受访谈的在职青年中认为看病难的原因是"患者多、预约挂号等耗时太久"的占 71.9%、"医疗费用太高"的占 61.7%、"医疗资源过于集中,资源分配不均、城乡差距大"的占 21.2%、"医护人员水平低、误诊情况较多,医生难以让人信任"的占 19.8%、"看病手续繁琐"的占 16.2%、"医院距离住所太远"的占 12.8%、"医疗信息良莠不齐、真假难辨、找不到合适的就医信息"的占 11.1%、"医疗制度不完善"的占 5.3%、"医疗设备不先进"的占 3.7%,认为"没有什么难度"的占 0.2%,选择"其他"的占 0.6%。可见,青年反映看病难的原因主要集中在看病耗时耗费上。另外,在职青年对所在城市现有医疗条件表示"很满意的"占 7.5%,"基本满意的"占 33.4%,"一般的"占 51.6%,"不满意的"占 5.4%,"很不满意的"占 2.2%,显示出受访青年对所在城市医疗条件满意度一般。

二、青年对长三角民生领域一体化的认知、评价和期待

长三角民生公共服务一体化是长三角一体化高质量发展的重要内容之一。长三角城市群各主要城市将深化区域公共交通、社会保障、医疗卫生、旅游、体育、养老、食品安全等民生领域的合作,积极构建互联互通的信息服务平台。对于长三角城市群的青年来说,交通通勤一体化、医疗服务一体化、生态环保一体化等,将进一步提高他们的工作、学习和生活质量,为他们的全面发展、优先发展创造更多的机遇,搭建更加广阔的平台。调查表明,青年对于长三角公共服务一体化总体上持肯定积极的态度,对于长三角一体化发展上升为国家战略,对于打造长三角幸福生活城市圈等都充满了信心和期待。当然,调查也发现,部分青年对于长三角一体化发展国家战略的知晓度、认同度以及参与度还有待提高。

(一) 青年对长三角民生领域一体化的认知与感受

在被问及对于长三角一体化的了解程度时,大学生回答对此"非常了解""比较了解""一般了解""不太了解""非常不了解""没听说过"的分别占 2.8%、15.9%、34.4%、33.4%、3.0%、10.6%;中学生回答对此"非常了解""比较了解""一般了解""不太了解""非常不了解""没听说过"的分别占 5.1%、13.1%、31.3%、29.5%、3.0%、18.1%;在职青年回答对此"非常了解""比较了解""一般了解""不太了解""非常不了解""没听说过"的分别占 3.4%、16.9%、35.9%、32.3%、3.9%、7.7%。可见,在职青年对于长三角一体化的了解程度超过中学生和大学生。非常了解、比较了解长三角一体化的在职青年占比 20.3%,高于中学生的 18.2%、大学生的 18.7%;而没听说过的占比 7.7%,明显低于中学生的 18.1%、大学生的 10.6%。可见,尽管长三角一体化发展已经上升为国家战略,长三角一体化高质量发展已经成为沪苏浙皖三省一市的共识,但青年对其了解

认知程度还不是太高,仅 20% 左右的青年对长三角一体化非常了解和比较了解,但有 40%～50% 的青年对长三角一体化不了解、没听说过。这反映出青年对于国家发展战略关注和重视的程度不够,面向青年的对于长三角一体化发展国家战略的宣传还有待加强(见表 1 - 11)。

表 1 - 11　青年对长三角一体化发展国家战略的认知了解程度/%

	非常了解	比较了解	一般	不太了解	非常不了解	没听说过
中学生	5.1	13.1	31.3	29.5	3.0	18.0
大学生	2.8	15.9	34.4	33.4	3.0	10.5
在职青年	3.4	16.9	35.9	32.3	3.9	7.6

在被问到"最近一年内您往来于长三角各地区的目的有哪些时",在所列举的不同目的中,大学生选择学习的占比最高,达 76.3%。其他选择的目的依次为旅游娱乐休闲(占 56.6%)、工作(占 19.0%)、探亲访友(占 18.2%)、购物(占 16.5%)、就医(占 7.5%)、其他(占 1.9%);中学生选择学习作为首要目的占比达 67.0%,其他的目的选择依次为旅游娱乐休闲(占 47.0%)、探亲访友(占 19.6%)、购物(占 17.3%)、就医(占 11.6%);在职青年选择最近一年往来于长三角各地区目的占比最高的是"旅游娱乐休闲",达 52.2%,其他依次为工作(长期)(占 35.9%)、学习(占 29.9%)、临时性出差(占 24.9%)、探亲访友(占 18.5%)、购物(占 13.1%)、就医(占 9.3%)。可见,大学生、中学生最近一年来往于长三角各地的目的主要有工作、学习、旅游娱乐休闲等,这反映出长三角城市青年在各地区之间往来的目的动机多样,彼此之间的联系交流较为频繁。

在调查不同青年群体对于长三角一体化发展的感受时发现,在职青年通过日常的体验,最能感受到长三角一体化带来变化的是包括高铁网络、ETC(电子不停车收费系统)互联互通以及公交一卡通等在内的交通通勤一体化(占 40.0%)。其他依次是包卡联网刷卡享受同城待遇等在内的医保一体化(占 15.2%)、电视广播信息共享等在内的信息一体化(占 6.5%)、景点联游等在内的旅游一体化(占 5.2%)、社会保险互联互通等在内的就业一体化(占 4.1%)、异地升学等在内的教育一体化(占 2.9%)、污染统一整治在内的环保一体化(占 2.5%);而对于长三角一体化没有体验的在职青年占 15.8%;高校学生中通过日常体验,最能感受到长三角一体化带来变化的依次为交通一体化(占 43.4%)、医保一体化(占 8.2%)、旅游一体化(占 7.9%)、教育一体化(占 7.2%)、信息一体化(占 6.7%)、就业一体化(占 3.0%)、环保一体化(占 2.0%),对于长三角一体化没有体验的大学生占 11.0%;中学生通过日常体验,最能感受到长三角一体化带来变化的依次为交通一体化(占 29.8%)、医保一体化(占 12.1%)、旅游一体化(占 5.7%)、教育一体化(占 12.3%)、信息一体化(占 5.4%)、就业一体化(占 3.2%)、环保一体化(占 2.9%),对于长三角一体化没有体验的中学生占 10.4%。由上可见,青年通过日常体验,最能感受到长三角一体化带来变化的是交通一体化,这是青年对于长三角民生一体化中感受最深、获得感最强的领域。

近些年来,随着长三角一体化发展的推进,长三角地区的高速公路网、高速铁路网、城际快速轨道交通以及跨江跨海大桥等交通基础设施的建设不断加快,使长三角地区的交通通勤越来越便捷,同城效应越来越明显。广大青年对此有目共睹,有着切身体验,因此对长三角交通一体化一致高度认同。而对其他方面民生领域一体化,不同青年群体因为各自经历不同,加之各领域一体化进展程度不一,因而其感受也有所不同。其中,中学生群体将对教育一体化的感受列为第二,在职青年则将对医保一体化的感受列为第二。

(二) 青年对长三角民生领域一体化发展的评价

长三角一体化涉及青年民生的主要包括交通出勤、医疗服务、社会保障、食品安全、教育学习、生态环保等领域。青年对于这些方面一体化的评价情况如下:

1. 交通出勤一体化

调查发现,大学生对于长三角交通一体化中的城际轨道交通建设,表示"非常满意"和"比较满意"的分别占 18.4%、40.5%,"非常满意""比较满意"合计为"满意",即有 58.4%的大学生对城际轨道交通建设表示满意;在职青年对于长三角交通一体化中的城际轨道交通建设,表示"非常满意"和"比较满意"的分别占 18.0%、41.6%,"非常满意""比较满意"合计为"满意",即有 59.6%的在职青年对城际轨道交通建设表示满意;中学生对于长三角交通一体化中的城际轨道交通建设,表示"非常满意"和"比较满意"的分别占 23.2%、34.1%,"非常满意""比较满意"合计为"满意",即有 57.3%的中学生对城际轨道交通建设表示满意。

对于长三角交通一体化中的高速公路电子不停车收费系统,中学生表示"非常满意"和"比较满意"的分别占 24.7%、31.6%,"非常满意""比较满意"合计为"满意",即有 56.3%的中学生对高速公路电子不停车收费系统表示满意;大学生对于长三角交通一体化中的高速公路电子不停车收费系统,表示"非常满意"和"比较满意"的分别占 19.3%、38.5%,"非常满意""比较满意"合计为"满意",即有 57.8％的大学生对城际轨道交通建设表示满意;在职青年对于长三角交通一体化中的高速公路电子不停车收费系统,表示"非常满意"和"比较满意"的分别占 20.1％、39.4％,"非常满意""比较满意"合计为"满意",即有 59.5％的在职青年对高速公路电子不停车收费系统表示满意。

对于长三角交通一体化中的公交卡异地刷卡,中学生表示"非常满意"和"比较满意"的分别占 25.6％、30.0％,"非常满意""比较满意"合计为"满意",即有 55.6％的中学生对交通卡异地刷卡表示满意;对于长三角交通一体化中的公交卡异地刷卡,表示"非常满意"和"比较满意"的分别占 21.8％、33.2％,"非常满意""比较满意"合计为"满意",即有 55.0％的大学生对交通卡异地刷卡表示满意;对于长三角交通一体化中的公交卡异地刷卡,在职青年表示"非常满意"和"比较满意"的分别占 19.5％、31.6％,"非常满意""比较满意"合计为"满意",即有 51.1％的在职青年对交通卡异地刷卡表示满意。总体来看,受访青年中有近 60％的人对于长三角交通出勤一体化表示满意。

2. 医疗服务一体化

对于长三角医疗服务一体化中的医保卡联网刷卡,中学生表示"非常满意"和"比较满意"的分别占 23.2％、29.8％,"非常满意""比较满意"合计为"满意",即有 53.0％的中学生对医保卡联网刷卡表示满意;对于长三角医疗服务一体化中的医保卡联网刷卡,大学生表示"非常满意"和"比较满意"的分别占 17.1％、34.5％,"非常满意""比较满意"合计为"满意",即有 51.6％的大学生对医保卡联网刷卡示满意;对于长三角医疗服务一体化中的医保卡联网刷卡,在职青年表示"非常满意"和"比较满意"的分别占 16.8％、32.4％,"非常满意""比较满意"合计为"满意",即有 49.2％的在职青年对医保卡联网刷卡表示满意。总体来看,受访青年中有 50％左右的人对于长三角医保卡联网刷卡表示满意。

对于长三角医疗服务一体化中的异地名医交流,中学生表示"非常满意"和"比较满意"的分别占 23.8％、29.1％,"非常满意""比较满意"合计为"满意",即有 52.9％的中学生对异地名医交流表示满意;对于长三角医疗服务一体化中的异地名医交流,大学生表示"非常满意"和"比较满意"的分别占 16.8％、33.8％,"非常满意""比较满意"合计为"满意",即有 50.6％的大学生对医保卡联网刷卡表示满意;对于长三角医疗服务一体化中的异地名医交流,在职青年表示"非常满意"和"比较满意"的分别占 16.0％、30.1％,"非常满意""比较满意"合计为"满意",即有 46.1％的在职青年对异地名医交流表示满意。总体来看,受访青年中有 50％左右的人对于长三角异地名医交流表示满意。

3. 教育学习一体化

对于长三角教育学习一体化中的异地升学同城待遇,中学生表示"非常满意"和"比较满意"的分别占 23.2%、28.1%,"非常满意""比较满意"合计为"满意",即有 51.3% 的中学生对异地升学同城待遇表示满意;对于长三角教育学习一体化中的异地升学同城待遇,大学生表示"非常满意"和"比较满意"的分别占 15.9%、30.8%,"非常满意""比较满意"合计为"满意",即有 46.7% 的大学生对异地升学同城待遇表示满意;对于长三角教育学习一体化中的异地升学同城待遇,在职青年表示"非常满意"和"比较满意"的分别占 15.4%、26.5%,"非常满意""比较满意"合计为"满意",即有 41.9% 的在职青年对异地升学同城待遇表示满意。数据显示,在职青年对于教育学习一体化满意度相对较低,仅 40% 在职青年对此表示满意。

4. 社会保障一体化

对于长三角社保一体化中养老金异地领取和社保地区转换,中学生表示"非常满意"和"比较满意"的分别占 23.4%、30.3%,"非常满意""比较满意"合计为"满意",即有 53.7% 的中学生对此表示满意;对于长三角社保一体化养老金异地领取和社保地区转换,大学生表示"非常满意"和"比较满意"的分别占 16.6%、34.4%,"非常满意""比较满意"合计为"满意",即有 51.0% 的大学生对此表示满意;对于长三角教育学习一体化中的养老金异地领取和社保地区转换,在职青年表示"非常满意"和"比较满意"的分别占 17.3%、32.4%,"非常满意""比较满意"合计为"满意",即有 49.7% 的在职青年对养老金异地领取和社保地区转换表示满意。总体上约 50% 左右的青年对长三角社保一体化表示满意。

5. 食品安全、生态环保一体化

食品安全监管信息互认共享是长三角食品一体化中的一项重要举措,对此中学生表示"非常满意"和"比较满意"的分别占 22.1%、28.2%,"非常满意""比较满意"合计为"满意",即有 50.3% 的中学生表示满意;对于长三角食品安全监管信息互认共享,大学生表示"非常满意"和"比较满意"的分别占 15.7%、33.4%,"非常满意""比较满意"合计为"满意",即有 49.1% 的大学生对此表示满意;在职青年对于长三角食品安全监管信息互认共享,表示"非常满意"和"比较满意"的分别占 15.7%、29.8%,"非常满意""比较满意"合计为"满意",即有 45.5% 的在职青年对此表示满意。

对于长三角环保一体化中的长三角环境联防联控政策,中学生表示"非常满意"和"比较满意"的分别占 22.6%、29.5%,"非常满意""比较满意"合计为"满意",即有 52.1％的中学生表示满意;对于长三角环境联防联控政策,大学生表示"非常满意"和"比较满意"的分别占 16.7％、33.7％,"非常满意""比较满意"合计为"满意",即有 50.4％的大学生对此表示满意;在职青年对于长三角环境联防联控政策,表示"非常满意"和"比较满意"的分别占 15.7％、29.9％,"非常满意""比较满意"合计为"满意",即有 45.6％的在职青年对此表示满意。

综合来看,青年对于长三角一体化发展中的交通出勤一体化满意度较高,有约六成的青年对此表示满意,而对于医疗服务一体化、社会保障一体化、教育学习一体化、生态环保一体化等约半数青年表示满意。中学生、大学生、在职青年三个群体青年中,在职青年对长三角民生各领域一体化的满意度都相对较低,这可能与在职青年已经走上社会,所直接感受到的现实生活压力更大,对民生改善的需求更多有关。

(三)青年对长三角民生领域一体化的信心与期盼

调查表明,大多数青年对于长三角一体化推出"长三角幸福生活城市圈"设想表示认同。其中大学生对"长三角幸福生活城市圈"表示"非常认同"和"比较认同"的分别占 18.6％和 44.1％,两者合计为"认同",即有 62.7％的大学生认同"长三角幸福生活城市圈"的设想;中学生对"长三角幸福生活城市圈"表示"非常认同"和"比较认同"的分别占 18.9％和 38.2％,两者合计为"认同",即有 57.1％的中学生认同"长三角幸福生活城市圈"的设想;在职青年对"长三角幸福生活城市圈"表示"非常认同"和"比较认同"的分别占 19.4％和 39.9％,两者合计为"认同",即有 59.3％的在职青年认同"长三角幸福生活城市圈"的设想。总体上有近 60％的青年赞同长三角一体化进程中推出"长三角幸福生活城市圈"的设想。

调查显示,多数青年对于长三角推动更高质量一体化发展,到 2030 年全面建成具有全球影响力的世界级城市群有信心。"充满信心"和"比较有信心"合计为"有信心",中学生、大学生、在职青年对于长三角城市群到 2030 年全面建成具有全球影响力的世界级城市群表示"有信心"的分别占 63.1％、67.4％、64.3％。而对此表示悲观的青年占比均未超过 2％。中学生、大学生、在职青年中,大学生群体较中学生、在职青年群体对此信心相对更强。

长三角幸福生活城市圈建设和长三角建成具有全球影响力的世界级城市群必将给长三角民生领域一体化发展带来全新局面,同时会极大促进长三角城市群青年民生的发展与进步。广大青年将在教育学习、就业创业、医疗服务、生态环保等公共民生领域获得更多实惠,收获更多的幸福感。受访青年对此都怀有热切的期盼。例如,调查发现,在职青年对于长三角医保一体化建设方面期待最

大的是能够节省就医费用,占比达到 67.3%,随后依次是节省辗转异地的时间
(占 59.2%)、能享受到更高端的医疗服务(占 53.1%)、方便查询长三角医疗资源
(占 44.1%)、其他(占 2.8%);大学生对长三角医保一体化建设方面的最大期望
是能够节省就医费用(占 66.8%),随后依次是节省辗转异地的时间(占 60.1%)、
能享受到更高端的医疗服务(占 52.1%)、方便查询长三角医疗资源(占 43.7%)、
其他(占 1.5%);中学生对长三角医保一体化建设最大的期望是能够节省就医的
费用(占 63.8%),随后依次是能享受到更高端的医疗服务(占 53.2%)、节省辗转
异地的时间(占 45.8%)、方便查询长三角医疗资源(占 33.6%),其他(占 2.4%)。
数据表明,中学生、大学生、在职青年对于长三角医保一体化建设方面的期盼具
有一致性,最大的期盼是能够节省就医费用,以及能够享受到更高端的医疗服
务、节省辗转异地就医的时间。

再如,青年对于长三角环保一体化的期盼,调查表明,中学生、大学生、在职
青年总体上有 60%～70% 的人希望长三角环保一体化能够带来协同治理污染,
发挥出最大的效果。中学生、大学生、在职青年希望长三角环保一体化能够提高
城市空气质量的分别占 79.4%、80.7%、80.2%;希望减少水资源污染的分别占
63.3%、62.8%、65.9%;希望降低土壤污染的分别占 50.0%、50.5%、52.1%。数
据显示,青年对于长三角环保一体化最大的期盼是通过协同治理污染,能够有效
改善和提高长三角地区的空气质量。有 80% 左右的青年对此十分期待。希望
通过长三角环保一体化减少水资源污染、土壤污染的青年分别约占 60%
和 50%。

调查发现,尽管长三角城市青年对于长三角一体化高质量发展,对于长三角
幸福生活城市圈的构想抱有积极的希望和期待,对于长三角一体化发展上升为
国家战略后,长三角建成具有全球影响力的世界级城市群具有较强的信心,但与
此同时,受访青年对于复杂多变的国内外环境下长三角一体化高质量的发展所
面临的诸多不确定因素,需要攻坚克难解决问题和困难的路径方法等,也有较为
清醒客观的认识和判断。

在被问及阻碍"长三角一体化"的因素有哪些时,在问卷所列举各个因素中,
中学生认为是长三角内部"区域经济发展不平衡"的占 63.7%、认为是"区域行政
壁垒"的占 26.2%、认为是"城市分工不明确"的占 33.8%、认为是"缺乏统一规划
布局"的占 41.5%、认为是"地方政府招商引资不协调"的占 29.9%、认为是"各区
域投入资源不一致"的占 36.9%;大学生认为是长三角内部"区域经济发展不平
衡"的占 68.1%、认为是"区域行政壁垒"的占 40.2%、认为是"城市分工不明确"

的占41.0％、认为是"缺乏统一规划布局"的占46.8％、认为是"地方政府招商引资不协调"的占33.5％、认为是"各区域投入资源不一致"的占42.3％；在职青年认为是长三角内部"区域经济发展不平衡"的占70.1％、认为是"区域行政壁垒"的占43.9％、认为是"城市分工不明确"的占36.8％、认为是"缺乏统一规划布局"的占50.6％、认为是"地方政府招商引资不协调"的占32.2％、认为是"各区域投入资源不一致"的占43.0％。由此可见,青年普遍认为阻碍长三角一体化发展的首要因素有两个：一是长三角地区内部"区域经济发展不平衡",二是长三角一体化发展仍"缺乏统一规划布局"。而在被问及是否希望能为青年民生问题的解决发挥自己的力量时,有近九成左右的青年对此表示赞同,中学生、大学生、在职青年"非常同意"和"比较同意"为解决青年民生问题发挥自己力量的分别占90.9％、88.2％、86.0％。

延伸阅读

从生态到就业　长三角一体化释放了这些民生红利

"包邮区"服务、地铁异地扫码通行⋯⋯不断增加民生获得感、提升幸福感始终是推进长三角一体化进程的根本落脚点。近期,《长江三角洲区域一体化发展规划纲要》(以下简称《纲要》)发布,其中基础设施、公共服务、环境保护等各方面内容将释放哪些民生红利?

生活更便利：基础设施互联互通压缩城市间时空距离

《纲要》提出,随着轨道上的长三角基本建成,省际公路通达能力进一步提升,世界级机场群体系基本形成。到2025年,铁路网密度达到507公里/万平方公里,高速公路密度达到5公里/百平方公里,5G网络覆盖率达到80％。

安徽省常务副省长邓向阳介绍,2019年12月1日,伴随着商合杭高铁合肥以北段的开通运营,轨道上的长三角又多了一条主通道。安徽的高铁通车里程接近2 000公里,实现了市市通高铁。

沪杭磁悬浮、南通新机场、沪舟甬跨海通道⋯⋯《纲要》里提到的一系列重大基建项目,让人们对长三角的立体化交通体系充满了期待。

基础设施互联互通,有效压缩了中心城市与周边城市的时空距离。上海市发改委副主任张忠伟说,上海到苏州,高铁修通后只要20分钟。

作为全国首条跨省轨交线路,上海地铁11号线延伸到了江苏昆山花桥镇。家住花桥的汪进,在上海市长宁区上班。"从花桥站到上海中心城区徐家汇,顺利的话只要七八十分钟。"随着苏州轨交 S1 线的开工,未来与 11 号线在花桥衔接,将形成轨道交通"东联上海、西接苏州"的格局,使得上海大都市圈的辐射能力进一步增强。

服务更周到:率先实现均等化,跨省就医、养老更方便

《纲要》提出,率先实现基本公共服务均等化。到 2025 年人均公共财政支出达到 2.1 万元,劳动年龄人口平均受教育年限达到 11.5 年,人均期望寿命达到 79 岁。

上海市常务副市长陈寅说,在公共服务供给方面,要提升异地公共服务的便捷度,比如实现异地就医门诊费用直接结算,强化优质公共服务资源的优化配置。

"长三角一体化医好了我异地就诊这块心病。"在上海工作生活的曹实,在江苏徐州参加医保,过去看病要先垫付医药费,再将单据带回徐州报销。随着长三角异地就医结算网络陆续铺开,曹实在上海就可实现医保卡实时结算。

此外,《纲要》还提出开展养老服务补贴异地结算试点,促进异地养老。

江苏省社科院社会学研究所所长张卫认为,在长三角一体化进程中,区域养老融合发展可以先行先试。"长三角一些大城市,养老服务跟不上实际需求。但区域内的一些县级市和城镇中,却存在养老资源闲置的情况。打通各地养老资源,让区域内的老人能够自由流动、异地养老,长三角拥有先行先试的良好基础。"

12 月起,长三角重点城市将启动"一码通域"。合肥市数据资源局副局长王伟表示,从前"一卡通"卡出多门,难以满足区域一体化的需求。通过建立跨域协同的二维码标准体系,把多种类型的公共服务融合成一个二维码,能够促进长三角城市公共服务要素自由、高效流通,让市民扫一扫就畅行长三角。

就业更优质:打造世界级产业集群,让家门口优质岗位更多

就业是民生之本。率先形成现代化经济体系,有利于创造更多高质量的就业岗位。根据纲要,长三角将围绕电子信息、生物医药、航空航天、高端装备等十大领域,建设一批国家级战略性新兴产业基地。聚焦集成电路、新型显示、物联网、大数据、人工智能等十大重点领域,培育一批具有国际竞争力的龙头企业。

浙江省常务副省长冯飞说,浙江将和沪苏皖一道,共同谋划建设长三角数据中心等一批战略性数字基础设施,共同培育云计算、人工智能、数字安防等一批世界级数字产业集群。这些产业集群的发展,必然给就业市场注入新的活力。

上海市全球城市研究院院长周振华说,上海周边城市将会形成自己在细分功能、产业领域方面的独特优势。像电动汽车、人工智能这些"高大上"的行业，三省一市根据不同的定位进行分工。未来在长三角地区，更多人在自己家门口，就有更多"高精尖"岗位就业机会可供选择。

环境更宜居：强化生态环境共保联治，绿色家园人人共享

良好的生态环境是最普惠的民生福祉。《纲要》提出，通过建立生态环境协同监管体系，到 2025 年长三角的细颗粒物（PM2.5）平均浓度总体达标，地级及以上城市空气质量优良天数比率达到 80% 以上，跨界河流断面水质达标率达到 80%。

共保联治是长三角强化生态环境保护的法宝。一条南北走向的施家堰，东岸是上海、西岸是浙江。这样的浙沪界河，在浙江嘉善和上海金山之间有 34 条。"此前河道保洁都是'各扫门前雪'。现在好了，双方签了界河保洁合作协议，管理范围和责任都明确了。"嘉善姚庄镇清凉村村委会主任王伟强说。

将视野进一步扩展，更大的共同保护行动也在推进中。江苏省常务副省长樊金龙介绍，从南京到杭州，宁杭高速公路沿线分布着太湖流域最美的风景，目前两省正在共同申报宁杭生态经济带。

（资料来源：搜狐网 2019 年 12 月 10 日，https://www.sohu.com/a/359419164_99986045）

新华社记者：何欣荣、安蓓、汪奥娜、桑彤

第二章 学习与教育

第一节 择校问题

一、研究的背景

(一)择校现象在我国的发展过程

入学制度是国家教育制度的一项重要基础性制度,是我国义务教育开展的重要保证。择校是家长针对入学制度要求的应对行为,长期来饱受争议且屡禁不止。

中华人民共和国成立初期,各项事业百废待兴,这时期的各级中、小学校如雨后春笋纷纷建立。为了培养大量社会主义急需的建设人才,这一时期各地集中优势资源创办重点学校,以分数为导向择生。高分学生以分择校,这是择校最初的表现形式。"文革"后国家恢复高考制度,重点学校的地位更加凸显,同时也集中着最多的教育资源。随着改革开放的发展,一些学校开始以"择校费"的形式补差分数的不足,这是以"以钱择校"的开端。1986年的《中华人民共和国义务教育法》(以下简称《教育法》)要求"就近入学",但由于相关制度落实不够规范,出现越来越多"以钱择校"甚至"以权择校"的现象。1995年,随着择校产生问题的日益增多,择校成为社会关注的焦点,国家开始出台一些规章制度治理乱收费并禁止择校,但效果甚微;1997年,国家教委发布《关于治理中小学乱收费工作的意见》明确提出要解决择校问题,即"要在1997年、1998年两年内解决择校生问题,实现就近入学"。2000年,择校以"借读费""赞助费"等形式出现,国家再次严令禁止。2006年,国家修订《中华人民共和国义务教育法》(以下简称《义务教育法》),从法律层面规定"就近入学""不得将学校分为重点学校和非重点学校"。2010年,教育部制定了《教育部关于治理义务教育阶段择校乱收费问题的指导意见》,明确提出了治理教育乱收费的具体方法:"各地教育行政部门要按照适龄儿童、少年数量和学校分布情况,科学划定学校服务范围,公平分配优质教育资源。制定并执行把优质高中招生名额合理分配到初中的政策。"择校依旧没有得到有效遏止;2012 年,教育部再次出台了《治理义务教育阶段择校乱收费的八条措施》,史称最严"禁择令",规定:"确保就近入学的新生占绝大多数。非正常跨区域招生比例高于 10%的要制订专项计划,3 年内减少到 10%以下;低于 10%的要巩固并努力继续减少。要将优质普通高中的招生名额按不低于 30%的比例合理分配到区域内各初中,现在已经高于 30%的要巩固提高并逐步扩大分配比例。在此过程中不得以跨区域为名收取学生择校费。"但是择校还是没能得到完全控制。2014 年 1 月 14 日,教育部印发《关于进一步做好小学升入初中免试就近入学工作的实施意见》要求:"县级教育行政部门要在上级教育行政部门指导统筹下,为每一所初中合理划定对口小学(单校划片)。对于城市老城区暂时难以实行单校划片的,可按照初中新生招生数和小学毕业生基本相当的原则为多所初中划定同一招生范围(多校划片)。优质初中要纳入多校划片范围。"择校的空间越来越小,"以钱择校"基本消失[1]。

(二) 国外择校情况简述

择校问题国外同样存在但表现形式略有不同。例如美国主要是学区制(School District),学区具体由各地区的学区委员会(School Committee)划分,主要依据空间地理而与行政区划无关,一个城市可能跨几个学区,一个学区可能跨几个城市。一个学区内可能有一所或多所公立中小学,美国学生一般在居住邻近区域学区"就近入学"。一些家长出于让孩子接受更好的教育目的,往往会购置或租住"优质学区"的房产以实现择校目的。

在择校制度方面,西方国家较为开放。美国各级政府都采取鼓励措施,支持多种办学形式补充公立学校的教育缺口,如一些特许学校、家庭学校,在经费上予以支持;在一些地区尝试教育券制度,把学校选择权直接交给学生,给予充分的择校自主权。英国早在《1944 年教育法》中就确立了教育选择的基本观念,小学结束后的"11 岁考试",学生和家长可以在三轨制的文法中学、现代中学和技术中学中进行选择;《1988 年教育改革法》推出后,公立学校系统的择校范围进一步扩大,提供选择的学校类型增多,选择的权利主体逐渐从政府和学校转移到家长和学生个人[2]。

---

[1] 谭胜.义务教育择校行为的博弈分析[J].中国教育学刊,2015(02).
[2] 王亚明.义务教育入学机会平等的实现方式——以"就近入学"和"自主择校"的平衡进路为视角[J].社会科学战线,2017(10).

西方国家鼓励择校的主要原因在于公立学校逐渐降低的管理效率和教学质量,办学模式越发僵化,以市场化增加教育机构的竞争力,为公立教育注入活力。

(三)择校的内涵、成因与影响

明确择校概念才能对其开展准确的研究与分析。择校是适龄儿童、少年主动放弃现有义务教育阶段按户口免试就近入学的对口学校,通过各种途径选择其他学校入学的行为。因此,在这里除了纯粹的择校行为,如借读、特长生、自主招生等方式以外,我们把放弃现有住房购置学区房来实现入更好学校目的行为,也视作一种择校方式。

造成择校现象的原因是多方面的,具体可从以下几个角度进行分析:

从教育发展的角度看。首先,长期形成的重点学校制度导致巨大校际差距,使得优质教育需求旺盛与优质教育资源短缺的矛盾不断升级;其次,高考制度的"应试化"导致单一教育评价方式成为治理问题择校的巨大障碍。"去考试化"的入学方式,却要以考试成绩作为考评整个学习阶段的效果的唯一标准,最优的选择必然是利用更好的教育资源获取更好的成绩。

从择校现状的利益群体的角度看,维护既得利益心理导致教育功利化倾向严重,学校、行政部门难下决心彻底治理问题择校。在过去,择校意味着重点学校可以获取更多的利益,重点学校可以通过择校筛选生源;生源越好,越容易获得更好的成绩,成绩越好会吸引更多的生源继续择校,获得更多的社会关注度。同时,由于各区之间同时存在着教育竞争关系,教育部门更倾向于支持本区内名校发展壮大,会给予重点学校更多的资源支持。

从社会发展角度看,经济水平的提高、社会用人评价的学历倾向和社会保障制度的不完善直接影响到人们对教育的选择。更好的教育意味着"更成功的人生",名校是个人成才发展的"快车道"成为很多家长的普遍认识。"择校"就是"择人生",为此家长不惜花重金、尽全力支持孩子入名校[1]。

择校现象是与教育公平、教育均衡等相违背的,会产生诸多不良影响,对基础教育的可持续发展不利。首先,择校导致教育不公,校际差距拉大。重点学校与普通学校的差距不仅没有缩小,反而拉大,这一速度甚至有加快趋势。普通学校很难招到优秀生源,名师更倾向于去名校执教,普通学校良好的校风、学风难以形成。普通学校学生更难对学校出身产生认同,甚至有自卑心理。

---

① 迟长伍,王世君.治理择校的困境、归因与策略[J].中国教育学刊,2014(02).

表 2-1 长三角七座城市入学政策规定

	上 海	杭 州	宁 波	南 京	苏 州	合 肥	芜 湖
招生原则	免试就近入学；网上招生；公办不择校，择校到民办	免试就近入学；网上招生；公办不择校，择校到民办	免试就近入学；网上招生；公办不择校，择校到民办	免试就近入学；网上招生；公办不择校，择校到民办	免试就近入学；网上招生；公办不择校，择校到民办	免试就近入学；网上招生；公办不择校，择校到民办	免试就近入学；网上招生；公办不择校，择校到民办
户口，住宅择校（学区择校）	五年一学位；热门学校根据实际居住的年限长短等情况排序	两个一致；一至四表生依次录取	两个一致	六年一学位；购买的学区房需要提前一年落户	五年一学位；"新市民"积分入学	两个一致	两个一致
民办学校择校	公民同招；有寄宿条件的民办学校可跨区招生自主招生	电脑派位＋自主招生	电脑派位＋自主招生	电脑派位＋自主招生	自主招生，集中录取	选择民办学校时不可报名登记公办学校；自主招生＋电脑派位	同步招生，统一管理
特长生择校	压缩规模，直至2020年前取消各类特长生招生	压缩规模，直至2020年前取消各类特长生招生	压缩规模，直至2020年前取消各类特长生招生	经省教育厅批准的学校，被录取特长生不参与教育部义务派位和电脑派位报名	压缩规模，直至2020年前取消各类特长生招生	经省市批准的学校可招收特长生	自2019年始取消各类特长生招生
其他限制措施	公民同招；多校划片；统筹安排梯队录取	探索公民同招；探索优质示范高中分配生名额向非选择生源初中倾斜；部分采取"双学区制"	严格限制了跨区招生	仅单校划片	仅单校划片	仅单校划片；指标到校85%；租售同权同城入学	仅单校划片；不得招收同城借读生指标到校80%

　　其次,造成家长经济负担加重,学生负担加重。不管采用哪种择校方式,必然要以付出相应的金钱为代价,天价学区房、天价择校费、巨额特长生培养费,给家长带来沉重的经济负担。学生为了择校需要花费大量的课余时间来学习,有的通过各类特长培训走特殊渠道入学,这些都会大大增加学生的负担。

　　再次,滋生教育腐败。现阶段的择校手段大都是政策法规禁止的,但仍然有人利用权力、利用金钱以非常规方式获取入学机会,其中必然夹杂着利益的交换,导致教育腐败的滋生。

　　N 年一学位:"N 年一学位"政策是指对服务对象提供的合法固定住所予以登记,登记的合法固定住所 N 年内认定一名地段生(同一家庭多名孩子不受限制)。其中南京为 6 年内认定,上海、苏州 5 年内认定。

　　两个一致:是指适龄儿童少年户籍与其父母或其他法定监护人户籍一致并单独立户;适龄儿童少年户籍地址与其父母或其他法定监护人的独立产权房产地址一致的招生入学办法。

　　一至四表生:指按照"住、户一致"优先原则,按"一表生""二表生""三表生""四表生"的先后顺序录取。而未能录取的学龄儿童,由区教育局按相对就近原则,统筹安排至附近学校就读。

　　"一表生"指学龄儿童户口与父母户口、家庭住房(父母有房产的,以父母房产证为依据认定)三者一致,均在小学教育服务区;

　　"二表生"指学龄儿童和父母户籍自学龄儿童出生日起在本市的祖父母(外祖父母)家,且祖父母(外祖父母)住房在本小学教育服务区;

　　"三表生"指学龄儿童有本市市区户籍,但不属于上述两类;

　　"四表生"是指学龄儿童无市区户籍,但符合在本市就读条件。

　　公民同招:主要包括统一入学信息登记、同步网上报名公办小学或民办小学、同步进行公办小学第一批验证和民办小学面谈等环节。目的是打破过去"冲民办、保公办"的择校策略,将民办原有的优质生源分流,增加公办学校的竞争力。

　　多校划片:指一个小区对应多个小学初中,把学生入读小学初中由"一对一"变成"一对多",最终能入读哪所学校由唯一答案变成多种可能,用"电脑派位"分配学生入读的学校,由此消减学区房的优势,解决家长过分追捧学区房、中介大肆炒作学区房的现状,这也意味着买了学区房的家庭也并不一定能进入原本"单校划片"时对口的学校。

双学区制：即在同一学区范围内，本地户籍的适龄儿童可自主选择两所学校(校区)的其中一所报名，就读与否按表别和报名人数录取而定。

指标到校：指将示范高中招生名额分解到区域内的所有初中，给每个初中的尖子生均等进入示范高中的机会的招生政策。

租售同权办理入学：父母或其他法定监护人在本市无住房，以单独租赁的成套房屋作为唯一住房并登记备案(社区委盖章)，由区招生办统筹安排入学；符合"房户一致"条件的，相对就近安排入学。非本市城区户籍的适龄儿童少年，其父母或其他法定监护人在本市无住房，取得本区居住证满 1 年，凭经商办企业的营业执照或备案的劳动合同，由区招生办统筹安排入学；父母或其他法定监护人连续租住同一层套房屋并登记备案(社区委盖章)满 3 年的，且连续缴纳城镇职工社会保险或法定税费满 3 年的，在教育资源许可的条件下，相对就近安排入学。

二、调研结果与分析

(一) 已婚已育青年为子女择校总体情况

在受访的长三角七市已婚已育 1 828 名青年中，选择为子女"已经择校或者打算择校"的有 706 人，占比 38.6％；选择"没有择校也不打算择校"的有 1 122 人，占比 61.4％。总体看来，在为子女升学择校方面，年轻父母的选择相对较为理性，60％以上的受访对象选择不择校。

不同城市中，选择择校即"已经择校或者打算择校"的年轻父母占比分别为上海(36.4％)、南京(57.0％)、杭州(27.3％)、合肥(38.6％)、苏州(30.5％)、宁波(38.1％)、芜湖(38.6％)；选择"不择校"即"没有择校也不打算择校"的年轻父母占比分别为上海(61.4％)、南京(43.0％)、杭州(72.7％)、合肥(64.3％)、苏州(69.5％)、宁波(61.9％)、芜湖(61.4％)。可见，南京已婚已育青年为子女升学择校的占比相对最高，杭州已婚已育青年为子女择校的占比相对最低。可能与这些城市基础教育阶段入学政策以及优质教育资源的差异有关。

在年轻父母为子女择校的途径选择上，各种途径依次排序为买学区房、自主招生、找人(关系)、缴纳择校费、其他。显然可以看到，购买学区房无疑是当前已婚已育青年为子女择校的最主要途径。作为当下最主要、最常规的择校方式，学区房相对而言门槛比较直接(仅需经济能力支持)，且购置房产作为一种投资行为，学区房的价值附着于上，也是一种相对较为安全的家庭财产处理方式，因此选择其作为择校的最主要途径也就容易理解了。

(二) 影响择校行为的相关性因素分析

1. 户籍与择校行为

户籍因素与择校行为密切相关。我国各地基础教育入学制度基本以遵循"两个一致"为前提,即适龄儿童少年户籍与其父母或其他法定监护人户籍一致并单独立户;适龄儿童少年户籍地址与其父母或其他法定监护人的独立产权房产地址一致。户籍作为决定子女入学的主要凭据之一,客观上影响着择校行为。

通过子女择校情况与户籍情况的交叉分析可以看到:"本市户口(原住居民)""本市户口(新市民)""本市居住证""既不是本市户口,也不是本市居住证"选择择校(已经择校或者打算择校)的分别占 37.5%、41.9%、39.7%、36.7%,选择不择校(没有择校也不打算择校)的分别占 62.5%、58.1%、60.3%、63.3%。其中,以本市户口(新市民)选择择校的最多,而本市户口(原住居民)和非本市户口且无居住证(流动人员)的择校选择相对较少。新市民作为外来新常住人口,在购置房产选择落户的决策阶段,学区自然是其考虑的重要因素,因此其本身对择校需求也是最大的。原住居民多数本身拥有学区房,很多在其父辈已经完成了择校过程,导致择校需求略低。而非本市户口且无居住证者,本身并无长期在城市发展的规划,因此择校需求最低。

2. 家庭收入与择校行为

择校意味着资源上的投入,其中最主要的形式就是金钱支出,择校问题绕不开家庭收入的影响。通过与受访者平均月收入水平的交叉分析可以看到,与所在城市职工收入相比,认为自己平均月收入处于"很低收入层次""较低收入层次""中等收入层次""较高收入层次""很高收入层次"选择择校(已经择校或者打算择校)的分别占 38.7%、35.9%、40.5%、43.3%、80.0%,选择不择校(没有择校也不打算择校)的分别占 61.3%、64.1%、59.5%、56.7%、20.0%。数据表明,家庭收入越高,选择择校的比例越高;反之,家庭收入越低,选择择校的比例越低,家庭收入与择校两者之间呈正比例关系。

3. 子女所处学段与择校行为

调查发现,子女处于不同学段与家长的择校行为之间存在相关性。"未上幼儿园""幼儿园阶段""小学阶段""初中阶段""高中阶段"选择择校(已经择校或者打算择校)的分别占 28.8%、35.8%、25.8%、4.4%、5.2%,选择不择校(没有择校也不打算择校)的分别占 39.8%、24.8%、28.2%、3.4%、3.8%。数据显示,择校行为最集中的学段为幼儿园,即幼升小时择校行为最多。作为我国义务教育的起始阶段,出于"不能让孩子输在起跑线上"的心理,家长对于小学择校的需求陡然增加。现实中,幼儿园阶段家长就开始考虑学区问题,由于小学初中的延续性,许多家长在选择小学的同时将初中择校也考虑进去,抱有一劳永逸思想的家长会选择兼顾小学、初中择校的学区房。

相对于幼升小、小升初,初升高、高中升大学由于中考、高考的存在,入学的途径主要是以分数择优录取,因此初中、高中学段的择校急剧减少,分别占比4.4%和5.2%。这表明在初升高、高中升大学阶段,择校行为基本得到了遏制。中考、高考成了解决择校问题的关键。在权力、金钱、学区房面前,成绩、分数成为名校的敲门砖,成为另一种更为公平公正的"择校"手段。

4. 父母单位性质、受教育程度与择校行为

调查显示,已婚已育青年工作单位性质是国有集体企业、民营企业、三资企业、个体自由职业、政府机关或事业单位、社会组织、其他的选择择校(已经择校或者打算择校)的分别占 37.7%、39.6%、33.0%、41.9%、38.6%、39.8%、41.3%,选择不择校(没有择校也不打算择校)的分别占 62.3%、60.4%、67.0%、58.1%、61.4%、60.2%、58.7%。可见,已婚已育青年的工作单位性质与择校行为之间的关系不大。

将父母单位性质与择校途径进行交叉分析可以看到,采取购买学区房这种最主要、最常规择校手段的以国有集体企业(占 17.6%)、机关事业单位(占20.4%)的已婚已育青年为主,而采用非常规手段的民企、个体自由职业已婚已育青年相对较多,通过找关系择校的分别占 8.7%、8.1%,通过缴纳择校费择校的分别占 5.0%、5.8%。非常规择校方式是一种头部行为,需要具备高级别的行政权力和关系网,普通人包括绝大多数的机关事业单位工作人员及国企员工都无法通过这类方式实现择校。此类择校往往与金钱挂钩,这也是非公领域出现这种择校行为反而多于公职单位的深层原因。

不同受教育程度的家长其择校行为存在差异。父母受教育程度是初中及以下、高中、中专技校职校、大专、本科、研究生的选择择校(已经择校或者打算择校)的分别占 38.3%、33.7%、37.9%、40.2%、39.3%、33.1%,选择不择校(没有择校也不打算择校)的分别占 61.7%、66.3%、62.1%、59.8%、60.7%、66.9%。总体来看,择校行为受父母教育程度的影响比较低。中国家长对教育的重视厚植于精神层面,在选择优势教育资源方面,家长学历不是影响其判断选择的主要因素。

(三) 已婚已育青年对择校热的认知和看法

1. 如何看待择校热的成因

现如今助推择校风气的原因多种多样,家长们最认同的原因是教育资源不均衡(占 69.0%),其次的三个原因分别是"家长教育理念"(占 48.5%)、"考试分数至上的社会文化"(占 47.4%)和"各类中介及社交媒体释放的择校恐慌"(占 38.6%),其他原因依次为"就业过程中,公司企业过分注重学历高低和是否名校背景"(占29.2%)、"户籍制度"(占 27.6%)及"部分学校及个人有意推动择校"(占 26%)。

从家长角度看,产生择校问题的根本原因是教育资源分配不均衡,这是问题的核心,其他原因则只是助推因素。解决了教育均衡问题,择校自然就会"择无可择"。然而,教育资源不均衡的情况有其存在的历史原因,短期内是一种既成事实,难以彻底改变。因此,只有先治理次要因素,再逐步解决教育发展不均衡的难题,才能从根本上解决择校问题(见图 2－1)。

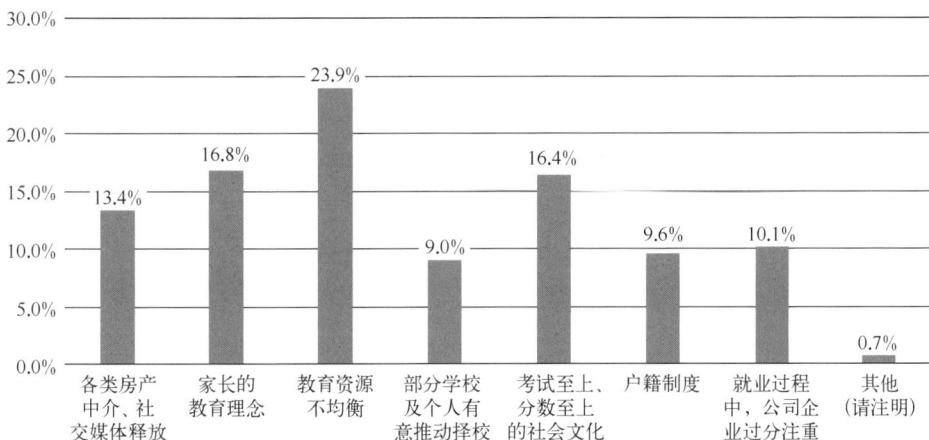

图 2－1　已婚已育青年对择校热成因的看法

2. 如何看待择校的依据

择校的优势体现在教育资源不均衡背景下,重点学校比普通学校占有更多的教育资源。只有了解择校对象对这些教育资源追逐的次序,才能有重点、有步骤地对这些资源进行拆解和平衡。从图 2－2 中可以看到,家长们在择校时,最看重的依次是教育理念(占 61.6%)、升学率(占 46.2%)、师资力量(占 42.9%)、学校名气(占 37.1%)、距离家的距离(占 32.7%)和学校特色(占 25.9%)。其中升学率和学校名气是教育理念和师资力量的表象,教育理念越科学越先进、师资力量越雄厚,升学率也就越有保障,学校的名气自然而然也得到了提升。

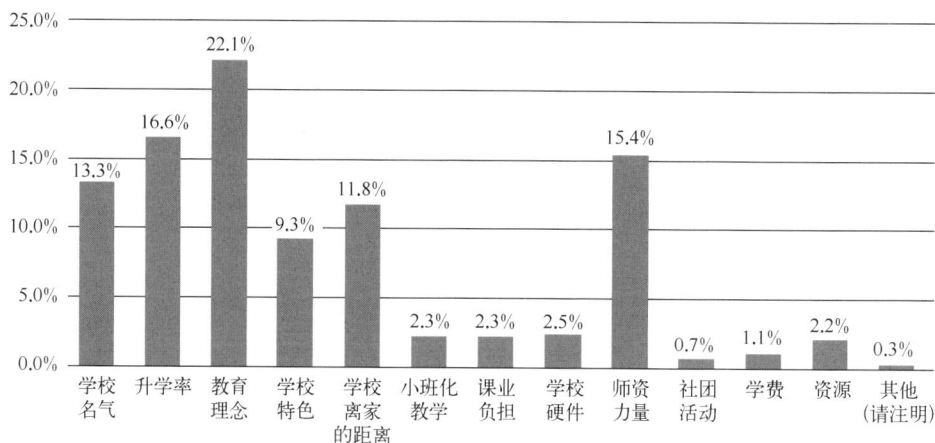

图 2 - 2　已婚已育青年为子女择校看重的因素

3. 如何看待择校导致的社会问题

择校必然导致教育对象之间所接受的教育资源不均等,在优质教育资源总量不变的前提下,有一部分择到"好学校"的学生,必然会有另一部分学生被动择到"差学校"。家长们认为,这必然会引发一系列社会问题。受访对象中认为择校"加大了教育资源配置的不均衡,加剧教育不公"的最多,占 75.8%。其他依次是认为"加重家庭经济负担,加剧教育焦虑"的占 63.7%,"滋生教育腐败,助长社会不正之风"的占 51.7%,"影响学生的身心发展"的占 41%(见图 2 - 3)。

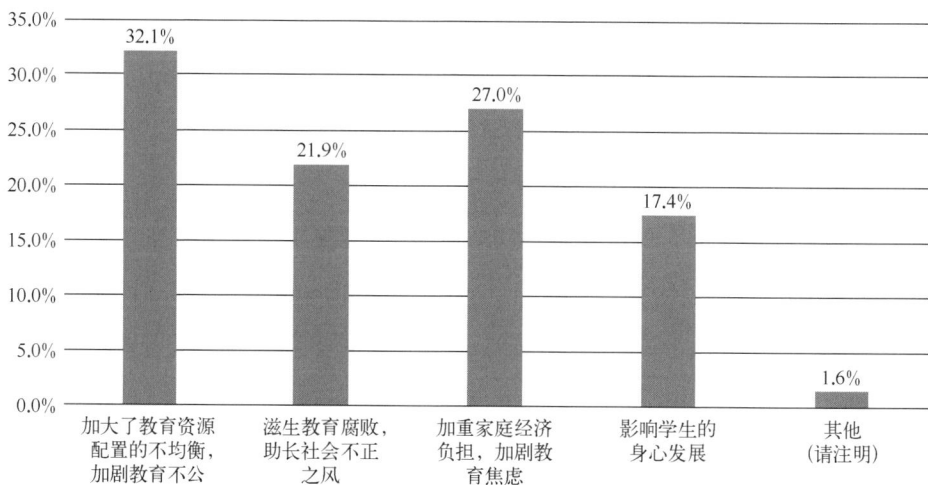

图 2 - 3　已婚已育青年认为择校会导致的社会问题

三、思考与建议

我国教育资源分布的不均衡体现在方方面面,择校反映出的校际教育资源差异只是其中之一。其他方面,比如在空间上,东部沿海地区教育水平高于中西部地区,省内省会城市教育水平高于其他地市,市内重点学校教学水平高于区县。所以,即使可以均衡某个城市内各学校之间的教育资源,还有市与市之间、省与省之间、城乡之间等等教育资源不均衡问题的存在。绝对的教育均衡是不存在的。

没有任何证据表明择校会危害学生的整体成绩,恰恰在优秀教育资源总量有限的情况下,择校特别是"以分择校"更能培养出成绩优秀的学生。至于被动择校,例如通过交付高价择校费择校等,反过来会增加学校的教育投入,更好促进学校的长远发展。在优质资源恒定的情况下,更好的生源利用更好的教育资源,实际是教育资源最优配置的体现。但这只反映出择校问题的一个方面。在另外一个方面,我国《义务教育法》第一条规定:"为了保障适龄儿童、少年接受义务教育的权利,保证义务教育的实施,提高全民族素质,根据宪法和教育法,制定本法。"因此,义务教育的最主要目的是保障适龄儿童、少年的受教育权,为进一步深造打下基础,重点在于提高全民的普遍素质。其强调重点在保障教育权和打基础。而我国《教育法》规定:教育的目的是为社会主义现代化建设服务、为人民服务,必须与生产劳动和社会实践相结合,培养德、智、体、美等方面全面发展的社会主义建设者和接班人。国家教育的最终目的强调的是培养人才。尽管效率与公平无法得兼,但是义务教育阶段我国的教育法规政策规定体现的是公平优先,高中大学教育阶段体现的才是效率优先、兼顾公平。现实中存在的择校问题,主要出现在义务教育阶段,它损害的是青少年学生的公平受教育权。

所以,在教育均衡无法实现完全公平的前提下,我们不能笼统地反对和禁止择校,需要做的是依法依规地反对禁止义务教育阶段的择校,因为其违背了义务教育阶段法律赋予中小学生的公平受教育权。教育均衡在义务教育入学环节,采用最简单的"就近入学"原则,实际上就是在教育资源有限的前提下,最大限度地保证所有适龄青少年学生的受教育权。总而言之,我们要清醒地认识到,实现真正的教育均衡是一个漫长的过程。现实条件下,我们要反对的不是择校,而是义务教育阶段的择校;反对的不是一切形式的择校,而是通过暗箱操作、不能见光的择校。鉴于此,针对治理择校乱象笔者提出如下对策建议:

(一) 改进与完善现有择校治理的政策措施

面对义务教育阶段违背教育公平的择校问题,政府有关部门已经采取许多的治理举措与方法,但其中仍存在一些不足,需要改进与完善。

1. 用行政命令禁止择校

在前文我国择校现象的发展过程部分,我们看到国家出台一系列法律法规、规章制度来约束择校行为。到目前为止,公办学校已经基本禁止了公开的"以钱择校","金钱"择公办的路子基本堵死。但暗中一些公办学校"以权择校"等情况依然存在;部分优质民办学校在快速发展起来后,择校热度不亚于甚至远超公办学校;购买高价学区房择校同样不受择校禁令影响。择校禁令最多只能说把择校行为由公开发展为私下,择校问题没有彻底根除。为此需要补齐相应的政策短板。

2. 平衡校际差距

教育部门从促进教育均衡入手,采取了多种措施用以平衡重点学校与普通学校的差距。首先是规定不得区分重点学校和非重点学校。1997 年,国家教委发布的《关于规定当前义务教育阶段办学行为的若干原则意见》规定:"义务教育阶段不设重点学校、重点班和快慢班";2006 年,《义务教育法(修订案)》正式取消了重点学校制度。虽然重点学校的"头衔"取消了,但重点学校长期积累的管理经验、师资队伍、社会声誉对家长依然有着强大的吸引力。

其次是采取了集团化办学。集团化办学是一种扩大优质教育资源覆盖面、促进基础教育优质均衡发展的教育治理模式。以一所名校为核心,吸收若干所成员校共同组成教育集团,借助名校的优质教育资源带动其他薄弱学校,通过集团内部在办学理念、课程教学、管理模式、优质资源等方面的共享,实现集团内部教育质量的整体提升。从集团化办学的初衷看,名校的面扩大了,数量增加了,确实对择校有一定的针对效果。但是,优质教育资源毕竟是有限的,集团化办学一旦陷入无止境的盲目扩张,随之带来的必然是教学水平的全面下降,甚至仅仅只是挂牌,完全脱离名校的管理。

再次是制定了教师流动制度,鼓励高质量师资流动。教师是教育的第一资源。教师流动制度实施后,名校教师向弱校流动扶助弱校,弱校教师向名校学习交流实践提升自我,的确起到了均衡优质教师资源的作用。但由于在操作上牵涉面太广,且难以出台相应的配套措施解决流动教师的生活、人事等问题,实施效果不尽如人意。

最后是指标到校。指标到校确实是一种有效的均衡教育资源的措施,但是这一制度降低了重点高中录取生源的质量,很多进入重点高中的学生由于初中没有打牢基础,出现跟不上课的现象。出于无缝对接高考的考虑,许多家长依然倾向于择校,想方设法要把孩子送入竞争"指标生"压力极大的名校。

3. 发展民办学校补充公办教育

在我国公办教育资源紧缺的背景下,2002年国家出台《民办教育促进法》,鼓励民办学校补充公办教育的缺口。发展至今,很多地方的民办学校已经超越公办学校,优质的小学、初中,主要集中在民办。民办可以自主招生、跨区招生、掐尖取优,可以高薪聘请名师民办择优权,公办学校由于严格限制择校,反而与一些顶级民办拉开了差距。从过去的择公办,到现在发展为择民办,从一个极端走向另一个极端。为此,部分地区又开始探索"公民同招",以缓解民办学校"择校热"的状况。

4. 治理高价学区房择校

就近入学是义务教育的基本原则,也是学区房的法理学依据。在实际操作中,为了解决高价学区房择校问题,有关部门主要采取了两种做法:一是多校划片。多校划片就是一个小区对应多个小学初中,最终入哪所通过电脑派位决定,让买了学区房的家庭也不确定到底能上哪所学校,学区房的优势被大大削弱。二是租售同权。这是为保障无房家庭子女可以顺利入学的一种政策。理论上,无房家庭通过租住学区房可以获得同等学区房的入学资格。而在现实生活中,在热门学校自身学位无法充分满足已购房家庭需求的情况下,租户想通过租售同权实现子女入学更是难上加难。

取消重点校、集团化办学、教师流动制度、指标到校、发展民办学校、治理高价学区房择校等等,这些治理择校乱象的举措,体现出有关部门解决义务教育阶段择校难题的良苦用心,也取得了不少成效,但在实施过程中仍需进一步充实完善。

(二) 从长三角一体化视角审视和应对"择校热"

长三角城市群之间有关择校的具体政策不尽相同,宽严口径不同,但在基本原则上都遵循义务教育法规定的"免试就近入学"和"公办不择校"原则,这让三省一市在协调整治择校问题上有了基本的合作基础。我们要站在长三角一体化发展的高度审视和应对"择校热"问题。

(1) 加大省际、市际教育交流力度。① 加大师资的交流合作,特别是教学管理经验的分享。发达地区可以在教育部门牵头下与相对落后地区学校结对为帮扶兄弟学校,尤其是向普通学校多传经送课。教育部门还可以牵头组织教学水平相对不高的地区、学校的教师去名校进修、学习,随班听课。通过多种手段提高弱势学校的整体教学水平。② 努力推动名校教师支教工作。各地都有将支教经历与职称评定挂钩的政策,教育部门应更加鼓励长三角区域内部的交流,形成协作机制。同时探索教学管理人才的交流,鼓励名校管理层向普通学校"送管理"。现如今已经有一些名校教育集团将分校向外省输出,但由于教育资源相对有限,有的仅是派出个别管理层参与建校,有的干脆只是挂名。实际上,如果集团化办学真的能将教学管理的一部分经验带到分校,对落后区域而言都是极大的教学水平提升。

(2)探索长三角协同教学的可行性。目前长三角各地使用教材各不相同,有苏教、人教、沪科、北师多种版本。假使三省一市统一使用一套教材,或者统一编制一套更有针对性的新教材,那么教学的各个环节都有了抓手。相互间的差异性会减小,弱校在教学领域有了更直接的学习模板;在考试方面可以探索"多省联考",有利于各校认清区域间教学水平差距,更有针对性地查缺补漏。统一的教材也会使名校课程直播技术得以更广泛的传播。通过网络直播录播课程,一些教学水平较差的地区和学校也可以和名校教学无缝对接。总的来说,协同教学有利于区域教育均衡发展,给弱校更多弥补差距的机会。

(3)高等教育向区域内不发达的地区倾斜。长三角区域内,高校招生比例可以适当扩充,这样利于教育均衡,同时大学生作为重要的人才资源,他们的扩充流动将大大加强区域内人才的交流。另外,可以探索华师、上师、南师等重点师范高校的免费师范生定向服务落后区域普通学校的可行性,这将有利于弥补校际差距,给教学水平相对落后的学校注入新的血液。

(4)统一人才落户入学政策。随着长三角一体化加速,区域内人才交流越来越频繁,必须保障好流动人员子女的入学择校问题。通过积分落户等手段,保障流动人员子女教育问题,免除他们的后顾之忧。这对于促进长三角区域青年人才的有序流动、成长发展乃至长三角一体化更高质量的发展都具有积极的促进作用。

第二节 校外培训

一、研究背景

改革开放以来,我国教育事业取得了跨越式发展,教育体制改革取得实质性突破,实施了九年义务教育,建立起较为健全的职业教育体系,高等教育体制不断变革以适应培育人才的需求,教育法律法规日益健全,显著提升了我国人力资源素质,并推动了经济社会发展。我国教育事业的飞速发展集中反映了人民群众日益增长的教育需求。党的十七大、十八大把教育作为社会建设的首要内容,同时,教育与就业、收入、社会保障、健康等一齐被作为民生的重大内容并列为首要的民生问题。而由各级政府主导的教育均衡发展行动,通过优化资源配置、提高教育质量,也在一定程度上体现了"办好人民满意的教育"的宗旨。应该说,这种教育增长和发展的态势是一种世界潮流,它反映了知识经济时代人与社会的发展和教育事业发展的内在关系。当今世界,教育已成为所有人的事情,投入教育的资金、时间、能量等等,无论国家、企业、家庭,都是巨大无比的。

另一方面,当代中国教育从内涵到形式所发生的巨大变化也极大地调动了人民群众潜在的教育需求,人民群众对于教育的期盼和诉求从来没有像今天这样强烈和急迫,整个社会的教育需求呈现出前所未有的广泛性、深刻性和复杂性。党的十九大报告做出了中国社会主要矛盾发生转化的判断,即当前的主要矛盾是人民日益增长的美好生活需要和不平衡不充分发展之间的矛盾。在教育领域,这种矛盾体现为人民对高质量、个性化的教育服务的需求和优质教育资源不充足、分布不平衡之间的矛盾。尽管我国不断加大教育投入,但占 GDP 的比例仍远低于发达国家,也低于世界平均水平。如果换算成可比价格就更加不乐观。从人均教育经费来看,若考虑物价因素,1985 年后基本没有增长。此外,地方政府承担了学前、义务、高中、高等教育中的绝大部分责任,缺少对学前教育和高中教育阶段教育经费投入的保障。国家所推行的教育非均衡发展战略在计划经济时代是可以理解的,然而在市场经济的条件下,直接导致了教育发展不平衡,个人发展机会不公平。

改革开放打破了平均主义,使阶层之间的差别拉大,40 年来中国社会形成了新的阶层分化,一些参与改革利益分配的群体成为上层,他们通过资源的世袭制垄断文化资本和教育资源;在改革中利益受损的群体则沦为社会底层,他们无任何资源,向上流通无望;中间阶层不稳定,随时有跌落的可能,他们始终处于焦虑不安之中,他们具有一定的经济资本和文化资本。教育成了阶层(尤其是中间阶层)向上流通的唯一通道,优质教育资源的稀缺和分配不公平的现实使青年父母意识到教育竞争的残酷,只有靠自己的加倍努力来弥补竞争中的劣势,采取体制外的手段进行补偿。校外培训就是其中一个补偿性教育机会。

校外培训已经发展成为全国性的教育现象。在过去十多年里,校外培训市场飞速发展,疯狂扩张。2018 年 8 月,德勤教育行业、德勤研究以及德勤风险咨询、财务咨询和管理咨询团队联合编纂并发布了《教育新时代——中国教育发展报告 2018》。据全球企业增长咨询公司弗若斯特沙利文咨询公司（Frost & Sullivan）报告，截至 2017 年 12 月 31 日，中国有超过 10 万家 K12 课外辅导服务供应商。根据在校学生整体人数及人均消费额度，预计 K12 整体市场规模将在 2018 年达到 4 331 亿元，而到 2020 年预计超过 5 000 亿元，未来三年符合增长率能达到 9.2％。2017 年，我国城市学生每周花费 10.6 小时进行课外辅导。2017 年，大约有 12.7％的幼儿园儿童、21.9％的小学生、36.8％的初中生以及 57.8％的高中生参加了 K12 课后培训课程。另据《中国教育新业态发展报告（2017）》数据，中小学阶段学生的校外培训总体参与率为 48.3％（参加学科补习或兴趣扩展类培训），根据各层级在校生的规模估计，全国校外培训行业总体规模达到 4 900 多亿元。[①]

校外培训作为学校教育的补充是一种市场化的教育服务形式，对于满足中小学生选择性学习需求、培育发展兴趣特长、拓展综合素质具有积极作用。然而 2016 年年末，从 11 月 7 日起，人民日报推出系列报道，《学习差的要提成绩、成绩好的要更上层楼，心里总有个"别人家的孩子"》（《人民日报》11 月 7 日）、《记者调查：疯狂的学而思，疯狂的校外培训》（《新华日报》11 月 9 日）、《疯狂学而思：家长定闹钟"秒杀"名额，孩子在考场从头哭到尾……》（《广州日报》11 月 9 日）、《中国家长集体焦虑，学而思烈火烹热油，逼哭孩子逼疯教育！》（南方教育自媒体 11 月 14 日）直指校外培训造成学生课外负担过重，增加了家庭经济负担，破坏良好的教育生态，加剧教育不公，引起了社会的广泛关注和讨论。2018 年 2 月以来，教育部会同有关部门先后印发了《关于切实减轻中小学生课外负担开展校外培训机构专项治理行动的通知》《关于健全校外培训机构专项治理整改若干工作机制的通知》等，推动开展为期 1 年半的校外培训机构专项治理行动。8 月，国务院办公厅印发了《关于规范校外培训机构发展的意见》。截至 12 月 12 日，全国共摸排 40 万所校外培训机构，发现问题机构 27.3 万所，现已整改 24.8 万所，整改完成率达到 90％[②]。

培训机构虽然规范了，但现实中，校外培训热还在持续"升温"，家长们送孩子上培训班的"热情"也并未消减。周末和寒暑假孩子们依然辗转于各类校外培训，家长们的经济负担依旧沉重，心情依然焦虑。如何引导校外培训理性发展，降低对学生、家庭和教育体系的负面影响，是需要深入研究和探讨的

---

① 王蓉.中国教育新业态发展报告（2017）［M］.社会科学文献出版社.2017：113.
② 减负、择校、大班额……教育部这场发布会聚焦基础教育热点难点［OL］.(2018－12－13).第一教育，https://mp.weixin.qq.com/s/TO4oRJyaZDjfSf_bIVYjRA.

问题。

　　为了解长三角地区主要城市家庭参与校外培训现状,包括参与度、培训费用、培训类型、培训原因,我们组织开展了相关调查,调查对象为年轻父母。本文中的"校外培训"指由家庭出资购买的为学前教育和基础教育阶段孩子提供的各类有偿培训服务。本次调查共发放问卷 1 828 份,回收 1 828 份,有效 1 627 份。样本情况见表 2 - 2。

表 2 - 2　调查对象基本情况

调　查　对　象		样本数	百分比/%
性　　别	男	615	37.8
	女	1 012	62.2
出生年份区间	1980 年之前	171	10.5
	1980～1984 年	382	23.5
	1990～1994 年	758	46.6
	1995～1999 年	311	19.1
	2000 年以后	5	0.3
是否独生子女	是	845	51.9
	否	782	48.1
教育程度	初中及以下	43	2.6
	高　中	86	5.3
	中专/技校/职校	71	4.4
	大　专	466	28.6
	本　科	826	50.8
	研究生	135	8.3
政治面貌	共青团员	336	20.6
	中共党员或预备党员	660	40.6
	民主党派人士	5	0.3
	无党派人士	53	3.3
	群　众	573	35.2
婚姻状况	已婚,已育	1 565	96.2
	离异,有孩子	62	3.8

(续表)

调 查 对 象		样本数	百分比/%
孩子学段	未上幼儿园	492	30.2
	幼儿园	513	31.5
	小 学	483	29.7
	初 中	63	3.9
	高 中	76	4.7
孩子就读学校性质	未作答	1 005	61.8
	公办境内班	543	33.4
	公办境外班	15	0.9
	民办境内班	56	3.4
	民办境外班	8	0.5
收入层次	很 低	231	14.2
	较 低	676	41.6
	中 等	689	42.3
	较 高	23	1.4
	很 高	8	0.5
所在城市	杭 州	192	11.8
	宁 波	161	9.9
	南 京	267	16.4
	苏 州	203	12.5
	合 肥	260	16.0
	芜 湖	368	22.6
	上 海	176	10.8

二、调查结果与分析

(一) 校外培训参与度

首先,我们调查了校外培训的参与率,由表 2 - 3 可知,在被调查的 1 627 个家庭中有 1 040 个家庭表示过去一年里孩子参加了各类早教班或校外培训班,占 63.9%。从学段差异看,初中阶段参与率为 82.5%,高中阶段为 60.5%,但样本量太少,不足以说明问题。小学阶段的参与率高达 84.7%,幼儿园阶段参与率为 77.6%,未上幼儿园阶段的参与率为 27.4%,可以说调查数据和我们平时直观感受到的基本一致,校外培训在长三角主要城市学龄儿童家庭中是一种普遍现象。

表 2－3　校外培训参与率的学段差异

学　段		是否参加培训班		合　计
		是	否	
未上幼儿园	计数	135	357	492
	占未上幼儿园总人数的百分比	27.4%	72.6%	100.0%
	总数的百分比	8.3%	21.9%	30.2%
幼儿园	计数	398	115	513
	占幼儿园总人数的百分比	77.6%	22.4%	100.0%
	总数的百分比	24.5%	7.1%	31.5%
小　学	计数	409	74	483
	占小学人数的百分比	84.7%	15.3%	100.0%
	总数的百分比	25.1%	4.5%	29.7%
初　中	计数	52	11	63
	占初中人数的百分比	82.5%	17.5%	100.0%
	总数的百分比	3.2%	0.7%	3.9%
高　中	计数	46	30	76
	占高中人数的百分比	60.5%	39.5%	100.0%
	总数的百分比	2.8%	1.8%	4.7%
合　计	计数	1 040	587	1 627
	占合计人数的百分比	63.9%	36.1%	100.0%
	总数的百分比	63.9%	36.1%	100.0%

从城市差异来看,南京和上海的校外培训班参与率最高,分别为 79.4% 和 78.4%,其次是杭州(62.0%)、苏州(61.1%)、宁波(59.6%)和芜湖(57.9%),参与率最低的合肥也超过半数,为 53.1%。

表 2-4 校外培训参与率的城市差异

		是否参加培训班		合 计
		是	否	
杭 州	计数	119	73	192
	占所在城市的百分比	62.0%	38.0%	100.0%
	总数的百分比	7.3%	4.5%	11.8%
宁 波	计数	96	65	161
	占所在城市的百分比	59.6%	40.4%	100.0%
	总数的百分比	5.9%	4.0%	9.9%
南 京	计数	212	55	267
	占所在城市的百分比	79.4%	20.6%	100.0%
	总数的百分比	13.0%	3.4%	16.4%
苏 州	计数	124	79	203
	占所在城市的百分比	61.1%	38.9%	100.0%
	总数的百分比	7.6%	4.9%	12.5%
合 肥	计数	138	122	260
	占所在城市的百分比	53.1%	46.9%	100.0%
	总数的百分比	8.5%	7.5%	16.0%
芜 湖	计数	213	155	368
	占所在城市的百分比	57.9%	42.1%	100.0%
	总数的百分比	13.1%	9.5%	22.6%
上 海	计数	138	38	176
	占所在城市的百分比	78.4%	21.6%	100.0%
	总数的百分比	8.5%	2.3%	10.8%
合 计	计数	1 040	587	1 627
	占所在城市的百分比	63.9%	36.1%	100.0%
	总数的百分比	63.9%	36.1%	100.0%

我们发现,在未上幼儿园阶段的孩子家庭中,七个城市中有一部分家庭给孩子报早教班,校外培训低龄化的趋势显著,说明"80后""90后"家长,社会中的家长结构整体呈年轻化,他们对学前儿童的投入、关注以及需求超过从前,原因可

能有二：一是受"不要让孩子输在起跑线上"的育儿观的影响,起跑线越来越提前;二是国民教育体系从 3 岁开始,0～3 岁这一学段几乎空白,商业资本填补了这一空白,占据了巨大的市场,校外培训机构线上线下齐发展,给年轻父母提供了众多亲子优质内容的选择。值得关注的是只有上海的家庭参加早教班的超过未参加的,占近 60％(见图 2 - 4)。

您孩子目前所处的学龄段(二孩或多孩家庭请按照最大的孩子的情况填写)

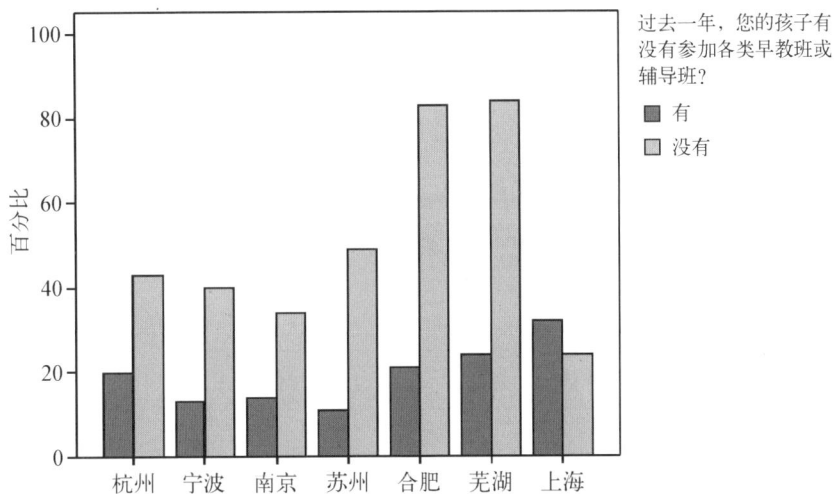

图 2 - 4　未上幼儿园阶段孩子家庭早教参与情况

从表 2 - 5 可知,幼儿园阶段,参与率最低的城市芜湖中也有近 70％家庭(67.9％)让孩子参加校外培训班;上海家庭参与率最高达 91.9％;南京紧随其后,达 90.1％。幼儿园阶段的校外培训参与率如此之高,可能与"幼升小"的竞争有关。

表 2 - 5　幼儿园家庭七个城市校外培训班参与率表

城　　市		是否参加校外培训班		合　　计
		是	否	
杭　州	计数	46	8	54
	占所在城市的百分比	85.2％	14.8％	100.0％
宁　波	计数	37	15	52
	占所在城市的百分比	71.2％	28.8％	100.0％
南　京	计数	73	8	81
	占所在城市的百分比	90.1％	9.9％	100.0％

(续表)

城　市		是否参加校外培训班		合　计
		是	否	
苏　州	计数	39	17	56
	占所在城市的百分比	69.6%	30.4%	100.0%
合　肥	计数	55	19	74
	占所在城市的百分比	74.3%	25.7%	100.0%
芜　湖	计数	91	43	134
	占所在城市的百分比	67.9%	32.1%	100.0%
上　海	计数	57	5	62
	占所在城市的百分比	91.9%	8.1%	100.0%
合　计	计数	398	115	513
	占所在城市的百分比	77.6%	22.4%	100.0%

我们对 1 040 个参加培训班的家庭首次参加校外培训班的时间做了调查。从表 2-6 的结果看,44.9% 的家庭报的第一个培训班时间在孩子 3～6 岁期间,35.3% 的家庭在孩子 1～3 岁期间报的第一个培训班,另有 6.7% 的家庭在孩子 12 个月内就报了培训班。

表 2-6　给孩子报第一个校外培训班(含早教班)的时间

选　项	频　率	百分比/%	有效百分比/%
12 个月内	70	6.7	6.7
1～3 岁	367	35.3	35.3
3～6 岁	467	44.9	44.9
小学低年级	92	8.8	8.8
小学中年级	22	2.1	2.1
小学高年级	7	0.7	0.7
初　中	6	0.6	0.6
高　中	1	0.1	0.1
从没参加培训班	8	0.8	0.8
合　计	1 040	100.0	100.0

其次,我们去除在首个培训班调查中表示从没参加培训班的,对 1 032 个参与校外培训的家庭调查了"本学期,您的孩子平均参加了几个校外培训班?(如若同一机构内同一个科目分 2 次上,则按 2 个计算)",由表 2-7 的结果可知,23.2%的家庭孩子参加了 1 个培训班,39.2%的家庭孩子参加了 2 个培训班,20.4%的家庭孩子参加了 3 个培训班,8.3%的家庭孩子参加了 4 个,参加了 5 个以上培训班的家庭总计占 8.9%,有 5 个家庭表示孩子在一个学期内共参加了10 个校外培训班。从报班数量来看,大多数家长还是比较理性的。当被问及"您觉得这个培训班数量对您孩子来说是否合适",65.9%认为合适,28.3%认为"太多了"和"有点多",另有 5.8%的家长认为"有点少"和"太少了"(表 2-8)。

表 2-7 参加校外培训班数量

数　量	频　率	百分比/%	有效百分比/%
1	239	23.2	23.2
2	405	39.2	39.2
3	211	20.4	20.4
4	86	8.3	8.3
5	59	5.7	5.7
6	15	1.5	1.5
7	3	0.3	0.3
8	5	0.5	0.5
10	5	0.5	0.5
无　效	4	0.4	0.4
合　计	1 032	100.0	100.0

表 2-8 培训班数量是否合适

选　项	频　率	百分比/%	有效百分比/%
太多了	53	5.1	5.1
有点多	239	23.2	23.2
合　适	680	65.9	65.9
有点少	50	4.8	4.8
太少了	10	1.0	1.0
合　计	1 032	100.0	100.0

从孩子参加几个培训班的调查数据我们可以分析和讨论孩子们的学习负担。目前,培训班一般以周为排课周期,一个班一次课一般为 1～2 小时,多集中在周末和寒暑假。由此我们推算培训时间,参加 3 个以上培训班可能给孩子带来过重的学习负担。需要指出的是,本次调查的家庭的孩子学段主要集中于初中以前,这个阶段是孩子长身体、培养良好生活习惯的关键期,过早的智力开发和过重的学习负担将不利于孩子的身心健康,是得不偿失的。

(二) 校外培训费用

我们对校外培训费用进行了调查。从表 2 - 9 可知,49.3% 的家庭为孩子校外培训的年支出在 1 万～5 万元,43.4% 的家庭校外培训的年支出在 1 万元以下,另有 3.2% 的家庭费用支出在 5 万～10 万,及 10 万以上。

表 2 - 9　过去一年孩子校外培训班费用

选　　项	频　率	百分比/%	有效百分比/%
10 万以上	3	0.3	0.3
5 万～10 万(含 10 万)	30	2.9	2.9
1 万～5 万(含 5 万)	509	49.3	49.3
1 万以下(含 1 万)	448	43.4	43.4
无　　效	42	4.1	4.1
合　　计	1 032	100.0	100.0

我们还对校外培训费用占家庭可支配收入的比例进行了调查(二孩或多孩家庭请以孩子们总开销进行计算),由表 2 - 10 的结果可知,在近半数(49.8%)的家庭中,这笔费用占家庭可支配收入的 10%～30%;在 25.3% 的家庭中,这笔费用占家庭可支配收入的 10% 以下;在 18.9% 的家庭中,这笔费用占家庭可支配收入的 30%～60%;在 6% 的家庭中,这笔费用占家庭可支配收入的 60% 以上。从这组数据可以看出,大多数被调查家庭在校外培训上的支出还比较理性,但对 20% 的家庭来说,这笔费用或多或少成了比较重的经济负担。

表 2 - 10　校外培训费用占家庭可支配收入比

选　　项	频　率	百分比/%	有效百分比/%
10% 以内	261	25.3	25.3
10%～30%	514	49.8	49.8

（续表）

选　项	频　率	百分比/%	有效百分比/%
30%～60%	195	18.9	18.9
60%以上	62	6.0	6.0
合　计	1 032	100.0	100.0

（三）校外培训班的类型

校外培训的参与率如此之高，参与度如此之深，投入如此之大，哪些类型的校外培训更受青年父母青睐呢？"过去一年，您的孩子参加过哪一类校外培训班"的调查结果显示（表 2-11），在未上幼儿园阶段，有 78.8% 的家庭选择早教类，20.5% 的家庭选择艺术类，基础同步类和培优提高类是指学科补习类的两种情况，分别为 18.9% 和 13.6%，体育类的占 7.6%，科技类的占 3.0%。"从娃娃抓起"和"不能输在起跑线上"的早教观念深入人心。

表 2-11　不同学段参加校外培训类型

学　段	选　项	选中人数	百分比/%
未上幼儿园 （132 人）	艺术类	27	20.5
	早教类	104	78.8
	基础同步类	25	18.9
	培优提高类	18	13.6
	体育类	10	7.6
	科技类	4	3.0
	其　他	1	0.8
幼儿园 （393 人）	艺术类	260	66.2
	早教类	161	41.0
	基础同步类	120	30.5
	培优提高类	74	18.8
	体育类	65	16.5
	科技类	45	11.5
	其　他	10	2.5
小学 （409 人）	艺术类	313	76.5
	早教类	89	21.8

（续表）

学　段	选　项	选中人数	百分比/%
小学 （409 人）	基础同步类	188	46.0
	培优提高类	132	32.3
	体育类	130	31.8
	科技类	47	11.5
	其　他	5	1.2
初中 （52 人）	艺术类	36	69.2
	早教类	4	7.7
	基础同步类	27	51.9
	培优提高类	29	55.8
	体育类	10	19.2
	科技类	6	11.5
	其　他	0	0.0
高中 （46 人）	艺术类	30	65.2
	早教类	9	19.6
	基础同步类	26	56.5
	培优提高类	25	54.3
	体育类	9	19.6
	科技类	6	13.0
	其　他	3	6.5

在幼儿园阶段，66.2%的家庭选择艺术类，有41%的家庭选择早教类，基础同步类和培优提高类分别为30.5%和18.8%，体育类的占16.5%，科技类的占11.5%。

在小学阶段，选择最多的是艺术类（76.5%），其次是学科类，包括基础同步类（46%）和培优提高类（32.3%），体育类（31.8%）的比例较前两个学段增加，11.5%的家庭选择科技类。

在初中和高中阶段，选择最多的依旧是艺术类，分别为69.2%和65.2%。学科类的比例明显上升，初中基础同步类为51.9%，培优提高类为55.8%，高中基础同步类为56.5%，培优提高类为54.3%。在两个阶段中，体育类的参与率差不多,分别为 19.2% 和 19.6%。科技类的参与率也差不多,分别为 11.5% 和 13%。

无论哪个学段,选择艺术类的校外培训班的家庭都是最多的,说明"素质教育"理念深入人心,初中学段以前的家长们的培养目标发生了改变,不再只注重学科成绩,而注重孩子的全面发展和个性培养。他们希望孩子将来既学业有成,又有一技之长,又有审美能力、艺术情操、意志品质等等。而学校在培养孩子综合素质促进全面发展和满足个性化需求方面还很欠缺,因此家长只能在校外培训班开发和发展孩子各方面的兴趣和能力。

体育类的校外培训选择率不是很高,这个数据值得关注。无论东方教育还是西方教育,都把学生的体质健康水平放在很重要的地位。2016 年,国务院发布了《关于清华学校体育促进学生身心健康全面发展的意见》,在学校范围内大力推动体育,可见对体育的重视。但是由于过重的学业压力,缺少睡眠和锻炼,学生的体质健康水平仍不容乐观,"小胖墩""豆芽菜""四只眼"比比皆是。学校的体育锻炼时间和项目类型不能满足学生的需要,而校外培训提供了各种各样的体育项目培训,可以满足体育兴趣不同的孩子的不同需求。只是,无论校内体育锻炼还是校外体育锻炼都需要时间,此次调查中体育类校外培训的选择率没有意料中高,可能的原因是在有限的闲暇时间和费用投入上,体育在家长心中的排序中依然靠后。

(四) 校外培训需求动因

校外培训如此普遍,费用支出占了家庭可支配收入相当可观的比例,家长对校外培训的需求动因有哪些呢? 我们对家长选择校外培训消费的原因或动机进行了调查。表 2 - 12 的结果显示,"培养孩子兴趣"的选项被选择的比例最高,有79% 的家长选择;其次是"别人都在学,不学怕落后",有 31.0% 的家长选择;"既帮看管孩子,又可以学点东西""校内学习无法满足需求,拓宽加深学习"的选择比例分别为 22.1% 和 21.3%;选择比例最少的是"补习以提高学习成绩"和"学校老师的建议",分别有 18.1% 和 7.7% 的家长选择这两条原因。

表 2 - 12 校外培训原因或动机

选　　项	人　　数	百分比/%
培养孩子兴趣	815	79.0
别人都在学,不学怕落后	320	31.0
校内学习无法满足需求,拓宽加深学习	220	21.3
既帮看管孩子,又可以学点东西	228	22.1

（续表）

选　　项	人　　数	百分比/%
补习以提高学习成绩	187	18.1
学校老师的建议	79	7.7
其他	26	2.5

调查结果中"培养孩子兴趣"的动机比例相当高,与"艺术类""体育类""科技类"三大类型的培训班选择率高一致,说明家长除了提高学习成绩助力升学择校的明显功利性动机外,对孩子的个性发展也非常重视,他们希望尽自己的所能提供给孩子各种发展个性的机会,或许其中也有期望孩子掌握一技之长的功利性,但总的来说,家长不再唯学科唯成绩,重视孩子的兴趣爱好,这是值得肯定和欣喜的。

"别人都在学,不学怕落后"的动机是从众心理的体现,也是社会群体压力的反应。中国传统文化中有攀比和从众的心理,社会群体的压力来自家长的朋友圈,也来自孩子的同伴。这就是"剧场效应":当前排的观众不守规矩站起来,后排的观众就不得不站起来。到最后众人在互相指责和推诿中被裹挟着越站越高,越来越疯狂。在校外培训蔚然成风的环境中,能淡定超脱地"独善其身"真的不是很多人能做到的。有些人想要抽身出来,却发现身不由己,因为众人已经陷入囚徒困境。

"校内学习无法满足需求,拓宽加深学习"的动机是一种补偿性动机。不得不承认,学校间的教学质量是存在差距的。尤其是公办学校,在国家一道道"减负令"的要求下,在在校学习时间、作业量、考试方式、考试次数、教学难度等方面都不敢逾规。但是如前文所述,升学择校考试的内容难度要远超国家的规定,而一些民办学校所受的限制就少很多,因此要在升学择校中脱颖而出,校内学习无法满足需求,只能在校外培训中弥补。值得一提的是,即便是民办学校的孩子也在校外培训班补习,他们的课业负担和心理健康尤其值得关注。

"既帮看管孩子,又可以学点东西"的动机则反映出了青年父母的无奈。目前我们国家对儿童、妇女的各项社会保障制度还不完善,育儿压力几乎全部由家庭承担。城市生活成本和育儿成本使得父母双双进入职场,0～3岁儿童养育托管不在国民教育体系之内,2018年上海携程亲子园虐童事件折射出这一阶段儿童青年父母养育困境。"减负令"带来"课后三点半"难题,学前儿童和学龄儿童的课后托管也是青年父母的"痛点"。因此带有"托管"性质的校外培训机构满足了青年父母的这一需要。

选择"补习以提高学习成绩"这一动机的父母仅占 18.1％，这是出乎我们意料的，与我们生活中的直观感受和经验不相符合。毕竟提高成绩助力升学择校是参加校外培训班最直接、最主要、最功利的一种动机。究其原因，可能是因为样本多为未上幼儿园阶段和幼儿园阶段的孩子。

选择"学校老师的建议"这一动机的父母占比非常小，说明在目前的形势下，无须学校老师的建议，家长们都会主动选择校外培训。另外，学校教师建议学生参加校外培训班的动机也有多种，有的教师觉得学生确实需要课外补习，是基于学生发展考虑的善意建议，但有学者在上海的调研指出，教师通过向校外培训机构推荐学生而获得回报[①]。

三、对策建议

校外培训机构整治成绩斐然，但现实中，校外培训热还在持续"升温"，家长们送孩子上培训班的"热情"也并未消减，培训费用也并没有减少。专项治理工作只是一个治标之策，并非治本之策。校外培训机构的治本之策与教育产业化、市场化改革、应试教育与素质教育、中小学生减负等诸多问题捆绑在一起，增加了治理的难度。校外培训机构治理工作是一场攻坚战、持久战，还需标本兼治、内外联动、持之以恒、久久为功。

（一）校外培训市场领域

1. 使校外培训机构回归本位、坚守本位是治理目标

学校教育并不能"包打天下"，事实上，在世界其他国家被称为"影子教育"（shadow education）的校外培训也都在不同程度上发挥着积极作用，为学生的个性化教育、多样化教育提供有效的服务，成为了学校教育的有益补充。甚至一些具有良好口碑的校外培训机构在教学方法、作业设计、教学效果方面还值得学校教育研究和学习。不允许所有商业性的校外培训形式或机构存在是不可行的。柬埔寨、韩国、缅甸等国都曾发布过官方禁令，实践证明都是失败的。堵不如疏，使其回归本位，坚守本位，不越界是治理的应有之义。什么是学校教育的有益补充？赵旦红等学者[②]通俗地指出是围绕培养人的目标，在全日制学校里学不够的，学不好的，学不到的，可以在校外得到补充学习。按照德智体美劳全面发展

① Wei Zhang, Mark Bray. Micro-neoliberalism in China: Public-private interactions at the confluence of mainstream and the shadow education[J]. Journal of Education Policy, 2017, 1: 63 - 81.

② 赵旦红.探索如何让校外培训机构成为全日制学校的有益补充[J].中国校外教育,2018(34): 1 - 2.

的要求,从补充的定位而言,我们可以确定校外培训学校的课程体系:一是学不够的,即特长培养,如音乐、体育、美术、舞蹈、社会实践、人工智能、劳动技术、电脑编程、作文、英语口语等,这是扬长。二是学不好的,即学科辅导,以数学、英语、科学、语文为主要代表,这是补短。三是学不到的,如托育、托管、幼小衔接、智力开发、爱商、情商、财商、家庭教育、二胎等,这是填空。

2. 切断校外培训机构的利益关联链条,消除利益输送和利益绑架

不公是当下社会最能挑起人民群众敏感神经的点。教育不公是当下青年民生最为敏感的痛点,是有违社会稳定和谐导致不安定的因素。校外培训的疯狂背后的教育不公体现在相关主体"合谋"而产生的特定利益分配。"只有当受教育群体被中小学校外培训机构取消了其教育知情权甚至是基本的受教育权,进而被剥夺参与教育活动再生产的获得感时,他们对教育公平的制度性预期被现实打破,所设想的教育公平感产生了巨大的滑坡。而当以个体的力量无法抗衡现实引发的教育焦虑,也无法维持住内心的教育公平感时,在群体中间就会开始产生恐慌情绪和对体制的反弹。"[1]因此,必须切断利益接口和纽带,扫除笼罩在教育生态上空的利益雾霾。切断利益接口,主要从以下方面着眼:学校与校外培训机构的"脱钩",即《意见》所指的:"坚决禁止应试超标、超前培训及与招生入学挂钩的行为;师资管理中,学校教师不得在校外培训机构兼职,校外培训机构必须有独立教师队伍并不得聘用中小学在职教师,可以有效防止学校教师将课堂教学的部分内容让渡或委托给校外培训机构;学校教师不得在课堂上推荐或者暗示学生参与校外培训机构项目!"

3. 建立健全校外培训机构发展长效机制

建立健全校外培训机构发展长效机制必须有法可依。除了《国务院办公厅关于规范校外培训机构发展的意见》、新的《民办教育促进法》外,2017 年,上海市发布了较为系统的校外培训机构监管政策,即《上海市民办培训机构设置标准》《上海市营利性民办培训机构管理办法》和《上海市非营利性民办培训机构管理办法》。明确了校外培训机构人员、安全等基本要求以及综合监管、奖惩机制、分类治理等方面内容,明确了"谁来管""管什么""怎么管"等问题。

建立健全校外培训机构发展长效机制必须有法必依,违法必究。建议政府充分利用现代化技术手段,建立校外培训机构网站,要求培训机构和学员在网站注册,在网站发布课程、公开收费、接收消费者投诉建议、公布培训机构"黑白名

---

① 陈肇新.提升教育公平感的法律程序治理——以中小学校外培训机构的法律规制为视角[J].全球教育展望,2018,47(09):87-100.

单"等,政府通过配套政策和奖励,让网站既成为一个供求双方实现交易的平台,同时又有利于政府收集行业信息,实现监督功能。

（二）教育领域

应该强调学校的育人责任,不能在减负的名义之下,盲目推卸学校的育人责任,把学生推向校外培训班。校外培训治理的根本在于提高学校教育质量,降低家长和学生对校外培训的依赖性。

1. 提高学校教育教学质量

学校必须严格按国家的课程方案、标准和学校的教学计划,开足、开齐、开好每门课程,努力提高教学质量。学校,尤其是公立学校在教学方法、"促进学生学习"提升考试能力等方面甚至可以向一些口碑好的培训机构学习,确保学生在校内"吃饱吃好";依法从严治教,对不遵守教学计划、"非零起点教学"等行为,要严肃查处追责;不断丰富学校课程的选择性、提供个别化教学服务等提高学校教学质量的措施都会对治理校外培训起到釜底抽薪的作用。

另外,治理幼儿园"小学化"和治理学前学科校外培训还需要小学授课循序渐进,放慢脚步。幼小衔接的核心问题必须是先适应、再发展。小学一年级的教学目标,首先应该是让孩子适应校园生活,然后才是学习知识,只有一年级的学习脚步慢下来,给予孩子充分的空间和时间,家长们才不会对幼升小衔接班趋之若鹜。

2. 进一步建立健全课后服务制度

在这方面有很多国外的经验可以借鉴。[1] 美国《不让一个儿童掉队法案》促进了课后辅导和政府投资,尤其是为低分或学习能力欠佳的学生提供帮助,提出学校要向在提高学业成绩方面连续三年没有取得适当进步的低收入家庭学生提供教育补习服务;日本 2007 年推动"放学后儿童计划"利用空闲教室和公共场所为儿童提供教育培训和监管;韩国政府在 2006 年开始实施"放学后学校计划",通过政府投资和收取少量学费,提供多样化课外辅导,实现学生托管"学术性补习"艺术辅导和活动辅导一体化的校内课外培训体系;英国政府大力推进落后学生补习教育,2012～2013 学年提供了 5 450 万英镑经费,并建议通过在午餐时或放学后,利用教室资源,开展小组集中学习,假期开办短期的集中补习班,为学生增添额外服务和设施,例如家教补习、在线补习等,有效利用经费,提升落后生学习能力。

---

[1] 代蕊华,仰丙灿.国外校外培训机构治理:现状、经验、问题及其启示[J].教师教育研究,2017,29(05):101-108.

3. 鼓励优质学校发展在线免费教育

政府可以大力支持优质学校发展在线免费教育,"互联网＋教育"思维在一定程度上可以促进义务教育均衡发展,促进教育公平。中国青年报 12 月 12 日以《这块屏幕可能改变命运》为题,报道了 200 多所贫困地区中学直播名校成都七中课程,88 人考上清华北大,有的学校出了省状元,有的本科升学率涨了几倍、十几倍。

4. 从国家层面深入推进考试招生制度改革

要深入推进中、高考改革,充分发挥考试招生的引领和导向作用。从考试内容改革看,中、高考改革都要减少对单纯记忆、重复训练内容的考查,更加注重和强化能力考查;从招生录取机制改革看,要将学生综合素质评价逐步引入招生录取环节,破除招生录取"唯分数论"。

(三) 家庭领域

这是一个剧烈的大变革的时代和社会,经济飞速增长,计划经济向市场经济转型在宏观层面发生了巨大的变迁,焦虑是这个时代和社会的重要特征。再加上少子化、攀比心理、繁杂的教育观念、教育目标迷失等原因,使得家长的教育焦虑达到前所未有的程度,他们将教育焦虑转化为校外培训的付费冲动。因此,转变家长观念、降低焦虑、引导他们理性消费是治理校外培训的重要方面。

1. 引导家长构建科学的学习观、发展观、成才观

"不让孩子输在起跑线上"的口号制造了家长的焦虑,导致校外培训热越来越低龄;"剧场效应"更是制造了全民教育焦虑。家长的教育观念的转变需要通过学校社区等各种途径对青年父母做家庭教育指导,包括开设讲座、小组工作、互动式活动指导,从教育学、心理学、教育政策解读各方面对家长育儿进行指导,帮助家长全面客观地了解孩子,正视教育动机,确立合理的教育期望,明确发展定位和目标,从而选择适合自己的发展路径,而不是盲目跟风补习培训。

2. 提升家长安排孩子闲暇时间的能力

积极的闲暇活动对孩子具有重要的社会价值,闲暇生活质量意味着人的生活品质、生命质量,是人的发展中具有决定意义的因素。家庭不应当是学校的"第二课堂",闲暇功能属于家庭。孩子的闲暇时间如何安排,体现了家长的价值观、人生观。很多家长并不具备安排孩子闲暇时间的能力,把孩子交给校外培训机构,便"心安理得"地享受自己的闲暇时间。因此培养和提升家长安排孩子闲暇生活的能力是非常重要的,包括转变家长闲暇价值观、在家庭中创造条件与孩

子共享闲暇促进亲子和谐、帮孩子开拓休闲领域、鼓励孩子参与集体活动,使其有机会体会与同伴游戏的乐趣等等。

📁 延伸阅读 1

"多校划片"利于抑制择校冲动

据报道,刚刚过去的"五一"假期,北京市西城区的部分"学区房"又火了一把,主要源自这样一条消息:"2020 年 7 月 31 日后,西城区购房并取得房屋产权证书的家庭适龄子女申请入小学时,不再对应登记入学划片学校,全部以多校划片方式在学区或相邻学区内入学。"

对于家长而言,划片方式调整本身就是一个敏感话题,加之一些房产中介的渲染炒作,使得"学区房"热度快速上升,也使得"多校划片"再度成为一个热词。为何实行"多校划片"? 它的意义和价值究竟是什么? 对此,人们还存在不少困惑。

我国义务教育实行"学校划片招生、生源就近入学",即划定义务教育学校服务片区范围,主要根据县域内适龄学生人数、学校分布、学校规模、交通状况等因素。但一直以来,各地幼升小大多实行"单校划片",住宅小区与就读学校一一对应,某个小区对应某一所学校。而"多校划片"打破了这种一一对应关系,一个住宅小区可以对应多所学校。在教育资源配置不均衡、群众择校冲动强烈的地方,统筹考虑过去片区划分和生源分布等情况,稳妥实施"多校划片",这是一种新的政策趋向,有利于抑制家长的择校冲动,也有利于合理布局义务教育资源,符合促进公平的价值追求。

实行"多校划片"利于抑制择校冲动。随着我国义务教育"就近入学"政策的持续推进,特别是一些传统的择校方式变得不再可行,购买"学区房"成为家长择校的主要途径,导致一些地方的"学区房"价格飞涨。抑制家长的择校冲动,调整划片方式不失为一种重要手段。实行"多校划片",不论学生的居住地在哪里,对口就读的学校不是一所而是多所,而且热门学校、中等水平学校和相对薄弱学校都包含其中,并采取随机派位方式确定每个学生的就读学校。有了这样一种制度安排,家长在购买"学区房"时会更加理性,毕竟花了巨资购买的"学区房"可能与其他"非学区房"一样,只不过是获得了一次就读热门学校的派位机会而已。加之"六年一学位"等政策的跟进,值不值得购买自然要好好考量一番。应该说,虽然"多校划片"并不是单纯针对"学区房"而推出,但客观上会对"学区房"的炒作起到一定抑制作用。

实行"多校划片"利于合理布局义务教育资源。由于所住片区的原因,注定了有些学生能够上热门学校,有些学生只能上相对薄弱学校,这是"单校划片"的天然局限也是优质教育资源不足的一种无奈现实。实行"多校划片"虽不能直接增加优质教育资源总量,但会在客观上对促进教育均衡发展起到一定的倒逼作用,对合理布局教育资源提出更高要求。实行"多校划片"势必要求各地在新增优质教育资源时,对学校布局有更加全面通盘的考虑,加大对薄弱学校集中片区的优质资源供给。

就义务教育学校招生而言,并非一种划片方式便可包打天下,"单校划片"和"多校划片"可以并行不悖,至于究竟采取哪种方式,各地可根据实际情况确定。在教育资源相对均衡的地方,可实行"单校划片";而在学校办学水平差距较大、不同办学水平学校并存的地方,实行"多校划片"显然对老百姓更公平,它的意义和价值也更突出。但相对于"单校划片",实行"多校划片"确实多了一些不确定性,人们对如何公平操作表达了更多关切,相应的管理和监督工作需要同步跟上,要强化"多校划片"工作程序和内容的公开、公平和公正,提升"多校划片"结果的公信力。

在实行"多校划片"的过程中,做好家长的政策宣传与引导至关重要。一方面,要让家长知晓政策、理解政策,消除不必要的焦虑和恐慌,避免情急之下做出非理性的投资行为;另一方面,要让家长更多地了解近年来周边学校的改革与变化,通过切身感受转变对周边学校的一些固有认知,淡化盲目的"名校情结"。

从根本上化解择校问题,单纯依靠划片方式的调整显然远远不够,还要通过集团化办学、委托管理、强校带弱校等多种方式,扩大优质教育资源覆盖面,进一步缩小校际差距,切实推动义务教育走向优质均衡。

(资料来源:汪明,《中国教育报》2020 年 5 月 12 日第 2 版)

延伸阅读 2

规范校外培训机构减轻中小学生课外负担
"减"不断理还乱家长的教育焦虑症怎么治

在刚刚过去的 2018 年,规范校外培训机构、减轻中小学生课外负担成为教育界的重要议题,相关规范性文件相继出台。

日前,经国务院同意,教育部、国家发改委等九部门联合向省级人民政府印发了《关于印发中小学生减负措施的通知》，共 30 条，进一步明确并强化政府、学校、校外培训机构、家庭等各方责任，切实减轻违背教育教学规律、有损中小学生身心健康的学业负担。其中，针对校外培训机构，特别是从事学科知识类培训机构的管理，重申严禁给学生"增负"的要求。不过，需要关注的是，虽然政令一再重申，但多数家长还是对孩子的教育备感焦虑。

难以缓解的焦虑

《中国家长教育焦虑指数调查报告》显示，如果以 100 点为满值，2018 年中国家长教育焦虑指数达到了 76 点。其中，68％的受访者对孩子的教育感到"比较焦虑"和"非常焦虑"。

去年 2 月，教育部等四部门联合印发《关于切实减轻中小学生课外负担开展校外培训机构专项治理行动的通知》，严令禁止校外培训机构"超纲教学""提前教学"以及"强化应试"，严令禁止将校外培训机构培训结果与中小学校招生入学挂钩，严令禁止中小学教师课上不讲、课后到校外培训机构讲等行为。

去年 8 月，国务院办公厅发布《关于规范校外培训机构发展的意见》，要求校外培训机构的培训内容不得超出相应的国家课程标准，培训班次必须与招生对象所处年级相匹配，培训进度不得超过所在县域中小学同期进度，收费时段与教学安排应协调一致，不得一次性收取时间跨度超过 3 个月的费用。

经过一年来不间断的校外培训机构整治行动，根据教育部官网上的最新通报，截至 2018 年 11 月 30 日，全国共摸排校外培训机构 401 050 所，其中存在问题机构 272 842 所、完成整改 211 225 所，完成率达到 77.42％。

"减负"政令频发，校外培训机构治理行动不断，但家长的教育焦虑缓解了吗？

不久前，一篇名为《疯狂的黄庄》的网文刷爆朋友圈。网文称，位于北京市海淀区的黄庄周边聚集了各路名校以及数不清的校外培训机构，在这里，"很难找到一位不焦虑的妈妈"和"没有不上课外班的孩子"。《中国家长教育焦虑指数调查报告》显示，如果以 100 点为满值，2018 年中国家长教育焦虑指数达到了 76 点。其中，68％的受访者对孩子的教育感到"比较焦虑""非常焦虑"，仅有 6％认为不焦虑，而最令家长焦虑的孩子年龄段集中在幼儿和小学阶段。

值得关注的是，尽管有关部门三令五申禁止"超纲教学"，但对于很多家长来说，如果想让孩子应试、升学、择校或考证，就不得不求助于超纲教育。上述调查数据显示，家长对超纲教育的认同程度很高，超过 44％的家长认为十分有必要。

当前，我国优质教育资源集中于少数城市，受限于户口、房产及经济能力，只有少数家庭能接触到稀缺教育资源,这一现状又与家庭,特别是中等收入家庭,不断升级的信息化、国际化和个性化的教育需求相悖。

"父母之所以在子女教育方面舍得花费巨大精力和财力,主要在于我们中的大多数也都是通过求学来实现自身价值的。"来自北京西城区的家长赵宏(化名)对中国商报记者说。

症结都在校外吗

在择校压力面前,不少家长提前为孩子规划培训课程,有些甚至从孩子上小学一年级时就开始做准备了。

一边是政令禁止"超前学""超纲学",一边是家长对"赢在起跑线"的追求,在赵宏看来,校外培训机构的火爆与家长对优质教育资源的渴求息息相关。

谈起家长的教育焦虑症,赵宏深有体会。他是一名六年级小学生的父亲,正面临孩子的小升初问题。按照北京目前实施的小升初派位入学制度,赵宏的孩子所在小学对应的派位学校范围是三所市重点、两所区重点和三所普校。

赵宏向记者介绍,北京面对小升初进行大范围海选招生的只有两所重点中学的实验班,每年都有将近两万名学生参加,最后录取 100 至 200 人,而学生多是各个奥数机构集训队的水平。一旦没能进入上述两所名校的实验班,而又不想让孩子被派位,就只剩下三条路可走:去海淀区择校、民办校或国际学校。

"对孩子的教育感到焦虑实际上在家长群体中极为常见。"赵宏表示,在北京的小升初家长圈里流传着"西城拼爹,海淀拼娃"的说法,他说:"拼爹拼娃实际上拼的是享有优质教育资源的机会,在拼的过程中,焦虑感也会随之而来。"

赵宏表示,摇号派位制度的出发点与家长的意志是相同的,即让人人都公平地享有优质教育资源的机会。但目前摇号的具体办法以及重点校在学区的招生人数尚不公开透明,更加重了家长的焦虑感。

那怎样才能在择校大战中脱颖而出呢?无疑需要在课后加把劲。在择校压力面前,不少家长提前为孩子规划培训课程,有些甚至从孩子上小学一年级时就开始做准备了。

赵宏给孩子报的文化课补习班是英语和奥数。他解释,学英语是因为学校里教得浅,而孩子在小学阶段对外语接受得较快。学奥数则是从两方面考虑:一是为了升学。在很多家长看来,学奥数参加竞赛是进名校的捷径。二是根据孩子的自身特点,通过学习奥数能锻炼逻辑思维能力。不过,学费也贵,一年得5 万多元钱。

"理想中应该以学科考试与综合素质评比作为入学选拔标准。无论何时,优质的教育资源都要通过努力才能争取到。"赵宏说。

一家之言

"从娃娃抓起"不可变为"从娃娃折磨起"。

都说现在孩子累，其实家长们也累——因为孩子有忙不完的小队活动、写不完的征文、编不完的小报、下不完的手机 App、关注不完的公众号……自己完成不了，只能爸妈顶上。许多人认为"家长作业"是老师布置的任务。近日，杭州有老师站出来吐槽："老师不生产作业，只是作业的搬运工！"很多任务并非出自老师、学校甚至教育部门的本意，而是各级各部门都想从娃娃抓起，凡事都想进校园，都想小手拉大手。

据不完全统计，近三年来，杭州某区教育局接到的各种与教育无关的临时任务多达 188 件，例如《关于保护耕地节约用地征文比赛的通知》和《关于开展"世界艾滋病日"宣传活动的通知》。看到"不完全统计"的字样，估计很多人会哭笑不得，这些任务都顶着"从娃娃抓起"的名头出现，可事实上却是"从娃娃折磨起"。

用"从娃娃抓起"作为关键词，可以搜到各种各样的版本。现在有些地方，只要推出一项活动，第一个想到的就是"从娃娃抓起"。"从娃娃抓起"当然不错，很多工作也确实有必要。可是，孩子本来学习任务就重，正在推动教育减负，现在又来各种各样的"从娃娃抓起"，这不是"教育增负"吗？再说，这种所谓的"从娃娃抓起"真能起到作用吗？老师把任务布置下去，孩子把任务带回家，最后会成为家长和孩子的共同负担。

在这种情况下，折磨娃娃可能还是一件小事，更重要的是，此种"过任务"式的学习只会固化孩子们的认知。教育是讲艺术的，很多工作应该"从娃娃抓起"，但不应该通过突击的方式简单地"过任务"。如果在当前的教育中有机融入这些内容，在课程设计上把有关内容嵌入进去，更能够起到润物无声的作用。给孩子减负、给教师减负、给家长减负，"从娃娃抓起"也要为教育减负。

（资料来源：王立芳，《中国商报》2019 年 1 月 11 日，第 P3 版要闻·时事）

第三章　就业与职业

　　长三角地区是当今中国创新创业综合实力最强、集聚程度最高的地区。据北京大学国家发展研究院龙信数据计算的 1990～2015 年中国省级、城市、县市层面的朗润龙信创新创业指数提供的分析报告,上海、江苏、浙江稳居省市创新创业第一梯队。安徽省因为在专利、诞生创业者数量和吸引外来投资这三个依次代表技术、人才和资本的维度上同时发力,正逐渐成为中国创新创业发展最为活跃的地区之一,总量排名从 20 世纪 90 年代的 20 位左右直接上升到现在的 10 名左右。从城市看,2002 年以后,长三角地区所拥有的创新创业热点城市数量大幅度上升,2015 年占比已经达到 38％。浙江和江苏两省是拥有创新创业热点城市和创新创业百强县最多的省份。2015 年,城市 50 强中 18 个来自苏浙两省,20 个最稳定的顶尖创新创业强县中苏浙两省占四分之三。

　　基于以上经济社会发展基础,从青年民生研究的角度,长三角地区青年作为创新创业的生力军,在创新创业的观念认同、思维模式、实践操作等要素中因为整体区域性的经济发展环境和社会人文基础等原因,均体现出不同于其他地区的特点。因此本研究把长三角地区青年创新创业特点、现状作为研究对象进行调研。

第一节　创 新 创 业

一、在职青年创新创业调查数据分析

　　在职青年工作基本稳定,生活重心是如何过好当下,关注重点是怎样面对眼前的工作生活。因此调查问卷的设计中创新创业并不是重点,但从调查问卷中青年的职业选择和职业态度方面还是可以体现出涉及创新创业方面的几个特点。

（1）自主创业的青年在青年群体中比例不高。所有样本中从事个体自由职业的人数为 4.6％,其他绝大多数为在企业、机关、事业单位和社会组织就业的青年。

（2）关注"就业创业"的比例不低,但并不是青年最关注的问题。最关注问题的前三项是住房（23.3％）、物价上涨（11.1％）和食品安全（10.3％）。再次就是就业创业（9.2％）,高于环保、医疗、子女教育、婚恋等其他选项。

（3）在工作压力较大的情况下会努力去改变现状,积极应对,而不是消极放弃。在日常工作生活中主要感受到的工作压力的前三位是工作任务繁重（23.5％）、薪酬制度不合理（18.9％）和晋升比较困难（16.3％）。

（4）对于工作中的问题和困扰,选择应对方式的前三项是:努力去改变现状,使情况向好的一面转化（25.3％）,制订一些克服困难的计划并按计划去做（22.9％）,向有经验的同事、亲友求教解决问题的方法（18.1％）。

二、高校青年创新创业调查数据分析

2015 年 5 月,国务院办公厅发布《国务院办公厅关于深化高等学校创新创业教育改革的实施意见》,明确提出"把深化高校创新创业改革作为推进高等教育综合改革的突破口""把解决高校创新创业教育存在的突出问题作为深化高校创新创业教育改革的着力点""把完善高校创新创业教育体制机制作为深化高校创新创业教育改革的支撑点"。高校青年作为创新创业未来的主力军,一直是我国"双创"工作的重点。为了解长三角地区高校创新创业教育的现状,找出高校在深化创新创业教育改革过程中面临的主要问题,本研究把创新创业教育内容作为高校青年问卷调查的重要组成部分,通过调查了解目前高校创新创业教育的一些基本情况和高校青年对创新创业的认知态度、当前的创业环境、影响高校青年创新创业意愿的因素等。

1. 高校青年对创新创业的认知

调查显示,与在职青年的关注点有所不同,就业创业成为了高校青年高度关注的第三项问题。高校青年最关注的三个方面是住房、租房问题（18.0％）,校园安全（12.4％）,就业创业（12.0％）。有创业意愿或者已经创业的高校青年比例较高。受访对象中,已有创业计划的占比达 25.5％,已经开始创业的占 3.0％,已经创业成功的有 0.8％,不打算创业的占 70.7％。在长三角地区 3 152 名大学生的调查样本中,关注创业的大学生（包括已经在进行创业活动的和计划创业的两部分群体）占比为 29.3％,已经开展创业活动的比率达到 3.84％。这其中已经创业成功的大学生比率为 0.08%。

另外,不同性别的大学生对创业的关注度呈现差异。关注创业的男性大学生占男性总样本的比例为 42%,这一比例明显高于女性大学生的比例 23%。目前长三角地区大专、本科、硕士和博士学历的在校大学生,年龄范围主要集中在"90 后"和"00 后"两个阶段,他们已经成为最具潜力的创新创业人才基础。在关注创业的大学生群体中,1995~1999 年出生,即年龄区间在 20~24 岁范围的大学生占到 65%比例,2000 年后出生的学生占到 28%比例,"95 后"和"00 后"已经成为创新创业主力军。不同学历大学生群体对创业的关注度呈现差异。按照关注创业的大学生数量在学历群体样本数量中的占比来看,博士生关注创业的比例最高,达到 58.8%;其次为大专院校学生,占比 47.2%;硕士学历和本科学历的占比分别为 29.7%和 26.5%。

长三角地区高校青年对当前社会创新创业环境的总体评价较为正面。关于当前创业环境的感受,10.9%认为较差,59.5%认为一般,19.7%认为较好,9.9%表示看不清楚。

2. 对于高校创新创业教育体制机制的认识

各高校对于在校大学生创新创业教育比较重视,在过去十年里,各高校陆续设立创新创业学院。积极丰富课程、创新教学方法、强化师资队伍建设,增进帮扶,深化创业教育改革。以必修课、选修课、主题讲座、培训辅导及在线公开课等多种方式面向在校大学生开展双创教学。高校在校内结合本专业开设相关课程,内容较为丰富全面,但引进校外创业教育机构提供系统培训的课程较少,只有 8.8%。高校开设的创业课程内容主要有创新创业意识培养类课程(25.2%)、传承创业精神的企业家主题讲座(17.6%)、创新创业基础知识类课程(17.6%)、与创业竞赛相关培训课程(16.7%)、与专业教育相关的创业课程(13.3%)。这些课程内容覆盖创新创业教育的各个环节,较为系统全面。

高校创业师资队伍建设资源丰富。当前高校创新创业教育的师资主要来源于本校教师(占 49.8%),其次是专门的创业导师(占 19.1%),再次是外聘机构的教师(占 16.7%),还有部分企业家(占 11.0%)。总体来说师资以"体系内循环"为主,相对缺乏实际创业经历和创业经验。且课程设置多数为选修课和讲座课。两项占比分别为 27.6%和 25.7%。其他作为必修课的有 17.8%,在线开放课程的是 11.0%,培训辅导 7.5%,社会实践 7.2%,游学交流 2.3%。以选修课和讲座课为主使得课程体系的设置缺乏学科严谨性和系统性,比较松散。部分高校与企业合作共建创新创业学院,通过聘任优秀企业家、优秀创业实践者、创投机构负责人等担任创新创业导师,为学生提供个性化深度指导,形成支持创新创业教育和学生创新创业的良好生态环境。

在校大学生们对于学校开设的创新创业课程的改进建议集中在课程应该多与实践相结合。其中包括要求加强实践指导(22.4%)、加强案例指导(16.3%)、增加交流和到企业的学习机会(15.4%)、导入实战型师资(13.6%)、加强创业精神指导(11.9%)。对于课时的长短,9.3%的学生认为目前课程拖沓,需要缩短课时,9.4%的学生认为目前课程内容不足,需要加长课时。这反映出的问题是课程只要有"干货"、有创业的实际操作经验,在校大学生们还是非常欢迎这样的课程安排并希望能够适当延长课时。总体上在校大学生们希望双创教育能加强实践指导,增加案例指导类型的教学,增加交流和企业学习的机会,同时希望学校引入更多实战型师资资源。

3. 影响高校青年创新创业意愿的因素

关于青年创业意识萌发和创业活动开展的影响因素,由调查可知,企业实习环节、与企业家接触学习、创业沙龙、交流与分享三项影响力相对较大,调查数据反映出在校大学生认为创新创业教育中的实践环节非常重要(见表3-1)。

表3-1 在校大学生对于创业意识萌发和创业活动影响因素的看法/%

影 响 因 素	影响很大	影响较大	一般	影响较小	影响很小	无影响
创业课程	13.0	23.3	49.9	6.9	2.5	4.4
创业竞赛	13.2	23.6	48.7	7.0	2.9	4.7
创业培训与辅导	13.3	24.0	48.6	6.9	2.9	4.3
企业实习	17.9	30.2	40.5	5.4	2.3	3.7
创业沙龙、交流与分享	13.8	26.6	45.5	6.8	3.0	4.3
与企业家接触学习	16.5	28.6	41.9	6.1	2.6	4.3

4. 高校青年对在创新创业过程中得到支持与帮助的认知

当前高校青年中存在较多的贷款情况,其中用于创业的比例非常低,一般贷款都用于消费,贷款占创业资金的1.0%。这说明在创业过程中高校青年寻求贷款支持的占比非常少。

对于阻碍个体创新创业的因素,外界因素和自身因素各占近50%。外界因素中所需资源不足占30.8%,家庭不支持占9.1%,社会环境不好占10.1%;自身因素中内在动力不足占24.1%,自身能力不足占25.8%。这说明高校青年对于创新创业的认识有一定的客观性,分析较为理性,对于创新创业所需的内外在要素认识较为到位。高校青年认为阻碍个体创新创业的外界因素主要是缺少自身所需资源,包括政府支持、资金资源和人力资源等,同时也客观分析了自身的动力和能力问题,没有单向考虑创新创业问题。

关于创新创业过程中希望获得哪些政府支持,高校青年的期望总体是点多面广。具体包括希望政府资金支持(22.9%),希望政府在创业实训、技能培训方面予以支持(18.6%),希望税收、贷款、审批流程等信息咨询支持(17.6%),希望办公场地支持(14.5%),希望政府承担创业风险和宽容失败方面的支持(14.4%),希望政府提供社会化专业化管理服务机构支持(12.0%)。这说明高校青年在创新创业过程中对政府支持的期望值是全方位的,涉及资金、场地、税收、人力资源、智力支持等各领域。

当在校大学生在创新创业过程中遇到问题和困扰时,得到的支持和解决问题的帮助来源依次是家人(31.2%)、朋友(25.6%)、同学(18.1%),还有是师长(10.4%)和恋人(9.1%)。党团组织(1.5%)、社团和宗教组织(0.7%)等非常少。这总体说明在青年创新创业的支持体系中,家人和自身的社会关系是主要支撑力量。

三、青年在创新创业方面呈现出的特征、问题及对策建议

青年是建设创新型国家的主力军。长三角青年的创业创新受到主观因素和地区客观创业环境的影响较大,综合以上调研数据,长三角地区高校青年和在职青年在创新创业方面呈现出显著特征,同时也存在一些问题。

(一) 青年群体在创新创业方面的基本状况

第一,青年中创新创业人数总体占比不高,但对创新创业的关注度较高。调查数据显示当前青年中自主创业的人数不到 5%,绝大部分青年还是选择就业,但在就业和就学青年人群中对于创新创业又非常关注,这说明长三角地区作为经济发展较快的地区,创新创业的氛围比较浓厚,青年人受之影响,对创新创业都有所了解、有所期盼;就业与创业互相起作用,创业带动就业,就业亦对创业有期待。

第二,当前高校普遍重视创新创业教育,创新创业课程开设面比较广,组织活动也比较多,但实际效果并不好。高校青年普遍已经接受了创新创业教育,但总体感觉这些教育缺乏针对性、实效性和差异性,师资力量不足,实践教育环节不足。

第三,青年对创业的认识比较理性,能较为客观地看待创新创业过程中自身的问题和社会环境的因素,没有单纯归因于一方。对于自身创业的动力、能力、所掌握的社会资源等有比较清晰的自我意识。也因此对创业存在一定的畏难情绪,认为一旦创业失败会累及家人和朋友,政府不会予以保障。

第四,在国家大力推动"双创"的背景下,创业青年对政府各项扶持政策的期待较高。涉及资金、场地、税收、人力资源、智力支持等各领域。但对这些政策的具体申请环节缺乏认识,认为政府的相关服务措施不够到位,存在信息部对称等问题。

（二）青年创新创业存在的主要问题

首先,从青年个体来看,创新创业热情有余行动不足。在我国经济发展全面进入新常态的背景下,作为经济发达地区的青年整体创新创业意识较强,但具体落实在行动上较少,受社会保障、自身能力、环境制约等各方面因素的影响,青年创新创业的动能不足,与长三角地区一体化发展对创新创业的需求不相符合。

其次,从教育培训看,理论培训较多,实训环节非常欠缺,未能与时俱进,落到实处的创业创新成效不显著。从高校创新创业教育来看,高校构建的创新创业教育体系中理论教学较多,师资力量也主要依托高校理论学科教师,缺乏具有实践经验的专业化创业教育师资队伍;在教学对象方面缺乏针对性,创业教育实践基地与平台运营机制有待加强,高校各类创新创业活动往往只停留在活动本身和"竞赛得奖"阶段,应用于实际转化为创业成果的非常少。

最后,从社会和政府支持方面看,政府方面出台双创优惠政策较多,有效对接落地较难,其他社会力量如企业等在创新创业的扶持方面基本没有有效对接措施。目前国家非常重视青年人的创新创业,出台了很多政策帮扶青年创业,涉及融资、税收、创业培训、创业指导等诸多方面,但这些政策要落到实处就比较困难,办理手续繁杂,相应门槛也比较高,也缺乏相应的跟踪服务机制,青年普遍感觉"看得见、摸不着"。作为经济主体的企业,尤其是长三角地区众多的民营经济主体,对创新创业非常重视,扶持热情也较高,但缺乏与创新创业青年的具体对接环节,实效甚微。

（三）推进青年创新创业的对策建议

第一,从政府和社会层面,应更好发挥政策的引领作用,活跃创新创业的氛围,各个相关部门的政策能统筹协调,政府服务能降低门槛,跟踪服务创业全流程,让青年对政府的优惠政策"看得见、摸得着"。同时统一协调社会各部门,包括企业,为青年创新创业搭建社会实践的平台,提供实践机会,在企业与创业者之间建立沟通对接渠道,真正改善创新创业的社会环境。

第二,从各高职院校层面,高职院校肩负着服务区域经济发展、开展双创教育、培养高素质的技术性技能型人才的重任,首先要进一步改进现有的创新创业教育机制,将创新创业教育中的理论与实践深度融合,将创新创业教育内容与专业教育内容深度融合,积极引进校外专业创业导师团队,与企业加强合作,建设创新创业实践基地,让青年在实战中接受培训,实现大学科技园、大学生创业园、学生创业孵化基地、小微企业创业基地、众创空间、校外实践基地等校内外创新创业实践基地的资源共享。在高校中推进创新创业教育,将创新创业教育面向全体学生,融入人才培养的全过程,促进教育教学改革,提高人才培养质量,具有重大的现实意义和长远的战略意义。

第三,高校在专业教学体系的基础上,开展双创教育,以提升学生的社会责任感、创新精神、创业意识和创业能力为核心构建人才培养模式,改革课程体系,构建符合大学生特点和发展的职业技能教育。各类创业竞赛成为加强双创教育的实战练场,在校大学生通过参加创业大赛活动,可以有效锻炼大学生的团队合作能力、思维创新能力、人际交往能力和语言表达能力。通过参加全国性创业比赛,可以突破校园学习资源的局限,有助大学生了解全国乃至全球创业的新形式。创业教育是实践型的教育活动,是知识转化为实践的过程,创业实践需要经历市场竞争的考验,才能生存和发展。中国"互联网+"大学生创新创业大赛、"创青春"全国大学生创业大赛,以及"挑战杯"大学生创业计划竞赛、"新苗人才计划"等不同面向所有高校学生的赛事活动,以面向所有高校全体学生的办赛理念,坚持以赛促教、以赛促学、以赛促练、以赛促创,成为加强双创教育的实战演练场。

第四,高校创业园是实践育人的重要工作载体。为解决人才培养实践环节相对薄弱和实践资源短缺的问题,各高校纷纷在校内辟出专用场地建设大学生创业园区、孵化基地,或者与众创空间、创业园区合作形成孵化、成长、加速一体化服务体系,引入并落实大学生创新创业支持政策。在高校众创空间、孵化器和创业咖啡吧等不同形式配套建设的推动下,学生实践活动所需的场地和环境得到大力改善,营造了创新创业的良好氛围。教育与实践相结合,以"政府主导、社会参与、市场运作、学校联盟"的新模式,一方面,设立区域性、行业性的校外"创新创业"基地,搭建"产学研用"协同创新通道;另一方面,积极促进高校大学生创新创业园区及配套建设。高校创新创业基地和园区成为大学生创新创业团队的"梦工坊"及实践育人的重要工作载体。

就青年个体层面而言,青年首先应当正确把握当前经济社会发展的现状与水平,树立正确积极的创业观和就业观。在了解自身软硬件因素的基础上,激发自己的创新创业兴趣,主动建立自己的创业思维和创业意识。在心理状态上不能急于求成或过于理想化,在愿景规划上理性解读创业所必须具备的各种要素,在能力素质方面加强学习,积极参加与创新创业相关的社会实践活动,主动寻找相关的创新创业实践平台,积累丰富的创新创业实践经验。

其次青年应当主动加强职业技能培训学习,很多大学生在毕业后参加职业技能培训,在校期间较少参与就业前职业技能培训。大学生就业问题越来越突出,促使大学生们对未来职业提前规划,职业技能教育帮助广大青年适应市场竞争,顺利地实现就业、再就业以及转岗、转业的基本途径。让大学生参与企业实践项目等各种操作性极强的课程能有效增强大学生未来的就业实力。大学生虽然在校学习了系统的专业理论知识,但是在校园里很难获得实际的项目操作经验,学历教育与企业实际需求存在脱节的矛盾。职业技能培训应当合理规划,树立职业意识,针对用人单位实际需求,避免资源浪费,同时做好理论知识与实际情况相结合。

第二节　职　业　压　力

一、研究背景

压力源于物理学术语,在工程学和建筑学上指"负荷"。汉斯·塞莱(Hans Selye)将"压力"这一概念引入心理学领域,并将压力定义为由于环境对身体提出的要求使身体产生的反应和损害。心理学界对压力比较普遍的看法是:个体面对具有威胁性刺激情境时,伴有躯体机能以及心理活动改变的一种身心紧张状态,也称应激状态。心理压力是一种主观的感受,是指面对某些事件或环境时在心理上的紧迫感或紧张感;压力的大小既取决于压力源的大小又取决于个人身心承受压力的强弱程度。压力源是指威胁人并使其应对能力承受重负的环境和事件。压力源研究是职业压力研究中核心的内容之一。诱发职业压力的因素总体上分为两类:工作组织因素和个体因素,两者之间相互影响,构成复杂的压力系统。魏斯、库珀和马歇尔认为职业压力的主要来源包括工作本身的因素、组织中的角色、职业发展、组织结构与组织风格、组织中的人际关系。本研究采取上述压力源的分类方式。

应对策略是职业压力研究中的另一核心内容。应对是控制困难的局面,努力解决生活难题和寻求控制并减轻压力的过程。压力应对策略是指个体在面临职业压力时选择的压力应对方案。心理学上有两种应对策略的分类方法:一种分为问题导向的应对方式和情绪导向的应对方式;另一种分为积极认知策略、积极行为策略和逃避策略。本研究采用第二种应对策略分类方式。有关研究表明,当个体面对职业压力时,采取何种应对策略,将影响其工作绩效和身心健康。应对策略是在工作压力源与工作绩效之间重要的影响变量。

当前,我国正处于全面建成小康社会和全面深化改革的重要历史阶段,改革是一以贯之的时代主题。改革带来了物质生活水平的显著提升和精神文化生活的日益丰富,但改革同时也意味着巨变,意味着我们的生活环境复杂多变、富有挑战,对新变化的适应,将不可避免地给生活在其中的人们带来压力的体验。2019 年 2 月《心理健康蓝皮书:中国国民心理健康发展报告(2017—2018)》在京发布,报告称,国人中有 11%～15% 的人心理健康状况较差,可能具有轻到中度心理问题;2%～3% 的人心理健康状况差,可能具有中度到重度的心理问题。

长三角城市经济高速发展、生活节奏加快以及大都市的高效文化,使得人们越来越多地面对职业压力的问题:工作任务过多、劳动强度过大、职场竞争激烈、知识更迭加快、业务能力不断要求提升,均给职业人士带来压力的困扰,导致身心健康、工作、生活出现问题。

其中处于人生特殊且关键时期——青年期的青年人更是首当其冲。初入职场的青年人需要完成学校环境到职场环境的转换,从岗位适应、人际交往、工作态度上都需要切换,必然承受压力。完成自我调适后的青年还需要正确看待工作中取得的成绩与过失,找准自己的职业发展方向,融入职场环境。出生于改革开放后的"80 后""90 后",思想和价值观念受市场经济和多元价值观影响,他们期待更快的职场晋升通道和更大的实现个人价值的平台,但因为资历较浅,他们虽是职场中的中坚力量,却不是职场中的管理者,缺乏话语权。当管理者对他们的期望和希望他们背负的责任与青年人的价值观念、能力不匹配时,批评与指责便随之而来,压力也油然而生。面对职业压力,青年人感受着身心疲惫、焦虑、抑郁、沮丧却无所适从,部分青年采取逃避和退缩的方式应对压力,新闻中报道的青年人跳槽频繁以及"小确丧""佛系青年"等网络热词的出现均是对此的印证。

党和国家高度重视青年,从来都把青年看作是祖国的未来、民族的希望。党的十八大以来,习近平总书记多次发表了有关青年成长成才的重要论述,表达了对广大青年的深切关心,提出了对广大青年的殷切希望。2018 年 5 月 2 日,习近平在北京大学师生座谈会上发表讲话并指出:"当代青年是同新时代共同前进的一代。我们面临的新时代,既是近代以来中华民族发展的最好时代,也是实现中华民族伟大复兴的最关键时代。"新时代的青年被寄予众望,他们拥有广阔的发展空间,也承载着伟大的时代使命。我们希望他们积极向上、在工作中奋力拼搏、无惧压力、乘风破浪、满怀朝气与梦想,勇做"强国一代"。

中共中央、国务院印发的《中长期青年发展规划(2016—2025 年)》中对青年健康的发展目标表明,要有效控制青年心理健康问题发生率,青年心理健康辅导和服务水平得到较大提升;引领青年积极投身健康中国建设。然而,我国的心理健康教育发展滞后,新时代的青年在校园时期接受的更多是知识的教育,而非心智模式的教育。当代青年人面对职业压力的问题缺乏方式、方法和技巧的应对。此外,在现有的关于职业压力研究中,针对教师、医护人员职业压力的研究较多,其他职业群体,比如公务员群体、管理者、社会工作者、体力劳动者、自由职业者的职业压力研究较少。其实每个职业群体的青年一样承受着压力,需要我们关注。因此,职业压力来源是什么,青年面对各种压力事件采取何种应对方式是本次调研探讨的主要问题。

二、长三角青年职业压力现状及分析

(一) 职业压力现状

本研究采取自编问卷,对上海、南京、杭州、合肥、芜湖、苏州、宁波 7 个长三角城市,共 3 023 名青年进行调查。样本分布比例如下:男性占 47.8%,女性占 52.2%;1980 年前出生占 5%,"80 后"占 28.6%,"90 后"占 65.5%,"00 后"占 0.9%;专业技术人员(如教师/医生/律师/工程师等)占 19.9%,政府机构、国有企业的工作人员/公务员占 25%,私企/外企/三资企业公司普通职员(包括业务员、基层主管)占 22.7%,体力劳动者占 10.2%,社会组织工作人员占 8.5%,管理层(经理/厂长/总监等)占 5.3%,行政领导层占 2.9%,自由职业占 3.2%。鉴于主客观条件限制,我们主要研究职业压力源和压力应对方式这两个关键问题。为了了解青年职业压力的来源和他们倾向于运用的压力应对方式,问卷设置了两个问题,第一个问题是"您认为目前的工作压力主要来自",第二个问题"对于工作中的问题和困扰您通常采取何种方式应对",两个问题均限选三项。结果见表 3 - 2 和表 3 - 3。

表 3-2 您认为目前的工作压力主要来自(限选三项)

	频 率	百分比/%	累积百分比/%
工作任务繁重,有时需要在紧迫的时间内完成	1 639	23.5	54.2
工作的薪酬制度不合理	1 318	18.9	43.6
工作职位晋升比较困难,竞争激烈	1 134	16.3	37.5
工作需要多方面或高水平的技术和能力	886	12.7	29.3
在工作中不能充分发挥自己的能力,缺乏价值感、成就感	715	10.3	23.7
工作中人际关系紧张	557	8.0	18.4
社会对自己职业评价不高	372	5.3	12.3
单位的信息沟通渠道不通畅	285	4.1	9.4
其他(请注明)	67	1.0	2.2
合　　计	6 973	100.0	230.7

表 3-3 对于工作中的问题和困扰您通常采取何种方式应对

	频 率	百分比/%	累积百分比/%
努力去改变现状,使情况向好的一面转化	1 786	25.3	59.1
制订一些克服困难的计划并按计划去做	1 616	22.9	53.5
向有经验的同事、亲友求教解决问题的方法	1 277	18.1	42.2
为了维护职场形象,常压抑内心的消极情绪	1 005	14.2	33.2
常以无所谓的态度来掩饰内心的感受	409	5.8	13.5
向引起问题的人和事发脾气	316	4.5	10.5
自感挫折是对自己的考验	308	4.4	10.2
常借吸烟、喝酒或娱乐活动来消除烦恼	181	2.6	6.0
常爱幻想一些不现实的事来消除烦恼	173	2.4	5.7
合　　计	7 071	100.0	233.9

数据显示,职业压力源中,工作任务繁重,有时需要在紧迫的时间内完成(54.2%)、工作的薪酬制度不合理(43.6%)、工作职位晋升比较困难,竞争激烈(37.5%)构成了三大主要原因。其次为工作需要多方面或高水平的技术和能力(29.3%),在工作中不能充分发挥自己的能力、缺乏价值感、成就感(23.7%)。

职业压力源位于末位的是为单位的信息沟通渠道不通畅(9.4%)、社会对自己职业评价不高(12.3%)、工作中人际关系紧张(18.4%)。

数据显示,面对职业压力,青年最常采用的应对策略是努力去改变现状,使情况向好的一面转化(59.1%),最少采用的应对策略是常爱幻想一些不现实的事来消除烦恼(5.7%)。其他应对策略的采用情况为制订一些克服困难的计划并按计划去做(53.5%),向有经验的同事、亲友求教解决问题的方法(42.2%),为了维护职场形象、常压抑内心的消极情绪(33.2%),常以无所谓的态度来掩饰内心的感受(13.5%),向引起问题的人和事发脾气(10.5%),自感挫折是对自己的考验(10.2%),常借吸烟、喝酒或娱乐活动来消除烦恼(6.0%)。

(二) 职业压力分析

调查显示,工作本身的因素,任务过于繁重是青年集中反映的最大压力源。

组织结构与组织风格也是压力的主要来源,工作的薪酬制度是否合理、工作中能不能找到价值感、成就感、信息沟通渠道是否通畅,都是青年关心的话题。另外,职业发展是青年人相当重视的方面,对职业生涯的整体规划,组织内晋升通道是否畅通。组织中的角色、组织中的人际关系也在相当一定程度上让青年体验压力。

从面对压力采取的应对策略看,随着快节奏的生活和竞争激烈的职场环境,新时代的青年人面对压力的应对策略越来越理性。其中最常采用应对策略的前三名均是积极行为策略,说明青年人面对压力时,最率先思考的就是解决问题、采取行动、寻求社会支持。但逃避策略也常常被青年人采用,压抑情绪、对压力置之不理,例如为了维护职场形象,常压抑内心的消极情绪、常以无所谓的态度来掩饰内心的感受等。采取逃避策略表面上看回避了压力事件,暂时消除了情绪的紧张,然而并没有真正解决问题,当压力不断累积,会创造更多的压力源,让青年无力招架、更容易依赖逃避策略,心理学家把这个恶性循环叫做压力繁殖。压力应对策略方面值得注意的是积极认知策略被青年人采用的并不多。

三、思考与建议

1. 从组织层面上解决,针对职场压力源,优化管理模式

针对工作本身的压力,青年反映工作负荷过重,无法在规定时间内完成,组织可重新分配工作任务,以付出努力可实现为标准。在组织结构与组织风格方面,良好的组织结构,会将青年的个性特征和能力与岗位匹配,激发他们的工作热情,发挥他们的工作潜能,并制定合理的绩效考核制度,保证多劳多得、优劳优

酬。信息渠道畅通、上下级关系和谐、让青年身心愉悦。在职业发展方面,应该给予每一位青年清晰的职业生涯规划,不只是职位晋升方面,还要搭建职业发展的平台,让个人能力和素质的不断提升,找到适合自己的发展方向。开展岗位培训,提升青年职业技能,帮助青年明晰工作的职责范围、适应本职岗位;在组织内部构建积极沟通模式,疏通人际交往障碍,营造和谐氛围。

2. 在个体层面,转变对压力的认知,提升自我效能感

调研结果显示,青年人对压力的存在并无好感,迫切地需要解决压力,或是逃避忽视压力。其实压力管理中,对压力的积极认知是非常关键的内容。长久以来,人们认为压力存在便会影响我们的健康。然而,心理学新的研究表明,压力只有在被觉得是健康威胁时才会对健康有不利影响。那些擅于和压力共存,将压力当作动力的人,压力的存在不会带给他们健康的损害,也不会影响他们的工作绩效,甚至还有促进作用。当压力源出现时,青年如何进行解释,会影响他们的压力体验,进而影响他们采取的行动,影响工作的绩效和职业的发展。而自我效能感是指一个人能否利用所拥有的技能完成某项工作的自信程度。增强青年的自我效能感,提升战胜挫折的内在动力,促使青年积极地寻找压力的应对策略,合理有效的应对压力。

3. 从组织层面,整合多方社会资源,帮助青年释放压力

借鉴员工帮助计划(EAP),建立健全完善、系统的心理健康服务体系。员工帮助计划是由企业为员工设置的一套系统的、长期的心理福利与支持项目,常规内容包括:职业心理健康问题、压力及情绪管理、职业生涯规划、内部沟通和冲突管理、人际关系协调和改善、工作环境调适、心理危机干预等方面。通过心理专业人士为员工提供普测、培训、诊断和咨询,通过帮助解决员工的心理和行为问题,使员工身心愉悦的投身工作,从而提高工作绩效,营造良好的工作氛围。大量的研究和实践表明,EAP 提供了一种精神福利,降低了管理成本,提高了工作绩效,投资回报率特别高。作为一种人力资源管理模式,对企业发挥着积极的影响。然而 EAP 项目在我国的普及率并不高,大部分中小型企业、政府部门、事业单位、社会组织并未开启,对于自由职业者和新兴领域青年来说,更没有机会体验。

究其原因,企业中 EAP 项目多为人力资源部实施开展,聘请专业化程度高的心理专家成立专员会,为企业内部员工提供服务,这样的管理模式成本高,大部分企事业单位负担不起。共青团可以整合多方资源,视情况由政府或单位出资,学习 EAP 模式,组织心理志愿服务团队,建立健全区域、单位系统、行业系统内部的心理健康服务体系。对各行业青年进行心理普测、建立心理档案,定期进行心理数据采集和分析,建立职业压力的预警体系;根据各行业青年的职业心理诉求,分级分类进行心理培训,普及心理知识,提升心理健康意识,学会管理情绪、调适压力,建立职业压力的预防体系;对遭遇突发事件,处于心理危机中的青年,或单位内岗位调整涉及的青年,进行个案或团体心理服务,让心理专家远程或直接咨询,建立职业压力的干预体系。

延伸阅读

上海市促进在线新经济发展行动方案(2020—2022 年)

在线新经济是借助人工智能、5G、互联网、大数据、区块链等智能交互技术,与现代生产制造、商务金融、文娱消费、教育健康和流通出行等深度融合,具有在线、智能、交互特征的新业态新模式。为深刻领会习近平总书记关于"疫情对产业发展既是挑战也是机遇"的重要指示精神,进一步顺应需求、把握机遇、因势利导,加快发展新经济形态,培育产业新动能,制订本行动方案。

一、明确指导思想和行动目标

(一)指导思想

以习近平新时代中国特色社会主义思想为指导,深入贯彻中央关于统筹推进疫情防控和经济社会发展的部署,围绕经济高质量发展的总体目标,将加快在线新经济发展作为超大城市有效推进疫期防控和疫后经济复苏的重要落脚点,作为满足生产生活升级需求和技术场景赋能产业转型的重要发力点,作为强化科创策源功能和高端产业引领功能的重要结合点,坚持线上线下融合发展,着力推进智能交互技术集成创新、业态模式创新、服务创新和管理创新,着力拉动消费新需求,着力培育经济新增长点,着力营造产业发展新生态,促进上海经济率先实现质量变革、效率变革、动力变革。

(二)行动目标

聚焦一年,着眼三年,集聚优势资源,围绕重点领域打造四个"100＋"。到2022 年末,将上海打造成具有国际影响力、国内领先的在线新经济发展高地。

——集聚"100＋"创新型企业。加快培育 100 家以上掌握核心技术、拥有自主知识产权、具有国际竞争力的高成长性创新企业,聚焦支持 10 家左右创新型头部企业和领军企业发展。

——推出"100＋"应用场景。推出示范效应好、带动作用强、市场影响优的在线新经济应用场景,进一步集聚用户流量,带动新产业发展。

——打造"100＋"品牌产品。打造美誉度高、创新性强的在线新经济品牌产品和服务,推动一批新产品先行先试,加快创新产品市场化和产业化,不断推陈出新、迭代升级。

——突破"100＋"关键技术。创建一批研发与转化功能型平台,人工智能、5G、互联网、大数据、区块链等领域的技术创新成果不断涌现,产业核心竞争力显著增强。

二、聚焦发展重点

(1)打造标杆性无人工厂。建设 100 家以上无人工厂、无人生产线、无人车间,加快高端装备、汽车、航空航天、生物医药、电子信息、钢铁化工等行业智能化转型。聚焦柔性制造、云制造、共享制造等新制造模式,强化柔性化生产能力和数字化基础支撑,提高应急生产能力。加快研制具有自感知、自控制、自决策、自执行功能的智能制造单元、工业机器人和仓储机器人,加大自主机器人推广应用力度,创新发展智能多层穿梭车系统。(责任部门:市经济信息化委、市发展改革委、市科委)

(2)加快发展工业互联网。打造面向重点产业、重点环节的行业级和通用型工业互联网平台,鼓励企业利用能源、原材料、轻纺等产业电商平台优化供应链采购、分销体系。支持大型龙头企业建设企业专网,建设 20 个具有全国影响力的工业互联网平台。引导工业互联网平台与专业软件设计厂商合作,加快打造云端仿真开发环境。培育集成服务供应商,支持行业领军企业、互联网平台企业向系统解决方案供应商转型,推进智能交互技术、行业平台、软硬件产品的集成应用。(责任部门:市经济信息化委、市发展改革委、市科委)

(3)推广远程办公模式。顺应在家办公、异地办公、移动办公等需求,鼓励发展无边界协同、全场景协作的远程办公新模式。围绕员工信息上报、视频会议、协同办公、协同开发等场景,打造远程办公平台和管理体系,持续优化产品用户体验,增强用户黏性。注重运用新兴技术,开发全场景远程办公软件及系统解决方案,强化远程办公信息和数据安全。加快 5G 技术应用,提高远程办公效率。(责任部门:市经济信息化委、市商务委、市科委)

(4)优化在线金融服务。推动线上申贷续贷还贷、线上投资理财理赔、线上便民缴费等金融服务,丰富智慧银行、网上银行、手机银行等线上渠道,支持金融机构利用新技术开展金融服务创新。大力发展智慧财富管理,开发推广智能投顾、智能投研、智能风控、智能监管等,深入推进保险服务创新,建设"互联网＋医疗健康＋保险"的一体化健康保险服务平台。鼓励开展生物识别支付、智能穿戴设备支付等在线支付服务创新,提供安全便捷的支付业务。探索人工智能、大数据、知识图谱、区块链等技术应用于授信融资、承保理赔、资产管理等领域。(责任部门:市地方金融监管局、市经济信息化委、市科委)

(5)深化发展在线文娱。加速发展网络视听,依托音频、短视频、直播和影视类载体,推进新兴技术成果服务应用于内容生产。推动音视频大数据处理、全媒体智能播控、超高清视频制播等平台建设。顺应娱乐消费趋势,重视用户体验,进一步推动网游手游、网络文学、动漫电竞等互动娱乐产业发展,支持线上比赛、交易、直播、培训、健身。(责任部门:市文化旅游局、市体育局、市市场监管局、市经济信息化委)

(6)创新发展在线展览展示。推动各类专业化会展线上线下融合发展,推进智能化会展场馆建设,放大"6＋365"进博会一站式交易服务平台效应。推动大型展览展示企业和知名云服务企业共建云展服务实体,打造云会议、云展览、云走秀、云体验等系列活动。结合5G互动直播,加快VR/AR技术应用,拓展网上"云游"博物馆、美术馆、文创园区等,建设数字孪生景区,打造沉浸式全景在线产品。(责任部门:市商务委、市文化旅游局、市市场监管局、市经济信息化委)

(7)拓展生鲜电商零售业态。围绕生鲜、餐饮、农产品、日用品等领域,推动传统零售和渠道电商整合资源,线上建设网上超市、智慧微菜场,线下发展无人超市和智能售货机、无人回收站等智慧零售终端。鼓励开展直播电商、社交电商、社群电商、"小程序"电商等智能营销新业态。支持企业提升生鲜产品周转数字化管理能力,发展制冷预冷、保温保鲜等技术,规模化布局冷链仓储设施,建立产品流动和可溯源性信息平台,推进生鲜、农产品标准化建设,进一步提升食品安全。(责任部门:市商务委、市经济信息化委、市交通委、市市场监管局)

(8)加速发展"无接触"配送。推动无人配送在零售、医疗、餐饮、酒店、制造等行业应用,支持冷链物流、限时速送、夜间配送等物流配送模式。鼓励物业与快递企业建立市场化协作机制,加快社区、园区、楼宇等区域布局智能储物柜、保温外卖柜、末端配送服务站和配送自提点,推进社区储物设施共享,保障"最后一公里"送达。重点发展无人机、无人车等无人驾驶运载工具,满足城市间、城市内、社区内流通配送需求。推广全时空响应物流,提供特殊时期和行业定制化物流配送方案,发展网络货运平台和供应链综合服务平台,高效整合线下运力资源,提高智能化运营和调配能力,实现物流服务全天候、广覆盖。(责任部门:市商务委、市交通委、市邮政管理局、市房屋管理局、市经济信息化委、市发展改

革委）

（9）大力发展新型移动出行。推进智能网联汽车商业化场景应用，拓展汽车后市场服务，鼓励发展分时租赁共享汽车，探索自动驾驶出租车等出行新方式，加快"人—车—路—云"协同的基础设施建设，打造智慧出行服务链。推动加油站等发展"一键加油""一键到车"等非接触式销售新模式。加快北斗导航等空间位置服务技术与交通出行相融合，结合管控信息、交通状况等优化出行路线，提高匹配效率和车辆利用率。（责任部门：市交通委、市经济信息化委、市公安局、市发展改革委、市科委）

（10）优化发展在线教育。推广线上线下深度融合、分散教学与集中教学结合的学习模式，打造"上海微校"和"空中课堂"等线上教育品牌，推动重点平台企业和学校建设适合大规模在线学习的信息化基础应用平台。加强教育专网、教育云等基础设施建设，支持互联网教育服务和内容创新，推动"学分银行"建设，实现优质教育资源共享。推广在线职业教育和职业能力提升，围绕职业英语、行业技能、职业技能等领域，构建完善市民终身教育体系和数字化技能培养体系。规范发展"互联网＋教育"，引导企业健康发展。（责任部门：市教委、市人力资源社会保障局、市经济信息化委）

（11）加快发展在线研发设计。发展在线定制化设计，建立数字化设计与虚拟仿真系统，创新个性化设计、用户参与设计、交互设计，丰富产品和服务供给。鼓励企业开展网络协同研发设计，推进人工智能、大数据、虚拟现实和增强现实等新技术在研发设计中应用。支持开展各类众创、众智、众包、众设的线上创作活动，鼓励发展各种形态的开发者社区。推动在线技术服务平台建设，促进知识共享、成果转化、技术和知识产权交易。（责任部门：市科委、市经济信息化委、市市场监管局）

（12）提升发展在线医疗。推进互联网医院发展，完善互联网诊疗服务管理制度，在线开展就医复诊、健康咨询、健康管理、家庭医生等各类服务。加快跨区域、跨层级的医疗数据共享应用，实现医学检查结果互联互通互认。推进各级医疗机构线上支付，试点推广医保移动支付。推广"云存储、云应用"模式，提升医疗机构信息化能级，鼓励互联网企业积极参与全市各级医疗机构信息化建设。积极推广基于5G技术的远程会诊、远程手术、远程超声、远程监护、远程流行病学调查等远程医疗应用。加快发展智能医学影像设备、手术机器人、康复机器人、消杀机器人等智能医疗设备，推动人工智能技术在疾病诊断、药物研发、海量数据处理等领域应用，为患者提供精准化健康管理方案。（责任部门：市卫生健

康委、市医保局、市经济信息化委、市药品监管局)

三、实施专项行动

(13) 智能交互核心技术攻关行动。围绕基础理论和算法、算力、数据,支持实时定位与地图构建、环境感知、语言交互、自主学习、人机协作、无人驾驶等关键技术研发,建设产学研用结合的高水平开放式协同创新平台。加快区块链和大数据技术突破,扩大区块链技术在供应链管理、移动支付、电子存证等领域应用,推动建设大数据联合创新实验室,建立行业大数据标签体系。鼓励智能交互技术跨界融合创新,加强集成电路、人工智能、生物医药等先导产业硬核技术攻关,提升智能家居、智能穿戴、在线消费、健康服务等领域集成应用水平。大力推进红外、医用、无人制造、智慧社区等重点领域智能传感器研发和产业化。(责任部门:市经济信息化委、市科委、市发展改革委)

(14) 应用场景开放拓展行动。完善"揭榜挂帅"机制,建立模式场景动态发布制度,搭建供需对接平台,以应用带动集成,推动科技成果转化、重大产品集成创新和示范应用。依托临港新片区、长三角生态绿色一体化发展示范区、张江科学城、虹桥商务区等重点区域,探索设立在线新经济应用场景实践区,聚焦重点项目和场景落地,建设集研发设计、数据训练、中试应用、科技金融于一体的综合服务载体。(责任部门:市发展改革委、市经济信息化委、市商务委、市科委)

(15) 创新型企业培育行动。采取奖励、资助、贷款贴息、购买服务等方式,精准、连续、滚动支持一批拥有核心技术、用户流量、商业模式的在线新经济领域创新型头部企业和领军企业。通过"云招商、云洽谈、云签约"等方式,积极开展招商引资和投资服务,建立常态化模式。引导支持风险投资、创业投资、股权投资等机构重点投向在线新经济领域。充分发挥"科创板"功能,支持鼓励在线新经济领域的高成长性创新企业优先在科创板上市。(责任部门:市经济信息化委、市发展改革委、市商务委、市科委、市地方金融监管局)

(16) 品牌网络营销推广行动。鼓励支持骨干企业与网络平台、行业组织加强联动,通过信息消费节、云上购物节、创意设计周等系列活动,促进产品和服务的市场推广,做到线上线下融合发展,打造独具特色的知名品牌。用好进博会等对外开放窗口平台,加大在线新经济龙头企业和产品全球推介力度。(责任部门:市商务委、市经济信息化委、市发展改革委、市科委、市国资委)

(17) 数据资源共享开放行动。统筹完善"城市大脑"架构,依托市大数据中心,优化公共数据采集质量,实现公共数据集中汇聚,推动医疗、教育等重点领域的数据开放应用,加强数据治理和共享流通,建立向社会企业开放的应用程序市场和开发者社区。深化系统集成共用,推动各部门、各区专用网络和信息系统整合融合,实现跨部门、跨层级工作机制协调顺畅。优化政务云资源配置,重构优化各类政务系统。加强网络空间安全保障,完善公共数据和个人信息保护。(责任部门:市政府办公厅、市经济信息化委)

(18)新型基础设施支撑行动。加快建设智能物流、生鲜冷链、新能源车充电桩、智能交通地图系统公共底座、大数据中心、工业互联网等城市基础体系,支撑产业链发展。加快建设5G引领的智能网络基础设施,重点支持5G、新型城域物联专网、IDC等信息基础设施的示范应用和模式创新。加快推动新型网络基础设施规划布局,建设新型互联网交换中心,提高通信连接速度、国际出口带宽和计算存储能力。(责任部门:市发展改革委、市经济信息化委、市交通委、市政府办公厅)

四、落实保障措施

(19)加大统筹协调力度。围绕在线教育、医疗健康、生鲜电商等在线新经济发展遇到的问题瓶颈,强化产业创新协调机制,发挥市制造业高质量发展领导小组、市服务业发展工作领导小组等的统筹协调功能,加大跨部门、跨层级合力推进解决问题的力度。(责任部门:市经济信息化委、市发展改革委、市商务委)

(20)实行包容审慎监管。探索适用于新业态新模式的"沙盒"监管措施,放宽融合性产品和服务准入门槛,只要不违反法律法规,均应允许相关市场主体进入,允许试错、宽容失败,创新新型跨界产品和服务审批制度,市、区联合开展试点示范,本着鼓励创新的原则,分领域制定监管规则和标准,在严守安全底线的前提下为新业态发展留足空间。探索扩大免罚清单等容错监管方式。(责任部门:市经济信息化委、市发展改革委、市市场监管局、市卫生健康委、市教委、市司法局)

(21)着力强化公共服务。提升"一网通办"服务能力,优化"互联网+政务服务",完善"随申办""市企业服务云""市投资促进平台",推广统一身份认证,支持电子印章、电子合同、在线签署等模式创新。着力推进城市运行"一网统管",依托电子政务云,推动新兴技术先试先用,加强各类城市运行系统的互联互通,推动硬件设施共建共用,加快形成跨部门、跨层级、跨区域的协同运行体系,支撑在线新经济发展,培育专业化供应商。(责任部门:市政府办公厅、市经济信息化委)

(22)探索新型人才从业评价。培育具有专业优势、服务能力强、行业自律水平高的行业协会、学会等社会组织,探索通过社会组织为自由职业者提供职称申报渠道,在动漫游戏、数字编辑、创意设计、软件编程等领域,完善职称评价标准,健全业绩贡献评价方式。支持有条件的区域和企业探索在人力资源、创意设计等方面跨界合作新模式,开展自由职业者税收征管模式创新,允许电子商务经营者以网络经营场所申办个体工商户。(责任部门:市人力资源社会保障局、市市场监管局、市税务局、市经济信息化委)

(23)建设在线新经济生态园。结合人工智能、数字经济、工业互联网等国家级创新载体创建工作,按照全市产业地图布局,通过老厂房、老仓库、工业标准厂房和商务楼宇等存量资源的改造提升,打造一批特色鲜明、功能错位、相对集聚的在线新经济生态园,构建以在线新产业为核心,集平台、技术、应用于一体的创新创业生态体系,营造在线新经济发展良好生态。(责任部门:市经济信息化委、市科委、市发展改革委、上海科创办)

支持各区、各开发区按照本行动方案要求,立足本区域在线新经济发展,主动作为,出台专项支持政策,持续发力,形成叠加效应,为上海产业高质量发展打造新亮点、创造新标杆,形成经济发展新增量。

(资料来源:中国经济网,http://www.ce.cn/culture/gd/202004/13/t20200413_34670333.shtml)

第四章　恋爱与婚姻

第一节　青年婚姻恋爱观念

一、研究背景

　　婚姻恋爱观念,即所谓的婚恋观,是指男女双方对恋爱、婚姻和性的根本看法和态度,包括对爱情本质、择偶标准、恋爱道德、恋爱与婚姻关系、婚姻道德与责任等一系列问题的看法和态度,婚恋观也就是人们在对待恋爱和婚姻大事上的人生观和价值观。青年是一个人婚恋观形成的重要时期,青年由恋爱走向婚姻,婚姻奠定家庭,家庭是社会的细胞,所以青年婚恋观关乎青年幸福、国家发展和社会稳定。随着社会的变迁、时代的发展和人们思想观念的变化,青年婚恋观的演进和变化也进入了一个全新的时代,呈现出不同于以往任何时代的全新风貌。从建国初期到改革开放再到人们为追求美好生活、为实现中华民族伟大复兴中国梦而努力奋斗的新时代,青年在恋爱婚姻中的价值取向从重视政治荣誉、器重知识文凭到看重收入财富,甚至过分强调房子车子户籍等货币化物质条件之后,转移到更加注重婚恋对象的内在品质、更加在意恋爱双方共同相处时的内在契合程度等关键因素上来,青年择偶标准也抛开了一系列政治化和物质化的外在符号而回归到对恋爱对象本身的内在品质和恋爱婚姻本身的本质因素的关注上来,对方的性格、人品和两人在内在精神上的"门当户对"成为了新时代青年追求一生挚爱和迈入婚姻殿堂最倚重的标尺基准。我们正处在一个美好的新时代,青年婚恋观也处在探索恋爱婚姻本质、越来越多元化和个性化的美好新时代。

　　在新时代、新社会,人们看待青年个性化、多元化的新兴婚恋观也要有新眼光新态度。前几天看到一则报道,讲的是现如今德国年轻人恋爱婚姻生活中的种种生态。德国年轻人在婚恋观包括恋爱动机、相处模式、婚姻进程等一系列问题上很有一套自己的特色。首先是恋爱动机,男女双方在一起根本原因是"相互"吸引,不存在一方对另外一方的穷追不舍,不必要"在一棵树上吊死",现代社会里德国人甚至省去了像样的表白,一方对另外一方有好感,会单独约他(她)出去,最典型的是一起喝咖啡、吃饭,共同参加活动或者运动之类,如果两人彼此感兴趣,这样一段时间过后就自然成了男女朋友,如果一方无兴趣,就会直接或者间接表示不继续接受邀约,另一方一般也不会继续纠缠;其次是恋人之间的相处模式和婚姻进程,德国人谈恋爱彼此之间需要相互尊重并保持各自独立,一般德国人对物质的期许并不高,谈恋爱大都是凭感觉在一起,对另一半的要求大多就是合得来,不会一开始就考虑婚姻的事,有些人即使感情很好,一起生活多年,甚至有了孩子也不结婚,也有不少人孩子挺大了才结婚,普遍恋爱结婚都比较自由,基本没人强加干涉,六七十岁还在甜蜜约会的也不罕见,但是彼此之间不要干涉对方的独立,实际上是恋爱中双方都比较独立,而且德国女性尤其独立,她们不倾向依附别人,大包大箱能搬能扛,不喜欢示弱,约会时候男生帮女生开车门这一套,似乎现在德国女生也不太需要,她们更是经济独立,有的和男友合租也是女生付房租,约会甚至结婚之后经济上都是 AA 制。年轻人的婚恋观受地域、时代、政治、经济、文化、历史、文明程度和思想意识等诸多因素的影响,是时代进步、社会发展和文明进化的产物,本也无所谓哪一种婚恋观最好或者最坏,但是德国年轻人婚恋观之种种生态也从一个侧面让我们更好理解现代中国年轻人婚恋观的种种变化和进步,并让我们从更广阔的视角、用更理性的态度去看待年轻人尤其是长三角地区年轻人婚恋观变化和进步中的种种新现象。

在新时代、新社会,共青团在倡导建立更加"文明、健康、理性"的青年婚恋观这一方面要有新作为。青年婚恋是国家《中长期青年发展规划(2016—2025年)》中涉及青年发展的重要方面,研究青年婚恋观是我国青年研究的重要领域,长三角地处中国经济发展极为活跃的区域,人们思想观念更新节奏快,行为方式改进步伐大,精准追踪长三角地区青年婚恋观变化和进步过程中的动态,明晰把握长三角地区青年婚恋观中那些具有典型性、代表性的发展状况和特性,对研究中国青年婚恋观的变化和发展具有借鉴意义,对推动共青团更好为青年婚恋提供服务、更好开展青年工作、引导青年更全面发展具有重要意义。

课题组对长三角地区青年民生状况进行调查,其中有关青年婚恋的调查内容包括对大龄未婚男女青年年龄界限的认定、青年择偶标准、青年婚恋观养成的影响因素、青年单身的主要原因、青年最希望获得的婚恋资源、性行为安全意识的普及程度、恋爱问题在在校生承受压力之中的占比、来自恋人的支持在在校生生接受的援助和支持之中的占比,并就"青年结婚之前,可以试婚""没有结过婚,人生就不完整""青年可以有伴侣,但是可以不结婚""找不到满意的对象情况下,会降低择偶标准""没有得到家人认可,不会结婚"等新兴婚恋观念征询长三角青年的认同程度等等。调研报告在对第一手数据进行收集的基础上分析和比较长三角地区青年婚恋观方方面面的生态和状况,并对青年婚恋工作提出相关政策建议。

二、调研结果

(一)"大龄"青年的年龄界限

1. 长三角在职青年的看法

对于所谓大龄青年的年龄界限这个问题,只有 13.93% 的在职青年认为所谓大龄未婚男性的年龄界限是 30 岁,而 29.87% 的在职青年认为所谓大龄未婚男性的年龄界限是 35 岁;有 27.22% 的在职青年认为所谓大龄未婚女性的年龄界限是 30 岁,而只有 16.44% 的在职青年认为所谓大龄未婚女性的年龄界限是 35 岁,可见在职青年对于大龄未婚的年龄界限的看法,男女之间有一个 5 岁左右的年龄差,年龄对女性更敏感,男性年纪稍大问题不是那么严重,在职青年对所谓大龄未婚男性和大龄未婚女性的年龄界限在 30~40 岁之间的具体比例分别如表 4-1 和表 4-2 所示。

表 4-1　长三角在职青年对所谓大龄未婚男性年龄界限看法分布表

认为是大龄未婚男性的年龄	比例/%	认为是大龄未婚男性的年龄	比例/%
30	13.93	36	5.36
31	3.41	37	2.25
32	6.95	38	3.37
33	5.33	39	1.72
34	4.23	40	8.44
35	29.87		

表 4-2　长三角在职青年对所谓大龄未婚女性年龄界限看法分布表

认为是大龄未婚女性的年龄	比例/%	认为是大龄未婚女性的年龄	比例/%
28	7.51	32	8.10
29	3.54	33	6.19
30	27.22	34	2.81
31	4.76	35	16.44

2. 长三角高校学生的看法

对于所谓大龄青年的年龄界限这个问题,只有 9.20% 的高校学生认为所谓大龄未婚男性的年龄界限是 30 岁,而 26.24% 的高校学生认为所谓大龄未婚男性的年龄界限是 35 岁;有 22.05% 的高校学生认为所谓大龄未婚女性的年龄界限是 30 岁,另外一个值得注意的现象是,有 19.48% 的高校学生认为所谓大龄未婚女性的年龄界限是 35 岁,虽然高校学生对大龄未婚男女的年龄界限认定也有一个 5 岁左右的年龄差,但比在职青年对大龄未婚女性的年龄界限认定要更加宽容,高校学生对所谓大龄未婚男性和大龄未婚女性的年龄界限的具体看法分布分别如表 4-3 和表 4-4 所示。

表 4-3 长三角高校学生对所谓大龄未婚男性年龄界限看法分布表

认为是大龄未婚男性的年龄	比例/%	认为是大龄未婚男性的年龄	比例/%
30	9.20	36	5.62
31	2.89	37	3.97
32	5.04	38	4.35
33	4.70	39	2.44
34	3.68	40	13.48
35	26.24		

表 4-4 长三角高校学生对所谓大龄未婚女性年龄界限看法分布表

认为是大龄未婚女性的年龄	比例/%	认为是大龄未婚女性的年龄	比例/%
28	4.54	35	19.48
29	3.11	36	4.19
30	22.05	37	2.51
31	4.63	38	3.20
32	6.19	39	1.30
33	5.08	40	4.63
34	3.30		

(二) 择偶标准

1. 在职青年的看法

当被问到择偶时最看重的因素,长三角在职青年给出排在第 1 位的回答是:

三观一致占 57.9%,两情相悦占 15.2%,相貌占 4.0%,健康状况占 5.3%,经济条件占 3.0%,性格脾气占 6.3%,品德修养占 6.7%,家庭背景占 0.9%,学历占 0.4%,职业占 0.2%,户籍户口占 0.2%,社会地位占 0.1%,如图 4-1 所示。

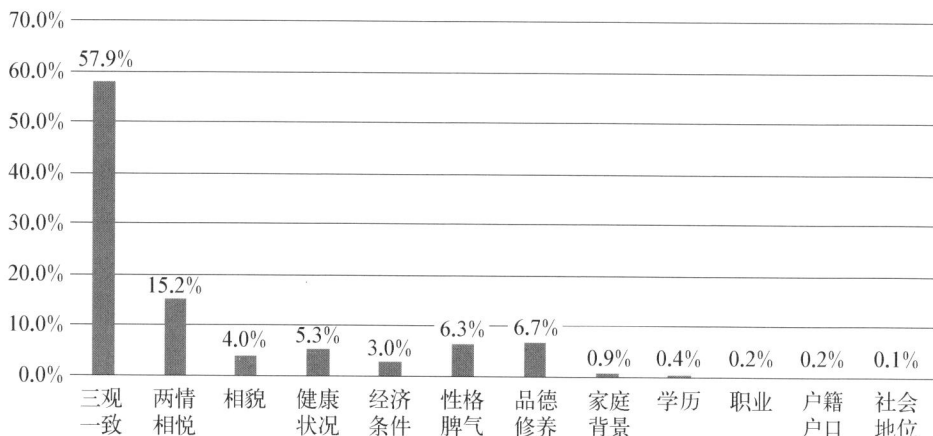

图 4-1 长三角在职青年择偶标准(排名第 1 位)分布图

2. 高校学生的看法

当被问到择偶时最看重的因素,长三角高校学生给出排在第 1 位的回答是:三观一致占 55.3%,两情相悦占 18.8%,相貌占 4.5%,健康状况占 2.8%,经济条件占 2.6%,性格脾气占 6.4%,品德修养占 7.6%,家庭背景占 0.9%,学历占 0.3%,职业占 0.2%,户籍户口占 0.5%,社会地位占 0.1%,如图 4-2 所示。

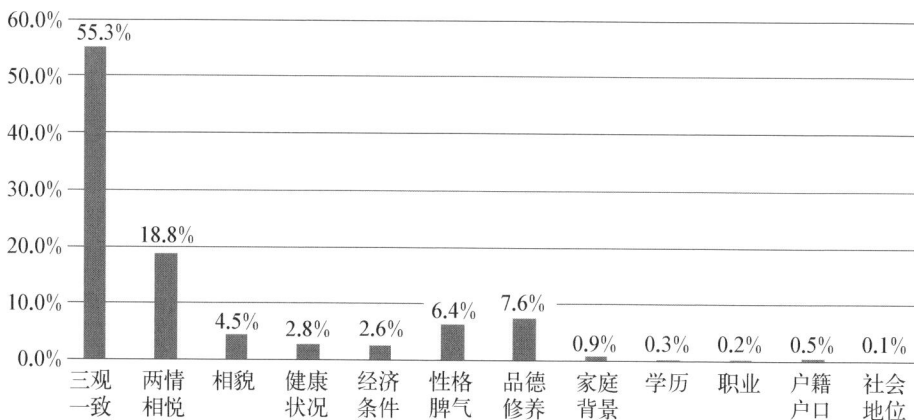

图 4-2 长三角高校学生择偶标准(排名第 1 位)分布图

3. 中学生的看法

当被问到择偶时最看重的因素,长三角中学生给出排在第 1 位的回答是:三观一致占 34.9%,两情相悦占 24.3%,相貌占 8.3%,健康状况占 6.9%,经济条件占 1.9%,性格脾气占 8.3%,品德修养占 13.4%,家庭背景占 0.7%,学历占 0.8%,职业占 0.2%,户籍户口占 0.2%,社会地位占 0.2%,如图 4-3 所示。

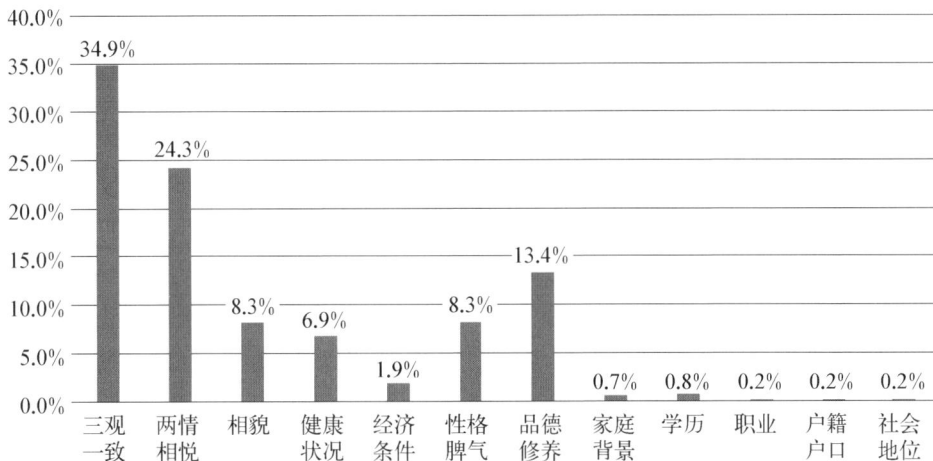

图 4-3　长三角中学生择偶标准(排名第 1 位)分布图

4. 长三角在职青年和高校学生择偶时最看重因素的比较

对于三观一致、两情相悦、性格脾气、品德修养、健康状况、相貌、经济条件、家庭背景、学历、职业、户籍户口、社会地位这些因素,长三角在职青年和高校学生择偶时以第一位排序最看重的因素的分布情况有细微差别,具体如表 4-5 所示。

表 4-5　长三角青年择偶时最看重的因素(第 1 位)情况比较表

择偶时最看重的因素 (第 1 位)	在职青年/%	高校学生/%
三观一致	57.92	55.27
两情相悦	15.25	18.81
性格脾气	6.25	6.44
品德修养	6.68	7.61
健康状况	5.26	2.79
相　　貌	3.97	4.47

（续表）

择偶时最看重的因素 （第1位）	在职青年/%	高校学生/%
经济条件	3.01	2.60
家庭背景	0.89	0.89
学　历	0.36	0.32
职　业	0.17	0.19
户籍户口	0.17	0.48
社会地位	0.07	0.13

5. 长三角地区七个不同城市在职青年择偶标准的比较

长三角七市在职青年对择偶标准的选择排名前一位的是"三观一致"，前二位的是"两情相悦"，但具体比例有细微差别，如表 4-6 和表 4-7 所示。

表 4-6　在职青年择偶时选择"三观一致"(包括第 1 名和第 2 名)情况比较表

所在城市	您择偶时最看重的是什么？请选择二项并排序（三观一致）	
	第 1 名（百分比）	第 2 名（百分比）
杭　州	63.24	6.26
宁　波	57.84	8.74
南　京	62.60	9.71
苏　州	52.18	10.44
合　肥	57.58	8.33
芜　湖	61.09	9.79
上　海	52.17	11.30

表 4-7　在职青年择偶时选择"两情相悦"(包括第 1 名和第 2 名)情况比较表

所在城市	您择偶时最看重的是什么？请选择二项并排序（两情相悦）	
	第 1 名（百分比）	第 2 名（百分比）
杭　州	13.68	24.79
宁　波	11.31	25.45
南　京	13.43	27.89

（续表）

所在城市	您择偶时最看重的是什么？请选择二项并排序（两情相悦）	
	第 1 名（百分比）	第 2 名（百分比）
苏　州	16.75	23.30
合　肥	17.68	18.69
芜　湖	14.78	23.48
上　海	18.27	25.24

（三）在职青年婚恋观

1. 影响婚恋观的主要因素

对于影响婚恋观的主要因素，长三角在职青年的回答是：父母的婚姻状况和相处模式占 17.9%，亲戚、朋友的婚姻状况和相处模式占 9.9%，自身素养占 21.2%，家庭教育占 17.4%，个人成长经历占 21.5%，社会风气与媒体舆论占 5.9%，传统文化 5.6%，其他占 0.5%，如图 4-4 所示。

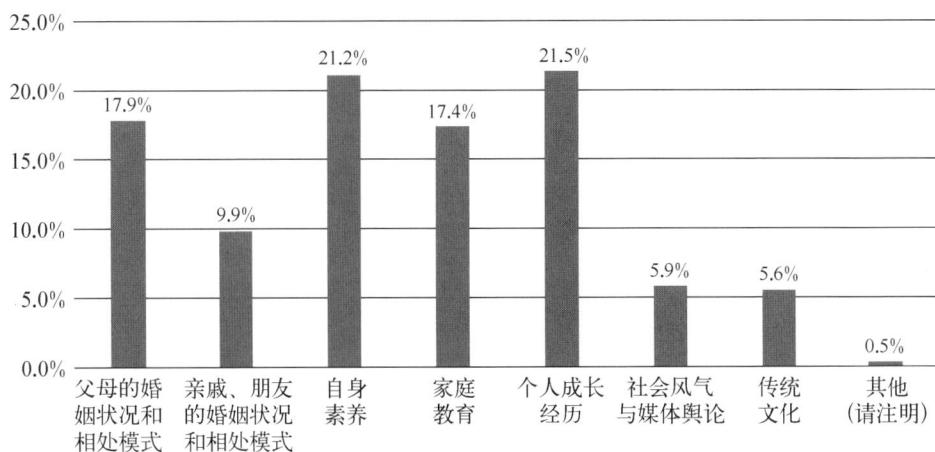

图 4-4　长三角在职青年婚恋观主要影响因素分布图

2. 单身的主要原因

对于单身的主要原因，长三角在职青年的回答占前四位的分别是追求事业发展暂时不想谈恋爱、缺乏择偶的主动性、不想过早稳定下来想继续享受自由的人生、房价太高经济压力大不敢谈恋爱结婚，比例分别为 24.1%、21.8%、20.3%、19.0%，还有回答原因是找不到比自己更优秀的人身边的人都不如自己强、不相信爱情，比例分别为 5.9%、4.4%，其他占 4.4%，如图 4-5 所示。

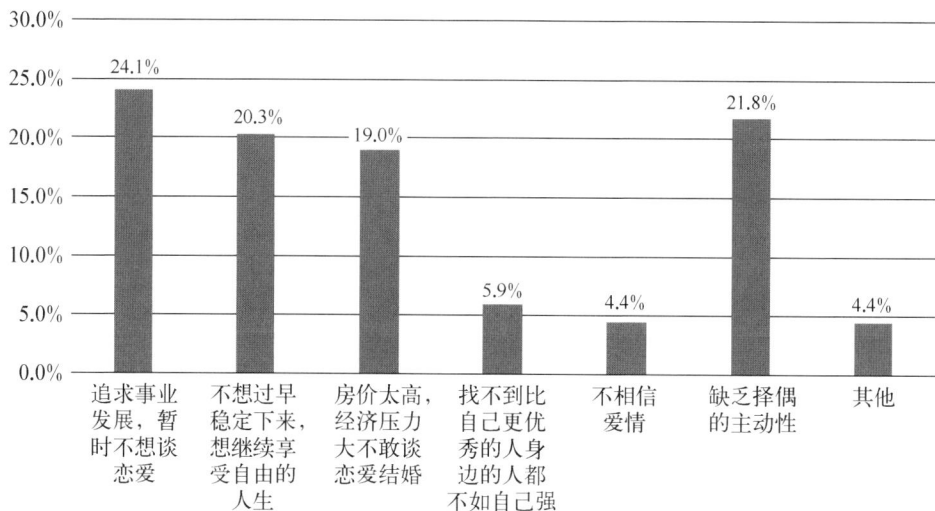

图 4-5　长三角在职青年单身最主要原因分布图

3. 最希望获得的婚恋资源

对于最希望获得的婚恋资源,长三角在职青年的回答是:网上交友平台占27.8%,现场相亲活动占26.2%,一对一的婚恋心理辅导占13.1%,婚恋讲座占7.1%,婚恋学习书籍占4.7%,婚恋方面的小组心理辅导占4.6%,其他占16.6%,如图4-6所示。

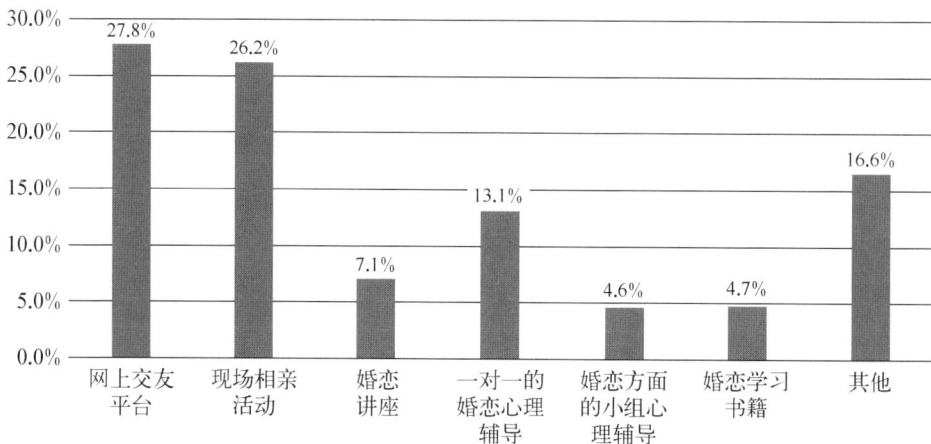

图 4-6　长三角在职青年最希望获得的婚恋资源分布图

4. 青年夫妻在婚姻生活中最需要进行的互相协调与适应

对于青年夫妻在婚姻生活中最需要进行哪方面的互相协调与适应,长三角在职青年认为最主要的前三位分别是情感表达与支持、沟通与解决冲突、价值观人生观,所占比例分别为 44.8%、22.2%、13.0%,其次分别是亲密与性、个人习惯、夫妻在家庭中的地位与角色、与双方父母和亲友的关系,所占比例分别为 8.8%、6.5%、2.1%、1.9%,如图 4-7 所示。

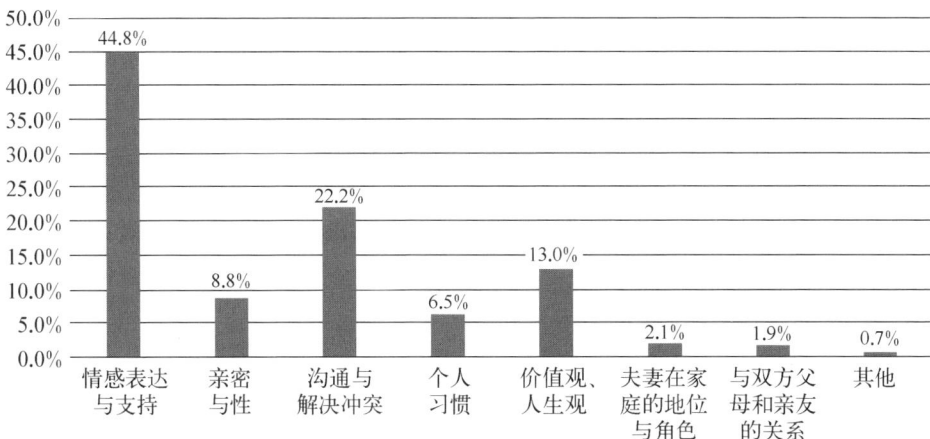

图 4-7　在职青年认为在婚姻中最需要进行的互相协调与适应情况分布图

(四) 青年个性化、多元化婚恋观

1. 在职青年

对于"青年结婚之前,可以试婚"这个观念长三角在职青年的回答是:59.6%的人赞同,40.4%的人反对;对于"没有结过婚,人生就不完整"这个观念长三角在职青年的回答是:43.7%的人赞同,56.3%的人反对;对于"青年可以有伴侣,但是可以不结婚"这个观念长三角在职青年的回答是:52.4%的人赞同,47.6%的人反对;对于"找不到满意的对象情况下,会降低择偶标准"这个观念长三角在职青年的回答是:40.85%的人赞同,59.15%的人反对;对于"没有得到家人认可,不会结婚"这个观念长三角在职青年的回答是:59%的人赞同,41%的人反对。

2. 高校学生

对于"青年结婚之前,可以试婚"这个观念长三角高校学生的回答是:55.01%的人赞同,49.99%的人反对;对于"没有结过婚,人生就不完整"这个观念长三角高校学生的回答是:32.36%的人赞同,67.64%的人反对;对于"青年可以有伴侣,但是可以不结婚"这个观念长三角高校学生的回答是:64.97%的人赞同,35.03%的人反对;对于"找不到满意的对象情况下,会降低择偶标准"这个观念长三角高校学生的回答是:38.17%的人赞同,61.83%的人反对;对于"没有得到家人认可,不会结婚"这个观念长三角高校学生的回答是:53.2%的人赞同,46.8%的人反对。

3. 中学生

对于"青年结婚之前,可以试婚"这个观念长三角中学生的回答是:41.08%的人赞同,58.92%的人反对;对于"没有结过婚,人生就不完整"这个观念长三角地区中学生的回答是:38.94%的人赞同,61.06%的人反对;对于"青年可以有伴侣,但是可以不结婚"这个观念长三角地区中学生的回答是:51.34%的人赞同,48.66%的人反对;对于"找不到满意的对象情况下,会降低择偶标准"这个观念长三角地区中学生的回答是:41.70%的人赞同,58.30%的人反对;对于"没有得到家人认可,不会结婚"这个观念长三角地区中学生的回答是:50.03%的人赞同,49.97%的人反对。

(五) 性行为安全

1. 高校学生的看法

对于"采取安全措施、避免性行为风险"这个问题,长三角高校学生认为自己的实际情况与此完全符合的占 56.6%、比较符合的占 38.61%、不太符合的占 3.9%、完全不符合的占 0.89%。对于"采取安全措施、避免性行为风险"这个问题,长三角七市高校学生的实际情况还是有细微差别的,如表 4-8 所示。

表 4-8 七市高校学生"采取安全措施,避免
性行为风险"符合程度比较表

所在城市	以下所述,符合您实际情况的程度如何? (采取安全措施,避免性行为风险)			
	完全符合/%	比较符合/%	不太符合/%	完全不符合/%
杭　州	57.58	38.79	3.64	0.00
宁　波	63.35	33.81	2.84	0.00
南　京	45.05	42.57	10.40	1.98
苏　州	51.82	42.11	4.66	1.42
合　肥	60.56	35.21	3.52	0.70
芜　湖	57.14	38.66	2.52	1.68
上　海	57.51	38.38	3.28	0.83

2. 中学生的看法

对于"采取安全措施、避免性行为风险"这个问题,长三角中学生认为自己的

实际情况与此完全符合的占 56.51％、比较符合的占 36.32％、不太符合的占 5.31％、完全不符合的占 1.86％。对于"采取安全措施、避免性行为风险"这个问题，长三角七市中学生的实际情况还是有细微差别的，如表 4-9 所示。

表 4-9　七市中学生"采取安全措施，避免
性行为风险"符合程度比较表

所在城市	以下所述，符合您实际情况的程度如何？（采取安全措施，避免性行为风险）			
	完全符合/％	比较符合/％	不太符合/％	完全不符合/％
杭　州	58.02	34.57	3.70	3.70
宁　波	64.38	29.45	4.79	1.37
南　京	40.34	42.86	12.61	4.20
苏　州	51.59	44.09	3.46	0.86
合　肥	53.73	37.25	7.45	1.57
芜　湖	65.04	27.24	4.88	2.85
上　海	61.36	35.22	3.41	0.00

三、分析与讨论

（一）青年更愿意为自己打造一个事业上有追求、经济上能独立、思想上更自由的自我，并不在意世俗婚恋观里的所谓男 35 女 30 的"大龄"红线

对于所谓大龄未婚青年年龄界限的认定，无论是在职青年还是高校学生，比较集中的都认为大龄未婚男性的年龄界限为 35 岁，大龄未婚女性的年龄界限为 30 岁，而无论是对于大龄未婚男性还是大龄未婚女性，非常高的比例都集中在认为其年龄界限是在 30～35 岁之间，其中在职青年 63.72％认为男性、65.52％认为女性的大龄未婚年龄是 30～35 之间，高校学生 57.75％认为男性、60.73％认为女性的大龄未婚年龄是 30～35 之间。尽管高校学生的认定比在职青年更宽容，但都比婚姻法关于法定结婚年龄，即法律规定的最低结婚年龄中的男 22 岁、女 20 岁晚了 8～15 岁。安徽省婚姻家庭咨询协会会长刘学林说，由于工作、生活的节奏加快，压力越来越大，年轻人的结婚年龄在逐年推迟。

"现代年轻人的经济独立程度越来越强，对于很多人来说，结婚与否，并不会给自己生活带来特别大的影响。"合肥市民政局社会事务处处长在评说合肥市从 2013 年到 2018 年登记结婚人数从 95 471 对逐年下降到 75 023 对这一现象时

说。对于单身的主要因素，在职青年认为主观上主要是因为追求事业发展暂时不想谈恋爱、不想过早稳定下来想继续享受自由的人生，客观上主要是因为房价太高经济压力大不敢谈恋爱结婚，同时在现实行动中表现为缺乏择偶的主动性，小部分人认为是找不到比自己更优秀的人、身边的人都不如自己强或者是基本不相信爱情。

（二）青年不理会相亲大市场鄙视链，更在意恋爱双方是否"三观"一致和相处时是否两情相悦

对于择偶标准问题，无论是在职青年、高校学生还是中学生，他们放在第一、第二位次进行考虑的两个方面都是三观一致、两情相悦，放在第三位次的是品德修养、性格脾气、相貌和健康状况，最后才会考虑的是经济条件、家庭背景、学历、职业、户籍户口、社会地位这些因素。有人说相亲就是一场明码标价的爱情买卖，对男性来讲，相亲羡慕链从顶端到底层依次排列的是房产、收入、学历和户口；对女性来讲，对应的相亲羡慕链排列次序是相貌、收入、学历、房产、户口和属相。男性最理想的婚恋对象是：学历本科以上、月收入 5 000～10 000 元、身高在 1 米 59 到 1 米 63 之间、年龄 28 岁上下、职业最好是教师或者公务员等文雅、体面、稳定的职业；女性最理想的另一半则是：学历本科以上最好硕士、月收入 20 000 元、身高 1 米 75 到 1 米 80、年龄 30～35 岁、职业为外企或央企高管、公务员、医生等等。而在我们这次调研中这样的择偶诉求好像并不突出，大家都把三观一致、两情相悦放在了择偶羡慕链的顶端，摆在择偶羡慕链中端的是品德修养、性格脾气、相貌和健康状况，而其他政治化、物质化的外在因素都被放置在择偶羡慕链的底层。

（三）家庭是培育青年婚恋观的原生态土壤，个人历练是青年婚恋观形成的催化剂

对于影响婚恋观的主要因素，在职青年认为最主要的依次是自身素养、个人成长经历、父母的婚姻状况和相处模式、家庭教育，其次是亲戚朋友的婚姻状况和相处模式、社会风气与媒体舆论、传统文化等因素。有人说夫妻彼此互敬互爱、相濡以沫是父母给予孩子最好的婚恋教育，这话不假，父母自身不能够妥善经营自己的婚姻，很难给子女树立婚姻行为典范，子女需要从其他资源获得支撑来构建健康婚恋观，而年轻人自身情感生活的经历和磨炼可以让年轻人在做中学、在做中成长。

（四）囿于生活工作小圈子，社交婚恋范围受限，青年渴望交友平台和婚恋服务，相信亲密无间、相互扶持是夫妻相处之道

长三角在职青年最青睐的婚恋资源是网上交友平台和现场相亲活动，其次

是一对一的婚恋心理辅导、婚恋讲座和婚恋方面的小组心理辅导等。"对于青年夫妻在婚姻生活中最需要进行哪方面的互相协调与适应",长三角在职青年和已婚已育青年都认为排在第一位的是情感表达与支持,比较重要的是沟通与解决冲突、价值观人生观,其次是亲密与性、个人习惯、夫妻在家庭中的地位与角色、与双方父母和亲友的关系,可见夫妻之间的情感共享与支持、亲密无间的合作与奉献、恰当的关于爱的诉求与表达以及温暖的关于爱的付出与满足是解决夫妻关系中一切问题的根本所在。

(五)青年婚恋观更趋个性化、多元化,性行为安全意识日渐浓厚

对于"青年结婚之前,可以试婚"这个观念,大部分长三角在职青年和高校学生都可以接受,但在中学生中的认同度稍微偏低;对于"没有结过婚,人生就不完整"这个观念,大部分长三角在职青年、高校学生和中学生都不赞同,看来在年轻人自己的心目中,结婚未必是人生的必备议题,"婚姻是成功人生的标配"这种认识开始淡化;对于"青年可以有伴侣,但是可以不结婚"这个观念,大部分长三角在职青年、高校学生和中学生都表示赞同,表明年轻人不再像过去一样把婚姻作为爱情的一种外在和社会形式来看待;对于"找不到满意的对象情况下,会降低择偶标准"这个观念,大部分长三角在职青年、高校学生和中学生都给出了否定的回答,认为不会考虑降低择偶标准,即便是年纪不小了,也愿意等待那个对的人;对于"没有得到家人认可,不会结婚"这个观念,长三角在职青年表示比较重视家长的认可,而高校学生和中学生认为有没有家长认同都可以结婚,婚姻主要是两个人之间的事情,外人、即便是家长也难以定乾坤。安徽省婚姻家庭咨询协会会长刘学林说,生活方式的改变、法律意识的增强和对社会发展承受能力的变化都导致了人们婚姻观念的改变,年轻一代的婚姻观念已经随着经济社会的发展发生了很大变化。

对于"采取安全措施、避免性行为风险"这个问题,长三角地区高校学生和中学生认为自己的实际情况与此完全符合的高达近 60%,说明他们都比较明了不安全性行为的危害,比较注重性行为的安全问题。

四、对策与建议

(一)家长应调适心态,社会舆论应宽松,要做到对青年"大龄"问题泰然处之,对青年个性化多元化婚恋观安之若素

随着社会求职竞争和就业压力的进一步加大,年轻人求学时间和职业发展预备时间比过去普遍延长,年轻人接受了完备的现代教育,对未来职业生涯发展

规划更精准,对个人事业发展有更高瞻的目标和更执着的追求,所以,年轻人走上工作岗位的年龄本就比过去要大,而年轻人入职初期可能还需要一段时间打拼事业,再加上现在社会房价高企、生活成本不断攀升,年轻人还需要一段时间进行经济积累。对年轻人采取较晚时间考虑自己婚恋问题的做法,也就是世俗社会认为的所谓大龄未婚未育问题,家长应予以尊重、理解、支持与放活,切实保证年轻人有自己独立的个人空间处理自己的事情,切不可催婚、逼婚甚至父母越俎代庖代为相亲。同时社会舆论也要紧随社会形势的变化采取不断跟进和常常更新的方法,不能停留在过去认为男女在二十几岁基本完成了恋爱结婚成家生子的人生大事这个节奏上,要认识到现代社会男女必然要在比过去偏大一些的年龄上恋爱成婚的现实,给年轻人一个宽松的缓释空间去解决自己求学、精业、挣钱和成家立业之间的冲突和矛盾。同时随着社会的进步和时代的发展,随着人们生活方式的不断改善和思想观念的不断更新,年轻人的婚恋观必然会朝着不可逆的方向发展,因为现在的年轻人无论在精神层面还是在物质层面比过去更加独立,心中的目标更清晰更坚定,也更知道可以通过怎样的路径和规制去实现自己的目标,所以年轻人不愿意降低自己的择偶标准,选择宁愿暂时单身也不愿意随意凑合着走入恋爱婚姻,年轻人在最终走入婚姻之前采取试婚或者有了对象暂时并不考虑结婚,或者甚至有少数年轻人认为婚姻非人生必备议题倾向不婚和单身主义,对这样的新情况新现象,年轻人背后的家庭支持小体系和社会支撑大体系也必然要与时俱进,家长和社会对此要予以包容和尊重,切不可横加干涉,要给年轻人更多积极正向和自由全面的发展空间。哪怕出现了家长和子女对子女的婚恋对象和婚恋观念看法不一致的情况,家长也应以子女本人的看法为主,尊重年轻人对自己婚恋对象的第一判断,留出余地让年轻人有机会体验自己独一无二、无可替代的人生经历,家长和社会舆论更要有面向新时代的宽阔胸襟,试着理解年轻人在恋爱时注重三观一致、在相处时注重两情相悦和彼此默契、在共同经历中注重品性修养和性格脾气上的互赏互识,试着理解年轻人觉得"青年结婚之前,可以试婚""没有结过婚,人生并不会不完整""青年可以有伴侣,但是可以不结婚""在找不到满意的对象情况下,也不会降低择偶标准""有没有得到家人认可,都可以结婚"这些新兴观念,更不要拿房产地产、户口户籍、学历收入、社会地位、家庭背景这些外在的物质因素去影响和制约年轻人的婚恋质量。家长做到先行尊重再重于沟通,社会舆论做到宽松宽容,给予年轻人在处理婚恋问题时自理、自立和自我成长的空间,既然我们承认全人类的生存寿命都在延长、全人类的生存能力和生活质量都在不断提高,我们也能接受年轻人在所谓大龄的时候才走入恋爱婚姻,也能欣喜地静待年轻人用自己的方式浇灌自己的人生婚恋之花。

(二)家庭和学校合力联动,教育引导年轻人树立健康婚恋观,政府组织和社会机构协同作为,为青年婚恋交友提供服务平台

父母是子女的原生态家庭,父母的言传身教和有意识的教育引导对子女婚恋观的形成影响很大,父母平时在生活中要创造氛围让子女感知家庭温暖和父母的爱,让子女感知"父母相爱是人世间非常美好和非常神圣的事情",在日常相处中让子女体验奉献、付出、责任和担当的含义,教育子女明晓哪些行为是一个婚恋观正确的人不能碰触的底线、哪些美好品德和高尚情操值得一个婚恋观正确的人去努力修为,要引导子女追求高尚的志趣,不要做物质的奴隶,不要误导孩子形成以金钱为先的物质化婚恋观,这些来自家庭的正能量是奠定一个年轻人健康文明婚恋观最基本也是最牢不可摧的根基,家长务必给子女上好婚恋第一课。中小学应该分男生、女生开设生理卫生和健康常识课程,给学生讲解性卫生和性健康知识,让低龄学生从科学知识的角度了解性是人类的基本功能,消除羞耻感和神秘感,同时教会他们如何正常地与异性相处,在异性间开展正常的交流,建立阳光下的友谊,让他们明了早恋的危害,从小培养他们胸怀天下的高尚情怀,让他们把"好男儿除了爱情和家庭还有更大的担当与责任"当成一个常识理念来掌握,引导他们把火热的青春投入到学业的进步、为未来人生打好坚实基础而不是荒废在早恋上。针对大学生中普遍存在的择偶动机并不纯粹的问题,如一些大学生谈恋爱主要是为了一些排遣性的个人目的,比如打发空虚寂寞、寻找情感慰藉、追求心理满足、有机会获得性体验和从另外一个角度体现个人价值等等,针对大学生婚恋观尚未成熟的问题,如对自己未来另一半并没有清晰理性的定位而只是来自文学作品中类似白马王子驾着祥云来拯救自己的朦胧幻想、懵懂地把恋爱当作上天所赋予的改变自己命运的机会来对待等等,针对大学生恋爱伦理和婚恋道德并未成形的问题,如对婚前性行为并不全面的认知和对三角恋、多角恋的错误看法等等,大学课堂应该开设课程设置科学、开放时间合理的婚恋家庭辅导系列课程,将婚恋观教育纳入高校德育教育体系,开设包括婚恋行为科学、婚恋伦理道德、婚恋挫折调适、婚恋能力辅导等课程,请专家学者来授课,在课外活动时间或者每周选定的固定时间对全体学生开放,有效强化大学生对情感生活的尊重意识、诚信意识和责任意识,采取计学时、算学分的方法计入大学生的社会实践课程总分中,完成了这些学时才能毕业,就像有些大学开设游泳课程,学生达标了才可以拿到毕业证一样,这样的话,相信大学生走上社会后

会减少婚恋问题带来的困扰，会让整个社会的离婚率降低。

政府可以组织社会专业机构开设青年婚恋心理辅导中心和青年婚恋问题咨询服务中心，为年轻人婚恋中出现的迷茫和困惑答疑解惑排忧解难。针对年轻人恋爱前的心理准备不足和心智能力欠缺问题，走入婚姻后的"相爱容易相处难"和共同成长一起把握婚姻未来的能力不足问题，正确解决离婚再婚过程中的子女与财产纠纷和重新规划人生与未来新婚恋再出发问题，社会外在因素如高房价高生活成本给年轻人婚恋带来的障碍负担和压力等等问题，提供专业的心理辅导和咨询，开设定期的公益性婚恋专题讲座，设立专门的青年婚恋租房住房帮扶中心，让年轻人特别是初入职场、初涉爱河的年轻人学会在热恋中科学合理地表达感情、理性地控制感情和升华感情，引导年轻人掌握自我心理调适方法，增强"爱商"和情感耐挫能力，正确对待失恋及其他恋爱婚姻中碰到的各种矛盾和问题，帮助年轻人解决婚恋过程中存在的实际困难，还可以成立针对婚恋受害方的维权服务中心，保护受家暴、骗婚中的受害一方。

（三）共青团要发挥自身优势，整合各方资源，做好青年婚恋工作，真正成为助力青年婚恋的娘家人

《中长期青年发展规划（2016—2025年）》里将青年婚恋列为青年发展的十大领域之一，为青年婚恋出谋划策、帮助青年解决婚恋中出现的方方面面问题、困惑和困难是共青团义不容辞的责任，只有这样做，共青团才能有效实现了解青年、贴近青年、凝聚青年和引导青年，最终促进青年全面、健康、自由和可持续发展。为了更好满足新时代青年日益增长的美好生活需要，支持青年去追求自己品质更优秀和内涵更丰满的婚恋和人生，共青团应该做到更好地理解青年心声，精准明察青年需求，找准服务青年路径，在青年婚恋领域制定出专业化、时代化、有针对性、可操作、可执行的政策策略。面对青年婚恋中出现的诸如大龄问题、生活圈子小结交对象难、遇到婚恋问题和困扰时获得的支持和帮助资源不足、婚恋中受害方维权难等等问题，共青团必须有所作为，共青团必须发动系统优势，整合社会资源，积极为青年婚恋创造机会，为青年婚恋搭台铺路，做好为千万青年张罗婚恋的自家人；面对社会上婚姻介绍和婚姻服务行业不够专业、不够规范甚至还存在虚假欺骗等行为的现象，共青团也必须承担起为青年婚恋保驾护航的分内之责，从制定政策、协调多方机构共同管理、创造健康环境等方面发力，做好青年婚恋的娘家人，虽然婚恋这个问题与就业、买房等比较起来具有很大的个人性、隐私性，且婚恋的成功与年轻人自己的努力分不开，但是来自共青团组织的关怀和支持是非常重要的，共青团为青年站台搭台，青年自己多努力多作为，

多措并举多管齐下,年轻人一定能够在婚恋方面称心如意,"有情人终成眷属",当然也可以按照自己想要的婚恋方式过一生。

第二节　大龄未婚青年婚恋观

一、研究背景

青年期是个体身心从稚嫩走向成熟的关键时期,除了知识增加、阅历增长,对情感的体悟也是青年心理成长的重要组成部分。我国《中长期青年发展规划(2016—2025年)》将青年的年龄范围划定在14~35周岁之间,在这一重要人生阶段,从恋爱到婚姻的过程也见证了青年的成长。

2017年4月,中共中央、国务院印发《中长期青年发展规划(2016—2025年)》,其中对青年婚恋问题专门提出发展措施,主要包括:将婚恋教育纳入高校教育体系,引导青年树立文明、健康、理性的婚恋观;支持开展健康的青年交友交流活动,重点做好大龄未婚青年等群体的婚姻服务工作等内容。

随着社会的发展与进步,人们的思想和观念越来越开放,婚姻不再是每个人人生道路上的必然阶段,越来越多的青年延缓了结婚年龄甚至选择不婚,尤其在发达城市,大龄未婚青年的数量不断递增,他们的婚恋问题成为社会关注的热点。

本调研呈现了3 000多名长三角在职青年和多名高校学生对当今大龄未婚青年的年龄界限划分,并从本次调研的被试样本中,抽取出生年月在1980~1989年之间的248名未婚青年的数据进行统计,对他们的婚恋观以及未婚原因进行分析,对长三角地区不同城市青年的婚恋观进行比较,并对大龄未婚青年的婚恋及人生发展提出一些对策建议。

二、调研结果与分析

(一) 对大龄未婚青年的年龄界限认定

3 023名参与调研的长三角三省一市在职青年被试心目中的大龄年龄界限为:大龄未婚男性的年龄均值为34.40±4.40,女性年龄均值为32.32±4.41。其中,1 444名男性被试对大龄的年龄界限认定分别为:男性年龄均值33.64±4.57,女性年龄均值为31.63±4.47;1 579名女性被试对大龄的年龄界限认定分别为:男性年龄均值35.09±4.12,女性年龄均值为32.95±4.23。长三角三省一市的各个取样城市调研结果如表4-10所示。

表 4‑10 在职青年心目中的大龄年龄界限

城 市	人 数	大龄男性年龄界限	大龄女性年龄界限
上 海	531	35.11 ± 4.31	33.27 ± 4.54
杭 州	351	34.95 ± 4.51	32.92 ± 4.54
宁 波	389	33.70 ± 4.67	31.40 ± 4.35
南 京	484	34.60 ± 4.44	32.72 ± 4.55
苏 州	412	34.18 ± 4.25	31.85 ± 4.13
合 肥	396	34.28 ± 4.10	32.14 ± 4.14
芜 湖	460	33.85 ± 4.40	31.68 ± 4.20

由表 4‑10 数据可以看到,上海青年对于大龄男性及大龄女性的年龄界限值都高于参加调研的其他六座长三角城市。在浙江、江苏和安徽三省中,各省省会的青年对大龄的年龄界限划分值都略高于非省会城市。

(二) 大龄未婚青年的婚恋观

尽管我国《中长期青年发展规划(2016—2025 年)》中把青年的年龄上限定为 35 周岁,但是依然有 50 名 1980～1984 年出生的大龄未婚青年积极参与了本次调研,他们的年龄不超过 40 周岁,这些第一手的资料是宝贵的,因此在本节的撰写中将他们的数据一并进行分析与讨论。50 名 1980～1984 年出生、198 名 1985～1989 年出生的长三角未婚青年参与了本次调研,基本信息如表 4‑11、表 4‑12 所示。

表 4‑11 50 名 1980～1984 年出生("80 后")的大龄未婚青年的基本信息

变 量	变 量 水 平	人 数	百分比/%
性 别	男	25	50.0
	女	25	50.0
独生子女	是	34	68.0
	否	16	32.0
受教育程度	初中及以下	4	8.0
	高 中	1	2.0
	中专/技校/职校	6	12.0
	大 专	10	20.0
	本 科	24	48.0
	研究生	5	10.0

(续表)

变　量	变量水平	人　数	百分比/%
政治面貌	共青团员	4	8.0
	中共党员或预备党员	17	34.0
	民主党派人士	1	2.0
	无党派人士	2	4.0
	群　众	26	52.0
所在的城市	上　海	10	20.0
	杭　州	5	10.0
	宁　波	2	4.0
	南　京	22	44.0
	苏　州	7	14.0
	合　肥	2	4.0
	芜　湖	2	4.0
所在单位的性质	国有/集体企业	8	16.0
	民营企业	13	26.0
	三资企业	10	20.0
	个体自由职业	4	8.0
	政府机关或事业单位	7	14.0
	社会组织	6	12.0
	其　他	2	4.0

表 4 - 12　198 名 1985～1989 年出生（"85 后"）的大龄未婚青年的基本信息

变　量	变量水平	人　数	百分比/%
性　别	男	99	50.0
	女	99	50.0
独生子女	是	122	61.6
	否	76	38.4
受教育程度	初中及以下	1	0.5
	高　中	7	3.5

（续表）

变　量	变　量　水　平	人　数	百分比/%
受教育程度	中专/技校/职校	8	4.0
	大　专	45	22.7
	本　科	118	59.6
	研究生	19	9.6
政治面貌	共青团员	44	22.2
	中共党员或预备党员	82	41.4
	民主党派人士	2	1.0
	无党派人士	6	3.0
	群　众	64	32.3
所在的城市	上　海	23	11.6
	杭　州	38	19.2
	宁　波	28	14.1
	南　京	27	13.6
	苏　州	27	13.6
	合　肥	31	15.7
	芜　湖	24	12.1
所在单位的性质	国有/集体企业	44	22.2
	民营企业	60	30.3
	三资企业	14	7.1
	个体自由职业	10	5.1
	政府机关或事业单位	44	22.2
	社会组织	10	5.1
	其　他	16	8.1

1. 大龄未婚青年最看重的择偶因素

择偶观指的是男女两性在选择婚配对象时看重的条件、认识对象的方式等方面的偏好①。当被问到择偶时最看重的因素，198 名 1985～1989 年出生的青

---

① 廉思.中国青年发展(1978—2018)[M].北京：社会科学文献出版社，2019：144.

年(以下简称"85后")和 50 名 1980～1984 年出生的青年(以下简称"80后")中
的大多数人都把"三观一致"放在择偶条件的首位,比例均达到 60%,远高于其
他选项的选择比例;另外分别有 13% 的 1985～1989 年出生青年和 12% 的
1980～1984 年出生青年把"两情相悦"排在首位,没有大龄青年最看重户籍户
口,也极少有大龄青年最看重家庭背景、学历职业、社会地位及经济条件。

可见,大龄青年的择偶观大都比较理性,他们大都更加看重另一半在人生
观、价值观和世界观上是否与自己合拍,也在意彼此是否情投意合,他们中的绝
大多数人已经不再注重物质条件、家庭条件及户口等内容。

表 4-13　大龄未婚青年最看重的择偶因素

择偶时最看重的因素 (第 1 位)	1985～1989 年/%	1980～1984 年/%
三观一致	61.0	60.0
两情相悦	13.0	12.0
性格脾气	6.0	4.0
品德修养	6.0	4.0
健康状况	5.0	4.0
相　　貌	3.0	8.0
经济条件	1.0	4.0
家庭背景	0.5	2.0
学　　历	0.0	2.0
职　　业	0.5	0.0
社会地位	0.5	0.0
户籍户口	0.0	0.0

2. 大龄未婚青年自认为单身的主要原因

调研结果显示,缺乏择偶主动性、不要过早稳定下来、经济压力大和追求事
业发展这几项都是相对较多的"85后"和"80后"青年首选的单身原因。在"85
后"青年中,18.7% 的青年把"缺乏择偶的主动性"排在了单身原因的第一位;"80
后"青年中,分别有 16.0% 的青年把"不想过早稳定下来,想继续享受自由的人
生""房价太高,经济压力大,不敢恋爱、婚姻"排在了第 1 位。比起"80后",更多
的"85后"青年把"追求事业发展,暂时不想谈恋爱"排在第 1 位(见表 4-14)。

表 4-14　大龄未婚青年自认为单身的主要原因

单身的最主要原因(第1位)	1985~1989 年/%	1980~1984 年/%
缺乏择偶的主动性	18.7	12.0
不想过早稳定下来,想继续享受自由的人生	16.7	16.0
追求事业发展,暂时不想谈恋爱	12.6	4.0
房价太高,经济压力大,不敢恋爱、婚姻	11.6	16.0
找不到比自己更优秀的人	5.1	8.0
不相信爱情	4.0	2.0
其他	3.0	8.0

3. 影响大龄未婚青年婚恋观的主要因素

影响婚恋观的主要因素是什么? 在这道多选题中,64.0%的"80后"青年认为影响其婚恋观的主要因素是自身素养,46.0%的"80后"青年选择了个人成长经历,分别有44.0%认为父母的婚姻状况和相处模式以及家庭教育是影响自己婚姻观的主要因素。"85后"青年与"80后"青年对于影响其婚姻观的因素的认知基本相同,但略有差别。"85后"青年中,60.6%的人认为影响其婚恋观的主要因素是个人成长经历,56.1%的人认为是自身素养,44.9%的人认为是父母的婚姻状况和相处模式,38.9%的人选择了家庭教育。

可见,大多数大龄青年认为婚恋观主要受到自身因素、父母婚姻以及家庭教育的影响,与社会大环境的关系较小,受到他人婚姻状况的影响也较小。

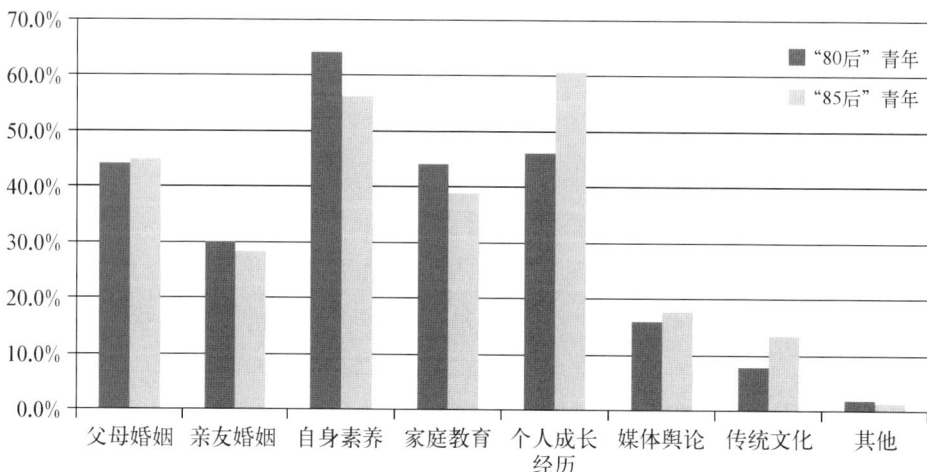

图 4-8　大龄未婚青年婚恋观的主要影响因素

根据长三角三省一市"85后"大龄未婚青年的数据分析可知,在他们自认为影响其婚恋观的主要因素中,上海、宁波、杭州、芜湖四地的青年选择最多的三项依次是:自身素养、个人成长经历、父母婚姻状况及相处模式;合肥青年选择最多的三项依次是:个人成长经历、父母婚姻状况及相处模式、自身素养;苏州、南京青年选择最多的三项依次是:个人成长经历、自身素养、家庭教育。可见,长三角的"85后"未婚青年对于婚恋观影响因素的归结基本上具有一致性,且他们认为个人因素的影响高于家庭等环境因素(具体数据参见表4-15)。

表 4-15 长三角地区不同城市"85后"未婚青年
婚恋观的主要影响因素/%

	父母婚姻	亲友婚姻	自身素养	家庭教育	成长经历	媒体舆论	传统文化	其他
杭州	44.74	36.84	60.53	31.58	60.53	23.68	13.16	0.00
宁波	39.29	25.00	53.57	32.14	46.43	14.29	7.14	3.57
南京	40.74	33.33	51.85	51.85	74.07	14.81	18.52	0.00
苏州	25.93	25.93	44.44	33.33	59.26	22.22	18.52	0.00
合肥	61.29	35.48	48.39	45.16	74.19	9.68	16.13	3.23
芜湖	58.33	20.83	75.00	41.67	58.33	8.33	8.33	0.00
上海	43.48	13.04	60.87	39.13	47.83	3.04	13.04	4.35

4. 大龄未婚青年对婚姻的看法

248名长三角大龄未婚青年(50名"80后"和198名"85后")对婚姻的看法:

(1) 近三分之二长三角大龄未婚青年赞同试婚

青年结婚之前是否可以试婚?近三分之二(64.9%)的长三角大龄未婚青年赞同"结婚之前可以试婚",35.1%的大龄青年不赞同。这一数据结果与参加本次调研的1597名90后(1990~1999年出生)未婚青年选择结果相似,90后未婚青年中,60.2%的青年赞同"结婚之前可以试婚",39.8%的青年表示不赞同。由此看来,大龄青年与适婚年龄的青年在"试婚"方面的看法基本一致。

(2) 超过六成长三角大龄未婚青年认为婚姻并非人生必需

人生是否需要婚姻才完整?61.7%的长三角大龄未婚青年认为"人生未必需要婚姻才完整",38.3%的大龄青年赞同"没有结过婚,人生就不完整"。由此可见,一方面,大部分大龄青年并不把婚姻作为人生完整的必要内容,这也可能是他们至今未婚的主要原因之一;另一方面,也有不少大龄青年是渴望婚姻的,本调研中就有近40%的青年把结婚视作人生完整的重要一环,在他们看来,人生有了婚姻才完整。

此外,当被问及是否赞同"青年可以有伴侣,但是不结婚"时,56.9％的长三角大龄未婚青年表示赞同,43.1％表示不赞同。这一数据结果与参加本次调研的"90 后"未婚青年选择结果相似,"90 后"未婚青年中,53.9％的青年赞同"青年可以有伴侣,但是不结婚",46.1％的青年表示不赞同。

(3) 超过六成长三角大龄未婚青年不会降低择偶标准

如果找不到满意的对象,是否会降低择偶标准? 63.7％的长三角大龄未婚青年表示"在找不到满意对象的情况下,不会降低择偶标准",会降低标准的大龄青年仅占 36.3％。可见,大多数的大龄青年并没有因为年龄大而降低择偶标准,这可能也是他们至今未婚的又一个主要原因。

这一数据结果与参加本次调研的 1 597 名"90 后"未婚青年选择结果相似,"90 后"未婚青年中,61.5％的青年赞同"在找不到满意对象的情况下,不会降低择偶标准",38.5％的青年表示不赞同。由此可以预测,今后数年里的大龄未婚青年数量不会减少。

5. 大龄未婚青年最希望获得的婚恋资源

"80 后"与"85 后"未婚青年最喜欢获得的婚恋资源是网上交友平台和现场相亲活动,而在网络这一虚拟平台和现场这一现实平台之间,"85 后"未婚青年更倾向于网络,而"80 后"未婚青年则更倾向于现场相亲。此外,也有不少大龄未婚青年选择了"其他"这一选项,可见,共青团组织还需不断拓展服务内容以满足当代青年的多样化需求。

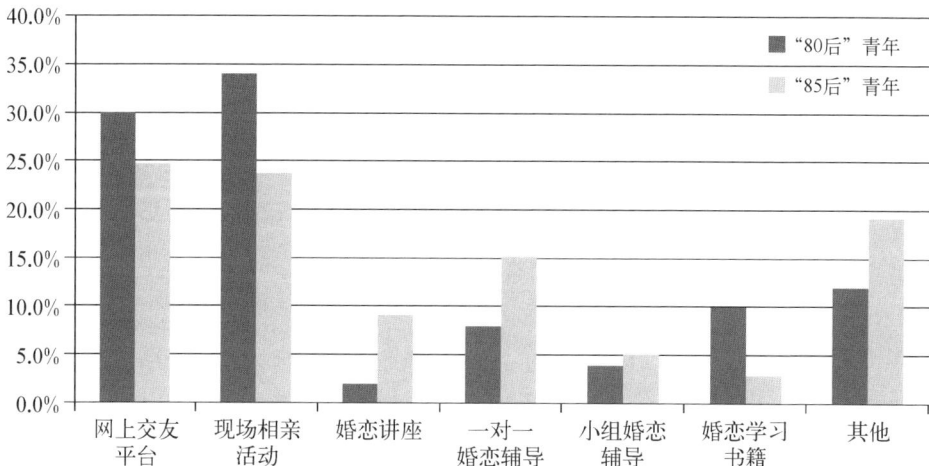

图 4-9　大龄未婚青年最希望获得的婚恋资源(选择排第 1 位)

表 4－16 "80 后"大龄未婚青年希望获得的婚恋资源

	选择排第一/%	选择排第二/%
网上交友平台	30.0	10.0
现场相亲活动	34.0	18.0
婚恋讲座	2.0	14.0
一对一婚恋辅导	8.0	18.0
小组婚恋辅导	4.0	8.0
婚恋学习书籍	10.0	14.0
其他	12.0	18.0

表 4－17 "85 后"大龄未婚青年希望获得的婚恋资源

	选择排第一/%	选择排第二/%
网上交友平台	24.7	20.7
现场相亲活动	23.7	20.2
婚恋讲座	9.1	10.1
一对一婚恋辅导	15.2	12.1
小组婚恋辅导	5.1	17.2
婚恋学习书籍	3.0	10.6
其他	19.2	9.1

三、大龄未婚青年的婚恋现状分析

(一) 社会发展等因素使得"大龄"的年龄界限值上升

本次长三角调研中的 3 000 多名青年对于"大龄青年"的年龄界限值已经高于我们通常认为的 30 周岁,男性为 34.4 周岁,女性为 32.3 周岁。女性群体对于大龄青年(不论男女)的年龄界定值均高于男性群体。此外,三省的省会城市对大龄青年的年龄界限值都高于非省会城市,上海对大龄青年的年龄界限值最高。可见,长三角地区越是发达城市的青年对结婚年龄越是宽松,由此也可以推测他们越可能包容大龄未婚青年或者越可能有晚婚的倾向。

婚恋观念是一种价值取向,表现为个体对恋爱和婚姻的基本看法,对恋爱对象、配偶及婚姻本身的基本评价。随着社会转型的不断发展,中国人的婚恋观也随之发生了较大变化。婚恋观作为个人价值观的重要组成部分,会影响青年在择偶、婚恋、生育等方面的行为,进而影响整个社会结构。

随着社会发展,青年的择偶标准日益多元化。由于我国传统文化中的男孩偏好,在我国一般是男性的婚姻挤压较为严重,但是近年来,高学历、高收入的女性也存在婚姻挤压的现象。男性通常会选择学历、社会地位、经济地位等低于自己的女性婚配,而女性则相反。男性的婚姻剩余一般出现在农村社会经济地位较低的男性群体中,而女性的婚姻剩余则一般出现在城市受教育程度较高的女性群体中。以上这一现象被称为"甲女丁男"现象①,即受教育程度低、社会经济地位比较低的未婚男性和受教育程度高、社会经济地位比较高的未婚女性,相对于其他未婚人口来说存在婚配困难的现象。

随着社会的不断发展,更多青年从农村到城市寻求事业发展并且扎根生活,越是发达的城市,越有更多拼搏的青年。这些青年很可能出于"先立业后成家"或者"努力在发达城市稳定下来"等想法,延迟了结婚的年龄,成为大龄未婚青年。对于女性而言,经济地位的提升带来了女性角色的转变,越来越多的女青年可以自食其力,她们在经济独立之后,更有底气选择结婚还是单身。婚姻的实质从经济单位转变为两性情感的载体,女性对婚姻的期望也随之提高。

受教育程度提高以及相应的收入增高是中国大龄单身女性增多的社会经济因素。根据第六次全国人口普查的结果,25～50 岁之间成年女性的数据显示,随着学历的提高,未婚女性比例呈线性升高,尤其在研究生水平表现更为显著②。可见,受教育程度提高以及相应的收入增高是中国单身女性增多的社会经济因素。教育对女性婚姻状态的作用主要包括两个方面:一方面,当代女性接受教育的时间延长从而推迟了女性进入婚姻的时间;同时女性的最佳择偶时期也很可能由于受教育而缩短。女性在经济独立的同时,择偶范围却变得狭窄,"配得上"她们的男性变少了,尤其是那些高学历女性,自愿或非自愿地晚婚晚育。

(二) 个人因素是影响大龄青年婚恋观的主要因素

198 名 1985～1989 年出生的长三角地区大龄未婚青年对于婚恋观影响因素的归因基本一致,自身素养、个人成长经历、父母婚姻状况及相处模式和家庭教育是他们普遍认同的影响因素,且他们大都认为个人因素的影响高于家庭等环境因素。

---

① 廉思.中国青年发展(1978—2018)[M].北京:社会科学文献出版社,2019:158.
② 习雪苹,訾非.女性大龄未婚现象研究述评[J].心理月刊,2018(9).

1. 认知因素

当代青年对于婚姻功能的认知发生了改变。结婚不再是为了繁衍后代、养儿防老，而是两个人彼此的依恋与情感寄托，在婚姻生活中互相扶持，共同成长与进步。对于"青年可以有伴侣，但是不结婚"这一观点，参与调研的 3 023 名长三角在职青年中，超过半数青年（52.4％）表示赞同，47.6％表示不赞同；56.9％的长三角大龄未婚青年对此表示赞同，43.1％表示不赞同。对于"没有结过婚，人生就不完整"这一观点，43.7％的在职青年表示赞同，56.3％的青年表示不赞同；38.3％的大龄未婚青年表示赞同，61.7％的大龄青年不赞同。可见，越来越多的青年（不仅仅是大龄青年）更注重两个人的共同生活，而不是一纸婚书的约束与保障。他们也不再把婚姻看作人生历程中必须完成的事情。此外，59.6％长三角在职青年赞同"青年结婚之前，可以试婚"的观点，近三分之二（64.9％）长三角大龄未婚青年赞同这一观点。可见，越来越多的青年持有比较开放的性观念和性态度。

此外，伴随着社会发展和物质水平的提升，在高房价的今天，青年的择偶观难免会涉及物质基础。上海社会科学院在 2016 年年底做的一项调研结果显示，无论已婚或未婚，青年们既注重情感交流，也看重物质基础，他们的物质依附性较强，伴随着房价的不断上涨，物质对青年来说显得更加重要了。

2. 情感因素

失恋通常会对青年造成消极影响，在经历否定、愤怒、协商、绝望和接受的阶段之后，大多数人会重新振作起来并开始新的一段恋情，但也有些青年会因为恋爱受挫而对婚姻和恋爱产生恐惧，变得不再相信爱情，害怕再次被伤害。个体在失恋之后恢复元气的时间因人而异，失恋对人的影响程度也不同。失恋的经历很可能会改变一个人的婚恋观，冲击自我价值与认同，对爱情失去信心，不愿意再相信异性，选择单身生活。

此外，笔者对一些大龄未婚青年访谈后发现，随着年龄的增长，他们更加注重伴侣的精神交流，不少女性在过了 30 周岁（或者 30 多岁，通常不超过 35 周岁）这道坎之后，反而不再焦虑，不再着急地把自己嫁出去，面对婚嫁变得坦然且随遇而安了。

3. 能力因素

在中国式教育下成长起来的青年一代，在中学时代，被家长和老师们要求好好学习、天天向下，异性交往被戴上了早恋的帽子，是不被成年人看好或许可的。在青春期，在适度的范围里，青少年本可以学习与异性交往的技巧，了解异性的心理特征，为今后长大成人的婚恋打下基础，可惜的是，很多青少年失去了这样的机会，只能等到成人后再"补课"。

一些大龄未婚青年从未或者很少有过恋爱经历，他们不知道如何去爱人。其实，爱是一种需要不断学习的能力，感情是需要双方经营的，与异性相处的技巧和方式也需要不断学习。在恋爱中了解异性，懂得包容和体谅，学习与异性沟通的技巧，即使是恋爱失败，也是一种学习，通过总结经验减少下一次重蹈覆辙的风险。

（三）原生家庭对大龄青年婚恋观的影响

原生家庭是个体还没有结婚组建新家庭之前，个体与父母组成的家庭。本次调研结果显示，不少大龄青年认为他们的个人成长经历、父母婚姻状况及相处模式和家庭教育会影响他们的婚恋观。由此可见父母及原生家庭对青年的影响，而个人成长经历与环境因素（尤其是家庭）也有比较密切的关系。对于大多数人来说，从出生、婴幼儿期、童年期、青春期一直到成人，我们都与自己的父母共同生活在一起，也自然会受到原生家庭的影响。2016 年 12 月，中国青年报公开了约 2 000 名青年的调查数据①，结果显示 38.0% 的受访者认为原生家庭给自己的积极影响更多，21.1% 的受访者认为消极影响更多，29.6% 的受访者认为积极和消极影响都有，11.3% 的受访者认为没太多影响或者不好说。

原生家庭对个体成长（包括婚恋观）的影响，应当一分为二来看待。一方面，个体的认知、情感、行为、人格等各方面的发展同时受到遗传和环境的共同作用，家庭环境（原生家庭）对个体的成长发展起到一定作用。例如，在婚恋观方面，有台湾学者的研究发现，原生家庭中的一些因素，如父亲外遇、父母吵架、与父亲关系不好等，使得一些台湾女性排斥或恐惧婚姻。这样的青年也就更倾向于选择单身。另一方面，我们不能夸大原生家庭对个体身心发展的影响。毕竟，每个人都具有主观能动性，即使是童年经历中的不愉快、父母的离异或争执、不良的家庭教养方式、缺乏爱与温暖的家庭环境等因素，也不会完全决定或主宰个体的整个人生。大龄青年可以通过努力（参加学习、自我成长与完善、获得社会支持系统的协助等方式）让自己拥有幸福的人生。

四、对大龄青年婚恋的建议

（一）进一步做好青年价值观引领，传播积极健康的婚恋观

青年的婚恋观是青年价值观在婚恋领域的体现与反映。在如今价值观日趋

---

① 周易.近半数受访者认为原生家庭对自己与伴侣相处影响大[N].中国青年报，2016 - 12 - 6(7).

多元化的社会中,当代青年的婚恋观也日趋多元化。青年婚恋问题需要整个社会给予更多包容,更多关切。面对一些更加开放的婚恋观,是支持还是反对,是理解还是误判,媒体和群团组织不妨进行梳理与探讨,例如,如何看待青年只恋爱、不结婚的问题？如何看待青年同居及试婚现象？如何看待当代青年的某些择偶标准？如何看待"男主外、女主内""女性干得好不如嫁得好""剩女、齐天大剩"等说法？如何看待养儿防老的传统观念？共青团不妨在调研、了解与梳理当代青年(不仅是大龄青年,也不仅是大都市的青年)婚恋观的基础上,进一步加强社会宣传与教育,制作多媒体视频或纸质手册,通过网络平台,开展各类宣讲,引领青年理性面对婚恋这件事,也逐渐消除人们对大龄未婚青年这一人群的偏见。

此外,高校也可以在学校教育和社团活动中加入婚恋观的引导、异性交往的技巧等内容,有些婚恋教育甚至可以提前到中学阶段,在青春期就开展一些积极价值观与家庭观的探讨和教育。

(二) 推动更多有利于青年发展的政策出台

建议政府部门考虑出台更多有利于青年生存与发展的政策,群团组织和社会组织不妨推动更多有利于青年发展的政策出台。例如,增加青年的就业机会,提升他们的职业技能与水平,使得青年能有更稳定的工作、更好的经济收入,尤其是男青年。这样他们在上海这样的特大城市的生活水平会不断提高。经济条件好了,青年择偶的选择面也更宽,自主性也会更强,由于经济原因而被动单身的青年(尤其是男青年)将有更多机会找到心仪的伴侣。

(三) 积极协调资源、搭建交友平台,策划组织高质量的婚恋活动

一是提高相亲会的质量。社会组织与群团组织未必需要举办大规模的相亲会,建议举行不超过一百人的中、小规模相亲会,在相亲会之前,对参与者进行筛选和初步匹配,以提高成功牵手率。对于牵手的男女青年,给予进一步的恋爱指导,也可以适当跟进他们的恋爱进程。此外,不妨设计一些更有针对性的相亲会,比如大龄青年相亲会、某些行业领域的相亲会等等。

二是提升大龄青年的恋爱交友能力与心理调节水平。开展一些讲座或培训,使大龄青年能够了解异性的心理特征,掌握人际沟通的方法,提高他们的社会交往能力与沟通水平。对于有着焦虑、烦闷等负面情绪的青年,引导他们坦然面对婚姻这件事,即使单身或者未婚,依然能够过得精彩,可以不断成长与完善自我。不刻意去追求恋爱与婚姻,但也不拒绝异性交往的机会。女性不"恨嫁",男性不"恨娶"。大龄青年之间也能组成小团体,在业余生活时间里,经常交流互动,一起吃饭、逛街、看电影、旅行等等,一起做一些大家都喜欢做的事情。大龄

青年学会缓解压力,疏导负面情绪,培养自己独立生活的能力,并且积极面对人生。

（四）青年主动走出"原生家庭"

原生家庭对个体的影响不应当被过度强调。原生家庭确实是一个人发展的起点,但人的成长发展是由多方面因素决定的,到达终点的路途也可以是多样化的。社会中的每一个人,都应主动走出"原生家庭",拥抱属于自己的生活,对自己的人生负责,毕竟,能够决定自己人生的不是父母而是自己。大龄青年不要把在媒体上、网络上看到的关于原生家庭的种种"罪"往自己身上套,更不要将一切归咎于原生家庭而放弃自身的努力。上文中已经提到过,青年可以通过努力让自己拥有幸福的人生。具体的方法包括:参加学习与培训、自我成长与完善、获得社会支持系统的协助等。

（五）为青年的父母提供一些婚恋与心理健康的普及讲座或活动

一是引导这些父母亲以平和的心态面对家中大龄的待嫁女和待娶男,疏导父母的焦虑不安情绪,教给他们一些情绪管理的方法,并引导他们逐渐理性看待子女未婚这件事,更加尊重子女的自主权,不要催婚,更不应逼婚,使他们明白逼婚往往会适得其反,造成子女的逆反心理。假如子女今后不婚,能够逐渐接受这个不婚的现实。

二是教给父母与青年子女沟通的方法,亲子之间能够平等、真诚地交流,互相尊重,彼此体谅,以有效沟通促进亲子关系与家庭和睦。

三是为父母们搭建一个交流的平台,类似于相亲角,但在功能上不等同于相亲角。父母们通过平台可以组成互助小组,既可以交流他们与子女相处中的各种问题及解决之道,也可以在情绪低落时互相慰藉与疏导,以积极的心态面对子女的婚恋。

📖 延伸阅读 1

2017 年 9 月,共青团中央、民政部、国家卫生计生委发布关于印发《关于进一步做好青年婚恋工作的指导意见》的通知。

关于进一步做好青年婚恋工作的指导意见

恋爱成家是青年的人生大事和普遍需求。做好青年婚恋工作,不仅直接影响青年的健康发展,也关系到社会的和谐稳定。今年 4 月,中共中央、国务院印发《中长期青年发展规划(2016—2025年)》(以下简称《规划》),将青年婚恋作为青年发展的重要领域,明确了目标任务,制定了发展措施。为推动《规划》有效实施,健全青年婚恋的社会支持体系,现制定以下指导意见。

一、思路和目标

贯彻落实《规划》关于青年婚恋的工作部署,健全政府部门、群团组织、社会力量齐抓共促青年婚恋工作的协同推进机制,加强青年婚恋观、家庭观的教育和引导,培育诚信度较高、适合青年特点需求的多样化青年婚恋服务项目,开展青年性健康教育和优生优育宣传教育,不断优化完善青年婚恋生育相关政策,推动青年婚恋观念更加文明、健康、理性,青年婚姻家庭和生殖健康服务水平进一步提升,青年相关法定权利得到更好保障。

二、基本原则

(1)突出价值引领。把服务青年需求与引领青年践行社会主义核心价值观结合起来,在帮助青年解决交友、择偶、婚姻实际问题的同时,强化青年对情感生活的尊重意识、诚信意识和责任意识,加强对青年婚恋观、家庭观的教育和引导。

(2)强化公益导向。鼓励面向青年开展的公益性婚恋交友服务,打造诚信度高、公益性强的青年交友信息平台,提高青年获取婚恋婚育权益维护和公共服务的可及性,推动形成关心青年婚恋、促进青年成长的良好社会氛围。

(3)坚持青年为本。适应青年多样化需求和差异化特点,拓宽青年交友交流的渠道,培育富有实效、内涵、特色的服务项目,扩大青年反映呼声和参与评价的渠道,健全以青年满意度为核心的婚恋服务评价体系。

(4)务求工作实效。以市、县(区)为工作主体,就近就便开展青年婚恋工作。密切政府部门、群团组织、社会力量的协同合作,促进基层婚恋婚育服务水平的提升,共同推动相关政策法规的完善和执行。

三、工作内容

(1)弘扬文明婚恋风尚。将倡树婚恋文明新风融入培育和践行社会主义核心价值观工作体系,大力倡导文明、健康、理性的婚恋观念,形成积极健康的婚恋舆论导向。争取宣传、文化部门和新闻媒体的支持,在开展精神文明创建活动中,注重选树彰显正面婚恋观念的典型,推动协调新闻媒体、文艺社团、文化公司等打造积极向上的婚恋影视作品、新闻栏目和文化产品。各级团组织要配合相关政府部门,积极开展融入婚恋文明内涵的社区服务、法律援助、文化宣传等群众性活动,倡导家庭美德和文明节俭的婚庆文化,宣传婚姻政策及相关法规,丰富婚恋文明的时代内涵和实践载体。

（2）加强婚恋咨询与指导。加强对青年恋爱交友过程、婚姻家庭生活的心理和行为指导，在帮助青年解决实际问题的同时，加强青年价值引导、促进青年健康发展。依托民政、卫生计生、司法等专业力量，加强对专兼职心理咨询师和婚恋咨询、婚姻调解等社工队伍的培训，引导社会力量开展专业化咨询，丰富社区服务机构、医疗机构、婚介机构的咨询功能，提高青年婚恋咨询和指导的可及性和专业性。各级团组织要结合青年特点开展服务和引导工作，通过线上咨询、婚恋讲堂、面对面沟通等多种方式，帮助青年解除思想压力和心理困惑，提高青年社会融入、情绪管理、情感经营能力，引导青年端正择偶观念和家庭观念。

（3）普及性健康和优生优育知识。开展青年性健康、婚前保健和生育知识的教育宣传活动，促进青年生殖健康水平进一步提升。推动有条件的学校推广性健康和婚前保健课程，加强性教育和婚前保健服务师资队伍建设。以世界人口日、五四青年节等为契机，大力开展性健康、婚前保健和婚育文明主题宣传活动，利用公共场所、结婚登记场所、网络媒体，走进企业、社区、学校等，开展形式多样的宣讲、服务、咨询活动，重点加强进城务工青年群体的公益服务和知识普及，增强青年主动预防和减少不当性行为的意识和能力。加强基层青年婚恋服务阵地建设，依托各类"青年之家"、城乡社区服务机构等开展婚育文化教育，引导青年主动实施婚前、孕前和产前医学检查。

（4）培育公益性婚恋服务项目。更好适应青年交友、相亲、婚介、婚庆的多元多样需求，动员和支持基层团组织培育有形有效的服务项目。组织单身青年参加文体娱乐、兴趣培养、技能提升、社会服务等健康向上的集体活动，拓展青年社会交往的广度和深度，丰富青年交友择偶的机会。缓解青年婚恋经济压力，通过举办集体婚礼、优化婚庆服务、提供恋爱交友便利条件等，为青年提供贴心暖心的服务。加大对重点青年群体的服务力度，针对大龄未婚青年、进城务工青年、农村青年、青年官兵、部分行业青年等的婚恋难题和不同特点，尊重差异与个性，注重分类精准施策，提高服务的针对性和有效性。

（5）拓展线上线下服务平台。整合民政部门、团组织、市场机构、社会组织的阵地和平台资源，打造一批便于青年参与、服务实效显著、有较高诚信度的婚恋公益服务平台。拓展实体服务阵地，为青年开展身份认证、婚恋咨询、联谊交流、交友约会等活动提供便利化精准化的服务。拓展线上服务平台，依托"青年之声"等团属媒体、团组织微博、微信公众号等，拓展婚恋咨询、婚恋调查、活动发布、活动报名的线上渠道，探索开发具备信息搜索、匹配推介、地图服务等功能的移动互联婚恋交友平台，将线上优势与线下服务深度融合，扩大服务覆盖、优化青年体验。

（6）促进婚恋市场规范发展。建立健全婚恋交友信息平台、婚介婚庆服务机构的行业标准体系和监测评估体系。协调推动工商、工信、公安、网监、机关职能等部门的协同联动，推动实名认证和实名注册在婚恋交友平台的严格执行，加强对个人用户信息保护的监督执法，依法整顿婚介服务市场，严厉打击婚托、婚骗等违法婚介行为。加强婚恋市场秩序的日常监管、婚恋服务质量的动态评估，拓展群团组织、青年、第三方机构参与评价的渠道。

（7）保障青年婚姻和生育合法权益。配合公安机关，依法处理包办、买卖等侵犯青年婚姻自由的行为。维护女性青年生育权益，落实女性青年在怀孕、生育和哺乳期间依法享有的物质和假期等方面的各项权利。对育龄劳动歧视、家庭暴力、财产纠纷等侵犯青年婚姻和生育合法权益的，积极配合相关部门，动员律师等专业力量，为青年提供必要帮助。

四、组织保障

（1）加强组织领导。民政部、卫生计生委、共青团中央是落实《规划》青年婚恋工作的主要部门，积极构建协同联动的工作机制，共同推动青年婚恋工作深入开展。省级民政部门、卫生计生部门、团委，主要负责本地区服务青年婚恋交友工作的组织领导，要重点做好思路谋划、统筹指导、支持保障等工作。市、县（区）民政部门、卫生计生部门、团委是青年婚恋工作的实施主体，要结合实际，突出重点，面向青年做好具体服务和引导工作，要做出特色、务求实效。

（2）形成社会合力。要推动青年婚恋交友服务体系的社会化发展，构建党政部门、群团组织、社会力量合力推动青年婚恋工作的良好格局。要发挥共青团协调作用，组建政府部门、行业协会、高校、社科机构等领域有关人士组成的专家团队，为青年婚恋工作发挥智库作用。要深化区域化团建工作合作，推动各级各类团组织服务青年婚恋交友的工作整合。要拓展基层团组织服务青年婚恋工作的社会化合作平台，支持婚恋领域青年组织开展联谊、婚介、交友等特色服务项目。

（3）强化政策保障。要加强青年婚恋状况的调查研究和关键数据的监测评估，为开展青年婚恋工作提供科学有力的依据。发挥民政部门、卫生计生部门的职能作用和专业优势，加强顶层设计，出台政策措施，为青年获取婚育服务提供便利。发挥共青团桥梁纽带作用，依托"共青团与人大代表、政协委员面对面"等渠道，及时反映青年呼声，促进青年婚恋相关政策的优化完善。

（资料来源：三部门发布《关于进一步做好青年婚恋工作的指导意见》，http://www.gov.cn/xinwen/2017 - 09/18/content_5225967.htm）

延伸阅读 2

一位 29 岁的女性说

"以前的女人比较被动地选择老公,嫁鸡随鸡嫁狗随狗。现在社会女性的地位不断提高,也有了自己养活自己的能力,(不管物质生活好坏,起码吃得起饭),靠自己的美貌、年龄、贞操在婚恋市场上博弈太原始了。人总会老的,如果我吸引对方的只是这些外在的东西,那感情势必不会长久。我周围的年轻人更看重的是,两个人在精神层面能否真正能沟通,性格上是否能互相吸引,两个人在一块是否能让自己发自内心的开心。人为什么要委屈自己,作出妥协来与别人结合呢? 一定是因为有比自己独身更好的精神体验才会去找另一半。

我看过一项数据,在发达国家,离婚率和不婚率都是很高的,这也说明嫁得不开心不如不嫁。

你们请放心,我并不是一个不婚主义者。虽然觉得婚姻很可能是信任瓦解和彼此折磨的过程,但我依然对它怀有一丝期待,怎么说也得体验一下。

你们催我结婚的很大一部分原因是希望我尽快过上舒适的物质生活,遇到困难有人陪伴。我现在是挺穷,钱少缺爱。但我的危机感也没有那么重,我发自内心地觉得自己现在过得挺好——我热爱生活,有自己的爱好,保持好奇心,也挺自由,有选择做什么和不做什么的权利。钱这个度量衡没有尽头,我会为物质生活而努力,但我不可能只为了钱就放弃个人感受,在婚姻里也是一样。我不可能为了追求更大的房子,而放弃考察对方精神层面的东西。我想要一些不太接地气的东西。

这也是我身边大多数年轻人的状态。即便一辈子没找到合适的人,我也有承担这种生活的能力。"

(资料来源:摘自《我为什么还不结婚》,中国青年报 2019 年 2 月 13 日第 7 版)

第五章 抚养与养育

在中国知网文献库中选择期刊论文(含教育期刊、特色期刊)及硕博士论文数据库,并以"育儿"一词为主题词进行搜索,结果表明:近40年来(自1980年起),以"育儿"为主题或是题名中包含"育儿"一词的文献共计3583篇。"育儿"文献的数量在2000年后开始增加,尤其在2005年后,相关论文数基本以30%的比例逐年递增(见图5-1)。可见,"育儿"话题也在新世纪以后,尤其是2005年后,开始得到越来越多的关注和重视。

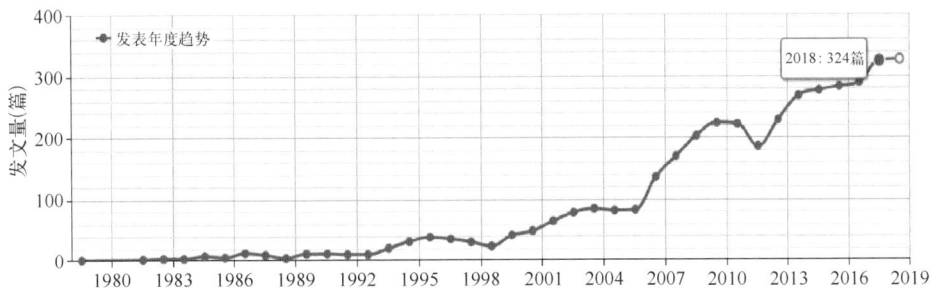

图 5-1 近40年来"育儿"论文数量总体变化趋势

所有被检索到的"育儿"文献中,"科学育儿"是被探讨最多的话题,"家庭生活""父母必读""育儿知识""母乳喂养""育儿方式"等也都是研究者关心的研究领域(见图5-2)。此外,已有文献所涉及的"育儿"对象往往以新生儿、婴幼儿等低龄孩童为主,针对小学及以上孩童的育儿研究相对较少。

有学者指出,2000年后,随着第一代独生子女长大成人,人们开始关注独生子女的婚姻家庭和社会适应问题[①],与此同时,有关子女养育的研究也与日俱增。

---

① 肖富群,风笑天.我国独生子女研究30年:两种视角及其局限[J].南京社会科学,2010(07):45-52.

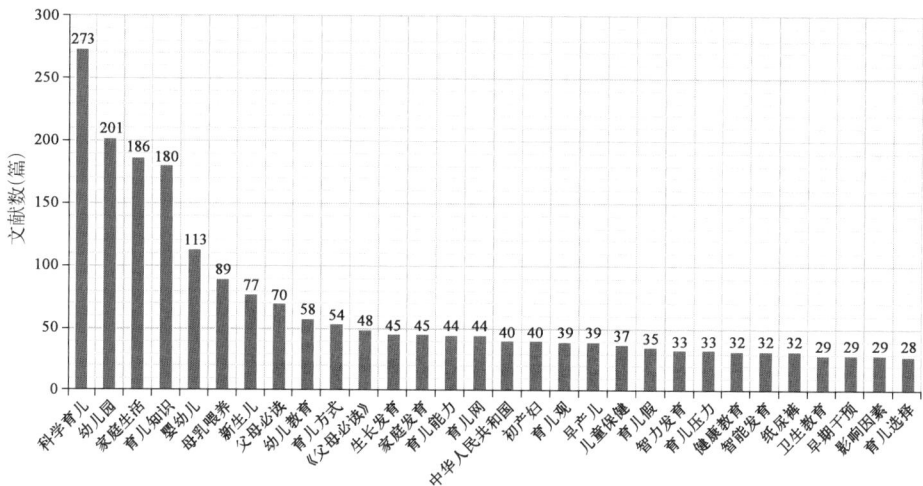

图 5‑2　近 40 年来"育儿"论文主题的分布情况

中国的计划生育政策经历了反复探索和不断完善的发展过程。2000 年政府出台夫妻双方均为独生子女的可以生育第二个孩子的政策（即"双独二孩"），2013 年年底，我国启动实施"单独二孩"政策，2016 年 1 月 1 日，我国全面放开"二孩"生育，至此，实施三十余年的"独生子女"政策转为"全面二孩"政策。不少学者关注该政策颁布后的推行①及相关公共服务配套的研究②③，也有一些学者将视角放在家庭层面，关注"二孩"生育的可能性及其对家庭发展的影响，主要包括青年的生育意愿和行为④⑤以及"全面二孩"对家庭发展的影响⑥等。

生育政策的完善和调整以育龄夫妇的孩子数量和结构为政策依据，旨在适当提升生育水平、延缓中国人口年龄结构的老化、缓解出生人口性别比偏高的态势、给群众生育决策更大的自主空间。但是，政策调整与真实的生育行为之间，还受到育龄人群实际生育意愿、生育能力、生育环境等多方面因素的影响⑦。由于家庭经济压力、自身健康状况、职业发展规划等因素的制约，中国育龄人群的

① 王广州.影响全面二孩政策新增出生人口规模的几个关键因素分析[J].学海,2016(01)：82‑89.
② 彭希哲.实现全面二孩政策目标需要整体性的配套[J].探索,2016(01)：71‑74.
③ 宋健.中国普遍二孩生育的政策环境与政策目标[J].人口与经济,2016(04)：121‑126.
④ 风笑天,李芬.生不生二孩? 城市一孩育龄人群生育抉择及影响因素[J].国家行政学院学报,2016(01)：94‑101.
⑤ 姜玉,庄亚儿.生育政策调整对生育意愿影响研究——基于 2015 年追踪调查数据的发现[J].西北人口,2017,38(03)：33‑37＋44.
⑥ 风笑天,王晓焘.全面二孩政策后家庭关系复杂化[N].中国社会科学报,2016‑11‑30(006).
⑦ 王军.生育政策调整对中国出生人口规模的影响——基于生育意愿与生育行为差异的视角[J].人口学刊,2015,37(02)：26‑33.

实际生育水平往往要低于生育意愿①。此外,受计划生育政策的影响,一对独生子女夫妇婚育后的家庭结构主要以 4-2-1 或 4-2-2 结构为主,其子女的育儿成本和养育方式也是中国儿童与家庭研究的重要议题。

综上,本章节拟从家庭层面探讨青年夫妇在子女养育过程几乎无法避开的两大话题:隔代教养与育儿成本,力图回应当前"子女养育"中公众的核心焦虑——"养不养?""怎么养?"。育儿成本(经济成本、时间成本等)是影响"养不养"的一个重要因素,也关系到青年夫妇的"二孩"生育意愿,因此本研究将重点考察已婚已育群体的育儿成本、育儿压力及二胎意愿。与此同时,中国作为女性就业率最高的国家②③,双职工夫妇在孩子的养育上势必无法投入完整的时间和精力,因此,很多祖辈自然而然地承担起了孙辈的养育工作,"隔代教养"现象越来越普遍。那么,长三角地区隔代教养家庭的比例如何? 这些隔代教养家庭具有怎样的特点? 采用隔代教养的育儿方式会对孩子的身心发展产生什么影响? 我们将在下文一一探讨。

第一节 隔 代 教 养

一、隔代教养概述

西方家庭对孩子的养育主要由其父母完成,一般情况下祖辈参与极少。埃斯特·高(Esther Goh)在《中国的独生子女政策和多重养育》(*China's One-Child Policy and Multiple Caregiving: Raising little suns in xiamen*)一书中指出,西方社会关于亲职的理论,未必契合中国独生子女养育和成长的实践,她在厦门的调研中发现,城市家庭对孩子的养育和照顾,常常是由父辈与祖辈共同完成的。

在我国,中国血亲关系(亲子关系、祖孙关系)的联结比国外更为紧密,祖辈对孙辈的监护、照顾自古有之。加上我国 1978 年起开始实施的独生子女政策的影响,三代同堂的现象比较普遍,祖辈对孙辈的养育更是以多种形式广泛存在。已有研究表明,城市家庭中近一半"单独"家庭(指家庭中的父母至少有一方是独

① 王军,王广州.中国育龄人群的生育意愿及其影响估计[J].中国人口科学,2013(04):26-35+126.
② 美国贝恩公司战略咨询公司 2016 年开展的关于职场两性平等的最新调查结果显示,中国女性就业率高达 73%,领先于美国、英国、澳大利亚等发达国家,是全世界女性就业率最高的国家之一。
③ 国家统计局发布的《中国妇女发展纲要(2011—2020 年)》中期统计监测报告显示,2015 年全国女性就业人员占全社会就业人员比重的 42.9%,2016 年这一比例上升到 43.1%。

生子女)依靠祖辈照料孩子,比例高出非"单独"家庭近 20%[1]。在上海 0～6 岁的孩子中,有 50%～60% 由隔代教养(依靠祖辈照料孩子)[2]。

（一）隔代教养的概念

隔代教养,也称为隔代教育,是指祖辈与孙辈一起生活,并承担抚养教育孙辈的主要或全部责任[3]。广义的隔代教养家庭泛指祖父母任何一方或双方与孙子女有共处的时间,承担任何教养责任的;狭义的隔代教养家庭(Skipped generation families),指孙子女的父母完全放弃担负孩子的教养责任,家庭中仅祖父母与孙子女同住,而孩子的父母几乎不出现,祖父母承担教养孙子女的全部责任[4][5]。

Bryson & Caspe 从家庭结构和祖父母对孙子女权利义务关系两方面对隔代教养家庭作了区分(见图 5 - 3、图 5 - 4)。根据家庭结构进行划分,隔代教养家庭可以分为两大类:以祖父母为主之家和以孙子女之双亲为主之家,前者对应于狭义的隔代教养家庭,属于父母角色缺失或者说非常薄弱的隔代教养家庭,后者对应于广义的隔代教养家庭,以孩子父母(夫妻关系)为家庭核心,父辈承担孩子抚养和教育的主要责任,祖辈只是作为辅助者的角色参与到孩子的教养过程中。从祖父母对孙子女权利义务关系来区分,隔代教养家庭又可以分为:仅负责白日照顾之祖父母、负责家庭经济来源之祖父母、获得保护权之祖父母。考虑到在中国的法律框架内,祖父母对孙子女拥有天然的保护权和监护权,本研究从家庭结构的角度对隔代教养家庭进行了区分。

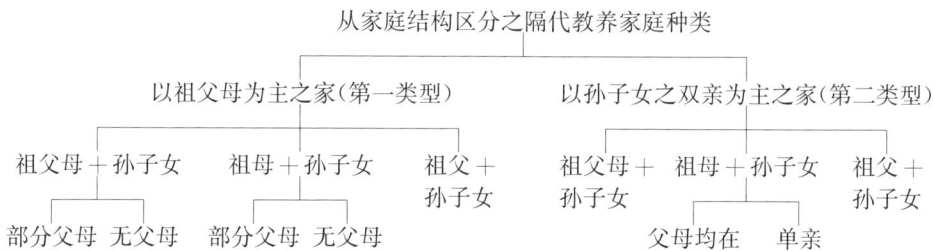

图 5 - 3

① 王军锋.浅谈亲子教育和隔代教育对幼儿个性心理发展的影响[J].陕西教育学院学报,2012,28(03): 121 - 124
② 王健.隔代教养对幼儿心理发展的影响[J].南通纺织职业技术学院学报,2011,11: 46 - 48.
③ 段飞艳,李静.近十年国内外隔代教养研究综述[J].上海教育科研,2012,(04): 13 - 16.
④ Bryson, K., & Casper, L. M. (1999). Current population reports: Coresident grandparents and grandchildren. Washington, DC: US Bureau of the Census.
⑤ 刘海华.0～3 岁儿童隔代教养现状与对策研究[D].东北师范大学,2006.

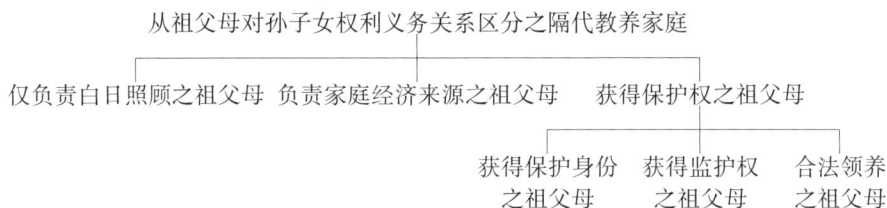

从祖父母对孙子女权利义务关系区分之隔代教养家庭

仅负责白日照顾之祖父母　负责家庭经济来源之祖父母　获得保护权之祖父母

获得保护身份　　获得监护权　　合法领养
之祖父母　　　　之祖父母　　　　之祖父母

图 5 - 4

（二）隔代教养的研究现状

当前的隔代教养研究主要有两类视角：一类是以祖辈为主要的研究对象，这类研究主要集中于国外。以美国为例，隔代教养现象的出现主要可归为以下原因：① 父母亲因病或意外伤害者死亡，无法照顾子女；② 父母亲生病，特别是精神或情感失序，无法照顾子女；③ 父母亲失业，无能力照顾子女；④ 父母亲离婚，导致单亲家庭形成，而单亲父母无能力或不愿照顾子女；⑤ 父母亲因案入狱，受刑期间无法照顾子女；⑥ 青少年未婚怀孕因未具父母效能，无能照顾子女；⑦ 父母亲恶性遗弃或忽略，不愿照顾子女；⑧ 父母亲虐待或暴力侵害子女，特别是肢体、性或精神虐待与侵害，被迫与子女隔离；⑨ 父母亲毒瘾、酒精中毒或 HIV/AIDS 等，无法照顾子女；⑩ 因父母亲工作繁忙，无法照顾子女①②③④。鉴于此，美国研究者所关注的隔代教养主要是狭义的隔代教养，因为父母角色缺位，祖辈不得不承担起孙辈的养育责任。这些祖父母的生理健康、心理健康以及政府机构给他们的经济和社会支持进入了研究者的视野⑤⑥⑦⑧⑨⑩。

① Bryson, K., & Casper, L. M. (1999). Current population reports: Coresident grandparents and grandchildren. Washington, DC: US Bureau of the Census.
② Kleiner, H. S., Hertzog, J., and Targ, D. B. (1998). Grandparents acting as parents: Background information for educators. In G. R. Williams, V. L. Murphy, C. Sheriff, J. Millspaugh, and C. Mertensmeyer (eds.). Grandparents raising grandchildren: A resource guide for professionals (pp.35 - 44). Columbia, MO: Parent Link.
③ Pinson-Millburn, N. M., Fabian, E. S., Schlossberg, N. K., & Pyle, M. (1996). Grandparents raising grandchildren. Journal of Counseling and Development, 74(6), 548 - 554. doi: 10.1002/j.1556 - 6676.1996.tb02291.x.
④ Roe, K., Minkler, M., Saunders, F., & Thomson, G. (1996). Health of Grandmothers Raising Children of the Crack Cocaine Epidemic. Medical Care, 34(11), 1072 - 1084. doi: 10.1097/00005650 - 199611000 - 00002.
⑤ Zauszniewski, J. A., Musil, C. M., Burant, C. J., & Au, T.-Y. (2014). Resourcefulness training for grandmothers: Preliminary evidence of effectiveness. Research in Nursing and Health, 37(1), 42 - 52. doi: 10.1002/nur.21574.
⑥ Musil, C. (1998). Health, stress, coping, and social support in grandmother caregivers. Health Care for Women International, 19: 5, 441 - 455, doi: 10.1080/073993398246205.
⑦ Whitley, D. M., Kelley, S. J., & Sipe, T. A. (2001). Grandmothers Raising Grandchildren: Are They at Increased Risk of Health Problems? Health and Social Work, 26(2), 105. doi: 10.1093/hsw/26.2.105.

（转下页）

　　隔代教养的另一个视角是以孙辈为研究焦点,这类研究多集中于国内,尤其是教育学和社会学领域。在国内已有的研究中,隔代教养家庭中儿童的身体和心理均得到了关注,但鉴于现有的理论或实证研究所选取的主要对象是以问题家庭和留守儿童为主,所以儿童的行为问题、情绪情感发展、个性发展是已有研究中常见的关键词[1][2][3][4][5][6][7]。已有研究认为,隔代教养对儿童的积极影响表现为:祖辈更有耐心,经验和人生阅历更丰富,处理孩子问题时更从容,与祖辈一起生活能促进孩子社会性发展[8];“隔代亲”的祖辈容易与孩子建立起融洽的祖孙关系,让孩子获得安全感,从而为教育孩子奠定良好的情感基础[9];父辈的教育往往强调竞争性,而隔代抚养能把竞争性教育和祖辈的宽容、平和等传统美德教育很好地结合起来。但是,更多的研究表明,隔代教养会对儿童的情绪、情感和行为产生不利影响:隔代教养的女孩易有情感与情绪的问题;男孩最易有行为失序的问题[10][11];隔代教养的儿童易有焦虑、不安全的情感问题,也较易产生发展迟缓及行为分裂问题[12];有 26% 隔代教养儿童有着行为问题,较一般儿童高出 10% 之多[13][14]。相对而言,研究者对隔代教养对儿童认知发展的影响关注较

---

⑧ (接上页)Kelley, S. J., Whitley, D. M., & Campos, P. E. (2010). Grandmothers raising grandchildren: Results of an intervention to improve health outcomes. Journal of Nursing Scholarship, 42(4), 379 - 386. doi: 10.1111/j.1547 - 5069.2010.01371.x.

⑨ Blackburn, M. L. (2000). America's Grandchildren Living in Grandparent Households. Journal of Family & Consumer Sciences from Research to Practice, 92(2), 30 - 36.

⑩ Roe, K., Minkler, M., Saunders, F., & Thomson, G. (1996). Health of Grandmothers Raising Children of the Crack Cocaine Epidemic. Medical Care, 34(11), 1072 - 1084. doi: 10.1097/00005650 - 199611000 - 00002.

① 李晴霞.试论幼儿教育中的隔代教养问题[J].学前教育研究,2001,(03):16 - 17.

② 林志忠.美国隔代教育家庭现况及支持方案之分析[J].中国家庭教育,2002,(02):61 - 69.

③ 赵振国.隔代教养对幼儿情绪调节策略发展影响的城乡差异研究[J].心理研究,2012,5:29 - 35.

④ 王玲凤.隔代教养幼儿的心理健康状况调查[J].中国心理卫生杂志,2007,(10):672 - 674.

⑤ 王健.隔代教养对幼儿心理发展的影响[J].南通纺织职业技术学院学报,2011,11:46 - 48.

⑥ 邓长明,陈光虎,石淑华.隔代带养儿童心理行为问题对比分析[J].中国心理卫生杂志,2003,(03):196.

⑦ Kleiner, H. S., Hertzog, J., and Targ, D. B. (1998). Grandparents acting as parents: Background information for educators. In G. R. Williams, V. L. Murphy, C. Sheriff, J. Millspaugh, and C. Mertensmeyer (eds.). Grandparents raising grandchildren: A resource guide for professionals (pp.35 - 44). Columbia, MO: Parent Link.

⑧ 刘淑萍,王建军.隔代教养对幼儿心理健康的影响浅析[J].文教资料,2008(10):149 - 150.

⑨ 黄姗,陈小萍.隔代教育研究综述[J].现代教育科学,2007(04):63 - 65.

⑩ 赵振国.隔代教养对幼儿情绪调节策略发展影响的城乡差异研究[J].心理研究,2012,5:29 - 35.

⑪ Kleiner, H. S., Hertzog, J., and Targ, D. B. (1998). Grandparents acting as parents: Background information for educators. In G. R. Williams, V. L. Murphy, C. Sheriff, J. Millspaugh, and C. Mertensmeyer (eds.). Grandparents raising grandchildren: A resource guide for professionals (pp.35 - 44). Columbia, MO: Parent Link.

⑫ 王玲凤.隔代教养幼儿的心理健康状况调查[J].中国心理卫生杂志,2007(10):672 - 674.

⑬ 刘海华.0~3 岁儿童隔代教养现状与对策研究[D].东北师范大学,2006.

⑭ 邓长明,陈光虎,石淑华.隔代带养儿童心理行为问题对比分析[J].中国心理卫生杂志,2003(03):196.

少,实证研究更是缺失。

　　不同于农村流动儿童中父母完全缺位的隔代教养,城市中双职工青年的育儿困境是城市"隔代教养"现象日益增多的主要原因,祖辈介入育儿一方面减轻了青年父母的育儿压力,另一方面又可能滋生新的育儿冲突和问题,这使得城市中的隔代教养成为一种新的值得关注的社会现象。

二、长三角地区"隔代教养"现状及特点

(一) 长三角地区绝大多数青年父母选择让祖辈承担主要或部分教养责任

　　调查显示,在受访群体中,17.5%的家庭主要由祖辈承担着育儿大任;48.1%的家庭一直由祖辈协助育儿;此外,超过23.3%的家庭在育儿方面曾偶尔接受过祖辈的帮忙;只有11.1%的家庭从始至终没有祖辈参与育儿,完全依靠自己(见图5-5)。

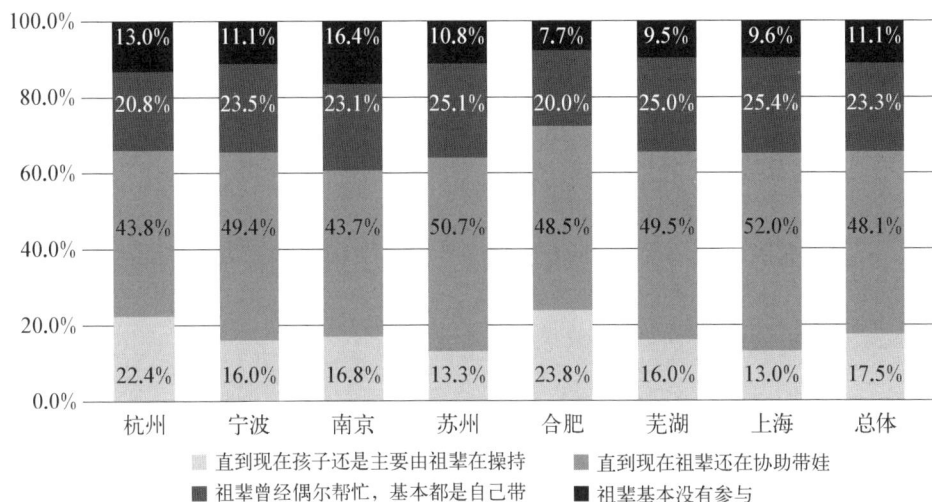

图5-5　长三角地区"隔代教养"现状

　　数据表明,在长三角地区,隔代教养家庭的比例约占60%～70%。在七个受访城市中,隔代教养比例最低的城市是南京,为60.5%;隔代教养比例最高的城市是合肥,为72.3%,其他五个城市的隔代教养比例基本与整体水平一致(长三角地区隔代教养家庭的整体比例为65.6%)。

　　与这一数据相对应的,是所有受访家庭中与祖辈住在同一屋檐下的比例为63.5%,这就意味着长三角地区有60%以上的家庭是"三代同堂"。而这种"三代同堂"的情况在不同地区差别较大:上海是"三代同堂"情况最多的城市,比例高达84.7%,其次是苏州(80.3%),合肥位列第三(63.5%),其余城市都在50%～

60%之间,相差不大。进一步分析表明,家庭结构与隔代教养之间具有显著的正相关关系($r=0.242^{**}$)。这就意味着与祖辈住在一起的家庭,隔代教养比例更高。可以说,祖辈、父辈、孙辈三代同居一室,为"隔代教养"提供了天然的条件。

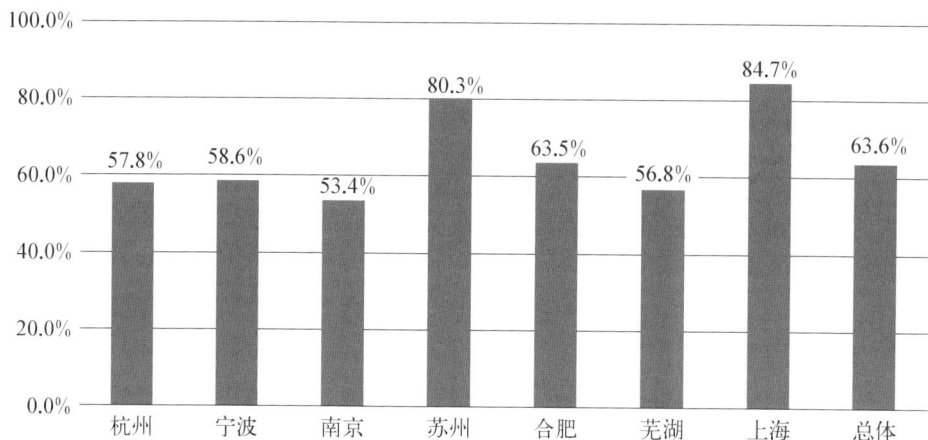

图 5-6　长三角地区各城市"三代同堂"的比例

(二)随着孩子年龄增长,隔代教养家庭的比例不断下降

由图 5-7 可见,隔代教养现象在孩子低龄阶段更为常见,随着孩子的成长,他们的自理能力逐渐增强,祖辈年龄渐长,青年夫妇对祖辈的依赖度会逐渐减

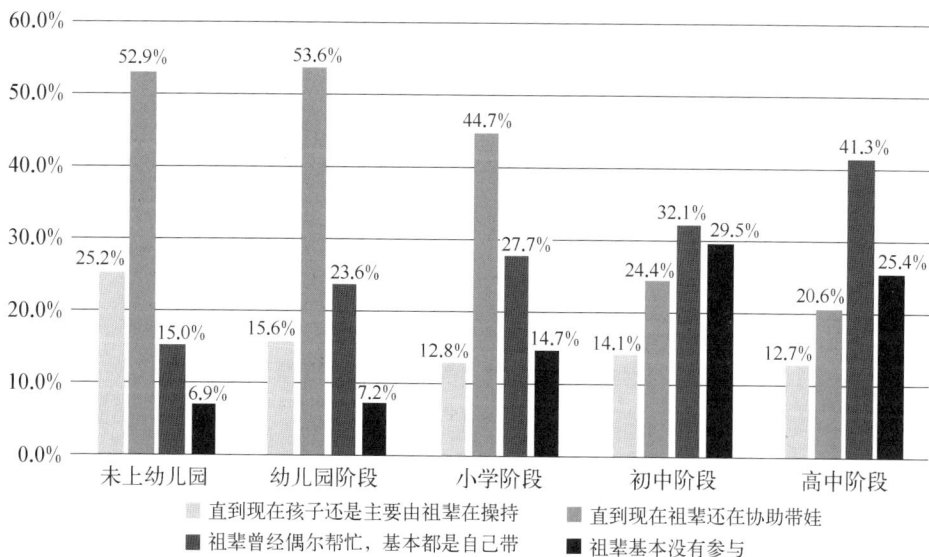

图 5-7　长三角地区祖辈参与孩子养育的情况

少。这也从侧面说明，隔代教养现象可能是很多青年夫妇在面对工作、育儿矛盾时一个阶段性的、折中性的选择。

李洪曾教授(2006)曾指出，祖辈照料主要集中于幼儿家庭；从本研究的调查数据来看，隔代教养主要集中于小学生及低幼孩童①。具体而言，孩子未上幼儿园的家庭中，78.1％家庭由祖辈承担主要或部分育儿责任；孩子处于幼儿园阶段的家庭中，69.2％家庭存在隔代教养现象；孩子处于小学阶段的家庭中，依然有57.5％家庭属于隔代教养家庭。在孩子上了中学之后，祖辈参与育儿的比例则下降至38.5％(初中阶段)和33.3％(高中阶段)。这就意味着，一方面孩子愈大，祖辈参与照料愈少。另一方面，对城市中30％～40％的家庭来说，隔代教养(或者说三代同堂)可能是一种长期存在的、很难改变的育儿模式。

(三) 独生父母家庭(含单独家庭)对祖辈的育儿依赖高于非独生父母家庭

由图5‐8可见，独生父母②家庭依靠祖辈协助带娃的比例比非独生父母家庭高出了9.6个百分点。已有研究也表明，独生父母家庭在育儿过程中存在祖辈抚养功能扩大的现象，三代同居更为常见，而独生子女的身份和父母年龄是影响是否与祖辈同住的主要因素③。近年来，由隔代教养带来的三代共居的现象在城市家庭，特别是幼儿家庭中的比例相当可观(图5‐6)，也对核心家庭为主导的城市家庭结构形成了一定的冲击。

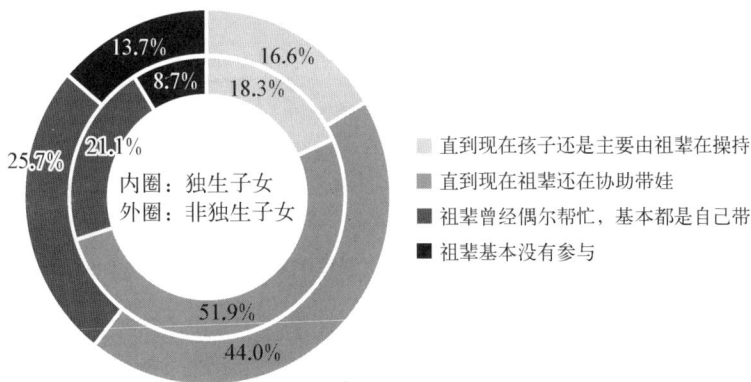

内圈：独生子女
外圈：非独生子女

16.6%　18.3%　13.7%　8.7%　25.7%　21.1%　51.9%　44.0%

■ 直到现在孩子还是主要由祖辈在操持
■ 直到现在祖辈还在协助带娃
■ 祖辈曾经偶尔帮忙，基本都是自己带
■ 祖辈基本没有参与

图5‐8　独生子女与非独生子女在隔代教养方面的区别

① 李洪曾.祖辈主要教养人的特点与隔代教育[J].上海教育科研,2006(11)：27‐30＋71.
② 独生父母即自己是独生子女的父母亲(参见包蕾萍,陈建强.中国"独生父母"婚育模式初探：以上海为例[J].人口研究,2005(04)：62‐72.)。
③ 包蕾萍.独生子女比例及其育儿模式的年龄模型[J].中国青年研究,2007(04)：42‐47.

也许正是独生父母家庭普遍存在的三代同居现象,造成了图 5-5 中即便孩子上了中学,祖辈依然在参与孩子教养的现象,而这样的家庭结构在当前的长三角地区比例很高。

(四)家庭经济水平越低的家庭,隔代教养的比例越高

在所有影响隔代教养的因素中,家庭经济水平也是很重要的一个。在本次调研中,我们邀请受访者对自己所处的家庭经济水平做了自评,即"与所在城市的职工收入相比,您目前的平均月收入大概属于下列哪一个层次",只有极个别的人认为自己生活在很高的收入层次,因此将这几个数据纳入较高收入层次一起进行统计分析。

对收入自评与隔代教养情况的交互分析表明,家庭收入层次越低,隔代教养的比例越高。可能的原因在于,家庭收入层次越低的家庭,越是在住房条件上受到约束,三代同堂的概率也就越高。而越是这样的家庭结构,就越容易出现隔代教养的现象。

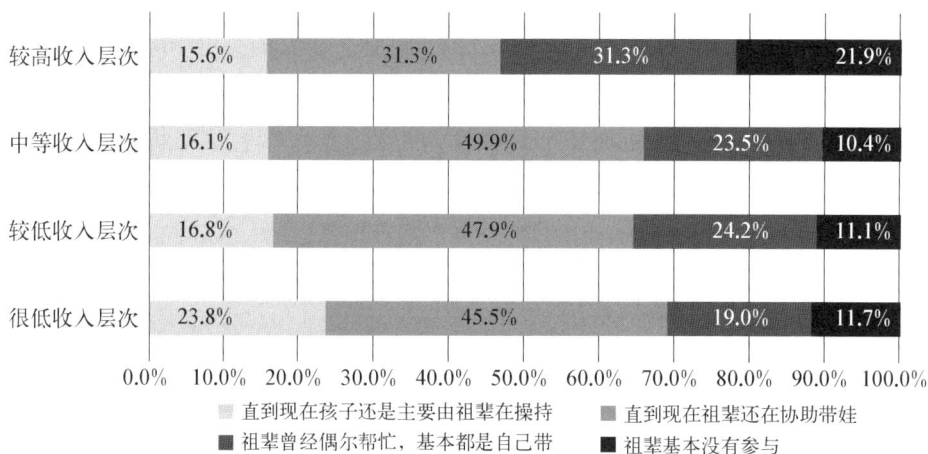

图 5-9　不同收入层次家庭的隔代教养情况

(五)祖母和外祖母是隔代教养的育儿主力

总体上说,长三角地区参与孩子养育的祖辈以奶奶和外婆为主,尤其是奶奶,在隔代教养中的角色可谓首当其冲、责无旁贷(见图 5-10),正因如此,在隔代教养中,祖父祖母的参与率要远高于外祖父外祖母的参与率。

对受访者所在城市与隔代教养进行交互分析后发现,在杭州与上海两地,外祖父、外祖母的育儿参与度是七个城市中最高的,尤其是杭州地区,外祖父外祖

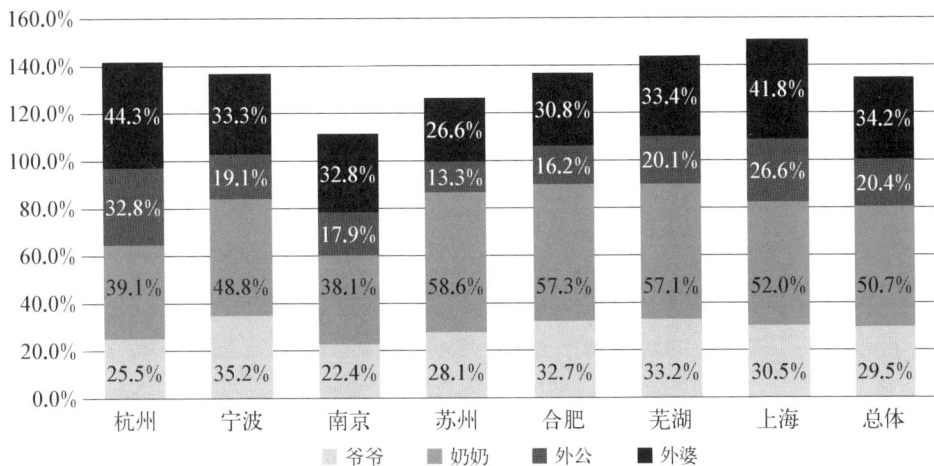

图 5 - 10　过去一年里,主要参与孩子养育过程的祖辈(多选)

母的育儿参与度,是所有城市中唯一一个超过祖父祖母育儿参与度的城市。此外,南京地区的隔代教养比例虽然是受访地区中最低的,但是其祖父祖母和外祖父外祖母的育儿参与度相差并不大。

(六) 当前的隔代教养重于"养"、轻于"教"

"教养"二字,基础在"养",关键在"教"。然而,本次调查的结果表明(见图 5 - 11),在长三角地区,祖辈们在隔代教养过程中所承担的最主要工作内容为:买菜(89.5%)、做饭(86.9%)、上学接送(62.1%),这部分工作内容与孩子的实际接触、互动较少,对于经济相对富裕的家庭而言,这些工作经常是由住家阿姨或钟点工代理的。与此同时,有 20%~30%的祖辈会承担给孩子洗澡、陪孩子玩游戏、陪孩子睡觉、辅导班接送等事务性工作,也有部分祖辈会给予孩子的核心家庭以经济支持。归根结底,这些事务都是养育孩子过程中的基础事项,关注在物质上满足孩子的基本需要,目标是把孩子养大成人。

当然,也有少部分祖辈会参与孩子的学习辅导和教育,如监督孩子做作业(7.7%)、检查孩子作业(6.1%)、给孩子辅导功课(4.5%)。数据显示,在祖辈作为主要教养人的家庭,他们对孩子学习的参与度与孩子的学龄段有着较大的关系,只有孙辈处于幼儿园和小学阶段的家庭,少部分祖辈(不到 10%)会力所能及地协助父母监督孩子做作业、检查孩子作业或给孩子辅导功课,0~3岁的幼儿没有太高的教育需求,客观上导致祖辈对孙辈教育的介入度很低;而面对升入中学的孙辈,很多祖辈囿于自身能力的限制,无法提供学业上的指导。

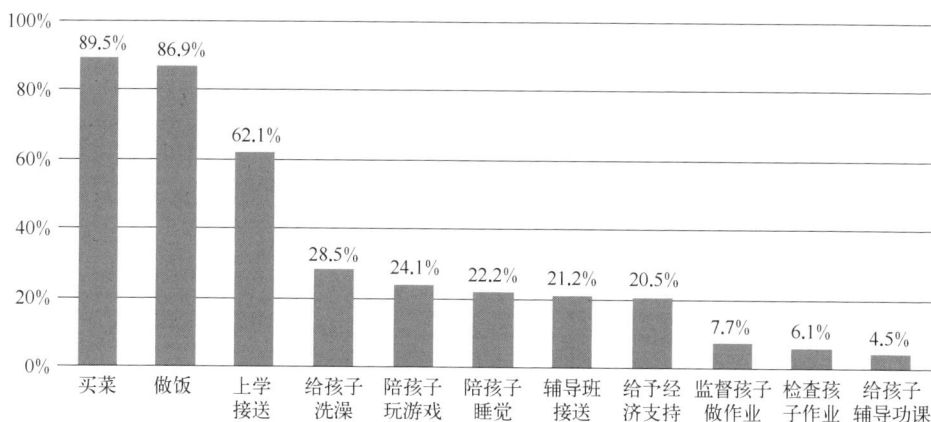

图 5-11　祖辈会在孩子养育过程中承担的工作内容

（七）"隔代教养"现象背后一半源于祖辈的关系需要，一半源于双亲的安全需要

图 5-12 表明，49.2％的祖辈之所以参与到育孙工作中是自己主动提出要为孩子减轻负担，享受含饴弄孙的天伦之乐；另外 50.8％的祖辈在孩子养育中的主动性则并不如前者那么高，他们主要是受到了子女的邀请才参与到了孙辈的教养中，这部分祖辈未见得有多喜欢带孩子。由此可见，祖辈对孙辈教养的参与一半是自觉自愿，一半是被动无奈。

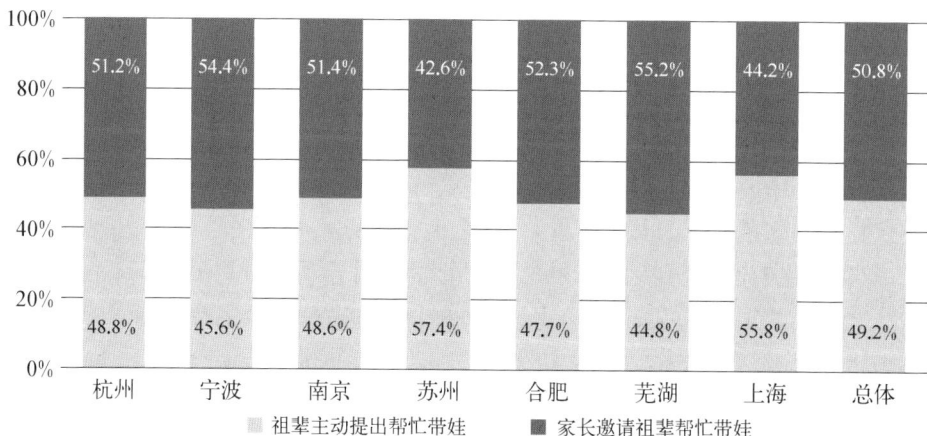

图 5-12　祖辈参与孩子养育的主动性

马斯洛理论把需求分成生理需求（Physiological needs）、安全需求（Safety needs）、爱和归属感（Love and belonging）、尊重（Esteem）和自我实现（Self-actualization）五类,依次由较低层次到较高层次排列。从青年父母的角度,把孩子托付给祖辈进行教养更多是出于第二层次的"安全"需求——满足的是父辈的职业安全、劳动保护、社会保障和健康需要等;而从祖辈的角度,愿意参与孙辈教养更多是出于第三层次的"关系"需求——满足的是祖辈亲情层面的情感需要。

与其他城市相比,苏州、上海两地祖辈的育儿积极性是所有受访城市中最高的。这就意味着,苏沪两地的祖辈在养育孙辈这个问题上主动性比较强,他们更乐于积极参与到育孙事业中。这一点与图5-6中各地"三代同堂"的比例形成了呼应,与子女同住一个屋檐下的祖辈,更乐意为子女养育孩子奉献自己的力量。

(八)"隔代教养"是青年父母解决眼下育儿困境的最优方案

黑格尔在《法哲学原理》说到"存在即合理",这句话用来形容"隔代教养"现象也是非常贴切的。随着越来越多的祖辈参与到育孙行列,网络上对隔代教养的讨论从未间断,媒体或学者对于隔代教养的利弊分析也从未停止。

本研究就青年父母对祖辈参与育儿一事的情感态度做了调研,结果表明(见图5-13)青年父母对隔代教养的态度相对比较中立,无奈者有之,担忧者有之,矛盾或五味杂陈者有之,但相对来说,还是轻松的体验略多一些。

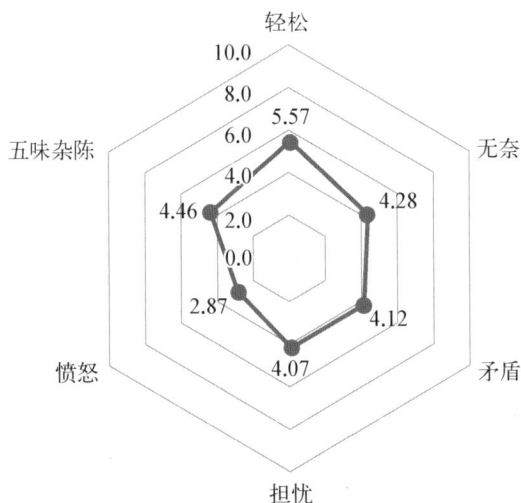

图5-13　青年父母对祖辈参与育儿的
情感体验(满分10分)

通过对个别青年父母的访谈发现:"无奈"之情,在于很多的年轻母亲也想亲自带孩子,但是经济条件不允许让她们不得不重返职场,此外,也有一部分事业心较强的女性不愿舍弃职场的一方天地,在产假尚未结束或一结束的就直接进入职场继续打拼。"担忧"之情,在于当今青年父母的教育观念与祖辈的育儿理念确实可以用大相径庭来形容,年轻父母站在科学育儿理念的最前端,他们更愿意去接受和尝试新的理念。但老人常常还是凭着过往的经验带孩子,不少年轻父母担心祖辈教养的孩子会产生各种各样的问题。"矛盾"之情,在于一方面年轻父母自己没时间带孩子,另一方面又担心祖辈不够给力,的确是各种矛盾纠结、五味杂陈。然而,男性、女性(即父亲、母亲)对于隔代教养的情感态度体验有显著差异,孩子的父亲体验到了更多由隔代教养所带来的消极情感(见表5-1),他们比孩子的母亲表示出更多无奈、矛盾、担忧和五味杂陈之感。

表5-1 孩子父亲和母亲对隔代教养的情感态度比较

	男	女	F	p
轻 松	5.73	5.48	2.486	.115
无 奈	4.69	4.03	17.361**	.000
矛 盾	4.40	3.96	8.507**	.004
担 忧	4.26	3.96	4.173*	.041
不 满	2.84	2.88	0.076	.783
五味杂陈	4.70	4.31	5.354**	.021

(九) 将教养孩子的主要责任交给祖辈的青年父母,感受到最大的育儿压力

我们假设,隔代教养之所以那么普遍,根本原因在于祖辈的参与减轻了青年父母的育儿压力。正如上文所言,在那些有祖辈参与育儿的家庭中,青年父母表示自己感受到了"隔代教养"带来的轻松之感。然而,这种轻松之感与祖辈的参与度有着较为复杂的关系。

我们选用 Berry 和 Jones(1995)编制、Cheung(2000)修订后的父母压力量表中文版(Chinese Version of the Parental Stress Scale,PSS)对青年父母的养育压力进行了测量[1][2]。该量表采用5点记分(1=很不同意,5=非常同意),共17题,其中1、4、5、6、7、16和17题为反向计分项,平均分越高表明养育压力越大。

---

① Berry J O, Jones W H. The Parental Stress Scale: Initial Psychometric Evidence[J]. Journal of Social and Personal Relationships,1995,12(3):463-472.
② Cheung, S. K. Psychometric properties of the Chinese version of the parental stress scale. Pscyhologia,2000,43:253-261.

本研究中,该量表的 Cronbach's α 系数为 0.78。

　　结果表明(见表 5-2),在四种不同的家庭类型中,那些"直到现在孩子还是主要由祖辈在操持"的家庭中,青年父母体验到的育儿压力比其他三类(即"直到现在祖辈还在协助带娃""祖辈曾经偶尔帮忙,基本都是自己带""祖辈基本没有参与")更大,在育儿压力和祖辈的参与度之间呈现出显著的负相关关系。这似乎意味着,青年的育儿压力越大,也就越容易将育儿的重担推给祖辈,祖辈的参与也就越多。

表 5-2　不同隔代教养家庭中父母的育儿压力比较

隔代教养情况	M	SD	F	p
直到现在孩子还是主要由祖辈在操持	2.66	0.63	9.538	0.000
直到现在祖辈还在协助带娃	2.44	0.68		
祖辈曾经偶尔帮忙,基本都是自己带	2.40	0.70		
祖辈基本没有参与	2.43	0.67		

　　(十)家中有祖辈作为育儿主力的一胎父母,生育二胎的意愿最强

　　数据表明,本研究所涉及的受访对象中,15.3%属于多孩家庭(二孩及以上),3.4%是一孩家庭,一孩家庭最多,占81.3%。当问及一孩家庭的父母,是否有意愿再生一个孩子时,60%的青年表示不愿意再生二胎,明确表示愿意再生一个的仅占这些已婚已育青年的15%,还有25%一孩父母表示随缘。

　　然而,不同隔代教养家庭中一胎父母对生育二胎的态度有着显著差异($\chi^2 = 16.72^{**}$)。相对而言,家中有祖辈作为育儿主力的一胎父母,生育二胎的意愿最强,明确表示不愿意生二胎的比例也是四类家庭中最低的(见图 5-15)。由此可见,隔代教养对育儿成效(即是否有利于孩子成长发展)的影响虽然较有争议,但是在促进青年夫妇的二胎意愿方面,是存在积极效应的。

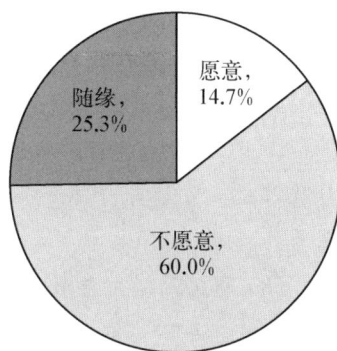

图 5-14　已婚已育的一孩父母对生育二胎的态度

　　当然,祖辈参与育儿的这种积极效应是十分有限的。根据青年夫妇对于生育意愿的回应,经济收入不够是最主要的原因(44%),其次是个人精力不够

祖辈基本没有参与	10.8%	62.2%	27.0%
祖辈曾经偶尔帮忙，基本都是自己带	12.4%	64.1%	23.5%
直到现在祖辈还在协助带娃	13.9%	59.2%	26.9%
直到现在孩子还是主要由祖辈在操持	22.2%	55.6%	22.2%

愿意　不愿意　随缘

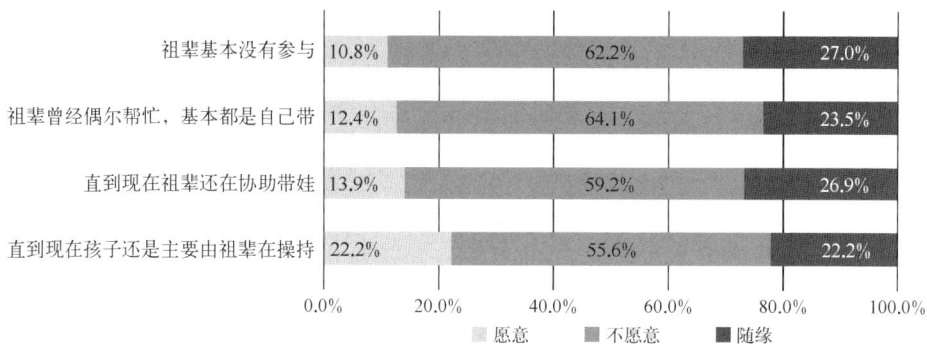

图 5‑15　不同隔代教养家庭中一胎父母对生育二胎的态度

(29.1％)，第三是满足于现在的子女数(14.9％)。只有少部分人是受到祖辈人手不够、国家鼓励生育的力度不够、另一半不给力、身体条件不允许或其他原因的影响而放弃了二胎的意向。

三、小结

在 2003～2004 年期间,李洪曾对上海市各区县中 13 672 名小学生家庭和在园幼儿家庭的家长开展过隔代教养方面的调查,最后得出以下几点结论[①]:

(1) 本市中小学学生和幼儿园在园幼儿家庭中以祖辈为主要教养人的隔代教育的比率并不高,从高中学生的 1.8％,经初中、小学到幼儿园随学校级别的下降而增长,幼儿园在园幼儿家庭隔代教育也仅有 7.1％。

(2) 决定家庭教育是否以祖辈为主要教养人的家庭因素有 7 个,它们是:
① 家庭人数的多少;② 亲子间共处的程度;③ 家庭的社会地位;④ 家庭人均月收入;⑤ 父母与子女的同住情况;⑥ 家庭的结构类型;⑦ 家庭的文化氛围等。

(3) 与父母辈主要教养人相比,祖辈主要教养人具有下列十大特点:① 年龄大但并非年老体弱;② 男性祖辈多于女性祖辈、祖父母多于外祖父母;③ 学历层次稍低;④ 专业技术职称稍高;⑤ 社会地位并不是很低;⑥ 个人年收入低;⑦ 业余活动忙家务的多、忙事业的少、辅导孩子功课的少;⑧ 有一部分并不每天与孙辈住在一起;⑨ 外地流动人口稍多;⑩ 中共党员比率稍高。

(4) 祖辈主要教养人的教育观念比较传统,重视孙辈与外界的交往,与学校联系的主动性不强。

---

① 李洪曾.祖辈主要教养人的特点与隔代教育[J].上海教育科研,2006(11):27‑30.

（5）祖辈主要教养人家庭的孩子，具有学习勤奋、不怕困难、竞争意识强的三大特点。

与 15 年前相比，当前隔代教养的特点有了较大的变化，具体表现如下：

（1）本市中小学学生和幼儿园在园幼儿家庭中以祖辈为主要教养人的隔代教育的比率比以往高出了 10%～20%。与此同时，随着孩子年龄的增长，隔代教养家庭的比例不断下降：算上承担着部分育儿责任的祖辈比例，0～3 岁幼儿家庭有近 80% 存在隔代教养，幼儿园儿童有近 70% 家庭属于隔代教养，小学阶段降至近 60%，初中、高中则下降至 40%～30%。

（2）影响隔代教养的因素依然是：① 家庭人数的多少；② 家庭的社会经济状况；③ 家庭的结构类型（独生家庭与否）；④ 祖辈与子女的同住情况等。

（3）长三角地区祖辈教养的特点：① 以祖母和外祖母为育儿主力，尤其是祖母，育孙责任可谓当仁不让；② 所有受访城市中，隔代教养比例最高的城市是合肥，隔代教养比例最低的城市是南京；③ 从祖辈带娃的积极性上看，苏沪两地的祖辈育孙主动性最高；④ 祖辈带娃总体呈现出"重养育、轻教育"的特点；⑤ 隔代教养现象的产生既源于青年父母追求物质保障过程中对育儿人手的现实诉求，又迎合了祖辈含饴弄孙享受天伦的情感需要。

（4）青年父母对隔代教养的态度：① 较为中性，隔代教养已经是双职工育儿困境的最佳出路；② 育儿压力越大的青年父母（育儿压力不一定来自教养孩子本身），越容易把孩子交给祖辈进行教养；③ 那些有祖辈承担主要育儿责任的一胎家庭，这些青年父母生育二胎的意愿明显更强。

第二节　育　儿　成　本

一、研究背景

2019 年 1 月 3 日，社科院发布了《人口与劳动绿皮书》，里面提到，中国人口负增长的时代即将到来。根据绿皮书的推算，如果中国总和生育率一直保持在 1.6（一个妇女一生生育孩子的数量）的水平，人口负增长将提前到 2027 年出现。中华人民共和国成立以来我国的生育水平变动轨迹大致经历了四个阶段：第一个阶段是中华人民共和国成立后到 20 世纪 70 年代前，生育水平非常高；第二个阶段是 20 世纪 70 年代，生育水平急剧下降；第三个阶段是 20 世纪 80 年代，生育水平在离更替水平不远处徘徊；第四个阶段是 20 世纪 90 年代至今，生育已经低于更替水平且逐渐下降。根据国家统计局公布的人口数据可知,2010 年,我国人口出生率为 11.90‰,人口死亡率为 7.11‰,人口自然增长率为 4.79‰;至 2017 年人口出生率为 12.43‰,人口死亡率为 7.11‰,人口自然增长率为 5.23‰,2018 年人口出生率为 10.94‰,人口死亡率为 7.13‰,人口自然增长率为 3.81‰,为 1961 年以来人口自然增长率最低的一年,由此看出我国的人口出生率从和自然增长率增长十分缓慢,甚至出现了下跌趋势。

我国第六次人口普查数据显示我国生育率为 1.19%,远低于可维持基本世代更替水平的 2.3%。生育率过低容易导致婴儿性别比例长期失衡、人口结构不合理、人口老龄化加重以及未来青壮年劳动率短缺等负面影响,不利于国家经济和社会的健康发展。要维持两代人之间的经济平衡,保证国家有足够的劳动力输出,中国每个可生育妇女,至少要生育 2 个以上的孩子才行。为了适应当前这一人口形势,促进人口长期均衡发展,2013 年 11 月中共十八届三中全会决定于 2014 年启动"单独二孩"政策。因效果不够理想,2015 年 10 月十八届五中全会决定 2016 年实施全面二孩政策,《人口和计划生育法》修订为"国家提倡一对夫妻生育两个子女"。那么,全面二孩政策的实施效果到底如何呢? 研究表明,全面二孩政策效果不及预期,2018 年出生人口或降至约 1 500 万以下,即减少 13% 以上。"单独二孩"和"全面二孩"政策均未能扭转低迷生育趋势。2014 年"单独二孩"放开后,出生人口增长至 1 687 万,仅比 2013 年增加不到 50 万。2016 年"全面二孩"放开后,出生人口攀升至 1 786 万,创 2000 年以来新高,但 2017 年又降至 1 723 万。

研究表明,全面二孩政策效果没有达到政策所预期目标的原因是:虽然社会经济发展和计划生育政策都对我国的生育率有重要影响,但是生育率降低的决定性因素是育儿成本过高。自改革开放以来,经济迅速发展,物价攀升,房价上涨,人们生活成本不断增加,教育成本和育儿成本也逐渐占家庭支出的绝大部分比重,育儿成本过高直接影响生育率,从而引发一系列由于生育率过低所带来的问题。育儿成本可以简单理解为生养孩子的花费和经济损失以及因为人父母而被占用的时间、精力的机会成本,父母为抚育孩子还要付出相当的生理、心理成本,包括母亲怀孕生育时的健康风险、父母照料抚育孩子产生的疲劳、紧张、焦虑等,多生育子女必然带来夫妻独处和互动时间减少、因孩子而产生夫妻冲突、外出缺乏灵活性和自由、事业发展的地域和时间受限等家庭矛盾。这些多种方面的育儿成本是决定家庭生育情况的根本原因。

同时,经济发展导致整个社会对高素质人才的需求量不断上升,"优育"成为广大育龄青年首要考虑的问题，家庭对孩子的教育成本也不断提高，加之现在学校高收费现象加剧，很多人认为养孩子的成本过高，而选择少生、优生，经济社会发展带来的"生育理性"，孩子多不再是社会成员的追求目标，取而代之的是良好的个人发展与有质量的家庭生活；再次，城市化水平的提高，中国很多的传统生育观点被进一步打破，重男轻女、多子多福的观点很大程度上已不能影响人们的生育活动，每家每户的家长都想给孩子提供更好的医疗、教育、娱乐条件，不可避免地造成育儿成本增高。

此外，女性受教育水平越高，经济依赖性越小，家庭中的发言权越高，且更容易理解"优生优育"的重要意义，从而更愿意遵从国家政策。女性深知生育带给她们的束缚，主观生育意愿受到影响，并且由于义务教育的普及和高等院校的扩招，促使女性的初婚年龄日益提高，晚婚晚育成为一种较为明显的社会现象。加之女性在事业上拥有更多的发展机会，而很多女性不愿意在个人事业发展的同时受到生育所带来的限制，因此受教育程度越高的女性普遍生育率越低。同时，因为女性往往在家庭中承担更多教育子女的任务，对于女性来说，养育子女的时间成本和经济成本都很大，因此，不少女性会选择性地放弃自己的生育权，这种情况进而演变成一种社会现象，影响国家整体生育率。

目前，随着社会的进步和综合国力的提升，养育成本不断攀升在世界范围内来讲都是普遍存在的现实情况。中国社会科学院对外公布的《2015 年社会蓝皮书》中指出：教育子女的费用在居民消费总额中的排名位列第一；其次医疗卫生的进步和改良也增加了家庭的自费成本；再加之，成年的子女特别是男性的结婚住房的成本也就自然而然转移到了父母身上。另外，一些新兴消费例如早教费、营养费、信息费、特长班费、旅游费甚至小资费等高额的育儿消费也都成为了父母的负担。

同时专家指出，当前育儿成本的升高，不仅与人们的生活水平普遍得到改善有关，而且跟父母们，尤其是"70 后"和"80 后"的育儿消费观念有着一定的联系。与以往相比，目前在育儿方式上也发生着地覆天翻的变革。生产的方式由原来的顺产变为剖腹产，又有相当比例的年轻妈妈为了给孩子所谓更好的营养，放弃母乳，选择进口奶粉。此外，在照顾方式上也更多地选择亲力亲为，而不是传统的夫妻双方与祖父母或外祖父母及其他亲属一同抚养，这无疑提升了养育孩子所需的时间和精力。

育儿成本不断升高对家庭和孩子的影响是否显著、育儿成本结构是否合理、是否需要优化，以及国家和社会应该出台怎样的配套措施来减轻育儿负担；让全面二孩政策发挥出其应有的效果,使人们不但想生,而且敢生,这些既是需要我们考虑和解决的问题,也是本研究的出发点与落脚点。

二、相关概念与样本基本情况

(一) 相关概念界定

1. 养育成本

一般来说,家庭养育成本的指母亲从怀孕开始算起,一直到孩子成长为自理者这一阶段家庭为抚养孩子所承担的一切费用支出,包括父母因为抚养新生孩子而失去的受教育的机会,进而失去获得更高收入的机会。

2. 直接成本

直接成本指按照社会的正常标准评估,母亲从孕育一个孩子开始直到孩子生活能够自理时为止父母所花费的一起抚养费用。这其中包括衣、食、住、行等生活费用、教育费用、医疗花费及其他支出。本研究中的各种抚养费用主要包括生活支出、教育支出与医疗花费三大项。其中,生活支出具体是指父母为孩子在生活各方面的支出总和,包括在衣物、尿布、食物、玩具、生活用品等方面的支出。教育支出是指为孩子在教育方面的总支出,包括基础教育支出、扩展教育支出以及选择教育支出。基础教育支出包含学费、学杂费、校服费、餐饮费以及交通费。扩展教育支出包含特长培训班、兴趣班、补课费、课外书籍费以及夏令营等。选择教育支出包含择校费、赞助费、借读费、教育保险等。医疗花费主要包括分娩费用、门诊花费、住院花费,包含家庭自付的部分和医疗保险报销的费用。分娩费用是指在产科住院期间分娩所需的全部住院和医药费用,包括住院费、医药费和检查治疗等;门诊费是为孩子到药店买药及看门诊支付的费用;住院费是孩子住院支付的全部医药费,具体包含住院费、医药费和检查治疗费等。

3. 间接成本

间接成本指父母在怀孕和抚育子女期间,要损失一定的劳动时间,实际上减少了收入,而且有时还会因为生育子女而失去晋级、提薪、得到更好的工作岗位等的机会。间接成本包括母亲妊娠和哺育期间损失的一切工资收入与职业生涯的提升机会;父母及其他家庭成员因照顾、抚育新增孩子而造成的消费水平下降和时间损失等。对于成年父母而言,时间具有极其重要的价值,因此间接成本在其表现形式上主要体现在时间的损失上。然而由于间接成本衡量比较繁琐,没有统一的标准,因此本研究对此部分不进行货币核算,只进行简单的描述。

(二) 样本基本情况

1. 性别与年龄构成

本次调查共计 1 828 人,从性别方面来看,男性 718 人,占总人数的 39.28%;女性 1 110 人,占到总人数的 60.72%。年龄方面的分布情况为,18 岁以下年龄段人数为 6 人,占总人数的 0.33%;19~23 岁年龄段人数为 25 人,占总人数的 1.4%;24~28 岁年龄段人数为 393 人,占总人数的 21.5%;29~33 岁年龄段人数为 817 人,占总人数的 44.69%;34~38 岁年龄段人数为 400 人,占总人数的 21.88%;39 岁以上年龄段人数为 187 人,占总人数的 10.23%。

2. 学历与婚姻状况

从学历方面来看,初中以下学历有 47 人,占总数的 2.57%;高中(包含中专、中技、职校)学历的有 185 人,占总数的

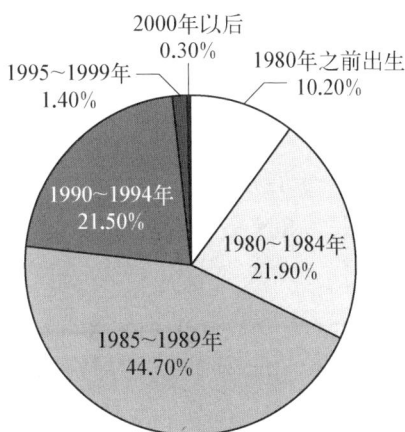

图 5-16 长三角已婚已育人群出生年份区间分布表

10.12%;大专学历的有 515 人,占总数的 28.17%;本科学历的人数最多,达到 924 人,占总数的 50.55%;研究生及以上学历的人数为 157 人,占总数的 8.59%。从婚姻状况方面来看,未婚人数为 63 人,占总人数的 3.5%;已婚人数达到 1 765 人,占总人数的 96.5%。从生育状况来看,未生育的有 135 人,占总人数的 7.6%;已育的有 1 630 个,占总比重的 92.4%。

3. 职业与月收入

从职业方面来看,行政领导层及管理层为 233 人,占总人数的 12.8%;政府机构、国有企业的工作人员、公务员为 391 人,占总人数的 21.4%;私企、外企、三资企业公司的普通职员(包括业务员、基层主管)为 433 人,占总人数的 23.7%;专业技术人员(包括医生、教师、律师、工程师等)为 328 人,占总人数的 17.9%;社会组织工作人员为 242 人,占总人数的 13.2%;体力劳动者为 86 人,占总比重的 4.7%;自由职业为 75 人,占总人数的 4.1%;待业、无业、家务料理者为 34 人,占总比重的 1.8%。从家庭收入方面来看,很低收入层次人数 261 人,占总人数的 14.3%;较低收入层次人数 754 人,占总人数的 41.2%;中等收入层次人数 773 人,占总人数的 42.3%;较高收入层次人数 30 人,占总人数的 1.6%;很高收入层次人数 10 人,占总人数的 0.05%。

通过对基本信息的整理,可以得出以下几个特点:在此次调查中,女性人数占到总人数的一半以上,年龄分布集中在 29~33 岁之间,学历分布集中在本科及以上,婚姻状况基本是已婚,未婚人数极少,职业状况中,私企、外企、三资企业公司的普通职员、政府机构及国有企业工作人员、行政领导和管理层占分布人数较多的前三名,绝大部分家庭收入层次是中低层。

三、育儿成本描述性分析

(一) 直接成本

长三角家庭养育直接成本支出项目主要分为生活、教育、医疗三个部分。

1. 生活成本

养育孩子的生活消费主要包括衣物、尿布、食物、玩具、生活用品等直接与孩子生活相关活动所支付的费用。此次调查发现,有 83.5% 的家庭是中低层次收入家庭,但有 66.2% 的家庭在过去一年中为孩子在生活支出上花费了 10 000~50 000 元不等。

2. 教育成本

本次研究的教育消费则包括基础教育支出、扩展教育支出以及选择教育支出。此次调查中可以看出家庭每个月为孩子教育方面的支出费用,其中基础性教育支出 2 000 元以下的有 945 人,2 000~50 000 元的有 588 人,5 000~10 000 元的有 189 人,10 000 元以上的有 106 人。扩展性教育支出 2 000 元以下的有 856 人,2 000~5 000 元的有 600 人,5 000~10 000 元的有 223 人,10 000 元以上

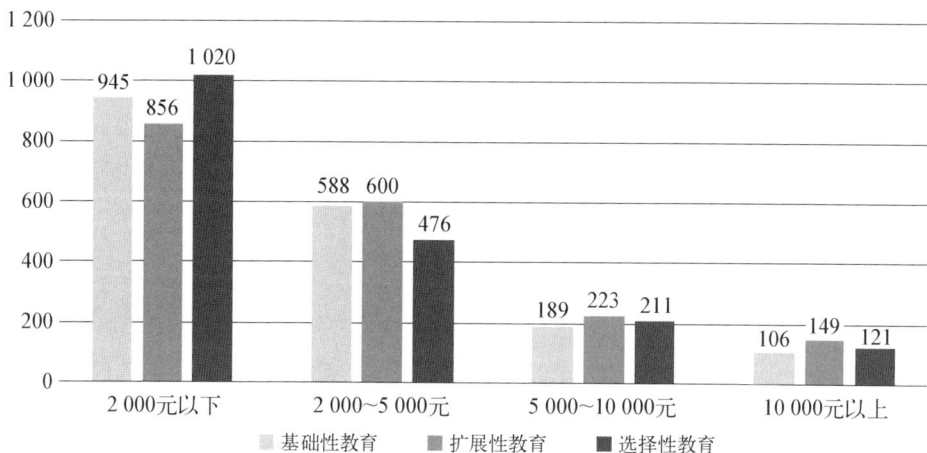

图 5-17　每个家庭中孩子平均每月教育支出

的有 149 人。选择性教育支出 2 000 元以下的有 1 020 人,2 000～5 000 元的有 476 人,5 000～10 000 元的有 211 人,10 000 元以上的有 121 人。

3. 医疗成本

医疗花费主要包括分娩费用、门诊花费、住院花费,包含医疗保险报销的费用和家庭自付的部分。分娩费用是指在产科住院分娩期间产生的全部住院和医药费用,包括住院费、检查治疗、医药费等;门诊费是指为孩子到药店买药及看门诊所支付的费用;住院费是指为孩子住院治疗所花费的全部医药费,包括住院费、检查治疗费、医药费等。此次调查中,感受到医疗负担压力重的家庭占到 34.52%,感受医疗负担压力一般的家庭占到 56.89%,感受医疗负担压力轻的家庭占到 6.18%,无医疗负担压力的家庭占到 2.41%。

(二) 间接成本

长三角家庭养育间接成本主要从以下三个方面来分析:照料人员、日常教育、陪伴时间。

1. 照料人员

女性是无酬家务劳动的主要承担者,这在全球范围内都是一个普遍现象,照顾婴幼儿是比较重要的内容,生育对妇女的职业生涯影响很大。来自家庭的支持与帮助例如(外)祖父母的帮忙,则会有效减轻妇女的压力。对于"您或您配偶的父母是否曾参与到您孩子的养育过程中来?"这一问题,问卷上有四个选项,其中孩子主要由祖辈照料占到 18%,祖辈协助照料孩子的占到 46.28%,祖辈曾经偶尔帮忙,孩子主要自己照料占到 22.98%,孩子完全自己照料的占到 12.75%。

2. 日常教育

与日常生活照料相比,在教育方面父母投入度、参与度更高,更加倾向于亲力亲为。总体来看,接近 60% 的父母独自承担孩子在家的日常教育。对于"我们每天都要花很多时间陪伴孩子学习(做作业)"这一问题,非常同意的占到 24.23%,比较同意的占到 38.57%,一般的占到 30.91%,不太同意的占到 4.76%,非常不同意的占到 1.53%。

3. 陪伴时间

随着生活节奏的加快,父母工作的忙碌,以及农村留守儿童这一社会问题的凸显,父母的陪伴成为了很多孩子的奢望。为了能够更好地了解父母陪伴孩子的基本情况,问卷特意设定了以下问题,"您每周花费在亲子活动(谈心聊天、辅导功课、关心日常起居、一起家务劳动、其他方面)上的频率是多少?"可以看出在谈心聊天方面几乎没有占到 194 人,1～2 次 739 人,3～5 次 462 人,5 次以上

433 人。辅导功课方面几乎没有占到 365 人,1～2 次 637 人,3～5 次 405 人,5 次以上 421 人。关心日常起居方面几乎没有占到 148 人,1～2 次 451 人,3～5 次 440,5 次以上 789 人。亲子阅读方面几乎没有占到 248 人,1～2 次 727 人,3～5 次 453 人,5 次以上 400 人,一起家务劳动方面几乎没有占到 384 人,1～2 次 840 人,3～5 次 368 人,5 次以上 236 人。

四、育儿成本分析

调查发现,大多数受访青年不愿意生养二孩。愿意生二孩的只占 13.7%,不愿意生的占 62.8%,表示随缘的占 23.5%。究其原因,主要是因为随着育儿成本的不断提高,越来越多的人不愿意生养二胎。

(一) 经济成本和心理成本是生养孩子的主要负担

在"请你表示一个月以来,你有多同意以下的想法(养儿育女是一项经济重担)"的频率分析中,52.1% 的人比较同意或者非常同意养儿育女是一项经济负担,对此不太同意的占 13.8%,很不同意的占 11.9%,说不清的占 22.2%。在"您不愿生育二孩的主要原因是什么?"的问题分析中,我们发现"经济收入不够"依旧是选择最多的选项,占到 55%,说明经济是生养孩子最重要的因素。而自己精力不够是仅次于经济因素的第二大因素,占到 28.8%,可见生养孩子带来的操心、烦恼、压力等心理成本是仅次于经济成本的第二大负担。

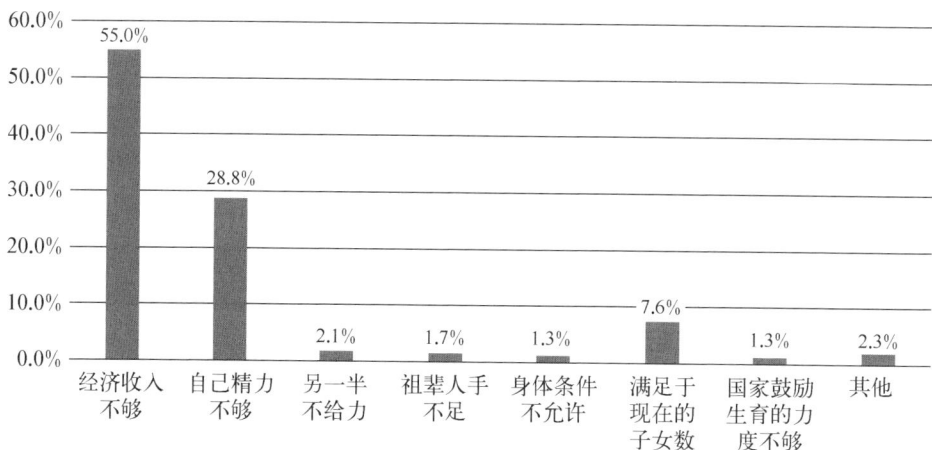

图 5‑18 青年不愿意再生一个孩子的原因

(二) 育儿成本中,个人发展机会成本过高

生育、看护、培养孩子需要花费大量的时间和精力,这即为家庭、女性的机会成本。女性需要更多平衡职场和家庭,已婚未育女性在职场更易遭受性别歧视。在多选题"为了教养孩子您牺牲多的方面是?"的频率分析中,我们发现"日常休闲娱乐"是教养孩子牺牲最多的因素,"职业发展"则紧随其后排第二,"缩减了社交圈"排第三。

在"请你表示一个月以来,你有多同意以下的想法(因为有了孩子,我难以兼顾其他方面的责任)"的问题分析中,45.9%的人比较同意或者非常同意"因为有了孩子,我难以兼顾其他方面的责任"。在"请你表示一个月以来,你有多同意以下的想法(有了子女,我人生便失去很多选择和自主的机会)"的问题分析中,31.3%的人比较同意或者非常同意"有了子女,我人生便失去很多选择和自主的机会"。这些都从侧面反映出个人发展机会成本过高的重要性,除了必要的经济因素外,考虑个人生活质量与个人发展的原因成为首要因素。

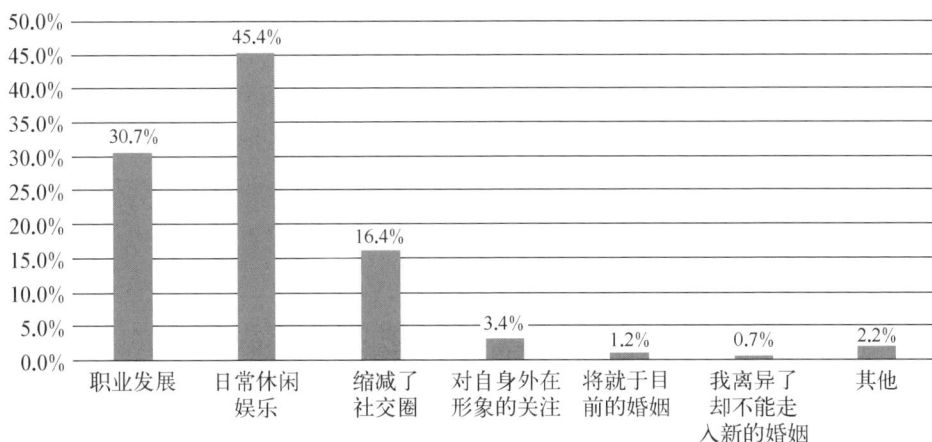

图 5 - 19 青年为了教养孩子牺牲较多的方面

(三) 经济成本中,教育投入最高

经济成本指标中教育成本投入成为最主要的部分,调查显示,教育费用在整个经济成本因素中平均综合得分最高,影响力最大。而在教育成本的投入方面,私立中学学费与补习辅导班、兴趣班、早教班的费用远远高于其他教育花费,成为最主要的成本投入。在"以下是一些针对子女教育的观点和感受的描述,请根据您的实际情况进行选择(我觉得孩子的教育开销对我们家庭来说是很大的经济负担)"的问题分析中,58.2%的人比较同意或者非常同意"觉得孩子的教育开销对我们家庭来说是很大的经济负担"。

调查中显示60.3%以上的孩子参加了早教班或者辅导班。当然这其中有一些还没有孩子,实际比例可能更高。校外培训的花费占家庭可支配收入比例10%以内的占到了39.2%,30%以内的占到79.5%。这些数据都表明,在家庭育儿成本中,教育投入最高。

（四）医疗资源不够,医疗费用过高

调查发现,受访青年反映给孩子存在等待时间长、医疗费过高、医疗资源不足等问题（见图5-20）。其中,在"您认为现在给小孩看病难难在哪些方面"的频率分析中,24.1%的人认为"患者多,预约挂号等耗时太久",19%的人认为"医疗费用太高"。此外,在我国四种医疗保险中（新型农村合作医疗、城镇居民基本医疗保险、城乡居民合作医疗以及商业医疗保险）,总体来看,年轻父母为了子女的医疗保障,至少参加一种医疗保险的比例为89.2%,只参加新农合的比例为16.4%,只参加城镇居民基本医疗保险的比例为38.3%,此外另有8.92%的儿童只参加了商业医疗保险,既有未成年人城镇医疗保险,又购买了商业性质的保险的比例为6.8%,既有未成年人新型农村合作医疗保险,又购买了商业性质的保险的比例为8.3%。可见,子女的医疗保险对于已婚已育青年来说也是必须承担的经济成本之一。

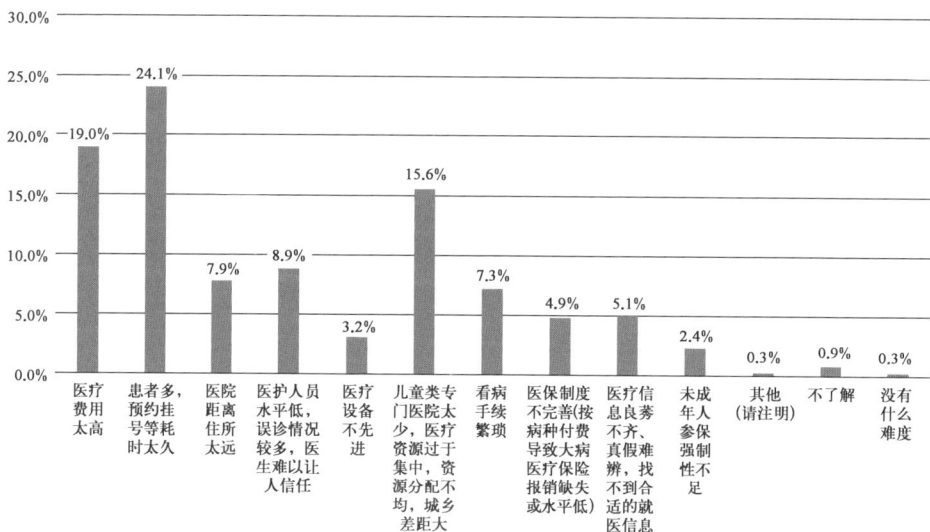

图5-20　青年认为给孩子看病难的困难之处

（五）住房问题成为新的经济难题

现在,很多年轻人生育的前提条件就是结婚,而结婚的前提则是要买房。由于房价的飞速增长,更多的家庭面临成为房奴、买不起房子的窘迫局面。而目前婚嫁的费用也成为养育孩子的一项重要的开销,房子成为婚姻的筹码,年迈的父母还将面临没有房儿子就找不到另一半的巨大压力。由于年轻人刚刚参加工作没有存款,或者家里人出于亲情的帮助等原因,大多数男孩的家庭会考虑给孩子买婚房。因而购置新房又成为养育孩子中一项巨额的投入,并且这种投入还带有极大的地域不确定性,成为压在父母肩上的重担。

五、对策与反思

(一) 实行个人所得税减免全覆盖及经济补贴政策

2019 年 1 月 1 日实施的个税改新政策中提出,子女教育、继续教育、住房贷款利息、住房租金、赡养老人 5 项开支均可按标准定额从应纳税收入中扣除。有关子女教育部分是指,纳税人的子女接受学前教育和学历教育的相关支出,按照每个子女每年 1.2 万元(每月 1 200 元)的标准从应纳税收入中定额扣除。这里学前教育涵盖年满 3 岁至小学入学前阶段;学历教育则涵盖小学到博士研究生阶段。父母双方可分别按每孩每月 500 元扣除,也可由一方按每孩每月 1 000 元扣除。

在目前的九年义务教育制下,小学和初中免收学费,但托儿所、幼儿园、高中和大学的费用仍需要家庭支付。方案没有覆盖 3 岁以下幼童的抚养费。实际上,目前城市白领家庭养育压力最大的时段恰恰是从孩子出生到 3 岁入托之前。这是因为中国严重缺少托儿机构,而随着保姆价格的飞涨,雇佣全天看护孩子的费用已经超出了很多城市白领家庭的承受能力。因此,抵扣方案在孩子 0～3 岁时段的缺位尤其不合理。另外,子女教育专项附加扣除金额太低,建议将个税专项附加扣除中的“子女教育”扩展为“子女养育”,不仅让抵税时段涵盖孩子 0～3 岁的阶段,还应该提高抵扣金额。由于中国现在只有少数工作人口缴纳个人所得税,减免税收能惠及的家庭并不多,因此,对于收入较低家庭,还需要考虑直接发放现金补贴。

(二) 加大托育服务供给,加强中小学课后服务

2019 年 1 月份,教育部司长吕玉刚表示:破解“入园难”和“入园贵”问题。国办发文:小区配套幼儿园不得办成营利性幼儿园。针对现在天价私立幼儿园的情况,这是一个好的政策,但现在政策扶持的还偏重在 3 岁以后的幼教机构。中国生育意愿极低的重要原因正是许多家庭面对低龄幼儿看护困境而不敢生二孩。托育服务短缺非常严重,0～3 岁婴幼儿在我国各类托幼机构入托率仅为 4％,远低于一些发达国家 50％的比例,80％的婴幼儿由祖辈参与看护。如果没有老人帮助,夫妻双方甚至需要牺牲一方几年的职业机会来照看孩子。加大托

育服务供给,首先针对已有的公立和私立幼儿园,应该鼓励提倡开设 0～3 岁儿童的托幼服务,扩大幼儿园服务范围,提高幼儿园的服务质量;加强对幼儿园收费标准的监督。其次,也可以考虑政府购买服务的方式,向第三方购买一些服务用以照料孩子,鼓励企业、事业单位和社区来建立托幼机构,积聚力量,鼓励民间资本参与,共同办好托幼机构。公共托幼服务并不陌生,也不是现在才产生的,早在 20 世纪 80 年代就已经产生过机关单位托儿所,只是因为某些因素逐渐消失。在二胎政策开放的今天,更应当通过政府的主导,来建立托幼机构,培养足够的专业人员来照料学龄前儿童,使其父母免除后顾之忧。

另外当前中小学上学时间为 8:30,且 8:00 以后才能到校;放学时间很多在 15:30,给双职工父母带来了接送难题。现在一些地区已经开始实施了中小学课后服务,破解"课后三点半难题"。针对开展课后服务产生费用的问题,义务教育阶段学校可采取财政补贴、收取服务性收费或代收费等方式筹措经费。提倡有条件的地区通过"政府采购服务""财政补贴"等方式对参与课后服务的学校、单位和教师给予适当的补助。

(三)完善女性就业权益保障,大力推进社会生育保障改革制度

本次问卷调查中发现,女性在生育决策中顾虑最多的便是自身性别对个人发展与就业的消极影响,目前,在很多企业和单位招员中,都出现了明显的性别选择,表现为对女性就业的排斥和歧视。因此,社会应完善相关法律条例,保护职业女性,尽快推进生育保障制度改革。2019 年 2 月 21 日,人力资源和社会保障部(简称"人社部")就业司发布公告,人社部、全国妇联、教育部等九部门近日印发《关于进一步规范招聘行为促进妇女就业的通知》(以下简称《通知》)。招聘不得限定性别或性别优先,不得以性别为由限制妇女求职就业、拒绝录用妇女,不得询问妇女婚育情况,不得将妊娠测试作为入职体检项目,不得将限制生育作为录用条件,不得差别化地提高对妇女的录用标准。《通知》的出台将进一步规范招聘行为,促进妇女平等就业,但相关政策的针对性、可操作性有待改进,监管力度还需进一步加强。

企业应积极应对女性职工生育带来的一系列管理新情况,尽早对本企业面临的生育形势做出预期,企业应针对育龄员工,充分发挥集体协商的作用,结合自身生产管理的需求制定具体措施。细分产前休假、产后休假,量化孕期、哺育期工作时间,指定孕期、哺育期岗位调整预案,并在与劳动者充分协商的基础上,将相关条款明确写进集体合同。用人单位针对产后返岗女职工应开展岗位技能提升培训,尽快适应岗位需求,完善落实生育保险制度,切实发挥生育保险保障

功能。有条件的企业可以设置爱心托管班、假期托管、课后托管班，推动职工子女托管服务规范化、多样化发展，积极服务女职工多样化需求，解决女职工生育后顾之忧。用人单位将要紧紧围绕女职工平等就业、薪酬待遇、生育保护、职业发展等权益实现问题，建立健全性别平等制度机制，着力女职工专项集体合同扩面提质增效、建立女职工休息哺乳室，全方位维护和发展女职工劳动经济权益、民主政治权利、精神文化权益和社会权利，促进女职工体面劳动和全面发展。

（四）加大医疗投入，保持房价长期稳定

由于环境污染、工作生活压力加大及人口老龄化等原因，患病率上升，病因越来越复杂，一些病症越来越难治、且费用可达百万元级别的天价，"因病致贫""因病返贫"的情况长期存在。目前，我国存在看病难看病贵的问题，特别是儿童医院和妇幼医院，医疗资源远远不够需求，从这个层面看，国家应该加大儿童和妇婴医疗资源的投入，加大医疗支持力度，多培养优秀的儿童医生和妇产医生。同时可以加强对孕妇产前免费检查、儿童的身体免费检查等福利项目。

在调研中发现，对于房子的需求已经成为每一个家庭的刚需，特别是当房子与婚姻挂钩之后，是否有房成为择偶的重要标准之一。二孩政策全面开放后，住房需求增加，一大批老百姓急需换购房产，多数家庭都在考虑学区房或更大面积的房子。"房子是用来住的，不是用来炒的"这是习进平总书记在中央经济工作会议上发表的讲话，侧面反映出房价过高在我国的严峻形势。因此，加强对房价的宏观调控，保持房价长期稳定尤为重要。当前，房子牵扯出的各种社会问题也逐渐显现，单拿它作为养育孩子中的成本问题来看，无论是结婚新房，还是学区房等，房价都如同一座无形的山，压在父母的心中，巨大的经济负担影响的不仅仅是一个家庭，同时，幼小一辈会在潜意识中放大对于婚姻、生育的恐惧，导致整个社会的生育意愿越来越低。

（五）完善鼓励生育的相关政策

在我国，目前，辽宁已出台文件，将在税收、教育、社会保障、住房四大方面加强对生育二孩家庭的政策奖励；天津提出增加二孩职工家庭 30 天生育津贴；湖北宜昌落实住院分娩基本生育免费服务；湖北仙桃全面实施基本生育免费服务，生育二孩可获 1 200 元补助。

实际上，几乎所有的低生育率国家都普遍实行鼓励生育的措施，具体措施包括发放经济补助和提供育儿便利。对生育家庭的经济补助往往是累进制，特别是奖励第三个及以上的孩子。比如：法国孩子出生首先可获 928 欧元奖金，0～3 岁每月有 185 欧元补助，3～20 岁每月有 65～231 欧元补助，每月还可获得

169 欧元的额外补助。德国孩子从出生到年满 18 周岁,或 19～25 岁未正式工作或在读,可申领儿童金补贴,金额随着通货膨胀调整,目前每个家庭的前两个孩子每人每月可获 184 欧元,第三个孩子每月获 190 欧元,第四个孩子起每人每月获 215 欧元。在丹麦,为鼓励生育,丹麦政府实行全面人性化的母婴保健福利——为生育家庭的丈夫妻子提供充裕的产假和生育津贴,且无须额外纳税,政府为孕产期保健检查买单等。因此,政府可借鉴其他各国出台的相关鼓励措施,尽快制定鼓励细则,从生育补贴、产假等具体实际的方面鼓励育龄夫妇再生育。例如,相应延长晚婚晚育假、财政补贴提供更多的生育津贴等。提出适当延长女职工生育休假时长和男性陪护假、共同育儿假(江苏省 2018 年共同育儿假首次正式入法,鼓励用人单位在女方产假期间安排男方享受不少于 5 天的共同育儿假,以倡导男性与妻子一同承担育儿等家务劳动),从而解决职工育儿中的实际困难,保障女性劳动权利。进而分担妇女抚养责任,推进"全面两孩"政策落实。

延伸阅读

祖辈参与教养的十大发现

发现一:近 80% 城市家庭祖辈参与孩子的教养,他们中的绝大多数(93.8%)乐意参与教养,"希望享受天伦之乐"是他们参与教养的首要原因。祖辈的高参与率与中国传统观念中将传宗接代、人丁兴旺视作家族大事有关,与儿童父母的生活、工作压力有关。

发现二:城市中祖辈参与家庭教养的总体比例很高,但纯粹隔代教养的比例并不高。从儿童出生到小学阶段,60%～70% 左右的家庭采取了父辈和祖辈联合教养的模式。

发现三:接近 30% 的祖辈参与儿童教养但并不与儿童同住;36.5% 家庭中存在为照顾儿童而"老漂"的祖辈。

发现四:祖父母和外祖父母参与儿童教养的比例大致相当,在对儿童的影响方面,大多数男性祖辈的影响要弱于女性祖辈。父母双方仅母亲为独生女的单独家庭,祖辈参与教养的比例最高。

发现五:在各种家庭教养活动中,祖辈在对儿童生活照料方面参与率很高,而在对儿童行为规范、心灵关怀和陪伴方面仅有中等程度的参与率。

发现六:两代人的育儿知识获取渠道存在较大差异,祖辈的获取渠道相对封闭,以家庭内部的经验积累和传递为主,对于获取新知的主动性也相对较弱。

　　发现七：在参与教养的祖辈当中,超过半数认为参与儿童教养对祖辈自身而言利大于弊;有45%的城市儿童父母认为祖辈参与家庭教养利大于弊,明确表示弊大于利的父母为15.6%。

　　发现八：在祖辈参与教养的家庭中,儿童祖辈和父辈代际关系更好;家庭里是否有祖辈参与教养并不影响亲子关系的质量。如果父母在儿童0～6岁期间"不参与教养",使得祖辈角色从"参与"变为"全权代理",这样的家庭教养模式就会对亲子关系质量造成持续性的伤害。

　　发现九：接受"单一祖辈教养,父辈基本不参与教养"的儿童,心理健康状况最差,问题行为也最多。在进入幼儿园前接受"父辈为主祖辈为辅的联合教养"的儿童,心理健康得分显著高于接受"单一的父辈教养,祖辈基本不参与教养""祖辈为主父辈为辅的联合教养""单一的祖辈教养,父辈基本不参与教养"的三组儿童。

　　发现十："单一父辈教养"的儿童在学习自理方面的表现最好,这表明在对儿童学习习惯的培养上,父辈可能比祖辈更为重视,也发挥着积极的作用。

隔代教养得一失三

童年看似美好完美

　　我不到3岁就被送到外公外婆家寄养,6岁才回家上小学。那时爸爸一过完春节就启程到天南海北挣钱养家,深秋和冬天才能回家乡,妈妈独自带3个孩子实在吃不消。那几年我是外婆家唯一的小孩,外婆把我当作掌上明珠,舅舅和小姨像比我大十五六岁的哥哥姐姐和玩伴,家里时常充满笑声和五谷的香气,我的生活中完全没有寂寞和乏味。

　　上小学后,周六下午放学的铃声一响,我背起小书包就奔向外婆家,漫长的暑假和寒假更是不假思索地去外婆家过。这样的生活节奏一直差不多持续到我高中毕业远走外省读大学。那10年中,外公外婆和爸爸妈妈都是我的亲人,只不过外公外婆是更亲的亲人。

　　外婆和外公对我慈爱有加,但是规矩和底线绝不含糊。如果我敢跟着村里那些大孩子似懂非懂地干偷东西、往水井里撒尿的勾当,接下来就得在外公的呵斥下过几天担惊受怕的日子。而外婆也没有忘记教我干点放羊、拾柴之类的活儿。

　　3年全年寄养和后来10年的周末、节假日时光,给我带来极大的幸福。外公外婆对我有养有教、有恩有威。

一直到我长大成人有了反思能力之前,我都认定在外婆家的童年是美好甚至完美的。

长大后弊端渐渐显现

首先,无意中带来我与父母关系的疏离。

仅仅3年时间,我心中就把外婆家当成我的家,把外公外婆当成父母。每次从外婆家回到父母家,更像从自己家到一个亲戚家。这样的感受,一直到我40多岁时依然残留于心。与母亲的疏离在我青少年时期渐渐化解,与父亲的隔膜却一直到他晚年付出极大耐心和努力后才消除。

严格地讲,近50岁时,我才从内心完全把父母的家当作自己的家,才完全消除情感上的陌生、疏远和漠然,真正建立起与父母的接纳和亲密。

其次,间接导致我与同龄人关系的张力普遍而长期。

上大学之前,我的亲子关系中,主角是外公外婆,配角才是爸爸妈妈,成人后我的人际关系被这种经历深深地影响着。

甚至直到结婚成家之后,我最自如和享受的人际关系都是与比我大三四十岁的长者相处。而由于与年轻有活力的母亲互动过少,使得我与年轻女性交往总觉得很吃力,感觉她们像来自异国他乡的陌生人。

由于与父亲的关系肤浅而少互动,我年轻时与同龄男性进入同事和伙伴关系时比较笨拙,建立有友谊、有竞争、有冲突的竞合关系时更感吃力。于是我倾向于选择安静的角落来安放心情,以至于一度封闭在自己的小天地中。

第三,进入夫妻和亲子关系时遇到极大的挑战。

2002年,我开始学习研究夫妻关系、亲子关系和家庭建造的理论和方法。即使有16年家庭教育学习、研究和实践的积累,我在夫妻关系建造过程中,依然困扰于缺少自幼与年轻时的妈妈亲密相处的直观经验,不得不从头学起,让妻子因此吃了不少苦头。由于缺少与年轻而有活力的父亲朝夕相处的童年经验,我在与儿子相处时也是常常理论先行,有时不得不在试错中积累经验。

方便三五年,麻烦几十年

一般意义上的隔代抚养,是指在没有不可抗拒的大环境(战争、灾荒、瘟疫)和无法克服的家庭困难(父母亡故、残疾、坐牢等被迫缺位)的情况下,未成年子女的身体和心灵养育事务交由祖辈承担一年以上,双方形成事实上的养子女和养父母的情感依恋。但是,即使看上去比较完美的祖辈教养,也存在着一定的弊端。

从0~18岁,孩子每个阶段各有不同的特征和发展任务。0~6岁是儿童智力发展最快的阶段,这时儿童的世界完全是以母亲或父母为核心的,亲密的抚养过程几乎可以铸就儿童的心理特征、人格特征、人际交往模式。

如果连续抚养时间超过两三年甚至更长,儿童很多行为习惯就可能成为主要抚养者的拷贝。而一般父母往往错误地认为,孩子上小学才是成长的开始,此前的抚养没有什么决定性影响。

在教养责任主体的认知上,中国人看重家族观念,认为儿童抚养既是父母的责任,也有祖辈的责任,遇到困难时祖辈承担部分辅助性责任并无不妥。但是现实中的这种合作抚养,往往变为父母以工作忙、事业发展需要为由,将抚养主体责任不合理地转移到祖辈身上。

祖辈教养往往颠倒了身体抚养与心灵抚养的重要性。在衣食需求基本满足的条件下,儿童年纪越小,每日每时的陪伴所形成的心灵抚养就越重要,6 岁之前尤其如此。年轻父母如果忽视陪伴对儿童心灵抚养的重要性,祖辈又往往把孙辈当成有血缘关系的长住客人。这种微妙的差距,使得祖辈并不能代替父辈。

年轻父母要算一算近期收益与远期收益的得失。三四十岁正处于事业关键期,把孩子交给精力尚可的祖辈养育到 6 岁,似乎是两全其美的选项。但其后果是影响自身的亲子关系、影响子女未来家庭和亲子关系、影响子女职场关系和社会关系,得一失三。方便三五年,麻烦几十年甚至一生,弥补起来要付出长期努力、动用更多资源,还要承担弥补无效的巨大风险。

借用美国最大家庭机构创造人杜布森博士的话:孩子在 0～18 岁之间,把他们养大成人,是为人父母的第一责任。在隔代抚养普遍发生的今天,每对父母都要思考这个重要的命题。

（资料来源：岳坤,鹿永建《中国教育报》2018 年 9 月 20 日第 10 版）

第六章　住房与医疗

第一节　住 房 问 题

住房问题是公众关心的热点话题,也是困扰很多年轻人的社会难题。长三角城市群作为六大世界级城市群之一,吸引了大批青年聚集于此。解决好青年的住房问题,才能让青年发挥智慧与力量,助力长三角城市群发展。本次调查选取长三角地区三省一市共七个城市开展青年住房问题调研,分析青年的个体特征与居住方式,查找影响青年住房选择的因素;论述目前长三角地区青年住房存在的问题,提出对策、建议,以期对青年住房问题的解决提供些许参考。

一、研究背景

2017 年 10 月 18 日,习近平总书记代表十八届中央委员会向大会作报告,当习近平总书记说出"坚持'房子是用来住的、不是用来炒的'定位"时,全场长时间响起热烈掌声。随后,当总书记提到"住有所居"时,全场再次响起掌声。① 掌声即是心声的表达,体现了广大人民对住房问题的关注。住房,是个体的基本需要,是个体生存和发展必不可少的物质条件,"住有所居"是"安居乐业"的重要前提。

20 世纪 50 年代我国开始施行福利分房政策,1998 年国务院关于进一步深化城镇住房改革制度的文件出台,标志着我国长达 50 年的福利分房制度的终结,商品房推向住房市场,开始建立货币化、市场化、社会化的居民住房供给体系。随着城市化的不断推进,城市住房问题逐渐凸显,引起了社会的广泛关注,尤其是青年群体的关注。

---

① 中青在线.十九大报告"房住不炒"表述获两次掌声[OL].2017 年 10 月 18 日,http://news.cyol.com/content/2017 - 10/18/content_16597664.htm.

　　青年时期,是个体生命中最富有活力、最富有朝气的时期,青年正处于从学校到社会,从个人到家庭,从依赖到独立的重要转折点,他们面临着社会化的两项重要任务,"成家"与"立业",不论是组建新的家庭还是安心工作,一个稳定的、能负担得起的房子是前提,买房、租房还是以其他的形式居住,成为了他们不得不面对的现实选择,安放小家的住房实际上构成了青年的身心从其来源家庭走向定位家庭的客观条件和物质保障,[①]住房对青年群体具有十分重要的意义。现如今,高房价、租房难却成为了许多青年人圆"安放小家"梦的现实阻碍。

　　城市化(城镇化)是一把"双刃剑"。据统计,目前我国的城镇化率为58.5％[②],城镇常住人口为81 347万人,城市人口的增长,在推动城市快速发展的同时,也带来了一系列挑战,住房问题就是其中一个常常引发社会热议的突出问题。长三角城市群,是我国经济最具活力、开放程度最高、创新能力最强、吸纳外来人口最多的区域之一。近年来,城市人口的数量不断增加,常住人口城镇化率达到68％[③],城市化进程居全国前列,随着城市基础设施的不断完善以及城市人口对住房的需求,房价逐年攀升。根据2018年全国261个城市房价排名情况,在房价排名前50的城市中,被列为长江三角洲城市群发展规划的26个城市中就有14个城市榜上有名,其中上海1个(上海市)、江苏省7个(南京、无锡、常州、苏州、南通、扬州、泰州)、浙江省5个(杭州、宁波、金华、舟山、台州)、安徽1个(合肥市)。在租房市场方面,由于长三角城市群是我国外来人口最大的集聚地,也是外来人口落户门槛最高的区域之一,城市群内约有2 500万人未在常住城市落户[④],据58集团发布的《2017—2018长三角城市群租房报告》显示,长三角城市群经济发展成熟、外来人口数量相对较高,进一步推动了租房需求的高涨[⑤]。

　　那么,在房价居高不下、租房市场火爆的形势下,青年的住房现状是怎样的呢? 他们面临着哪些住房问题? 对他们又有哪些方面的影响呢? 接下来,本文将进行分析阐述。

---

① 风笑天.家安何处:当代城市青年的居住理想与居住现实[J].南京大学学报(哲学·人文科学·社会科学版),2011(1):73.
② 新华网.2018两会政府工作报告[OL].2018年3月22日,http://www.xinhuanet.com/politics/2018lh/2018-03/22/c_1122575588.htm? baike.
③ 国务院.长江三角洲城市群发展规划[OL].2016年5月11日,http://www.ndrc.gov.cn/zcfb/zcfbghwb/201606/W020160715545638297734.pdf.
④ 国务院.长江三角洲城市群发展规划[OL].2016年5月11日,http://www.ndrc.gov.cn/zcfb/zcfbghwb/201606/W020160715545638297734.pdf.
⑤ 浙报融媒体.2017—2018长三角城市群租房市场报告[OL].2018年7月15日,https://baijiahao.baidu.com/s? id=1605156974951180271&wfr=spider&for=pc.

二、结果与分析

(一)青年的个体特征与住房选择

本次调研将青年的住房选择分为"其他""租房""住父母(或配偶父母)的房""自购商品房"四种形式。如表6-1所示,941位青年选择了"自购商品房",占样本总量的31.10%;1 158位青年选择住父母(或配偶父母的房),占样本总量的38.30%;795位青年选择了租房,占样本总量的26.30%;有4.30%的青年选择了其他。

表6-1 不同性别青年的居住方式

	男 性		女 性	
	频数/人	百分比/%	频数/人	百分比/%
自购商品房	490	33.90	451	28.60
住父母(或配偶父母)的房	487	33.70	671	42.50
租 房	396	27.40	399	25.30
其 他	71	4.90	58	3.70
合 计	1 444	100.00	1 579	100.00

那么,有哪些因素对青年的住房选择有影响呢? 具有不同个体特征的青年在住房方式的选择上是否也会不同呢? 通过对青年个人基本情况的调研,我们选取性别、出生年龄区间、是否为独生子女、户籍情况、受教育程度、职业状况(所在单位的性质、所从事的职业)、婚姻状况、所在城市、经济水平等作为个体特征因素进行逐一分析,结果显示:

1. 自购商品房正在成为女性的住房选择

数据显示(见表6-1),在自购商品房方面,男性占比33.90%,女性占比28.60%,虽然男性自购商品房率要高于女性,在婚姻生活中男性或其家庭要购买住房的观念仍占主流位置,但同时也应该看到越来越多的女性选择自购商品房,女性正在成为购房族中一股不可忽视的力量。

第十二届中国女性消费高层论坛上发布的《2017女性生活蓝皮书》显示,中国被调查女性中,69.60%名下有房,其中,与他人共有住房的占比45.90%,自有住房者占比23.70%。① 《21世纪经济报道》的数据也显示,在上海,在刚需购房

---

① 搜狐网.中国女性为什么要独立买房[OL].2018年3月23日,https://www.sohu.com/a/226212483_487085.

群体中,女性占比迅猛上升,2015 年,女性自购商品房占比 24.60％;2016 年,上升到 30.10％;2017 年,已经发展到 33.20％。当今越来越多的女性趋向于独立,这种独立不仅体现在经济上,更体现在思想上,她们既在职场上拼搏,赚取丰厚的劳务报酬,实现物质自由,也出于自住或投资的目的,购买商品房,不依附于他人给自己一个家,追求拥有一个属于自己的独立的"港湾"。随着《新婚姻法》的颁布,不少女性在婚前通过自购商品房或是共同购买的方式使自己多一份保障,实现自己对家的归属感。

2. 住父母(或配偶父母)的房是青年的主要居住选择

调查显示,38.30％的青年目前居住在父母(或配偶父母)的房子。如果将男女性别分开来看,则有 33.70％的男性、42.50％的女性选择住父母(或配偶父母)的房子。风笑天曾根据 2007 年对全国 12 个城市 2 357 名在职青年以及 2008 年对全国 5 个大城市 1 216 名已婚青年的调查所获得的数据进行探讨和分析,其中一项研究结果表明:未婚青年对婚后的居住意愿以小家单独居住为主,其比例高达 85％以上,已婚青年实际单独居住的比例则在 50％～60％之间,比未婚青年的意愿比例低 30％左右。[①] 这说明虽然单独居住是目前城市青年普遍认可和理想的居住方式,但他们的居住现实与居住理想之间还是存在一些差距,他们或是出于经济上的考虑,或是出于生活上的方便,住父母(或配偶父母)的房成为了他们主要的居住选择。

3. 年龄越大,自购商品房的可能性越高

将出生年龄分为 1980 年以前、1980～1984 年、1985～1989 年、1990～1994 年、1995～1999 年以及 2000 年以后六个区间,结果显示,年龄对住房选择产生影响,随着年龄区间的递减,自购商品房的比例呈下降趋势,其中 1980 年前出生的自购商品房所占比例最高,为 62.50％;1980～1984 年的为 56.60％;1985～1989 年的自购商品房率为 49.30％;约有 25％的 1990～1994 年出生的青年自购商品房;1995～1999 年出生的青年的自购商品房率下降至 7.8％。通过出生年龄区间可以推测出工作年限,年龄越大,则工作时间越长,积累资金越多,自购商品房能力越强;而年龄越小,工作时间越短,积累资金少,自购商品房能力越低,则住父母(或配偶父母)的房和租房的比例越高,1995～1999 年出生的青年住父母(或配偶父母)的房的占比为 44.60％,租房率达 39.70％。

---

① 风笑天.家安何处:当代城市青年的居住理想与居住现实[J].南京大学学报(哲学·人文科学·社会科学版),2011(1):80.

表 6-2 不同年龄青年的居住方式

	1980 年之前出生		1980～1984 年		1985～1989 年		1990～1994 年		1995～1999 年		2000 年以后	
	频数/人	百分比/%	频数/人	百分比/%	频数/人	百分比/%	频数/人	百分比/%	频数/人	百分比/%	频数/人	百分比/%
自购商品房	95	62.50	145	56.60	299	49.30	353	25.00	45	7.90	4	15.40
住父母（或配偶父母）的房	33	21.70	67	26.20	212	34.90	576	40.90	255	44.60	15	57.70
租房	19	12.50	39	15.20	86	14.20	419	29.70	227	39.70	5	19.20
其他	5	3.30	5	2.00	10	1.60	62	4.40	45	7.90	2	7.70
合计	152	100.00	256	100.00	607	100.00	1 410	100.00	572	100.00	26	100.00

4. 独生子女在住房选择方面获得父母更多的支持

本次调查中，独生子女人数为 1 724，占总样本量的 57.03%；非独生子女人数为 1 299，占总样本量的 42.97%。通过描述统计交叉制表后发现，与非独生子女相比，独生子女在自购商品房和住父母（或配偶父母）的房方面占据更高的比例，比例分别为 32.10% 和 46.70%；非独生子女的自购商品房率和住父母（或配偶父母）的房率分别为 29.80% 和 27.20%。

独生子女属性更多地反映了青年人其家庭的经济实力和资源分配能力。在父母经济条件相同的情况下，作为父母唯一的代际互动对象，独生子女可能会得到父母更多的经济支持，[1]尤其在当今房价居高不下的情况下，对于刚刚步入社会的青年来说，自身积累有限，购买住房还需要家庭的支持。独生子女父母的资金支持，增大了具有独生子女属性的青年购买住房的可能性，对于暂未购房的独生子女来说，父母也方便为他们提供一定的居住空间；而非独生子女家庭由于家中子女数量的非唯一性，非独生子女需要与兄弟姊妹分享父母资源，甚至可能还需要帮助父母分担家庭责任，更可能租房居住。如表 6-3 所示，在租房的青年中，独生子女租房的比例为 18%，而非独生子女青年租房比例则为 37.30%。

---

① 宋健，李静.中国城市青年的住房来源及其影响因素——基于独生属性和流动特征的实证分析[J].人口学刊，2015(6)：16.

表6-3　独生子女青年与非独生子女青年的居住方式

	独生子女		非独生子女	
	频数/人	百分比/%	频数/人	百分比/%
自购商品房	554	32.10	387	29.80
住父母(或配偶父母)的房	805	46.70	353	27.20
租　　房	311	18.00	484	37.30
其　　他	54	3.10	75	5.80
合　　计	1 724	100.00	1 299	100.00

5. 本市户口(原住民)购房率高,流动青年以租房为主

将户籍情况分为本市户口(原住居民)、本市户口(新市民)、本市居住证以及既不是本市户口,也不持有本市居住证四类。在所调查的 3 023 个样本中,有 1 633 个样本是本市户口(原住居民),约占总体的 54%;430 个样本是本市户口(新市民),约占总体的 14.20%;377 个样本虽然不是本市户口但持有本市居住证,约占总体的 12.50%;583 个样本既不是本市户口也没有本市居住证,约占总体的 19.30%。

在自购商品房方面,具有本市户口的(包括原住居民和新市民)比例最高,为 87.40%,远远超过流动人口[①](非本市居民,包括有本市居住证和既不是本市户口,也不持有本市居住证)的 41.60%。在租房方面,流动人口的比例更高(见表 6-4)。

表6-4　不同户籍青年的居住方式

	本市户口(原住居民)		本市户口(新居民)		本市居住证		既不是本市户口,也不是本市居住证	
	频数/人	百分比/%	频数/人	百分比/%	频数/人	百分比/%	频数/人	百分比/%
自购商品房	512	31.40	241	56.00	99	26.30	89	15.30
住父母或(配偶父母)的房	923	96.50	75	17.40	67	17.80	93	16.00
租　　房	167	10.20	94	21.90	185	49.10	349	59.90
其　　他	31	1.90	20	4.70	26	6.90	52	8.90
合　　计	1 663	100.00	430	100.00	377	100.00	583	100.00

---

① 流动人口:是指一个地区的非常住人口,包括寄居人口、暂住人口、旅客登记人口和在途人口。

由于城镇化的快速发展,流动青年已经成为城市人口的重要组成部分。作为我国最大的城市群,长三角城市群也是我国最大的流动人口聚集地。据国家卫生健康委员会发布的《中国流动人口发展报告 2018》数据显示,在新生代流动人口(1980 年以后出生),"80 后"所占比重为 35.5%,"90 后"占 24.3%。[①] 在未来一段时期内,以珠三角、长三角、京津冀、长江中游和成渝城市群为代表的五大城市群仍将是我国流动人口的主要集聚地和城镇化的主战场。目前,青年流动人口除关注工资收入之外,市场规模、就业机会、人力资本提升潜力、良好的基本公共服务资源也成为吸引青年做出流动决策的重要因素。但是,由于经济条件或者工作稳定性等原因,与原住民、新市民和持有居住证的青年相比,既没有本市户口又没有居住证的青年流动性更大,租房成为他们主要的住房选择。

6. 婚姻状况对住房选择的影响明显

数据显示(见表 6-5),已婚未育和已婚已育青年的购房率分别为 53.20% 和 57.30%,未婚单身和未婚有恋人的购房率分别为 15.10% 和 19.90%;而在住父母的房(或配偶父母)的房以及租房的选择上,未婚单身和未婚有恋人的青年所占的比例高于已婚未育和已婚已育青年,这说明已婚青年的自购商品房率明显高于未婚青年,婚姻的状况对青年的住房选择产生明显影响。婚姻是青年生命周期中的一件大事,尤其在当今社会,婚房的地位被很多家庭提升到了一个至关重要的位置,结婚一定要买房的观念在很多人的心里是根深蒂固的,房子是生活安稳的重要保障。另外,成立小家庭单独居住也是很多城市青年的普遍理想。

表 6-5 不同婚姻状况青年的居住方式

	未婚,单身		未婚,有恋人		已婚,未育		已婚已育		离异,有孩子		离异,没孩子	
	频数/人	百分比/%	频数/人	百分比/%	频数/人	百分比/%	频数/人	百分比/%	频数/人	百分比/%	频数/人	百分比/%
自购商品房	187	15.10	129	19.90	227	53.20	376	57.30	15	51.70	7	31.80
住父母或(配偶父母)的房	566	45.60	250	38.60	136	31.90	184	28.00	10	34.50	12	54.50
租房	414	33.40	238	36.70	57	13.30	80	12.20	3	10.30	3	13.60
其他	74	6.00	31	4.80	7	1.60	16	2.40	1	3.40	0	0.00
合计	1 241	100.00	648	100.00	427	100.00	656	100.00	29	100.00	22	100.00

[①] 搜狐网.解读《中国流动人口发展报告 2018》[OL].2018 年 12 月 27 日,http://www.sohu.com/a/285060093_99908819.

7. 经济水平越高则购房率越高

与所在城市的职工相比,将青年的平均月收入水平分为很低、较低、中等、较高、很高五个层次,数据结果显示(见表6-6),经济水平越高的青年购房率越高,经济水平越低,则更倾向于住父母(或配偶父母)的房或者租房。其中,平均月收入水平在很高层次的青年自购商品房率最高,为61.50%;平均月收入水平在很低层次的青年在住父母(或配偶父母)的房及租房的选择上占比最高,分别为41.90%和30.80%。

表6-6　不同收入层次青年的居住方式

	很低收入层次		较低收入层次		中等收入层次		较高收入层次		很高收入层次	
	频数/人	百分比/%	频数/人	百分比/%	频数/人	百分比/%	频数/人	百分比/%	频数/人	百分比/%
自购商品房	107	20.70	355	26.70	444	39.80	27	55.10	8	61.50
住父母或(配偶父母)的房	216	41.90	541	40.70	378	33.90	19	38.80	4	30.80
租　房	159	30.80	377	28.40	255	22.80	3	6.10	1	7.70
其　他	34	6.60	56	4.20	39	3.50	0	0.00	0	0.00
合　计	516	100.00	1 329	100.00	1 116	100.00	49	100.00	13	100.00

8. 所在城市发展水平影响青年的住房选择

本次调查选取了杭州、宁波、南京、苏州、合肥、芜湖、上海七个城市开展调研。调查结果显示(见表6-7),在"自购商品房"方面,从省份上来看,城市青年购房率最高的是上海,其次是江苏青年,安徽青年和杭州青年购房率相对来说稍低;在"住父母或(配偶父母)的房"和"租房"方面,省会城市与非省会城市青年的住房选择呈现出明显不同的结果:省会城市青年租房率普遍高于非省会青年,非省会城市青年"住父母或(配偶父母)的房"的概率高于省会城市青年。这是因为省会城市在基础设施、公共服务、就业前景等方面有更大的优势,对青年具有更大吸引力,但省会城市的房价要远远高于非省会城市,流动青年只能选择租房作为居住方式。

将租房形式分为单独租房、合租房、群租房以及其他四种类别,结果显示,在群租房方面,上海青年群租房的比例最高,为4.50%,其次是杭州青年,为3.40%,芜湖青年群租房比例最低,为1.30%;在合租房方面,与非省会城市青年相比,省会城市青年更倾向于合租的形式。这表明,长三角地区一线、二线城市生活成本高,租金比要高于三线、四线城市,流动青年出于经济考虑,不得不采取合租、群租的方式(见表 6 - 8)。

表 6 - 7 不同城市青年的居住方式

	杭 州		宁 波		南 京		苏 州		合 肥		芜 湖		上 海	
	频数/人	百分比/%	频数/人	百分比/%	频数/人	百分比/%	频数/人	百分比/%	频数/人	百分比/%	频数/人	百分比/%	频数/人	百分比/%
自购商品房	95	27.10	109	28.00	162	33.50	133	32.30	117	29.50	133	28.90	192	36.20
住父母或(配偶父母)的房	147	41.90	202	51.90	152	31.40	164	39.80	126	31.80	166	36.10	201	37.90
租房	99	28.20	57	14.70	139	28.70	95	23.10	142	35.90	134	29.10	129	24.30
其他	10	2.80	21	5.40	31	6.40	20	4.90	11	2.80	27	5.90	9	1.70
合计	351	100.00	389	100.00	484	100.00	412	100.00	396	100.00	460	100.00	531	100.00

表 6 - 8 不同城市青年的租房形式

	杭 州		宁 波		南 京		苏 州		合 肥		芜 湖		上 海	
	频数/人	百分比/%	频数/人	百分比/%	频数/人	百分比/%	频数/人	百分比/%	频数/人	百分比/%	频数/人	百分比/%	频数/人	百分比/%
单独租房	42	12.00	24	6.20	48	9.90	28	6.80	59	14.90	81	17.60	54	10.20
合租房	45	12.80	23	5.90	79	16.30	56	13.60	71	17.90	45	9.80	51	9.60
群租房	12	3.40	10	2.60	10	2.10	10	2.40	9	2.30	6	1.30	24	4.50
其他	0	0.00	1	0.30	2	0.40	1	0.20	3	0.80	3	0.70	0	0.00
合计	351	100.00	389	100.00	484	100.00	412	100.00	396	100.00	460	100.00	531	100.00

(二) 青年住房存在的问题与分析

1.“无房问题”困扰着青年,省会城市青年承受更大的住房压力

在“您今年最关注的哪三个方面的事情”的问题上,住房、租房问题成为青年最关注的问题,有 88.60% 的青年选择了该选项。拥有自住房,实现“安居梦”对青年来说具有重要的意义,住房对他们来说不仅是安家、立业的物质保障,还是所处社会阶层的体现。但拥有自住房在当下却并非一件容易事,“无房问题”困

扰着青年。

在对比分析不同城市之间青年居住心态后发现,在"总的来说,我目前的生活状态接近我想过的生活"这一选项上,省会城市青年比非省会青年满意度更高,也表示"愿意把租来的房子装扮成温暖的家""会请朋友到租来的房子里做客",但是他们与非省会城市无房青年相比,面临着房价高、生活成本高的情况,因此承受着更大的压力,会因经常换房,寻找到一处合适的住所感到筋疲力尽,会因没有自己的房子而缺乏安全感,结婚、生育暂缓,也会因为买房问题感到心烦,与家人发生争吵。

2. 购房成本高,青年经济压力大

在 947 名购房青年中,全款付清的占比 26.50%,按揭贷款的占比为 73.50%。2018 年全国 261 个城市房价排名的数据显示,本次调查所选取的城市房价(中位房价)分别为:上海,52 584 元;杭州,30 729 元;宁波,17 327 元;南京,26 714 元;苏州,17 727 元;合肥,14 792 元;芜湖,9 773 元。[①] 而国家统计局发布的《2018 年国民经济和社会发展统计公报》显示:全年全国居民人均可支配收入 28 828 元,城镇居民人均可支配收入 39 251 元[②]。按照"房价收入比"[③]进行计算,以本次调研中房价最低的芜湖市为例,要购买一套面积为 80 平方米的房子,总价为 781 840 元,假设购买该房子的青年夫妇人均可支配收入为 5 万元,家庭可支配收入则为 10 万元,那么房价收入比约为 7.8 倍,超过了国际上认为的房价收入比在 3~6 倍的合理区间,如果按照上海市的房屋单价进行计算,房价收入比高达 42 倍。

在高房价的背景下,青年要拥有一套属于自己的房子,就要承担巨大的经济压力。买房,不仅是青年个人面临的问题,更成为了许多背后家庭亟待解决的问题。在"您筹集购房款时最主要的途径是"这个问题的选择上,44.70% 的回答者选择了"自己积累",占比最高。其次有 41.10% 的回答者选择了"父母资助",7.70% 的回答者表示其筹集房款来自双方父母共同资助。"配偶父母资助"的占比为 3.0%,"向亲戚朋友借款"的占 2.8%,"其他"占 0.7%。可以看出,青年在购房时除了靠自身的努力之外,也少不了父母的资助,"首付靠父母、还款靠自身"

---

① 排行榜网.2018 年全国 261 个城市房价排名[OL].2018 年 1 月 29 日,https://www.phb123.com/city/fc/21776_2.html.

② 国家统计局.2018 年国民经济和社会发展统计公报[OL].2019 年 2 月 28 日,http://www.stats.gov.cn/tjsj/zxfb/201902/t20190228_1651265.html.

③ 房价收入比:是指住房价格与城市居民家庭年收入之比,即房屋总价(房屋单价乘以房屋面积)与居民家庭可支配收入之比。

已成为城市青年住户购房的普遍模式。[1] 而在这种行为模式的背后反映出的是深深根植于中国家庭的代际责任传统文化,即中国文化传统下父辈与子辈之间在人生诸多大事上(求学、婚姻、工作等)拥有无限连带责任的家庭关系组织形式,年轻人及背后的家庭力量愿意对"房子"这一特殊商品付出不合理溢价[2]。

而由于商品房价格不断攀升以及房贷利率的上浮,还贷也成了令不少青年头痛的问题。将购房青年每月还贷金额占每月家庭总收入的比例统计后划分为30%以下、30%~49%、50%~69%、70%及以上四个区间。

结果显示,每月还贷金额占家庭总收入30%~49%的比例最高,为36.20%;28.70%的购房青年还贷占比在家庭总收入的30%以下;27.10%的购房青年需拿出50%~69%的家庭总收入用于还贷。另外,还有8%的青年每月还贷的支出占家庭总收入高达70%及以上。买房是为了稳定,但买到房之后,不少青年人却陷入了更大的焦虑之中,这种焦虑正是由短则几年、长则几十年偿还房贷所背负的经济压力所导致的。从2016年年末开始,全国的首套房贷款利率,就一直处于不断上升的趋势,从最初的8折、9折,到上浮10%、15%,在连涨18个月后,首套房贷利率平均上浮20%,有的银行甚至上浮了25%、30%,这意味着购房成本的增加。有网友说"现在很多人买房花了两代人的钱,还透支了30年的消费"。

一般认为,每月还贷金额占家庭总收入的30%以下是比较合适的,对生活质量不会产生较大影响,但实际情况是在本次调查中大部分的购房青年是处在经济压力下的,他们为了支付高昂的住房成本,精打细算,降低生活质量,已婚青年更要面临育儿和赡养老人的压力。

3. 公共租赁房(保障性住房)"入住率"低

我国政府提供的住房保障政策主要包括:经济适用房、两限房(即限制价格、限定面积的普通商品房)、廉租房和公共租赁住房等。其中,经济适用房、两限房和廉租房主要面向户籍人口或是符合城镇居民最低生活保障标准的居民,无法覆盖到流动青年,而很多城市青年处于"夹心层",他们既不符合现有的住房保障政策的保障条件,经济能力又负担不起普通商品房。为完善住房保障制度,我国于2010年出台了《关于加快发展公共租赁住房的指导意见》,将城市中等偏下收入住房困难家庭列为供应对象,并且提出,有条件的地区可以将新就业职工和有稳定职业并在城市居住一定年限的外来务工人员纳入供应范围。[3] 但是由

① 黄建宏.家庭背景与青年住房梦[J].青年研究,2018(1): 26.
② 苗国."蜗居之痛": 一项关于青年置业观念的社会学考察[J].中国青年研究,2010(7): 84.
③ 国务院.关于加快发展公共租赁住房的指导意见,国办发〔2010〕4号,2010年6月8日.

于公共租赁房和廉租房平行运行产生了一些问题,住房城乡建设部、财政部、国家发展改革委于 2014 年下发《关于公共租赁住房和廉租住房并轨运行的通知》,从 2014 年起,廉租房与公共租赁住房并轨运行,并轨后统称为公共租赁住房。[①]

可以说,公共租赁住房扩大了住房保障群体的覆盖面,从政策层面上解决了"夹心层"青年的住房问题,但是在对租房青年的租房来源和租房形式的调查中发现,合租房是占比最高的租房形式,为 46.40%,其次是单独租房,为 42.20%,群租房为 10.20%(见图 6-1)。"通过房屋中介等租赁到的私房"是他们的主要租房来源,占到租房总体的 53.60%;住在人才公寓或单位宿舍的青年占比为 25.10%;公共租赁房的比例则相对较低,为 11.40%(见图 6-2)。

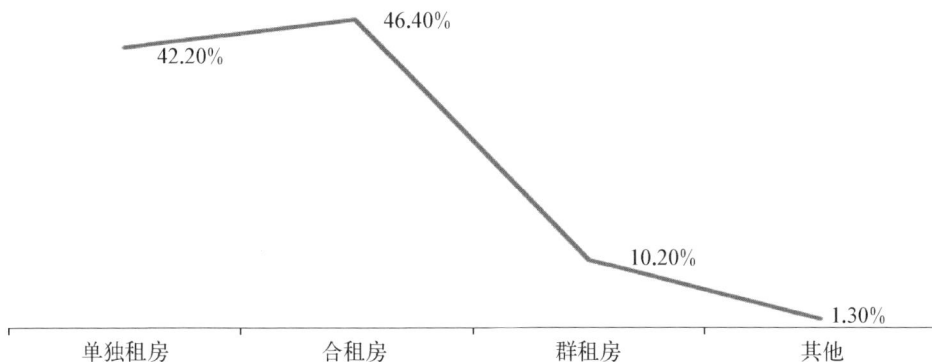

图 6-1　青年租房形式

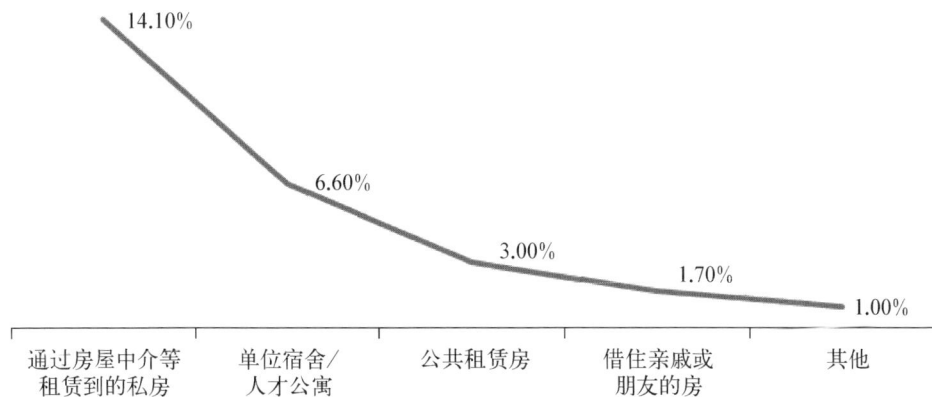

图 6-2　青年租房的主要来源

---

① 住房城乡建设部、财政部、国家发展改革委.关于公共租赁住房和廉租住房并轨运行的通知,建保〔2013〕178 号,2013 年 12 月 2 日.

为什么大部分青年会选择通过房屋中介租赁私房,而不是公共租赁房呢?通过查看上海、杭州、南京、合肥等城市的公租房申请条件不难发现,申请公租房需要同时满足多个条件,户籍和居住年限成为了许多非本地市民青年和刚就业青年申请公租房的"门槛"。

4. 租房青年合法权益缺乏保障

租房,是令不少青年"头疼"的问题,寻找一处合适的住所要付出一定的时间、精力和财力,即便在找到合适的房屋后,租房青年也面临着合法权益受损的风险。本次调查中,"房东随意提价"成为了租房青年最担心的问题,占比32.70%;其次是"房东违约",占比15.60%;"小区安全没保障"占比13.80%;"中介欺诈"占比12.30%;"房东提前收回房子"占比8.60%;"孩子没处落户口,上学成问题"占比2.90%;"其他"占比2.40%。

租房市场总体来说是卖方市场,尤其在大中城市流动人口规模巨大,住房的需求量大,房源供应相对紧张,卖方自然而然就处在优势地位,房东随意提价、提前收回房子等单方毁约的行为屡见不鲜,为了继续租住下去,青年不得不付出更多租金,或者继续奔波去寻找新的房子。我国目前的租赁市场各项机制还不够成熟,房地产中介几乎垄断了租房市场,不少青年涉世未深,缺乏一定的租房经验和甄别能力,"黑中介"借机赚取差价、收取诸如看房费、信息费等不合理费用谋取暴利,给青年造成了一定的经济损失。

另外,损害青年合法权益的一个突出问题就是所租住房屋的安全问题。据新闻报道,2017年11月18日,北京市大兴区西红门镇新建村发生火灾,火灾共造成19人死亡,8人受伤。而火灾的发生地点是一个群租公寓,火灾原因是电气线路故障所致。一些房主为了获得更多的利益,将房子打隔断后出租,私改水电或是在房屋装修后为更快获取收益,隐瞒了装修时间,让租房者在不知情的情况下签署了协议……这些行为损害了租房者的合法权益,而目前租房市场乱象还有待加强整治,租房法律制度尚不健全,保障租房青年合法权益还需更大力度。

三、对策建议

(一) 完善居住证积分管理制度,将更多青年纳入住房保障体系中

长三角城市群是我国外来人口最大的集聚地,也是外来人口落户门槛最高的区域之一,城市群内约有2 500万人未在常住城市落户。[①] 这意味着流动人口

---

① 国务院.长江三角洲城市群发展规划[OL].2016年5月11日,http://www.ndrc.gov.cn/zcfb/zcfbghwb/201606/W020160715545638297734.pdf.

未能享受到教育、就业、医疗、养老、住房等均等化的城镇居民基本公共服务。住房,是流动人口融入城市、实现市民化过程中必须解决的关键问题。因此,完善居住证积分管理制度,将更多青年纳入住房保障体系之中,留住人,才能更好、更快推进长三角城市群发展。

1. 因城施策,设立更为合理的积分落户条件

积分制相对过去已经公平了许多,但从推行积分制的总体情况来看,年龄越轻、学历越高、专业技术职称和技能等级越高、缴纳社保年限越长,总积分则越高,实际上,所谓的公平只是对人才的公平。[①] 虽然,居住证积分制原则上要求流动人口只要在城镇居住半年且有稳定合法的就业、住所,就可以享受教育、就业、社保、医疗等基本公共服务,但是许多城市的居住证积分不直接对应基本公共服务权利的多少,而是主要作为落户筛选依据。[②] 对于大部分外来青年来说,要想获取有限的公共资源和通过积分落户的“门槛”过高,未能通过居住证积分制实现“居转常”,则意味着不能享受与本市居民同等的公共服务待遇,比如在住房方面,未能实现积分落户,意味着不能纳入当地的住房保障体系,失去申请公共租赁房的资格,购房优惠以及享受不到购房免征收个人住房房产税的待遇。对于长三角的超大、特大城市来说,应严格控制城市人口规模,设置阶梯式落户通道调控落户规模和节奏,探索建立户籍人口有进有出、双向流动的新机制;大型城市在实行积分管理制度时,要进一步合理设置积分条件,既要重视人才的引进,也要兼顾公平,避免人才倾向性,要考虑到不同青年群体的诉求和实际积分水平;有序放开中等城市落户限制,全面放开建制镇和小城市落户限制,取消部分城市中仍然存在的“购房落户”政策。

2. 细化积分标准,根据积分档次提供公共服务

有的城市虽规定“积分达到标准分值的,可以享受相应的公共服务待遇”,但“高门槛”下,大部分外来青年居住证积分的实际水平与所要达到的标准水平之间的距离较大,由于积分不够,一定时间内无法享受到相应的公共服务待遇。应精简积分项目,合理设置指标分数占比,划定不同的积分档次,从而提供相应的公共服务,对于在城市稳定就业一段时间且持续缴纳社保的流动青年,可以根据城市的发展现状,将其纳入住房保障中,比如降低公租房申请门槛、享有一定的购房优惠等等。

---

① 肖远香.大城市积分落户制的公平性思考[J].学理论,2014(36):11.
② 钱雪亚、胡琼、苏东冉.公共服务享有、居住证积分与农民工市民化观察[J].中国经济问题,2017(5):49.

（二）青年应调整心态，合理规划

获得住房产权已是城市居民尤其是青年人的一个梦想，青年人从踏入社会的第一天起就不自觉地卷入这种全民涌动的房产情结，尽快加入"房产拥有者阶层"已成为共同目标。^①虽然该观点不能代表全部青年的购房动机，但是在现实生活中，确实有部分青年把买房作为自己的目标，认为"有房才有家"，房子是经济水平和个人发展层次的体现，也有部分青年会在自己身边有同龄人购买住房后陷入购房焦虑之中，或是担心房价上涨而不顾自身经济能力"恐慌性购房"，在购买商品房后承受沉重的还贷压力等等。青年应调整自己的购房心态，对自己的或是家庭经济状况以及个人职业发展有清晰的认识，不盲目购房。帮助青年树立"住房梯次消费"观念，合理规划住房问题。"住房梯次消费"观念即是根据自己的工作时间的增长和支付能力的增强来调整自己的住房要求，住房要求并非从"无"到"有"，租房也是一种选择，比如对刚步入职场或是资金积累相对不足的青年来说，租房就是现阶段能够满足住房要求的解决方式。

（三）建立正确的舆论导向，继续强化"房子是用来住的"居住属性

舆论不仅是人们获得信息的重要渠道，更左右着人们对事物的判断。目前社会上"无房不婚"婚姻观以及"房子是最好的投资选择"的观念依然盛行。在这些观念的推动下，青年的婚姻与住房捆绑在一起，"婚姻型购房"青年成为刚需一族的主要构成力量；而"囤房炒房"投机行为在各地上演，在刚性需求和炒房行为的作用下，商品房价格不断攀升，给购房青年造成了巨大的经济压力。习近平总书记在十九大报告中指出"坚持房子是用来住的，不是用来炒的"，强调了房子的居住属性，为早日实现青年的"安居梦"，政府应积极引导人们的消费和投资观念，营造良好的舆论导向。

长三角地区由于区位优势突出、自然禀赋优良、综合经济实力强以及城镇体系完备，吸引了大量的外来人口来此就业。随着长三角一体化的推进，该地区对周边地区乃至全国各地都具有十分强大的吸引力。人力资源的多样性流动势必会扩大住房的需求，在保障真正的住房需求的同时，也要抑制过热投资需求，防止投资性购房挤压了刚性需求，要加强投资风险宣传，严厉打击炒房行为，继续强化"房子是用来住的，不是用来炒的"定位。另外，社会上关于婚姻的舆论导向也要朝着淡化"无房不婚"的观念努力，给住房和婚姻松绑，缓解青年及其家庭因婚姻型购房所形成的经济和精神压力。

---

① 黄建宏.家庭背景与青年住房梦[J].青年研究,2018(1):27.

（四）完善住房租赁市场

1. 规范住房租赁市场秩序，保障青年合法权益

58 集团发布的《2017—2018 长三角城市群租房市场报告》显示，上海外来人口数量达近千万，占常住人口的比例超 40%，苏州 35% 是外来人口，2018 年上半年长三角各城市的租房发布量均有不同程度的上涨，二线城市中，杭州、南京的租房同比发布量上涨近 50%，①在巨大的租房需求作用下，长三角地区租房市场活跃度越来越高。在本次的问卷调查中，在"就政府管理租房市场的表现打分"（分值为 0～10 分）问题的回答上，如果以 6 分为合格线，50.2% 的被调查青年给出的分值在 6 分以下，这说明如何规范住房租赁市场、保障青年的合法权益是亟待解决的重要问题。目前，长三角地区的住房租赁市场还是以房地产中介和租房网站为主，官方监管力度不够，应对房地产中介、房屋出租者及租房平台进行严格管理，严厉打击"黑中介"及其他有损青年合法权益的行为，增强违法行为惩治力度；搭建官方租房信息平台，使房源信息、租房价格、房屋质量、卖方诚信度透明化、公开化，为租房青年找到合适的住所提供便利；定期向有住房需求的青年开展讲座，普及相关常识和法律知识，构建维权渠道，保障青年合法住房权益。

2. 有序推进租购同权，防范其潜在风险

租购同权政策的推行是为了人人平等获取公共服务，但是有机遇也有风险。要分清楚到底是为"住"租房还是为"权"租房。② 租购同权在部分城市开展试点以来，一直处于楼市调控视线之外的房租却在全国范围内出现快速上涨的现象，城市住房市场面临着房价未降、租金先涨的尴尬局面。③ 长三角城市群作为全国新一轮改革开放的排头兵，合肥、杭州、南京也被列入 12 个租购同权试点城市之中。在实行租购同权政策的过程中，要设计更为精细化的制度，化解公共服务共享与开放、公共服务均等化以及住房权之间的潜在矛盾，防止公共资源与租房市场过度捆绑，打击以教育、医疗等公共服务为"卖点"，变相提高房租的行为，要让真正有住房需求的青年能够租得上、租得起。

（五）多渠道推进住房保障一体化

1. 对长三角地区住房供求情况进行全面摸底

重点关注新增城镇人口、新增就业人群，综合考虑其收入、职业、学历、工作

---

① 浙报融媒体.2017—2018 长三角城市群租房市场报告［OL］.2018 年 7 月 15 日，https://baijiahao. baidu.com/s? id=1605156974951180271&wfr=spider&for=pc.

② 陈杰.推进住房保障一体化，实现长三角高质量发展［N］.第一财经日报，2019 年 1 月 28 日（A11—1）.

③ 陈杰，吴义东.租购同权过程中住房权与公共服务获取权的可能冲突——为"住"租房还是为"权"租房［J］.学术月刊，2019（2）：45.

年限等指标,准确测算不同收入水平居民的住房支付能力及住房需求,为制定政策提供有力依据。

2. 扩大保障性住房来源,严格执行公共租赁房"准入退出"机制

结合住房需求和城市发展规划,适当划拨保障租赁住宅供地,既要避免保障性租赁住宅供应量欠缺的问题,也要防止保障性住房闲置问题的发生,要考虑到青年工作、生活的实际需要,完善交通、生活配套设施。为解决保障性住房建设融资难、融资单一的问题,应充分发挥用人单位的作用,通过提供贷款优惠、税费减免等方式鼓励用人单位建青年公寓、员工宿舍以及共有产权房,解决一部分青年的住房问题。另外,要适度降低公租房的申请"门槛",让更多"夹心层"青年享受到基本公共服务。要严格执行公租房的"准入退出"机制,将公租房入住情况纳入个人诚信档案,防止虚报材料、欠租、转接转租等行为。

3. 相互开放住房保障资格,实现资源共享

建立长三角地区住房一体化网络,相互开放公共租赁房、共有产权房的入住资格;减少地域限制,依托长三角跨地区住房公积金信息协查体系,[①]掌握住房公积金缴存提取信息、住房公积金贷款信息以及需要核查的房屋产权信息,促进地区间、部门间信息互联互通,强化信息协同业务,防范骗提骗贷行为,打破"信息孤岛",推进信息共享,减少公积金异地流转的手续、程序,推动住房公积金在长三角地区的异地使用,发挥公积金的最大化效用,扩大公积金制度覆盖面,加大对中低收入青年群体住房需求的支持力度。

(六) 推动长三角城市群协调发展,促进人口有序流动,平衡住房需求

长三角城市群内部还是有较大的经济社会发展不平衡性和公共服务水平服务提供水平的差异性,规模分布存在着人口向大城市集聚的特征,加大了住房的区域结构不平衡,加剧了人口净流入地的住房压力。要解决青年的住房问题,关键的一步就是要推动长三角城市群协调发展,促进青年有效流动,平衡住房需求。要通过促进南京、杭州、合肥、苏锡常、宁波这五个都市圈的同城化发展,带动长三角中小城市和小城镇协调发展,从而促进长三角一体化发展。对于特大城市和超大城市,要以产业升级调整人口存量、以功能疏解调控人口增量,优化公共服务资源配置,强化与周边小城市联动发展等措施,引导人口合理分布,防止人口过快集聚。健全包容共享的机制体制,不断创新城市群成本分担和利益共享机制;完善基础设施建设、公共服务供给,吸引流出人口回流,促进要素合

---

① 住房城乡建设部、财政部、人民银行、公安部.关于开展治理违规提取住房公积金工作的通知(建金〔2018〕46 号),2018 年 5 月 2 日.

理、有序流动,推动人口合理分布,实现住房结构的平衡发展。

第二节　医　疗　保　障

一、研究背景

健康是人民群众最关心、最直接、最现实的利益,人民的获得感、幸福感、安全感都离不开健康。医疗卫生事业作为百姓最关心、最直接、最现实的民生问题,一直是群众所关注的焦点和热点。诸如"看病难""看病贵""异地看病困难""医疗资源过于集中""因病致贫返贫""健康不公平"等仍然是群众反映强烈的问题。这些医疗问题若是得不到较为妥善的解决将会严重降低民众的生活质量,使人民难以安居乐业,社会更失安定之基石,甚至会酝酿社会矛盾乃至社会危机。因而,关注医疗问题和医疗制度体系改革、推动医疗问题的进一步解决,不仅涉及人民群众的切身利益,也关系到国家和民族的未来,同时还能有效推进经济社会的和谐发展,对于构建社会主义和谐社会有极其重要的意义,是构建和谐社会的题中之意。

国民健康是国家可持续发展能力的重要标志,健康日益成为国际社会的重要议题。党的十八大以来,以习近平同志为核心的党中央把全民健康作为全面小康的重要基础,强调把人民健康放在优先发展的战略位置,从经济社会发展全局统筹谋划,加快推进"健康中国"建设。从十八届五中全会作出"推进健康中国建设"的重大决策,到隆重召开新世纪第一次全国卫生与健康大会,开启"健康中国"建设新征程;从印发《"健康中国 2030"规划纲要》,到党的十九大提出"实施健康中国战略",无不彰显了党和国家对人民健康的高度关注和责任担当。2018 年8 月,国家卫生健康委员会和国家中医药管理局联合颁发了《关于坚持以人民健康为中心推动医疗服务高质量发展的意见》,提出要推动医联体建设,统筹区域内医疗资源,网格化布局组建城市医疗集团和县域医共体,推进重大疾病和短缺医疗资源的专科联盟建设,加快建立远程医疗协作网,促进优质医疗资源下沉等意见措施。这也是以人民健康为中心的指导思想,在医疗服务层面将"健康中国战略"的顶层设计和实施路径一步步深化、系统化、具体化。这些政策的制定和实施都体现了党和国家把人民健康(医疗问题)放在优先发展的战略位置,标志着 13 亿多人口的大国在维护国民健康方面实现了划时代的进步。因此,对人民群众的医疗、健康问题的密切关注和研究是回应党和国家"实施健康中国战略"的应有之义。

长三角地区的医疗服务存在供需矛盾,特别是优质医疗资源不平衡、发展不充分的矛盾。比如,长三角地区位于全国前100强的医院主要集中在上海;在29个临床学科领域,浙江有29个学科进入全国前二十,江苏有47个,上海有103个。医疗资源的不均等导致长三角地区群众异地就医的情况较为普遍,特别是上海以外的人去上海就医的比较多。上海卫生系统的数据显示,当地就医人群来自全国各地,以苏浙两省为最。其中,三级医院住院病人中过半来自外地,有的医院这一比例高达80%,门诊也有30%左右是外省市患者。但近些年,随着长三角区域一体化建设进程的加快,上海及苏浙皖正致力于打造长三角医疗一体化发展的新格局。通过一体化、智慧化的医疗协作项目,长三角城市群的医疗资源正以前所未有的速度加速融合。各地在公共卫生、血液保障、院前集聚、医疗健康信息、互联互通、异地就医、门诊费用、直接结算等方面开展了广泛深入的合作,从生产要素之间的合作逐步转向体制与机制的深度合作,既要为国家探索区域分支诊疗医联体远程医疗的可推广模式,又要着眼于前沿,通过发挥长三角医疗资源的协同合作优势,共同谋取重大医学创新,为长三角地区人民群众提供更加优质的医疗服务。因而,考量和研究长三角地区青年的医疗、就医问题对推动"长三角医疗一体化"建设具有很强的现实意义。

"青年兴则国家兴,青年强则国家强。青年一代有理想、有本领、有担当,国家就有前途,民族就有希望。"但青年群体并非铁板一块,他们的健康状况、婚育状况等都不一样。青年个人健康与否、家庭医疗负担轻重如何,这些都是关乎青年及其家庭生存与发展的重要因素,不仅关系到青年社会化的进程,也与众多家庭的幸福、整个社会的安定息息相关。青年及其家庭就医困难,将导致青年无法充分参与社会生活,难以健康成长,容易因发展受挫而导致各类社会问题。

因而,本章节聚焦于长三角青年医疗这一民生问题,考察长三角青年群体医疗问题上的状况、特点、需求,以及长三角医疗一体化对长三角青年就医的影响。本次调研也对长三角高校大学生、已婚已育青年、在职青年的医疗状况展开了调查,力求从中总结规律、发现问题,以期将就如何提高长三角医疗一体化水平、改善长三角青年就医问题提出切实可行的对策和建议。

二、文献回顾

(一) 关于青年医疗问题的研究

目前学界对于青年医疗问题的研究成果不多,主要集中在青年就医渠道、就医方向和就医心理等几个方面。朱张祥、刘咏梅在对204名青年进行问卷调查后发现,青年感知移动性、感知医院声誉及用户主观规范均对移动医疗感知风险

产生正向影响,但对青年用户线下就医习惯的负向影响不显著;在使用转移决策
过程中,青年用户的性别和移动应用使用经验显著调节感知移动性和主观规范
对使用转移意愿的影响。① 杜本峰、苗锋的研究发现,青年流动人口的个体特质
人口学因素、经济支持因素和生理因素对青年流动人口的就医流向影响具有统
计显著性,但对不同就医方式选择的影响大小不尽相同,教育程度和在业状况对
就医流向的影响最大。② 沈键、孙婉萍等人对某医院门诊 244 例老年患者和 352
例青年患者进行对比调查后发现,老年患者与青年患者相比在性别、文化程度、
就医费用来源、诊次、职业、家庭的每月人均收入等方面均有非常显著的差异,两
者对检查设备和护士的选择、对医务人员卫生宣教评价方面的差异并不显著,但
在患病后对疾病的态度、未能及时就诊的原因、就医前的担心、到医院后的感觉、
对医生的选择、对医院设备和服务的评价等方面的差异显著。③

（二）关于长三角医疗一体化和区域医疗一体化的研究

关于长三角医疗一体化和区域医疗一体化的学术研究成果不多,以新闻报
道和评论性文章为主。在知网上以"长三角医疗一体化"为关键字,仅检索出两
篇文章,且参考性不强。在"区域医疗一体化"研究方面,研究成果多是在城乡医
疗一体化或是县乡医疗一体化这两个方面,而对跨省市医疗一体化的研究并不
多。朱清香和孟玥通过探讨河北省内以及跨省医保结算模式,构建京津冀全范
围内的异地医疗直接结算机制,同时针对异地医保直接结算可能带来的问题,构
建医保联动机制,为京津冀异地医保的直接结算提供保障。④ 姚雪的研究同样
针对异地就医报销问题,她认为异地医疗保险报销面临着制度性障碍、异地医疗
监管缺失、跨地市联网难度大等问题。据此,提出了建立政府间开放协助机制、
加强监管,统一结算标准,及时结算、提高定点医院转院报销比例等对策建议⑤。

三、研究方法和样本情况说明

研究主要采用问卷调查法,在苏浙沪皖省份中选取上海、杭州、宁波、南京、

① 朱张祥,刘咏梅.青年群体从传统就医渠道向移动医疗转移使用研究[J].管理学报,2016(11):1728 -
1736.
② 杜本峰,苗锋.青年流动人口就医流向选择的影响因素与测度分析——基于北京、上海和深圳调查
[J].人口研究,2012(06):71 - 85.
③ 沈键,孙婉萍,彭福群.门诊老年与青年患者就医心理的调查比较[J].中国老年学杂志,2009(21):2788 -
2790.
④ 朱清香,孟玥.京津冀一体化下异地医保直接结算和联动机制的构建[J].未来与发展,2018(4):
93 - 98.
⑤ 姚雪.大庆城镇居民异地医疗保险报销一体化研究——基于区域一体化视角[J].大庆社会科学,2018
(02):132 - 134.

苏州、合肥、芜湖等七个节点城市进行抽样。除基本人口学信息外，主要从青年医疗保障的基本信息、就医状况及需求以及对长三角医疗一体化的认知等三个方面设计问卷内容。

本次调研的对象按照婚育与否、就业与否、年级情况四类标准，综合划分为已婚已育青年、在职青年、高校大学生和中学生四大类青年人群。从生命历程的视角看，高校大学生和中学生对医疗问题的关注度及需求度都比已婚已育青年和在职青年的要低很多。如在"您今年最关注哪三个方面的事情？"这一问题中，仅 7.2% 的中学生和 7.5% 的高校大学生选择了"看病难、看病贵"选项，比例远远低于已婚已育青年和在职青年。故而，对于本章节而言，主要集中分析已婚已育青年和在职青年两个群体，高校大学生和中学生两个群体则仅作为参照群体。最终，本次收到在职青年和已婚已育青年有效问卷共 4 851 份，并运用统计学 SPSS 22.0 软件进行统计分析。

样本的基本情况：性别上，本次抽样中青年女性略多于男性，占比 55.4%；年龄上，已婚已育青年以"90 后""80 后"为主，"90 后"占比 49.5%，尤其是 1990～1994 年之间出生（即 25～29 岁）的样本最多，占比 37.2%。"80 后"占比 42.9%，其中 1985～1989 年之间出生（即 30～35 岁）的样本占比 29.4%；学历上，以大专及以上学历的人群为主，占比 88.4%，而其中本科学历的比例最高，达半数以上。在户籍分布上，以本市户口（含原住民和新市民）为主，占比 73.5%，其中原住民的比例超过了半数；职业分布上，以机关事业单位、国企、民营企业的人群为主，底层体力劳动者涉及较少，仅占 8.1%。根据这些数据，可大致描绘出调查样本的"群像"：一是年富力强；二是绝大多数受过良好的教育，以白领为主；三是对于收入的自我满意度较低。因而，本章节的结论均指向这样的一群青年，而对以体力劳动为主、受教育程度较低的青年群体涉及较少。并且，需要说明的是，因婚育状况不同，已婚已育青年和在职青年所处的家庭结构不相同，他们所面临的医疗问题也不尽相同。所以，本次调研也将已婚已育青年的子女医疗问题作为重点考察的一个方面。另外需要说明的是，对于多选题，本章节采用的是个案百分比的数据。

四、研究结果与统计分析

（一）青年就医状况及需求

1. 对"看病难看病贵"问题的关注度相对不高，但看病人太多、看病贵、医疗资源集中等问题仍存在

如果"0"分表示一点不满意，"10"分表示非常满意，询问青年"您对自己'身

体健康'的满意程度"时,统计发现,青年身体健康满意度的均值是 6.81,标准差是 2.452,满意程度较高。这一数据也表明,青年人群尚处在年富力强的阶段,身体状况尚可以,患病就医的需求和可能性相较低于老年人一些。所以,对于青年人而言,看病就医尚不是他们生活的重心,这就导致了青年对"看病难看病贵"(20.7%)这一社会问题的关注度要低于住房(87.9%)、物价(40.3%)、食品安全(35.9)、教育费用(30.9%)、就业创业(28.4%)、环境保护(22.1%)等民生问题。

对不同城市青年对"看病难看病贵"民生问题的关注度进行卡方检测,结果如图 6-3 所示:七个城市之间卡方值 38.284,$p < 0.000$,有显著性差异。其中,芜湖有 118 名青年选择了"看病难看病贵"这一选项,杭州选择的人次最少,只有71 人。

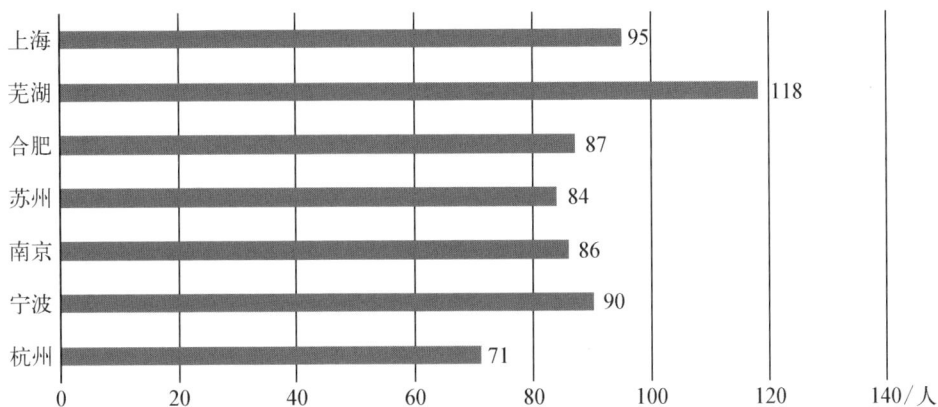

图 6-3　不同城市青年对"看病难、看病贵"问题的关注情况

为了进一步聚焦青年对"看病难"这一问题的看法,直接询问青年"是否觉得看病难",统计结果显示仅 35.3% 的青年认为看病难,认为看病不难的占 36.4%,选择说不清的占 28.3%。依次对这一问题进行性别、独生子女、学历层次、户籍情况、家庭结构、家庭经济水平等方面的差异分析,结果显示:性别与这一问题的认知存在相关性,卡方值为 21.196,$p < 0.001$,$r = 0.084$,呈弱相关;独生子女身份与这一问题的认知存在相关性,卡方值为 6.569($p = 0.037 < 0.05$,$r = 0.047$),呈弱相关;户籍状况对这一问题的影响显著性不明显,卡方值为 6.783($p = 0.341$);受教育程度对这一问题的影响显著性明显,卡方值为 24.511($p = 0.006 < 0.05$,$r = 0.090$),呈弱相关;收入状况对这一问题的影响显著性明显,卡方值为 15.857($p = 0.044 < 0.05$,$r = 0.072$),呈弱相关。

进一步明确青年在"看病难"问题上的具体痛点,数据结果表明(见图6-4),

患者多,预约挂号耗时久(71.9%)、医疗费用太高(61.7%)和医疗资源过于集中,资源分配不均(21.2%)则是看病难的主要表现。

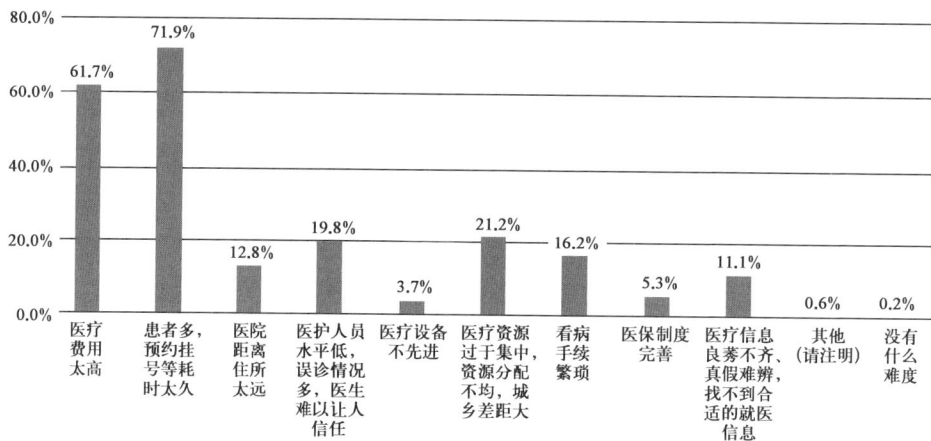

图 6‑4　青年对看病难具体痛点的看法

2. 医疗条件、医疗机构和医护人员服务水平、医疗收费满意度偏低,有较大的提升空间

如果"1"表示很不满意,"5"表示很满意,询问青年对医院药品、医疗收费价格、医疗机构的服务水平、医护人员的服务水平、医疗条件的满意度时,统计发现,四个方面的均值均在 2.5～3 之间,具体见图 6‑5,满意度偏低。其中,青年对医疗收费的满意度最高,医疗条件的满意度最低。这些数据说明,长三角地区医疗服务尚处在水平一般的阶段,仍具有较大的提升空间。

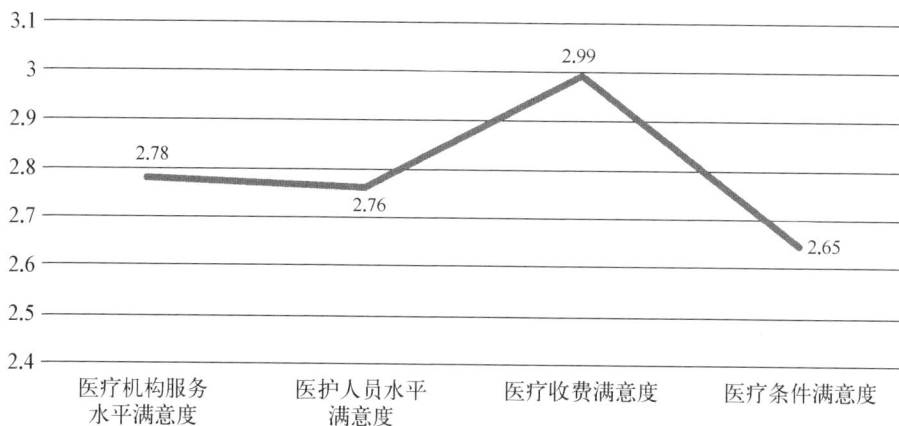

图 6‑5　青年对医疗条件、医疗机构和医护人员服务水平、医疗收费的满意程度

对不同城市青年对"医疗收费""医疗机构服务水平""医护人员服务水平"
"医疗条件"满意度进行方差分析,结果如图 6‑6 所示：七个城市之间差异显
著,F 值分别为 9.488、13.387、13.155、18.404,p 值均<0.001。其中,在"医疗收
费"满意度方面,南京、芜湖青年满意度较高,杭州青年满意度最低;在"医疗机构
服务水平"方面,芜湖和合肥的青年满意度相对较高,上海青年的满意度最低;在
"医护人员服务水平"方面,芜湖青年的满意度最高,上海和杭州青年的满意度较
低;在"医疗条件"方面,芜湖青年的满意度最高,上海青年的满意度最低。整体
而言,芜湖青年对这四个方面的满意度最高。

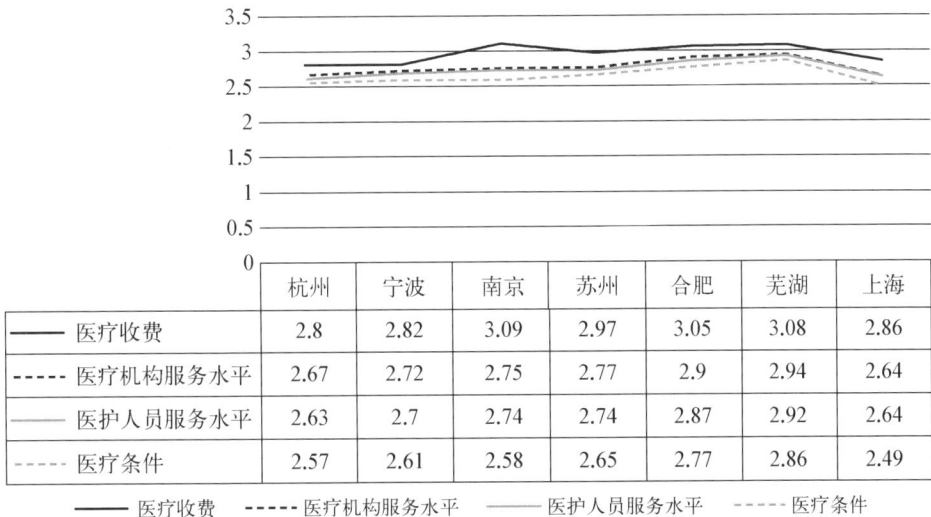

	杭州	宁波	南京	苏州	合肥	芜湖	上海
—— 医疗收费	2.8	2.82	3.09	2.97	3.05	3.08	2.86
----- 医疗机构服务水平	2.67	2.72	2.75	2.77	2.9	2.94	2.64
—— 医护人员服务水平	2.63	2.7	2.74	2.74	2.87	2.92	2.64
----- 医疗条件	2.57	2.61	2.58	2.65	2.77	2.86	2.49

—— 医疗收费　　----- 医疗机构服务水平　　—— 医护人员服务水平　　----- 医疗条件

图 6‑6　青年对医疗收费、医护服务水平等的满意度

3. 异地就医尚不是主流,但政策地域壁垒问题仍十分突出

调查显示,80.3％的青年没有跨省就医的需求,这两个数据表明,对于青年
群体而言,异地就医尚不是主流。对不同城市青年跨省就医需求进行卡方检测,
数据结果显示,不同城市青年跨省就医需求存在显著性差异,卡方值为 126.683
(p<0.001,r=0.162),呈弱相关。

由于涉及多重比较,为了保守估计,选择调整残差的绝对值以 3 为界,当绝
对值大于 3 时,该数值的观察频数与期望频数之间的差异有统计学意义。结果
如表 6‑9 显示,除上海和南京以外,其他四个城市调整残差的绝对值均大于 3。
其中,杭州和合肥青年跨省就医的需求要低,苏州和芜湖青年跨省就医的需求
高,且苏州青年跨省就医的需求最明显。

表 6-9　城市青年跨省就医需求的调整残差值

指　　标	城　　市	您有没有跨省就医的需求	
		有	没　有
调整残差	杭　州	−3.1	3.1
	宁　波	−1.5	1.5
	南　京	−3.0	3.0
	苏　州	9.6	−9.6
	合　肥	−3.8	3.8
	芜　湖	3.8	−3.8
	上　海	−2.1	2.1

　　数据显示,医保政策地方差异大,报销比例低(50.6%)是青年认为目前医疗保险制度最需要改进的一个方面。这一数据说明,在异地就医的政策壁垒问题仍比较明显。具体而言,报销比例低(27.8%)也是他们在异地就医时面临的最大问题;其次是异地就医垫付费用高、报销周期长(27.4%)。对不同城市青年与异地就医的难点这一问题进行交叉分析,结果显示:不同城市青年跨省就医需求存在显著性差异,卡方值为 84.888($p < 0.001$,$r = 0.168$),呈弱相关。

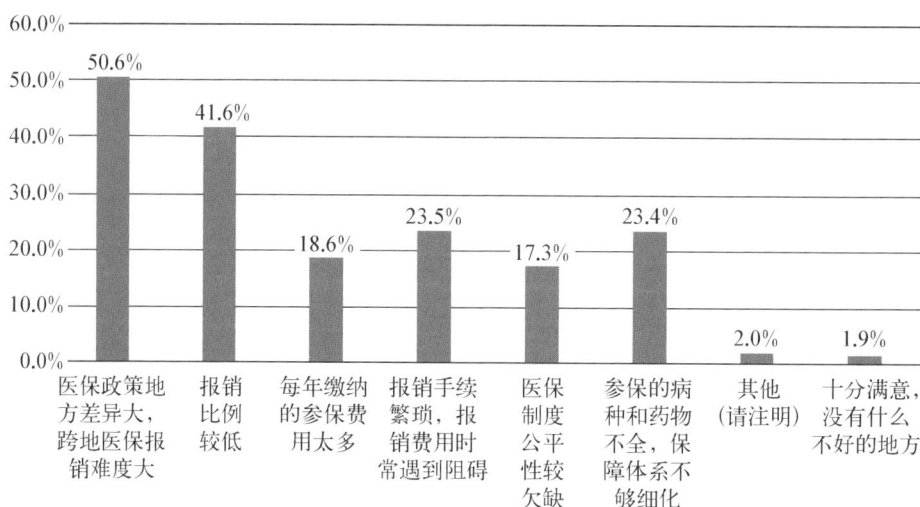

图 6-7　青年认为医疗保险制度需要改进的地方

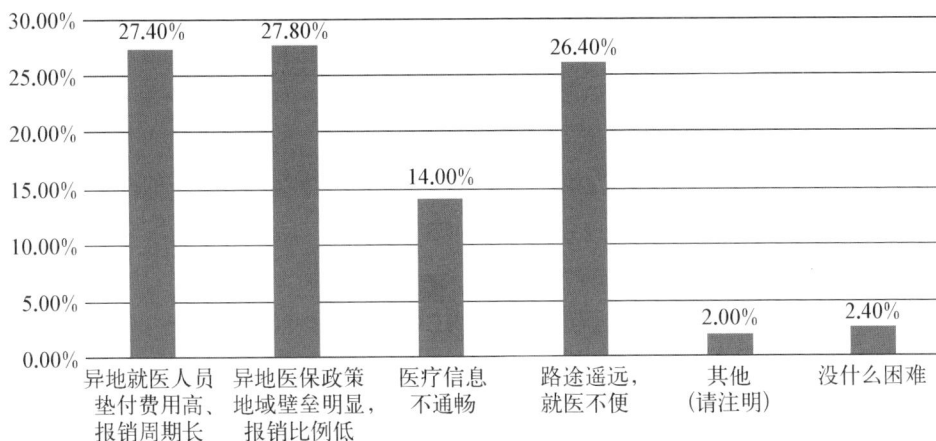

图 6-8　青年认为异地就医的困难之处

(二) 参保情况、医疗政策的了解度及对医保制度的评价

1. 基本医保覆盖面较广,但仍有进一步扩大的空间

本次调研的数据显示,16.7％的青年有新型农村合作医疗保险,57.1％的青年有城镇医疗保险。也就是说,青年基本医疗保险的覆盖率为 73.8％。据 2019年 2 月 28 日国家医保局发布的《2018 年医疗保障事业发展统计快报》显示,截至 2018 年年末,基本医疗保险参保人数 134 452 万人,参保覆盖面稳定在 95％以上。① 可见,青年基本医疗参保的覆盖面与国家的整体水平仍存在一定的差距,覆盖面仍需进一步扩大。青年人子女医疗保险的覆盖面也存在类似的情况。调研数据显示,38.3％的青年为子女购买城镇医疗保险,16.4％的购有未成年人新型农村合作医疗保险,26.0％的既购有基本医疗保险又购买了商业保险。并且,

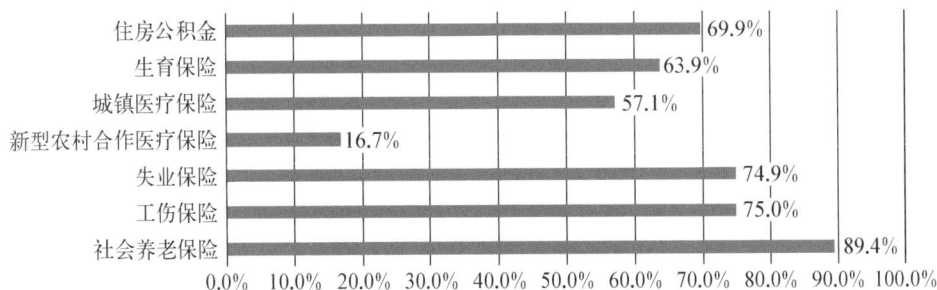

图 6-9　青年享有社会保障的情况

① 央广网.2018 年医疗保障事业发展统计:基本医疗保险参保覆盖面稳定在 95％以上〔OL〕.http://health.cnr.cn/jkgdxw/20190303/t20190303_524527932.shtml.

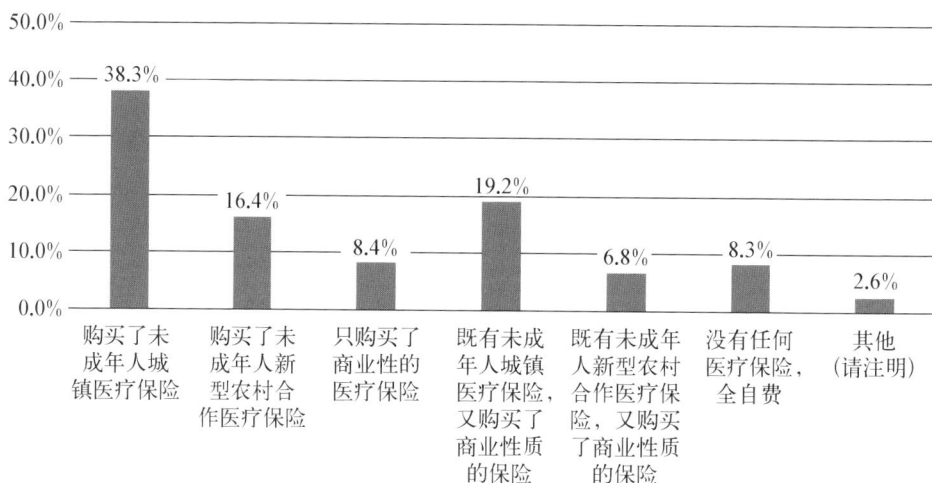

图 6-10　青年为子女购买医疗保险的情况

34.4％的青年为子女购买了商业性的医疗保险。可见,目前 80.7％的青年子女拥有基本医疗保险,且为子女购买商业性医疗保险的已婚已育青年亦不在少数。

2. 医疗保障体系与家庭医疗需求缺合度视家庭情况而定

59.2％的青年认为家庭医疗负担压力一般,28.1％的人认为医疗负担较重,9.1％的人认为负担较轻,3.6％的人认为没有负担。故而,对于 65.5％的已婚已育青年来说,家庭医疗负担均在可承受的范围之内,但 34.5％有着较重的医疗负担。对不同城市青年家庭医疗负担轻重进行卡方检测,数据结果显示,卡方值为 40.917($p<0.05,r=0.092$),呈弱相关。对家庭收入和家庭医疗负担轻重之间进行相关分析,发现卡方值为 97.920($p<0.001,r=0.142$),呈弱相关。

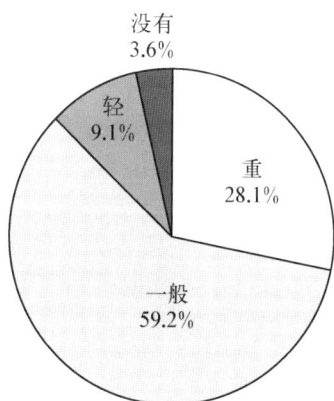

图 6-11　青年医疗负担轻重的情况

而对于"医疗保障体系能否满足家庭医疗需求"这一问题,46.4％的青年认为目前的医疗保障体系基本解决家庭医疗需求,38.8％的青年认为能解决部分需求,而 14.9％的人认为现有的医疗保障体系帮助不大,甚至没有帮助。对不同城市青年医疗保障能否满足家庭医疗需求进行卡方检测,数据结果显示,卡方值为 86.138($p<0.001,r=0.133$),呈弱相关。对青年家庭医疗负担压力与医疗保障体系能否满足家庭医疗需求这两个方面进行交叉分析,发现:卡方值为 136.430($p<0.001,r=0.168$),呈弱相关。

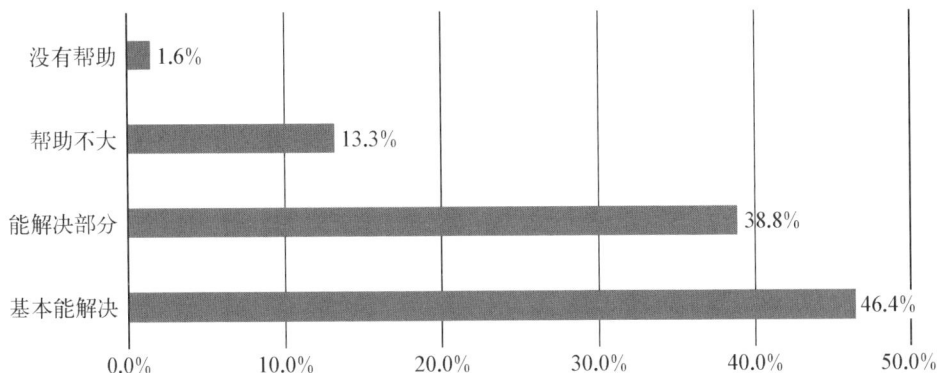

图 6 - 12 医疗保障体系能否满足家庭医疗需求的情况

3. 医疗一体化、医联体、互联网＋医疗等改革措施的了解程度不高

若 1 表示"根本不了解",5 表示"非常了解",询问青年对长三角医疗一体化、医联体、互联网＋医疗等改革措施的了解程度时,统计发现,四个方面的均值均在 3.2～3.6 之间,具体见图 6 - 13,了解度一般。其中,青年对长三角城市群医院协同发展战略联盟的了解程度最高,均值为 3.51,互联网＋医疗的了解程度最低,均值为 3.32。

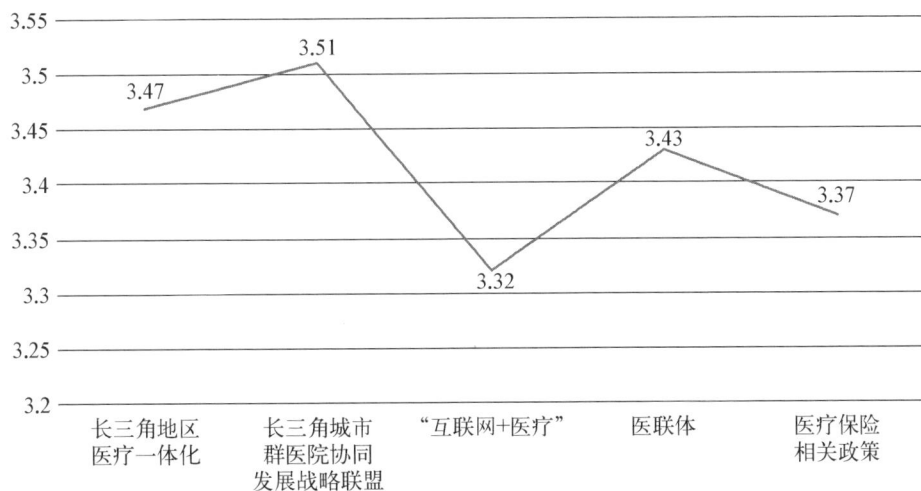

图 6 - 13 青年对医疗一体化、医联体、互联网＋医疗等改革措施的了解程度

对不同城市青年对上述五个方面的了解度进行方差分析,结果如图 6 - 14 所示:七个城市之间差异显著,F 值分别为 9.182、8.890、8.318、5.544、6.135,p 值均$<$0.001。其中,在"长三角地区医疗一体化"了解程度方面,芜湖、南京青

年了解度较高,宁波青年了解度最低;在"长三角城市群医院协同发展战略联盟"了解程度方面,合肥和芜湖的青年了解度相对较高,宁波青年的了解度最低;在"互联网+医疗"方面,合肥青年的了解度最高,杭州青年的了解度较低;在"医联体"方面,合肥和芜湖青年的了解度最高,杭州和宁波青年的了解度最低;在"医疗保险相关政策"方面,合肥和芜湖青年的了解度较高,杭州和宁波青年的了解度较低。整体而言,合肥和芜湖青年对这五个方面的了解度最高,杭州和宁波青年对这五个方面的了解程度最低。

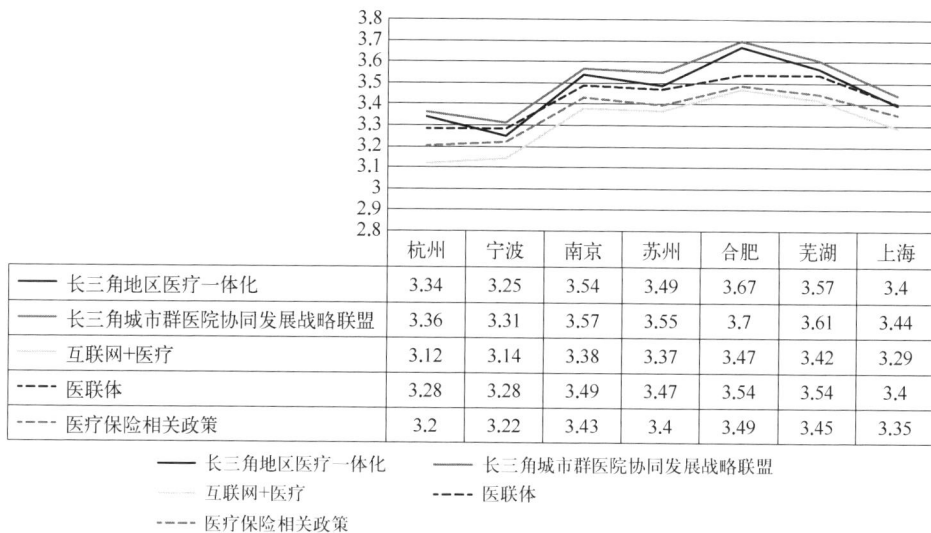

	杭州	宁波	南京	苏州	合肥	芜湖	上海
—— 长三角地区医疗一体化	3.34	3.25	3.54	3.49	3.67	3.57	3.4
—— 长三角城市群医院协同发展战略联盟	3.36	3.31	3.57	3.55	3.7	3.61	3.44
—— 互联网+医疗	3.12	3.14	3.38	3.37	3.47	3.42	3.29
---- 医联体	3.28	3.28	3.49	3.47	3.54	3.54	3.4
---- 医疗保险相关政策	3.2	3.22	3.43	3.4	3.49	3.45	3.35

—— 长三角地区医疗一体化　　　　—— 长三角城市群医院协同发展战略联盟
—— 互联网+医疗　　　　----- 医联体
----- 医疗保险相关政策

图 6 - 14　青年对医疗一体化、医联体、互联网＋医疗等改革措施了解程度

(三) 对"长三角医疗一体化"的了解程度和期望

1."长三角一体化"和"长三角医疗一体化"的了解度和体验度不高

若 1 表示"根本不了解",5 表示"非常了解",询问青年对"长三角一体化"的了解程度时,统计发现,均值为 3.39,了解度一般。对不同城市青年对"长三角一体化"了解程度进行方差分析,结果如图 6 - 15:$F = 5.77, p < 0.001$,差异性显著。其中,合肥青年了解程度最高,上海青年了解度最低。

而在"长三角医疗一体化"体验方面,青年群体以"就医"为目的往来于长三角地区的比例最低(10.3%),远低于旅游/娱乐/休闲(52.8%)和工作(31.7%)。这也正好与前文中"异地就医尚不是主流"的结论相互印证。

但是,在长三角众多一体化的领域中,青年对"医保一体化"(15.6%)的感受度仅次于"交通一体化"(39.1%)。然而,必须指出的是,对于长三角医疗一体化

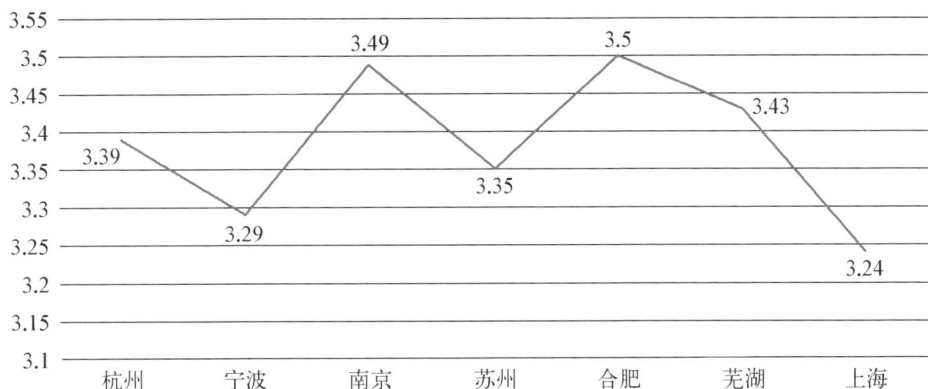

图 6‐15　青年对"长三角一体化"的了解度和体验度

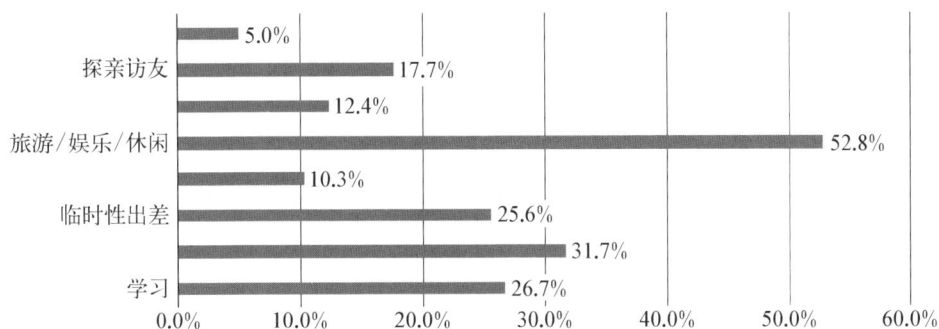

图 6‐16　青年往来长三角地区的目的

无任何体验的人群仍不是少数,比例甚至高于"医保一体化",占比高达(17.2%)。对不同城市青年长三角各项一体化感受度进行卡方检测,数据结果显示,卡方值为 191.343($p<0.001$, $r=0.199$),呈弱相关。

2. 青年对"基本医疗保险定点医疗机构互认""医疗资源"建设满意度较低

若 1 表示"非常不满意",5 表示"非常满意",询问青年对长三角"基本医疗保险定点医疗机构互认"和"医疗资源"建设的满意度,统计发现,均值分别为 2.57 和 2.62,满意度较低。

对不同城市青年对长三角"基本医疗保险定点医疗机构互认"和"医疗

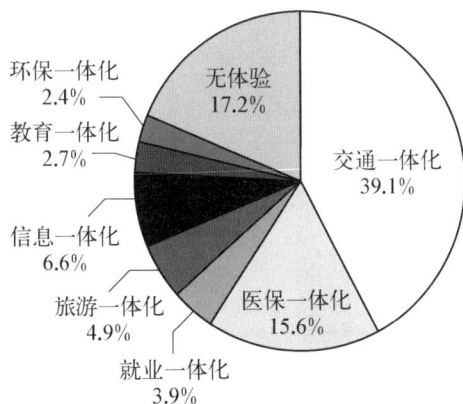

图 6‐17　青年"长三角一体化"的体验程度

资源"建设的满意度进行方差分析,结果见图 6-18:F 值分别为 12.259 和 14.219,p 值均小于 0.001,差异性显著。其中,芜湖青年对这两方面的满意程度最高,宁波青年则最低。但整体而言,各城市青年对医疗资源共享的满意度要高于医疗机构互认的满意度。

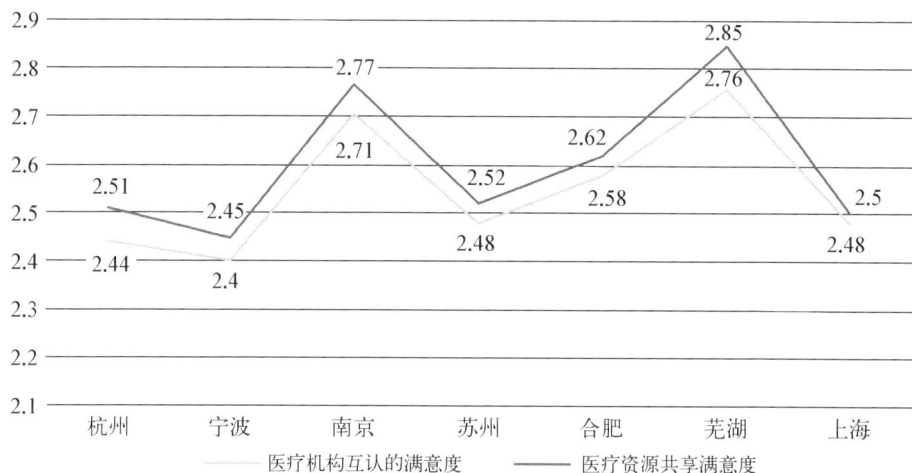

图 6-18 青年对长三角"基本医疗保险定点医疗机构互认""医疗资源"满意度

3. 节费、减时、享受更好的医疗服务和资源是青年对"长三角医保一体化"建设的最大期待

对于"您对'长三角医保一体化'的建设有哪些期望(多选题)"这一问题,68.0%的青年希望能"节省就医的费用",57.8%的人希望能"节省辗转异地的时间",54.6%的人希望"能享受到更高端的医疗服务",以及 44.2%的人希望能"方

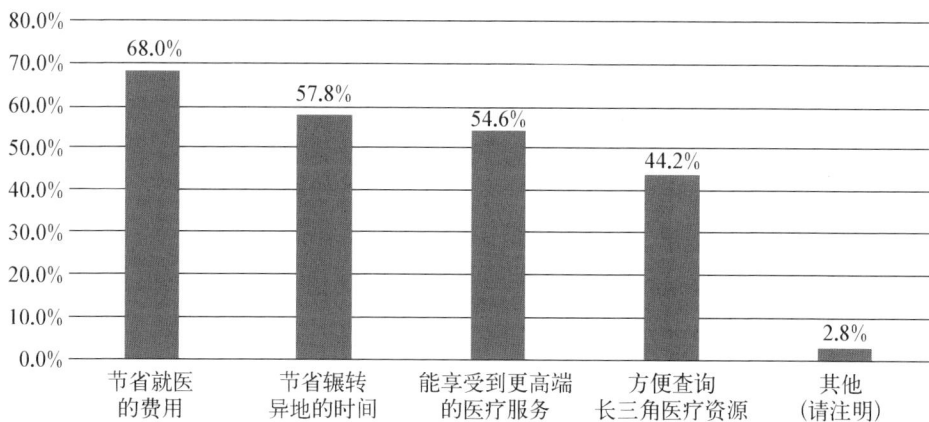

图 6-19 青年对"长三角医保一体化"建设的期望

便查询长三角医疗资源"。这也正好说明,通过"长三角医疗一体化"的建设解决医疗领域长期存在的看病贵、患者多,耗时长、医疗资源不均衡等问题,是青年群体对"长三角医疗一体化"建设的最大期待。

五、研究结论与对策建议

(一) 主要研究结论

1. 青年"看病难"问题不突出,但部分就医"老大难"问题仍凸显

根据上文的分析,青年就医需求相对较低,就医问题尚不是青年生活的重点,"看病难"问题在青年群体上表现并不突出。但调研数据显示,青年对"看病难"这一社会关注度较高的民生话题仍有一些看法:一是患者多,预约挂号耗时久、医疗费用太高和医疗资源过于集中等就医"老大难"问题仍凸显;二是青年对医疗条件、医疗机构和医护人员服务水平、医疗收费满意度仍偏低;三是虽然异地就医尚不是青年就医的主流选择,但青年认为政策地域壁垒是目前医保政策及异地就医过程中存在的主要问题。

2. 青年医保体系覆盖仍有较大提升空间,且对医改措施了解度不高

在青年医保享有覆盖率上,青年基本医疗保险的覆盖率为73.8%,与国家整体覆盖率(95%以上)尚存在不小的差距;在医保体系对家庭就医需求覆盖面上,仍有14.9%的人认为现有的医疗保障体系帮助不大,甚至没有帮助,仅46.4%的青年认为目前的医疗保障体系基本解决家庭医疗需求。可见,对于大部分青年而言,医保体系尚不能完全覆盖和满足其家庭就医需求。并且,青年对"长三角医疗一体化"、医联体、互联网+医疗等改革措施的了解程度也较为一般。

3. 青年对"长三角医疗一体化"了解程度、参与度、满意度总体不高

上述数据显示,青年对"长三角一体化"和"长三角医疗一体化"的了解度和体验度均不高,且对长三角"基本医疗保险定点医疗机构互认""医疗资源"建设满意度较低。并且,青年希望通过"长三角医疗一体化"建设解决就医领域长期存在的看病贵、患者多,耗时长、医疗资源不均衡等"老大难"问题。

通过不同城市间的比较可以看出:一是合肥青年对"长三角一体化"了解度最高;二是芜湖和合肥青年对"长三角医疗一体化""医联体""互联网+医疗"等医改措施的了解程度均高于其他城市;三是芜湖青年对长三角"基本医疗保险定点医疗机构互认"和"医疗资源"建设的满意程度最高;四是芜湖青年对"医疗收费""医疗机构服务水平""医护人员服务水平""医疗条件"等方面大满意度最高。相对而言,杭州和宁波两个城市青年在这些方面的了解程度和满意度较低,七个

城市之间的差异性较为显著。

（二）相关对策建议

1. 多管齐下进一步扩大医保覆盖面

一是加快完善全民医保制度，在稳定城镇职工医保、城乡居民医保参保率的基础上，继续扩大覆盖面，努力把符合条件的人员纳入医保范围。二是进一步推动长三角地区城乡居民基本医疗保险制度整合力度，加快医保城乡统筹的步伐，实现机构职能、机构、人员、医保信息的区域整合，有的放矢地制定和完善区域医疗保障制度改革方案。三是进一步推动生育保险和基本医疗保险合并实施，让生育保障成为医保制度的一个组成部分，扩大育龄青年生育保险的覆盖范围。四是积极发展商业健康保险，完善以政府购买服务方式引导具有资质的商业保险机构等社会力量参与基本医保的经办服务。五是进一步完善居民大病保险制度、城乡医疗救助制度和疾病应急救助制度，做好基本医保、大病保险、医疗救助、疾病应急救助、商业健康保险及慈善救助等制度间的互补联动，明确分工，细化措施。扩大大病保险的病种、药物范围，相应提高大病补偿标准。积极引导社会力量参与医疗救助，搭建信息共享平台，及时提供救助需求信息，为社会力量参与医疗救助创造条件、提供便利，形成工作合力。六是加强政策宣传力度，通过各种渠道广泛宣传社会保险政策，突出典型事例，重点宣传参保缴费对职工生活的影响。同时把政策宣传寓于稽核工作之中，有针对性地开展社保政策宣传活动，不断提高用人单位和职工的参保意识。

2. 加强"长三角医疗一体化"建设的顶层设计

在加强顶层设计方面，建议建立国家层面或跨长三角地区的实体性"医疗一体化"建设的统筹协调机构，如设立长三角区域医疗合作办公室，加快编制长三角地区医疗卫生发展总体规划，明确长三角各地政府和相关机构的职责和功能定位及分工协作机制，形成分工合理与各具特色的区域空间格局。制定和完善统一化的政策标准，加强城市间医疗政策的协调和统一，推动建立区域联动的政策对接机制。

3. 加强长三角优质医疗的统筹协调，促进区域间资源应均衡发展

从国家层面对长三角优质医疗资源均衡发展加强规划协调，促进长三角地区在一流医院打造、人才团队引育、创新平台建设等方面开展广泛深入的合作，从医疗生产要素间的合作转向体制、机制的深度合作。在国家医学中心、国家临床医学研究中心、重大疑难疾病诊治中心、区域医疗中心、重点实验室、重点学（专）科等布局时，综合考虑长三角医疗一体化的需要，促进医疗资源均衡分布，

并通过省部共建等多种形式,新增一批国家医疗临床基地、科技创新基地。进一步推动高水平的区域医疗中心、区域医疗联合体和专科联盟建设,促进优质医疗资源均衡布局。继续做大做强"长三角城市群医院协同发展战略联盟",以"长三角城市群医院协同发展战略联盟"带动其他区域医疗中心、区域医疗联合体和专科联盟建设。加强区域内中小城市与上海等核心城市三甲医院、重点科室的联合对接,建立多种医疗联合体,包括:以医院整体签约为模式的医疗联合体,通过由知名三甲医院直接委派管理层和主要科室骨干医务人员达到医疗技术同质化,在应对危重及疑难病人时实现及时请援或转诊;以重点专科为核心的专科联盟,通过加强核心城市重点专科与中小城市相关科室的挂钩联合,推进专科医生培养、远程医疗指导、疑难病症会诊和定向转诊,开展多中心临床医疗研究,促进临床疾病规范化诊断和治疗标准化建设。

4. 加快应用大数据等新兴技术手段,打造"互联网+"医疗服务高地

推动互联网技术、人工智能、云计算共享、智能诊断决策体系在长三角医疗一体化建设过程中的共享共用。加快发展"互联网+医疗健康"模式,推进智慧医院和全民健康信息平台建设,加快推动医疗机构之间实现诊疗信息共享。建设长三角地区电子健康医联网,规范线上就诊平台,推动居民电子健康档案的实时源头采集和共享互通。在推进过程中,优先从长三角城市经济协调会成员城市着手分批实行,以医疗机构的电子健康档案建设为突破口,制定统一的电子健康档案制度、交换制度和共享制度,逐步建成覆盖整个长三角地区的卫生信息平台。大力推广分时段预约诊疗、智能导医分诊、候诊提醒、检验检查结果查询、诊间结算、移动支付等线上服务。推动重点地区医疗健康领域公共信息资源对外开放。

5. 打破壁垒,进一步优化医保异地结算政策

全面落实异地就医结算政策,扩大定点机构覆盖面,提升医保异地结算效率与便利性。打通政策"关卡",推动医保异地结算在区域内实现全覆盖;取消或调整异地医保结算时限设置,避免患者因住院时间长导致结算超过时限而不得不自费支付等情况的发生;统一优化结算平台软硬件建设,减少因网络或前置机问题导致无法实时结算的问题发生;健全互联网诊疗收费政策,进一步完善医保支付政策,逐步将符合条件的互联网诊疗服务纳入医保支付范围。

6. 积极搭建医疗人才资源共享平台

建立医师类专家库资源,建立信息互通互联机制。实施开放的医疗人才流动机制,探索医疗专家人才多点执业。比如,对长三角区域专家人才库中的人才资源试行"多点执业"政策,在灵活就业、跨区域税收等方面给予政策优惠与突

破,调动更多的医疗人才资源走出既定工作区域、服务长三角。实施区域内医护人员执业注册一体化,实现执业注册互认,为区域内医生多点执业或合作交流提供保证。

延伸阅读 1

长租市场整顿意见出台,青年房客利益有保障了吗?

近日,6 部门发文整顿规范住房租赁市场,强调规范住房租赁市场主体的经营行为,保障住房租赁各方特别是承租人的合法权益。这剂猛药对年轻人的租房之痛,疗效如何?

长租公寓行业将迎来变局

近日,住房和城乡建设部、国家发改委、公安部、市场监管总局、银保监会、国家网信办等 6 部门发布了《关于整顿规范住房租赁市场秩序的意见》(以下简称《意见》),其中明确了加强对"高进低出"等模式的租赁企业的监管,规范"租赁贷",实行租赁网签、租金纳入银行监管账户等。

作为购租并举的住房制度的补充,长租公寓一度成为风口,但产业初期,市场规范化水平不高,盈利模式不清晰,一些长租公寓野蛮生长,频频"爆雷"。《意见》强调规范住房租赁市场主体的经营行为,保障住房租赁各方特别是承租人的合法权益。这剂猛药对年轻人的租房之痛,疗效如何?

洗牌

2019 年的长租公寓"爆仓"数目再创新高。根据各大媒体的报道及信息公开的统计结果,2019 年,53 家长租公寓经营难以为继,其中资金链断裂及跑路的共有 45 家,4 家企业被收购,4 家拖欠或拒付房租。以去年 7 月的乐伽公寓为例,"高收低租"、自建"资金池"以及现金流问题导致其最终破产,引发多地客维权。

CIREA 中国房地产估价师与房地产经纪人学会副会长兼秘书长柴强表示,某些"高进低出"的所谓住房租赁企业,一开始可能就是打着住房租赁企业的旗号行骗,实际上不是真正意义上的住房租赁企业。

《意见》表示,住房和城乡建设部等部门会加强对采取"高进低出"(支付房屋权利人的租金高于收取承租人的租金)、"长收短付"(收取承租人租金周期长于给付房屋权利人租金周期)经营模式的住房租赁企业的监管,指导住房租赁企业将租金、押金等纳入银行的监管账户。对不具备持续经营能力、扩张规模过快的住房租赁企业,将约谈告诫、暂停网签备案、依法依规查处等。

在中原地产首席分析师张大伟看来，《意见》首次明确了这些"高进低出"的租赁企业是"吃差价"的高风险租赁企业。

国内的长租公寓一般有"集中式"和"分散式"两类，集中式主要以传统的商业地产运作模式，利用自持土地开发或楼宇整租改造方式进行运营，如万科泊寓、龙湖冠寓等；分散式主要从租赁中介业务延展而来，依靠整合户主房源进行重新装修管理，类似"二房东"，如自如、青客等。

张大伟认为，长租公寓是对存量的改造，处理的是业主的资产，这些"高进低出"的企业并未拥有房屋产权，也没有做增量，只是将房源收租改造，为了吃差价而更多地隔断空间、提高租金。

"租赁产业是关乎普通人，特别是中低收入人群的民生产业。资本驱动下介入的租赁企业都在抢房源，但普通住宅对应的中低收入群体，承受不了这么高的租金，高囤积率导致高空置率的出现，这种模式下亏损是必然。"

近期有长租公寓管家反映，由于市场遇冷，两三个月前平台就在减少甚至停止在市场上收房，这与一年前各大平台高价抢房的景象对比鲜明。

良性的住房租赁市场应该是怎样的？张大伟认为应由三个部分重构梯级消费，小业主对客户占据绝大份额，两者直接互动；一小部分是面向中高端市场、管理自有资产的租赁企业，他们更加关注房屋的质量安全与保值增值；"二房东"式租赁企业可以分布在一些热点区域，占有 10%～20% 的市场份额是正常的。

长租公寓行业进入"优胜劣汰"的关键期。柴强认为，如果住房租赁市场秩序整顿规范好了，可清除其中的"害群之马"，这能为规范经营的住房租赁企业腾出市场空间，有利于其可持续发展。

引入银行，管住"租金贷"之手

一手撮合房东和租客，另一手用租客的信用向银行或其他借贷平台贷款，转手再用贷得的资金获取更多房源，这种"租金贷"模式让不少租客陷入"已经退房了，还得还贷款"的大坑。

2019 年 10 月 28 日，蛋壳公寓赴美上市，"租金贷"为最大现金流来源。其披露的招股书显示，2017 年、2018 年和 2019 年前 9 个月，蛋壳公寓直接从租客处获得的预付款为 1.1 亿元、2.8 亿元和 7.9 亿元，从金融机构获得的租金预付款达 9.4 亿元、21.3 亿元和 31.6 亿元。仅 2019 年前 9 个月，通过"租金贷"获取的租金预付款就已占租金收入的 80%，这一比例在 2017 年、2018 年高达 90%、88%。

如此高杠杆的"租金贷"可能带来巨大的金融风险，《意见》提出，"住房租金贷款金额在企业收入中占比不得超过 30%，超过比例的应当于 2022 年底前调整到位。""做好贷前调查和贷后管理，严格审查贷款用途，防止住房租赁企业形成资金池、加杠杆。住房租赁企业不得要求、诱导承租人使用住房租金消费贷款。"

协纵策略管理集团联合创始人黄立冲曾表示，健康的运营商根本不需要"租金贷"。租赁公寓本身属于天然杠杆，租金时间差本身就带来了现金流，如果企业使用"租金贷"则意味着多次杠杆叠加，风险很大，并且把风险转嫁给了消费者。

长租公寓品牌优客逸家 CEO 刘翔认为，租金分期的核心风险实质上是房东方（包括业主和租赁运营商）的预收风险。部分"包租＋投资装修"模式的二房东化运营商，在没有长期、低成本资金支持和履约赔付能力的情况下，过度使用存在风控瑕疵的"租金贷"，通过账期错配、短贷长投方式不受约束地加杠杆，造成行业泡沫。

自 2018 年相关部门提出风险警示后，优客逸家全面停止使用租金分期产品。然而，刘翔认为，"租金贷"无谓好坏，也不存在监管租赁运营企业使用比例的实操性。他建议，政策只需要引导鼓励房东方在具备平台账户体系的银行开通租金监管账户，由掌握了业务流和资金流信息的银行实施冻结监管并匹配相应贷款支持即可。主管部门可以把部分财政补贴资金用于定向奖励使用了租金监管模式的房东方，并对使用了租金监管模式的租赁房源做官方认证宣传，引导行业形成健康生态。

实际上，通过租金监管账户防范金融风险在一些"重灾区"已有试点。2019年 9 月，南京四部门联合下发《关于进一步规范住房租赁经营行为防范市场金融风险的通知》，指出应当建立住房租赁租金托管制度，在银行设立专用账户，实行租金银行托管。同年 11 月，《杭州市住房租赁资金监管办法（试行）》明确，"托管式"住房租赁企业须在租赁资金专用存款账户中冻结部分资金作为风险防控金，在特定情况下用于支付房源委托出租人租金及退还承租人押金等。

"管住租金贷，要引入银行。"中国社会科学院经济研究所房地产金融研究中心研究员汪利娜强调，防止第三方过度应用信用杠杆，需要银行的积极配合，充分利用银行完备的监管和审查体系对贷款进行严格审定。

住房管理服务平台成为新支点

除了抓整顿外，《意见》还透露了另一个市场转向：租赁需求旺盛的城市应当于 2020 年年底前建设完成住房管理服务平台。要求平台具备机构备案和开业报告、房源核验、信息发布、网签备案等功能；建立房地产经纪机构、住房租赁企业及从业人员和租赁房源数据库,加强市场监测。

此前,住房管理服务平台在上海、深圳、苏州等地已经推行,但平台效果还未明显体现。"怎么引导企业为消费者提供更便捷的信息和服务,这应该是政府做的事。"汪利娜表示,政府和相关部门牵头的住房管理服务平台可以减少信息不对称,降低消费者的搜索成本,防止租赁企业非理性竞争客户源。

在北京市房地产法学会副会长兼秘书长赵秀池看来,通过住房管理服务平台方便发布房源,完成租房交易,是将来的趋势。通过平台掌握租赁市场真实信息,可以为制定房地产政策提供依据。平台除了实现监管功能,还要真正实现服务功能,允许个人在平台上发布房源,实现手拉手交易,真正降低租房成本。

意见还提出,制定闲置商业办公用房、工业厂房等非住宅依法依规改造为租赁住房的政策。这将进一步解决租赁住房土地供给量受限的问题。柴强表示,住房租赁市场在发展与规范中,发展仍然是主旋律。

2020年,长租公寓会发生怎样的变化?乐乎公寓公共关系及大客户管理中心副总裁何光表示,2020年长租公寓将逐渐进入资产管理时代,专业的资产托管、运营机构将会被这个时代所需要。

长租公寓行业进入了第一次调整期。何光说,好的一面是市场正在回归理性,不靠资本市场输血、精细化运营、重视资产管理和盈利成为行业共识。

(资料来源:中国青年报,2020年1月21日)

延伸阅读 2

长三角医疗一体化迈入 2.0 时代
"白皮书"直指难点痛点,为医院协同发展找到新方向

长三角区域一体化发展迎来了崭新的时代篇章。(2018年)11月5日上午,习近平总书记在首届中国国际进口博览会开幕式上作主旨演讲时指出,将实施长江三角洲区域一体化发展国家战略。

近日,记者再赴安徽,直击连续3年举办的"长三角医院协同发展战略联盟高峰论坛",聆听业内专家对2.0版长三角医疗一体化发展的展望。

县级医院是关键环节

从最初的"蜜月期",各家医院凭借一腔热情积极参与,到如今的"适应期",共同发力将问题逐一突破,长三角医疗服务一体化究竟还面临怎样的痛点和难点?"大医院之间已经牵手,但县级医院才是我国解决老百姓在基层看病就医的

关键环节。"安徽省立医院党委书记刘同柱直言。

县级医院到底缺在哪？如何做好精准投入？《长三角城市群县级医院专科建设白皮书》火热出炉。历时近3年、228家县级综合性医院、18个专科、100余名来自联盟牵头医院的医疗与调研专业人员、4 200余份问卷……要为长三角医疗一体化发展做一次"摸底考"。上海市第一人民医院急诊危重病科主任王瑞兰告诉记者，"就拿我们重症医学科来说，相对于传统学科它算是个新兴专业，调研中我们发现，还有10余家二甲县级医院没有成立单独的重症医学科"。

"授人以渔"助力协同发展

在"白皮书"调研期间，"授人以渔"的传帮带已如火如荼地展开。嘉兴市第一医院副院长、麻醉科主任姚明介绍，"自2016年起，每年医院都会派出10名医师进修，一年一度的主题培训班和论坛已成为常态，不定期远程会诊与必要时的现场指导也为我们带来了及时雨与新思路"。

上海市第一人民医院党委书记冯运说，从专科崛起、职能提升、人才回流、预防治疗并重与政策支撑五大方面来看，县级医院大有可为，"一年来，长三角专科联盟相继成立，为县级医院医疗能力提升夯实基础，在长三角医疗一体化发展新格局中，我们期待同质化和协同发展能生根开花"。

多种形式补齐技术人才短板

深埋长三角医疗这片肥沃土壤的种子已蓄势待发，如今，大家更期待一场甘霖。"今年以来，跨省异地就医直接结算、扩大参与结算的联网医疗机构数量等工作都在有条不紊地推进，长三角区域一体化发展上升为国家战略后，医疗协同发展将进一步突破行政区划设置的壁垒。"江苏省人民医院院长唐金海说，以往依赖学会、协会等组织的学术交流，到如今基于长三角城市群医院协同发展战略联盟的民间合作，是否可在未来进一步成为由政府倡导的"正规军"？"如疾病防控和应急合作、区域医疗信息化建设、人才流动与引进后的待遇倾斜等涉及资源的共享与协调，仅仅依靠联盟层面的合作是不够的。"

上海申康医院发展中心党委书记、主任王兴鹏说，上海的公立医院理应发挥桥头堡作用，以多种形式来补齐长三角地区医疗技术和人才的短板，全方位整体提升长三角地区医疗服务高质量发展。

（资料来源：黄杨子,解放日报,2018年11月11日）

第七章 娱乐与休闲

第一节 网 络 活 动

　　随着互联网普及率的不断提升,我国网民人数呈不断上升趋势,据最新的统计报告(第 46 次 CNNIC 报告)显示,截至 2020 年 6 月,我国网民规模达 9.4 亿,较 2020 年 3 月新增网民 3 625 万,互联网普及率为 67%。2010~2020 十年期间,互联网普及率已经从十年前的 34.3% 上升至 2018 年的 64.5%,增长率达 188%。而且越来越多的人使用网络进行工作、购物、信息沟通,网民中的青年群体也占多数,CNNIC 报告也显示我国的网民中 10~19 岁占总数的 14.8%,20~29 岁占总数的 19.9%,30~39 岁占总数的 20.4%,40~49 岁占总数的 18.7%,青年群体占据了网民人数的一半,网络也早已经成为青年们工作和生活必不可少的工具和手段。如图 7 - 1 所示。

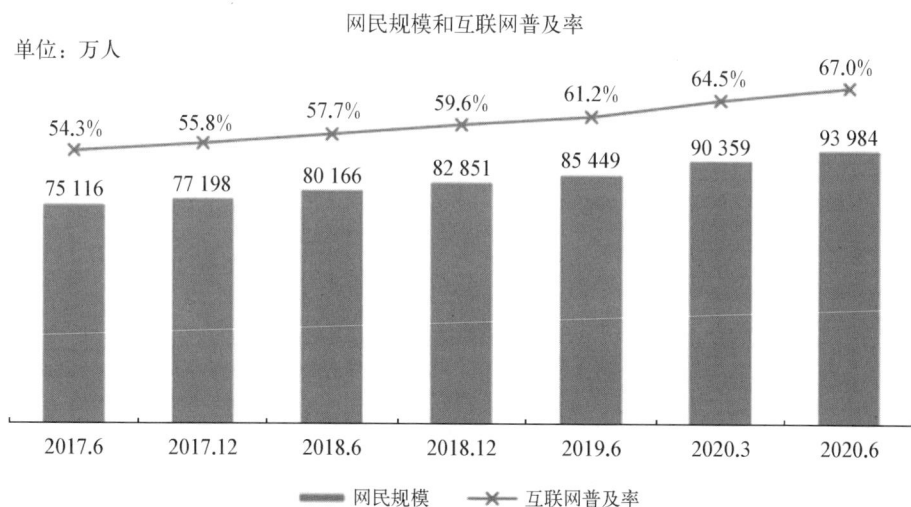

图 7 - 1 中国网民年龄结构(第 46 次 CNNIC 报告)

在网络如此普及的年代,与网络生活相关的研究也受到极大重视。研究者从社会学、教育学、管理学、心理学等各领域从不同角度对网络生活开展了各类研究。这类研究大致可分为三类:

一类是关于网络生活状况的调查。包括被调查者上网频率、上网做什么以及关于网络互动方面的一些研究。十年前的一项研究就显示互联网使用已经很普遍,这项研究调查了 13 个国家 12～14 岁青少年互联网的使用情况,结果显示,美国青少年互联网使用率达 88%,英国达 100%,以色列为 98%,加拿大为 95%,新加坡为 70%以上[①]。很多领域里都有借助网络开展互动的情况,以医疗卫生领域为例,医护人员可以通过网络互动获取病患的一些信息,比如通过荷兰的一个网络社交网,了解病患一般到哪里去寻求与健康有关的信息,他们对所获取的信息资源持怎样的态度、又是如何评价的,以及他们与卫生保健人员进行在线交流的喜好和方式等。这样有利于医护人员对病患的深入了解[②]。

一类是对积极正面的网络现象和网络行为的研究,主要是网络利他方面的研究,这是近年来研究者关注较多的。网络利他行为是指在网络环境中帮助他人、使他人受益,并且自己没有明显自私动机的自觉行为[③]。不少研究者认为网络利他与其他心理品质或行为关系密切,如赖特等人在 2011 年对 493 名 18～25 岁年轻人的研究中提出,受调查者在现实中利他行为越多,他们在社交网站、网上聊天等网络互动中所表现出来的利他行为也越多[④];郑显亮也提出,自尊、移情(指对他人情感感受的理解)等个性和情绪的特点与网络利他行为有着密切的关系[⑤⑥]。但网络利他与传统生活空间的利他不同,研究者认为传统的捐献、救助等利他行为需要主体一定物质和体力或精力的付出,而网络利他的主要形式是技术帮助、精神支持、提供信息、专业咨询等,付出较少且可以足不出户,在网上还能获得网友较多的关注或感谢[⑦]。

① S.S.A. Guan, k. Subrahmanyam. Youth internet use: Risks and opportunities. Current Opinion in Psychiatry Turkish Edition, 2009, 22(5): 130 - 137.

② Van de Belt Tom H, Engelen Lucien Jlpg, Berben Sivera Aa, Teerenstra Steven, Samsom Melvin, Schoonhoven Lisette, Internet and social media for health-related information and communication in health care: preferences of the dutch general population, Journal of medical Internet research, 2013, Vol.15 (10), pp.220.

③ 祝春兰,刘伟,陈超等.网络互动的心理学研究[J].科学,2015,67(2):42 - 44.

④ Wright, Michelle F, & Li, Yan.. The associations between young adults' face-to-face prosocial behaviors and their online prosocial behaviors. Computers in Human Behavior, 2011, 27(5): 1959 - 1962.

⑤ 郑显亮,顾海根.人格特质与网络利他行为:自尊的中介作用[J].中国特殊教育,2012(2):69 - 75.

⑥ 郑显亮.现实利他行为与网络利他行为:网络社会支持的作用[J].心理发展与教育,2013,29(1):31 - 37.

⑦ 祝春兰,刘伟,陈超等.网络互动的心理学研究[J].科学,2015,67(2):42 - 44.

一类是关于消极负面的网络现象和网络行为的研究,主要是对负面网络行为的研究,如网络成瘾、网络霸凌、网络犯罪等等。例如,有研究显示,青少年过度使用网络会显示出较低水平的健康行为;一项对一千多名青少年的调查发现,网络游戏严重影响着青少年的心理健康,而且对网络的过度依赖会影响到心理健康[1];鲍丙刚等人对两千多名医科大学生展开调查,结果发现,网络成瘾和视屏时间较长等现象与大学生的心理健康有相关[2];新疆警察学院的一项大学生网络生活调查也显示整天沉迷于游戏的大学生,长期生活在虚拟的世界里,正常情感没能得到表达和宣泄,也疏离在社会之外,最终导致心理不健康[3]。

纵观以往的研究,较多集中于青少年群体,以学生群体为主,而对青年群体的相关研究也仅仅集中在大学生群体。因此,本课题组开展了针对长三角地区青年的调查,掌握长三角地区青年的网络生活现状。调查结果显示网络已经成为当代青年生活的一部分,青年网络文明行为日益普及,而且青年网络生活现状存在显著的群体性差异。

一、网络已融入青年工作生活

(一) 每天平均上网时间达数小时

在被调查的高校学生和在职青年中,绝大部分青年工作或学习之余平均每天上网的时间在4～5小时,其次是上网时间2～3小时的。见表7-1。

表7-1　青年每天平均上网时间

上网时间	青年群体	人　数	百分比/%
2小时以内	在校大学生	281	8.9
	在职青年	477	15.8
2～3小时	在校大学生	757	24.0
	在职青年	769	25.4
4～5小时	在校大学生	1 234	39.1
	在职青年	921	30.5

[1] Kim, J., Lau, C., Cheuk, K., Kan, P., Hui, H., & Griffiths, S. Brief report: Predictors of heavy internet use and associations with health-promoting and health risk behaviours among Hong Kong university students. Journal of Adolescence, 2010, 33(1): 215 - 220.
[2] 刘敏岚.网络游戏与青少年心理健康关系分析[J].中国学校卫生,2013,34(9):1096-1098.
[3] 张淼.维吾尔族大学生网络成瘾网络使用与心理健康关系[J].中国学校卫生,2014,35(10):1559-1560.

（续表）

上网时间	青年群体	人　数	百分比/%
6～7 小时	在校大学生	534	16.9
	在职青年	400	13.2
8 小时及以上	在校大学生	346	11.0
	在职青年	456	15.1
合　计		3 023	100.0

（二）日常工作和生活更倾向于用网络的方式

当调查青年日常工作和生活的常用方式时，大部分青年都表示更倾向于采用网络的方式。尤其在获取新闻信息、购物等方面，超过 70%～80% 的青年都采用网络方式。

表 7－2　青年日常工作和生活的常用方式

上网内容	青年群体	传统方式/人	网络方式/人
获取新闻	在校大学生	553	2 599
	在职青年	510	2 513
工　作	在校大学生	1 602	1 550
	在职青年	1 294	1 729
写备忘录、日记	在校大学生	1 277	1 875
	在职青年	1 139	1 884
约朋友	在校大学生	994	2 158
	在职青年	1 049	1 974
购　物	在校大学生	744	2 408
	在职青年	804	2 219
看电影	在校大学生	1 190	1 962
	在职青年	1 064	1 959
打牌、下棋	在校大学生	1 691	1 461
	在职青年	1 474	1 549

（三）网络对青年产生较明显的影响

调查结果显示，近 90% 的青年认为网络改变了他们的生活，只有 10% 左右的青年认为网络对他们没什么改变。见表 7 - 3。

表 7 - 3　青年对"网络改变自己"的看法

观　　点	青年群体	人　　数	百分比/%
没什么改变	在校大学生	335	10.6
	在职青年	334	11.0
改变较少	在校大学生	859	27.3
	在职青年	773	25.6
改变较多	在校大学生	1 513	48.0
	在职青年	1 348	44.6
有很大改变	在校大学生	445	14.1
	在职青年	568	18.8

二、青年网络文明行为日益普及

(一) 在网上帮助他人

针对网上帮助他人的调查结果显示,长三角地区的青年普遍都帮助过他人,但在职青年中仍有 17.6%、在校大学生中仍有 19.0% 的青年没有在网络上帮助过他人,见表 7 - 4。

表 7 - 4　青年网上帮助他人的行为频率

青年群体	行　　为	人　　数	百分比/%
在职青年	没　有	533	17.6
	偶　尔	2 018	66.8
	经　常	472	15.6
在校大学生	没　有	598	19.0
	偶　尔	2 095	66.5
	经　常	459	14.6

(二) 在网上提醒他人防止被诈骗、被引诱

被调查者中,超过 60% 的在职青年和超过一半的在校大学生在网上提醒过他人防止被诈骗、被引诱,见表 7 - 5。

表 7-5 青年网上提醒他人的行为频率

青年群体	行 为	人 数	百分比/%
在职青年	没 有	752	24.9
	偶 尔	1 822	60.3
	经 常	449	14.9
在校大学生	没 有	1 036	32.9
	偶 尔	1 729	54.9
	经 常	387	12.3

（三）在网上举报网络不良信息

超过一半的在职青年和大学生在网上举报过网络不良信息，14.9%的在职青年和18.3%的在校大学生还经常举报，为维护网站安全出力，见表7-6。

表 7-6 青年网上举报网络不良信息的行为频率

青年群体	行 为	人 数	百分比/%
在职青年	没 有	896	29.6
	偶 尔	1 678	55.5
	经 常	449	14.9
在校大学生	没 有	858	27.2
	偶 尔	1 717	54.5
	经 常	577	18.3

三、青年网络活动现状及存在的群体性差异

数据分析结果显示，无论是在职青年还是高校大学生，在网络生活方面都有群体性差异，如在上网时间、自播经历等方面的性别差异显著，在上网内容方面的地域差异显著。

（一）青年上网时间的群体差异

在职男青年平均每天上网时间（$M \pm SD = 2.64 \pm 1.227$）少于在职女青年平均每天上网时间（$M \pm SD = 3.07 \pm 1.267$），进一步的参数检验结果显示两者存在显著差异。在校男大学生平均每天上网时间（$M \pm SD = 2.69 \pm$

1.161)也少于在校女青年平均每天上网时间($M \pm SD = 3.11 \pm 1.037$)小时，进一步的参数检验结果显示两者存在显著差异。独立样本 T 检验的结果见表 7 - 7。

表 7 - 7　独立样本 T 检验结果

上网时间	t	df	Sig.值
在职青年	−9.383	3 021	0.000
在校大学生	−10.265	3 150	0.000

另外，不同地域的在职青年的上网时间有较大差异（$F=4.028, P<0.05$），在校大学生的上网时间也有较大差异（$F=21.661, P<0.001$）。进一步的多重比较结果显示：上海青年工作之余的上网时间明显少于浙江省和安徽省的青年，江苏省青年的工作之余上网时间明显少于安徽省的，上海大学生的课余上网时间明显少于浙江省和江苏省的青年，课余上网时间按照安徽、江苏、浙江、上海递减。具体见表 7 - 8。

表 7 - 8　课余上网时间差异性检验

	（I）省份	（J）省份	均值差	标准误	显著性
在职青年	上　海	浙　江	−0.151*	0.072	0.035
	上　海	安　徽	−0.211*	0.070	0.003
	江　苏	安　徽	−0.158*	0.060	0.009
在校大学生	上　海	浙　江	−0.224*	0.055	0.000
	上　海	江　苏	0.271*	0.049	0.000
	浙　江	江　苏	0.495*	0.063	0.000
	江　苏	安　徽	−0.165*	0.079	0.036

（二）上网内容的群体差异

对工作之余时间上网内容的调查显示男青年和女青年在某些上网内容上的选择存在显著差异性。

在职青年的差异性具体表现在"聊天、逛论坛、看朋友圈""看电影、听音乐"和"购物"上，选择这些的女青年人数明显多于男青年。具体见表 7 - 9。

表 7 - 9　在职青年上网内容的性别差异检验

上 网 内 容	男青年人数	女青年人数	χ^2	Sig.值
聊天、逛论坛、看朋友圈	723	1 000	54.122	.000
看电影、听音乐	566	693	6.832	.000
购物	97	393	183.378	.000

在校大学生的性别差异具体表现在"浏览信息、看新闻""聊天、逛论坛、看朋友圈""看电影、听音乐""购物""网络游戏"等方面,除了网络游戏之外,女学生选择人数明显多于男学生。具体见表 7 - 10。

表 7 - 10　在校大学生上网内容的性别差异检验

上 网 内 容	男青年人数	女青年人数	χ^2	差异性
浏览信息、看新闻	551	934	19.128	0.000
聊天、逛论坛、看朋友圈	464	1 431	163.310	0.000
看电影、听音乐	489	1 209	32.394	0.000
购物	75	398	75.611	0.000
网络游戏	303	196	202.176	0.000

对在职青年工作之余时间上网内容的调查结果显示,不同地域的青年在看电影听音乐的选择上有较大差异($\chi^2 = 28.831, P < 0.000\ 1$)。

对在校大学生学习之余上网内容的调查结果显示,不同地域的大学生在较多方面存在差异性,具体为聊天、逛论坛、看朋友圈选择上的差异($\chi^2 = 19.892, P < 0.001$),看书、学习方面的差异($\chi^2 = 27.284, P < 0.001$),看电影、听音乐选择方面的差异($\chi^2 = 13.598, P < 0.01$),以及网络游戏选择方面的差异($\chi^2 = 8.204, P < 0.05$)。

(三)"网络改变生活"的群体差异

在职男青年中,有 189 人认为网络对自己的生活没什么改变,392 人认为改变较少,590 人认为改变较多,273 人认为有很大改变。而在职女青年中,有 145 人认为网络对自己的生活没什么改变,381 人认为改变较少,758 人认为改变较多,295 人认为有很大改变。进一步的参数检验结果显示男女青年在对"网络改变生活"的反馈上存在显著差异(卡方检验 $P = 0.000 < 0.001$)。

对在校大学生的调查结果也显示存在性别差异。在校男大学生中,有 140 人认为网络对自己的生活没什么改变,278 人认为改变较少,476 人认为改变较

多,153 人认为有很大改变。在校女大学生中,有 195 人认为网络对自己的生活没
什么改变,581 人认为改变较少,1 037 人认为改变较多,292 人认为有很大改变。
进一步的参数检验结果显示两者存在显著差异(卡方检验 $P=0.003<0.05$)。

对比不同地域的在职青年和在校大学生在"网络改变生活"的反馈上的差异
性后发现:不同地域的在职青年对"网络改变生活"的反馈差异性也很大($F=
6.988,P<0.001$),不同地域的大学生对"网络改变生活"反馈差异性较大($F=
3.395,P<0.05$)。进一步的多重比较结果见表 7-11。

表 7-11　不同地域青年对"网络改变生活"差异的多重比较

因变量		(I)省份	(J)省份	均值差	标准误	显著性
网络改变生活	在职青年	上海	浙江	−0.200*	0.051	0.000
		上海	江苏	−0.161*	0.049	0.001
		上海	安徽	−0.208*	0.049	0.000
	在校大学生	浙江	江苏	0.148*	0.049	0.003
		江苏	安徽	0.125*	0.062	0.042

(四) 网络直播经历的群体差异

在职男青年中,有 103 人经常直播,317 人偶尔直播,1 024 人从未直播过。
在职女青年中,有 65 人经常直播,273 人偶尔直播,1 241 人从未直播过。进一
步的参数检验结果显示两者存在显著差异(卡方检验 $P=0.000<0.001$)。

在校男大学生中,有 106 人经常直播,250 人偶尔直播,691 人从未直播过。
在校女大学生中,有 51 人经常直播,427 人偶尔直播,1 627 人从未直播过。进
一步的参数检验结果显示两者存在显著差异(卡方检验 $P=0.000<0.001$)。

不同地域的大学生中,有无直播经历的情况也存在显著差异($\chi^2=31.043$,
$P<0.001$)。在经常有网络直播经历的大学生中,上海大学生占 54%,浙江大学
生占 7%,江苏大学生占 35%,安徽大学生不到 4%。偶尔有网络直播经历的大
学生中,上海大学生占 52%,浙江大学生占 17%,江苏大学生占 20%,安徽大学
生不到 11%。

四、对策与建议

(一) 抓住青年工作主阵地,推动网上共青团工作一体化

从对长三角地区青年的网络生活调查结果看,青年们工作或学习之余用网

络的时间较多，而且他们上网的内容也很丰富，青年在网络上也很活跃。可见，网络不仅已经成为青年的日常生活场所，而且网络方式已经成为当代青年的生活方式之一。青年将网络视作获取信息、沟通交流和日常购物的主要手段或平台。可以说，网络是开展青年工作非常直接而有效的平台。因此，要了解青年、走近青年、做好青年工作，就需要到青年们聚集的地方去，就需要坚定不移地到网上去。

抓住青年工作主阵地。从本研究的调查结果可看出，抓住网络这个重要的生活平台和主要的生活方式，就抓住了青年工作的主要阵地之一。2012 年党的十八大以后，我国进入中国特色社会主义新时代，习近平总书记提出新时代的青年一代，肩负实现中华民族伟大复兴中国梦的历史使命。同时，新时代青年研究的新趋势也呈现出实施青年发展规划与青年全面发展研究的趋势，加强青年学研究的研究和共青团改革再出发的研究。上海团市委提出共青团工作两大战略，其中之一就是坚定不移地到网上去，从而把握青年工作引领性。《中长期青年发展规划（2016—2025）》提出"把青年发展摆在党和国家工作全局中更加重要的战略位置，整体思考、科学规划、全面推进"。习近平总书记曾明确指出："共青团要努力帮助广大青年树立远大理想，坚定走中国特色社会主义道路的人生信念……"毛泽东也曾在他的《五四运动》和《青年运动的方向》中提到"青年运动要把坚定正确的政治方向放在第一位"。共青团要把握好青年工作的政治引领，就要在青年聚集的网络上发挥引导作用。

推动网上共青团工作一体化。动员广大共青团员和各领域优秀青年将先进性和担当精神延伸到网上，组建共青团网络宣传员、网络文明志愿者队伍、网络学习监督组等青年网络工作队伍，定期开展共青团青年网络队伍培训和活动，促使共青团队一体化建设的步伐向前迈进，发挥他们在长三角领域网络共青团工作中的引领作用，带头推动长三角网上共青团工作一体化。建立一个长三角各省市共青团公用共享的一体化信息网络平台。各省市通过这个网络平台联网，实现团员网上注册等基础团务管理、团干部网络学习等各项重点工作和各类网络文化活动的联网和数据共享，既保证了长三角各省市青年工作数据、工作方式、工作成效的及时共享，也创新拓宽了长三角青年互动的途径，而且为各级团组织在互联网上安家落户提供了便捷和平台，打造广大团员青年的"网上家园"。

（二）优化青年网络素养教育，引导青年建立合理的网络认知

首先是建构通识网络的知识结构。网络已经成为青年日常生活和工作的必备工具和平台，工作交流要用网络，生活购物要用网络，尤其在手机 APP 层出不

穷的新媒体时代,更需要对网络使用有全方位的了解。尤其是随着青年直播经历的日益增多,需要青年准确把握价值观,确立合理的网络认知和正确的信息识别标准。网络认知与判断是个体接受互联网上的信息,对这些信息进行接收、识别、选择、理解、存储等加工处理之后,转换成心理活动并产生特定情绪和行为的过程。网络认知具有选择性的特点。因此,在青年感知到的信息中,只有一部分信息受到注意,大部分信息因未受到注意而迅速消失。受到注意的这一部分信息便成为选择性知觉的对象,得到进一步的加工后获得意义并进入工作记忆,从而有可能进一步进入长时记忆。青年的注意状态、动机、过往经验和期望都会影响其对信息的选择。青年如何识别和筛选网上信息,并对收集来的信息进行分类和排序、存储和提取使用,是青年工作必不可少的关注点。通过网络认知教育,引导青年在网络(信息)加工过程中以合理的方式对新信息进行筛选、归类、分析和理解。

(三)树立青年网络利他行为典型,推动营造网络文明新环境

塑造文明上网的行为典型。通常所讲的文明上网,指要真正认识到网络所具有的特性。从青年自身而言,要自觉遵守"网络文明公约",诚实守信,注意净化自己的在网络上的语言,同时要严格遵从网络的相关规则。做到自觉抵制不文明现象,不欺诈诽谤,不黑他人网站或更改他人网页,不破坏网络的正常秩序,不参与无用甚至有害信息的制作和传播,遇到有害信息和低俗之风也坚决抵制。除了做好自身外,青年还要善于发现周围的不文明上网现象,敢于制止身边其他人的不文明上网行为。青年面对不文明上网现象不应该视而不见、侧目相看,而是要勇敢地站出来,这代表着一种文明的立场、正义的声音,也折射出青年的网络文明程度。

塑造网络利他的行为典型。网络素养的高级层次是塑造利他行为。与初级素养和中级素养不同的是,高级素养不仅包括提升自身素养,同时也包含自身的提高帮助其他人成长。上网时,除了信息搜索、查询外,多解答别人提出的疑问,在自己力所能及的范围内帮助其他人解决困难。网络利他行为主要表现为两个方面,一是通过网络提供帮助,包括技术服务、信息咨询、在线资源共享、社会救助、技术或方法指导等;二是提供社会支持,即通过网络和他人建立友情,使他人获得归属感和情感支持(祝春兰、刘伟、陈超等,2015)。当然,网络利他只是以帮助他人为目的,利他者不期望有精神或物质的回报,甚至有时候利他者可能会有所损失。如有时候为了帮别人解答清楚一个问题、在网上帮人填写调查问卷、提供一些资料等都会付出自己的很多时间;又如参加网络捐助等就要付出自己的

钱财等。因此,网络利他是利他者与所帮助者的共同进步。

（四）政府主导网络主流价值,布局与优化青年网络生活新环境

搭建有宣传影响力的新媒体舆论平台。政府需要担负起构建新媒体时代青年健康网络生活方式的重任,采取相应的有效措施,搭建有宣传影响力的新媒体舆论平台,引导青年朝着健康的网络使用路线前进。如与市民中心联合,实行实名登录,鼓励良好上网行为,并对优秀网络行为加以奖励。也可以与微信平台联合,通过系统自动筛选出网络利他行为,定期发布优秀网络事迹。政府需要考虑如何优化新媒体传播的相关功能,尽可能地展现更多的网络大众意见和审美观,引导青年网络主流发展的方向。

政府购买方式开展网络研究项目。采用政府购买服务的方式开展各类青年网络的研究项目。政府通过公开招标、定向委托或邀标等形式依托社会组织或事业单位开展相关研究项目,这样可以提高项目供给的质量和财政资金使用的效率。政府可以借助网络素养教育的学者和专家的力量,借助愿意捐资或投资网络素养教育的公司和企业家的力量,推动青年网络心理建设的研究,进而推动青年网络素养教育的进程。

赋予媒体监管机构更多网络素养教育的权利。赋予媒体监管机构更多网络素养教育的权利,以承担起更多网络素养教育的职能。英国早在 2003 年就已经开始了这项工作,英国的媒体监管机构是通讯管理局,负责促进和推广公众媒介素养,这项举措也使英国成为世界上第一个通过立法来要求媒体监管机构推广网络素养教育的国家。澳大利亚政府也在 2008 年启动了一个提升网络素养的综合项目,投入高达 1 亿多澳元以帮助青少年远离各种网络危险和不规范的网络信息。我国完全可以借鉴国外丰富成功的运营经验,提升青年网络素养教育的质量和效率。

（五）发挥社会组织优势,构建青年的网络社会支持体系

良好的社会支持系统是指个人在社会网络中所获得来自他人的物质或精神上的支持。发挥公益组织的优势推进青年网络社会体系建设。网络素养教育是公益组织一个新的帮扶领域。在许多国家,较早开始网络素养教育的往往是民间公益组织。网络素养教育通常都会经历民间呼吁、政府介入、机制运行等发展阶段。公益组织不仅在早期的民间呼吁阶段就热心地投身于网络素养教育,在随后的政府介入和机制运行阶段,公益组织仍是网络素养教育的重要力量,完全可以发挥公益组织的作用。为公益组织领袖建构起乐于奉献、技术能手、资源充沛的组织形象提供必要的条件,并以此吸引更多青年网民的参与。借助网络优

势,助推青年自组织的影响力,这不仅对于青年网络心理建设有着关键的推动作用,还能以公信力为基础实现网络青年公益组织的可持续发展。

第二节　绿色生活

伴随着区域一体化的纵深推进,经济建设与生态建设整体统筹规划的策略已成为长三角城市群推进城市一体化建设进程中的关键环节与必然要求。2018年5月,在全国生态环境保护大会上,习近平总书记提出了新时代推进生态文明建设的六项原则,要求加快构建生态文明"五大体系",坚决打好污染防治攻坚战。这"六项原则"和"五大体系",每一方面都是根本性、长远性工作,每一条都攸关全面小康的底色,事关民族复兴大计。长三角城市群要把主要精力和资源放在谋划生态、富民强市的产业发展上,让良好生态成为经济社会持续发展的支撑点,努力把长三角建设成绿色发展高地、生态宜居家园。

本节主要通过调查问卷的方式,对长三角地区青年的生态观与生活方式进行研究分析,结合相关调研数据,综合比较长三角不同城市之间、不同青年群体之间在生态生活方面的现状与存在问题,并尝试提出对策建议。在生态生活认知与环保意识方面,长三角地区大部分青年对生态一体化视域下的绿色生态观与生活方式有所了解和认识,期望环保一体化能有好的成效,但对于环境治理的认识还不够全面,倾向于政府应承担更多责任,就个人对环保可承担的责任和义务不甚清晰;在绿色生活理念方面,在长三角青年的衣食住行中,存在知行不一的现象,即对绿色低碳行动的高认同并不能决定其在生活中的贯彻执行,在一定程度上存在高碳与浪费资源的现象。比如,长三角地区绝大部分青年人认同适度消费、在日常生活中科学合理安排餐饭、不铺张浪费且愿意选择公共交通出行,但对于要求青年人见到身边出现污染环境现象时挺身而出,及时制止和举报以及在环保上投入更多时间和费用方面,结果却差强人意。针对不同青年群体而言,中学生和大学生更倾向于在衣食领域身体力行,在职青年更多需结合自己日常生活和工作需要;在生态环保行为和生活方式生态化方面,不同类型青年都期望政府能够首先建立和健全生态治理写作方面的法规体系,为长三角各地居民协调一致共同建设绿色家园创建法制基础,但对当前已出台的相关政策关注和了解程度则有待加强。因此,我们建议可以从知行合一的视角全面性概括青年与生态的关系,增强青年绿色责任意识;从可持续发展的视角整合性理解青年与生态的关系,提高青年参与绿色环保的能力;从共同参与的视角协同性看待青年与生态的关系,促进青年养成绿色环保好习惯。

一、研究背景

（一）长三角城市群生态一体化概述

所谓城市群生态一体化,即城市群内的各个城市间通过某种方式突破传统行政区划障碍,形成相对完整的生态治理单元,基于同一体系与机制相互合作,形成合力,从而实现对城市群内跨界污染的有效治理,提高城市群环境治理,改善其生态服务功能,为区域经济社会一体化发展奠定良好的环境基础①。

生态一体化是破解环境难题的重要途径,是推进区域经济社会一体化的重要内容,是实现区域可持续发展的重要途径。长三角地区拥有良好的生态环境基础,绿色发展大有可为。如今,绿色发展理念和绿色生活方式在长三角区域得到广泛普及,绿色已成为长三角经济社会发展的鲜明底色。开启长三角更高质量的一体化进程,内在要求沪苏浙皖三省一市共同推进长江污染治理、生态建设,确保"一江清水浩荡东流"。

（二）长三角生态一体化视域下绿色生活的意义

在 2017 年 5 月中央政治局第四十一次集体学习时,习近平总书记强调,要充分认识形成绿色发展方式和生活方式的重要性、紧迫性、艰巨性,把推动形成绿色发展方式和生活方式摆在更加突出的位置②。在长三角城市群的发展建设中提倡和推进生态一体化建设,就必须推动形成绿色发展方式和生活方式。绿色生活方式是一种日常生活中的行为养成,按照绿色生活理念的要求,培育保护生态系统的生产能力和生活能力,创建有利于人与自然和谐的环保型生活方式。2015 年 11 月,环保部发布的《关于加快推动生活方式绿色化的实施意见》指出,"引导实践,倡导绿色生活方式,为生态文明建设奠定坚实的社会、群众基础"③。因此,倡导绿色生活方式对于建设生态文明至关重要。生态文明是人类文明形态的重大革命,人类社会历经原始文明、农业文明、工业文明,现在到了迈向生态文明的新时代,生产方式的演进决定着人类社会文明形态的更替,绿色生产方式和生活方式是生态文明社会的基础。

在青年中提倡绿色生活方式是希望青年在日常生活中将环保放在重要位

---

① 黎敏等.长株潭城市群生态一体化治理模式研究[J].中南林业科技大学学报,2017(6)：18－22.
② 习近平.推动形成绿色发展方式和生活方式为人民群众创造良好生产生活环境[N].人民日报,2017(5).
③ 关于加快推动生活方式绿色化的实施意见[J/OL].中华人民共和国环境保护部网.http://www.zhb.gov.cn/gkml/hbb/bwj/201511/t20151116_317156.htm.

置,至少是将生活对环境的负面影响降低到最低。它倡导的是青年的生态责任感,遵循一种负责任的生活方式,它不是建立在自私的自己舒适的基础上,而是将保护环境纳入自己的生活,是对大自然负责、对子孙后代负责和对社会负责;它培养的是青年的生态意识,希望青年能尊重自然规律,正确处理经济发展与生态环保的关系;它强调的是要解决消费与生态危机之间矛盾。青年的绿色生活方式就像过节俭的生活,节俭不是不消费,而是少消费对环境有危害的产品;少一些私人消费,多一些公共消费,单个物品能够让尽可能多的人使用;少一些物质消费,多一些文化消费,物质消费总是存在难以满足的情况,而文化消费则可以提升人的精神境界,更有利于人的全面自由发展。所以,绿色生活方式将更加有利于培养人们的生态意识、家国情怀、文明水平与自主奋斗精神。

二、青年绿色生态观与绿色生活状况

近年来,恶劣气候及自然灾害频发,作为"地球村"的青年居民们,越来越重视环境保护,也有越来越多的青年人开始养成诸如垃圾分类、减少使用一次性泡沫制品、尽可能使用绿色环保的交通工具,以及离开房间前检查水电开关是否切断等良好的生活和行为习惯。特别是世博会和 G20 二十国集团领导人杭州峰会以后,长江三角洲地区作为我国乃至全球经济和科技发展最为活跃的地区之一,在环境保护,人与生态的和谐相处等意识和行动层面,已经开始自觉地与国际先进经验看齐。作为国家未来持续发展的接班人,长三角地区的青年自然将以"绿色""环保"为主题的生态生活作为自己日常生活的重要组成部分。

低碳,即减少以二氧化碳为主的温室气体的排放,从而减少人为因素对大气层的污染,缓解由此产生的一系列灾害性天气对人类生存的威胁和危害。低碳,作为一种生活方式,主要是指从节约用电、用气和能源及其他生活资源的回收和再利用等三个环节改变过去的生活方式,从日常生活中的点滴小事做起,从每个人的自觉意识和行动做起,由个体到群体地推动人类与自然环境的和谐相处。

低碳和绿色生态一体化是两个密切相关的概念。低碳,意味着从生产到生活各个层面的科技、知识和行为表现方式的变革;绿色生态一体化则是我们人类社会致力于推动这种变革的出发点和目的地。绿色生态一体化的进程从推动低碳生活开始,低碳生活的理念倡导的就是一种人类和自然环境和谐共处、互相促进、生态一体化的融合发展形态。我国过去几十年的经济发展经验告诉国人:

以高二氧化碳排放量为主的生产和生活方式带来的经济发展,对自然环境造成了严重影响,生态圈的平衡一旦被完全打破,人类自身的安身立命之本将不复存在,持续的生产和生活发展将无从谈起。我国要保持经济的持续发展,就必须着力推动以绿色生态一体化建设为核心的生态文明建设。低碳和绿色生态一体化的生活方式互相依存,为我们呈现的是人类可以继续在当前的自然环境中,持续、稳定地发展,人类创造的文明和生命的火种可以继续在自然和社会环境中代代相传的生存路径。

（一）环保意识与认知

如果说"低碳"从生产环节来看,强调的是通过技术革新,应用更多可再生、少污染、低消耗的新能源以减少二氧化碳的排放量;那么,从社会生活环节看,"低碳"则意味着社会生活理念和生活方式的变革,即每个人都能够主动在日常活动中,厉行节约、返璞归真、遵循自然规律,自觉减少对现代工业产品的使用和依赖。

与此相对应的,生产环节要实现低碳、环保,主要依靠政府的统筹规划,制定一定的法律、法规、措施、办法,引导和鼓励企业积极进行技术革新,推动部分二氧化碳排放量高的产业进行转型发展;而在社会生活理念和生活方式方面的变革,则更多需要社会中的每个个体认识到环境保护的重要性和紧迫性,主动了解和探索更为有利于环境保护的绿色生活形态,进而能够身体力行,向身边的其他人宣传和推广绿色、低碳的生活和行为习惯,从而逐渐形成从点到面,从"小众"到"普及"的"绿色环保生活圈"。

从当前的社会现状来看,越来越多生活在现代都市里的人们,开始感觉到环境污染给自身的身心健康和工作、生活带来的负面影响,也有越来越多的城市居民渴望在更理想和优质的城市自然和生态环境里活动。长三角地区作为全国经济发展比较快的区域,生活在该地域内的人们,也有强烈的治理环境意识,让自己生活的城市空气更清洁、湖水更清澈、绿化更繁茂……从本次调查来看,在问及长三角环保一体化能够给青年的生活带来哪些成效时,"提高城市空气质量""减少对水及土地资源的污染""各省市协同治理污染"等选项被受访者选中的百分比都超过了60%,说明这些环境治理的良好结果也是青年人的心中所愿。

如何才能实现这些良好的心愿呢？从理性的角度去分析,要建设山清水秀的良好生态环境,让每个人都能享受到洁净的空气、水和土壤,前提条件是每个生活其中的人们都能够认同低碳、绿色的生活理念,从自己做起,从生活中的小事做起,努力为保护环境、减少资源浪费付出自己的行动。本次调查面向长三角的在职青年发放问卷,旨在了解其对低碳绿色生活这一概念的了解程度,其中能够做到对概念"非常了解"的青年不到调查总人数的 10%,还有 6.4% 的受访者表示对此概念"完全不了解"。绝大部分的受访者表示对此概念"有一定了解"或者"听说过",说明青年人对环境保护的重要性和必要性虽然已经有所认识,但是也并非人人都将环境保护、低碳生活的理念作为自己的日常生活方式并加以贯彻和执行。

　　在另一项关于长三角青年对政府在环境联防联控方面出台的政策是否满意的调查中,有超过一半的受访者表示"非常满意"和"比较满意",也有近 10% 的受访者选择"不够满意"或者"无体验"(见图 7-2)。结合不久前,针对上海地区青年的相关环境保护主题的调查,大部分的青年对于环境治理的认识还倾向于更多是政府应承担的责任,而个人对于环境保护的可以承担哪些责任和义务,则显得不够明确和清晰。如何更好地引导青年人认识到环境保护与个人成长、发展之间的密切关系,鼓励青年人自觉践行低碳环保的绿色生活方式,这中间需要我们厘清的问题还有很多。

百分比／%

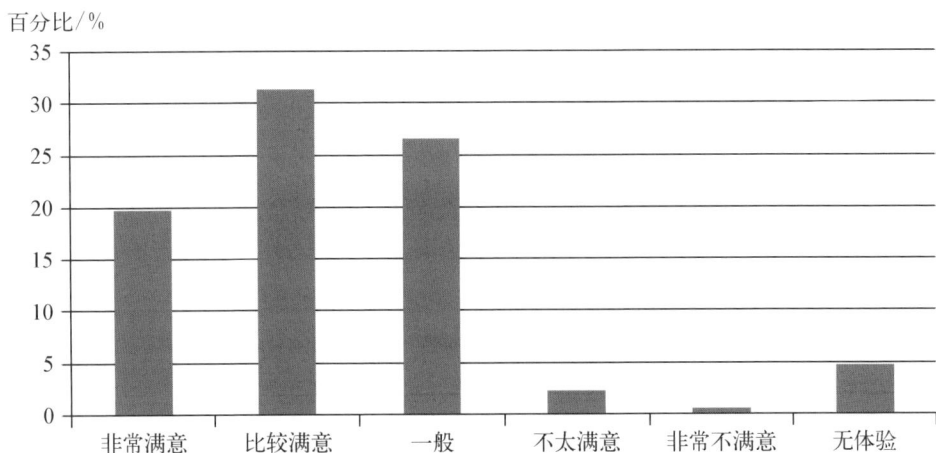

图 7-2　青年对长三角在环境联防联控方面的政策的满意度

(二) 日常生活方式与绿色生活理念

　　青年生活在现代文明构建的社会环境中,电器、电子产品、学习和办公用品乃至交通工具、各类日用品等,很多从生产到运输、使用、丢弃后的处理方式等都会破坏生态环境。在青年的衣食住行和日常生活方式的行为表现中,能够发现许多"高碳"和浪费资源的现象,与此同时,也可以发现当代青年已经开始意识到环保的重要性,并从自身做起,努力改变不良生活习惯的方面。

表 7-12　长三角地区不同类型青年的低碳环保理念和行为方式比较

选　　　项		中学生	大学生	在职青年
少买不必要的衣物	是	85.8	84.7	86.1
	否	14.2	15.3	13.9
购买有绿色食品标志的食物	是	88.1	86.4	85.9
	否	11.9	13.6	14.1
珍惜粮食,"光盘"行动	是	89.2	91.9	92.5
	否	10.8	8.1	7.5
使用环保袋代替塑料袋	是	90.3	93.2	93.0
	否	9.7	6.8	7.0
夏季空调温度调在 26 度及以上	是	78.4	81.0	86.3
	否	21.6	19.0	13.7
双面打印,必需单面时才打单面	是	90.3	88.7	90.6
	否	9.7	11.3	9.4
少开私家车,多乘坐公共交通	是	88.1	92.3	90.6
	否	11.9	7.7	9.4
及时制止或举报污染问题	是	89.2	90.6	90.8
	否	10.8	9.4	9.2
愿意为环境清洁支付更高费用	是	75.0	80.4	81.0
	否	25.0	19.6	19.0

首先,长三角地区的大部分省份属于经济发展程度较好的地区,生活在这一区域的青年,大部分已经摆脱了缺衣少食的生活境地。服装和食物,对于长三角地区的青年而言,除了基本的饱、暖功能外,更多的是提升青年人生活品质的一种标志,甚至是青年人追随时尚、潮流的生活方式的体现。通过调查可以发现,长三角地区绝大部分的青年人认同适度消费、合理购置新的衣物的理念,也能够认同在生活中科学合理地安排日常餐饮,不在饮食上养成铺张浪费的生活习惯。

其次,在都市生活的人,生活节奏快,工作压力大,经常需要奔波、穿梭于城市的各个地点,青年人为了自己的理想努力拼搏,无可厚非,但是选择何种交通工具出行,则在很大程度上反映了青年人的环保意识。

当前,城市的私家车保有量一直稳步提升。开私家车对于个人来说,可能更为便捷,但是从公共秩序的角度看,容易加重城市道路拥堵和"停车难"的情况;从环境保护的角度看,汽车尾气对空气造成污染,也是导致城市"热岛效应"难以消除的重要因素。少开私家车,多乘坐公共交通工具出行,是一种积极健康的绿色生活方式。1998年9月22日,法国一些青年首倡"In Town,Without My Car!"(在城市里,没有我的车!)的口号,呼吁城市居民可以减少开私家车而尽量使用更节能环保的出行方式。在我们的调查中,长三角地区的青年人,特别是大学生和在职青年,对于少开私家车并选择公共交通工具出行的生活方式认同度也非常高。

再次,青年们有着对生活品质的向往和追求,在生活细节中的点滴也能体现青年的环保意识和行动。诸如:夏季空调维持在26度以上,尽量在办公室里减少白纸的损耗;"限塑令"出台后,自觉使用环保袋代替塑料袋;在生活中遇到他人浪费资源、污染环境的情况,能够主动进行环保宣传和教育等,以上种种都是一个当代都市青年文明素养和环保意识的体现。在调查中可以看出:长三角地区的青年人在如何更合理地使用空调调节室内温度方面的认识度还不够高,需要我们加大宣传和引导、教育的力度。另外,对于要求青年人见到身边出现的污染环境的现象时能够挺身而出,及时制止和举报以及青年人在节能、环保、低碳生活方面投入更多的费用方面,青年人的认同度也存在参差不齐的情况。这种现象的出现可能与相关政府部门制定的环保措施还不够细致明确、对环保的宣传还不够普及有一定关系;同时也反映出有部分青年认为低碳生活、节能环保主要还是政府、成年人以及污染环境的责任人应该关心的事情,与青年人的生活关系并非密切相关。

表 7 - 13　长三角地区不同青年绿色环保行动频率比较

选　　项		中学生	大学生	在职青年
少买不必要的衣物	从不	12.7	8.3	13.1
	有时	54.8	57.7	44.9
	经常	32.5	34.0	42.0
购买有绿色食品标志的食物	从不	11.0	8.9	11.9
	有时	45.6	60.8	43.8
	经常	43.3	30.2	44.3
珍惜粮食,"光盘"行动	从不	11.0	7.4	13.1
	有时	43.9	45.7	46.6
	经常	45.1	46.8	40.3

（续表）

选 项		中学生	大学生	在职青年
使用环保袋代替塑料袋	从不	12.1	9.3	11.9
	有时	47.7	56.8	44.3
	经常	40.2	33.9	43.8
夏季空调温度调在 26 度及以上	从不	14.2	11.7	15.3
	有时	47.1	51.9	50.0
	经常	38.7	36.4	34.7
双面打印，必要时才单面打印	从不	12.6	8.9	11.9
	有时	46.3	55.5	44.9
	经常	41.1	35.5	43.2
少开私家车，多乘坐公共交通	从不	11.4	8.0	9.7
	有时	47.3	39.7	42.6
	经常	41.3	52.3	47.7
及时制止或举报污染问题	从不	17.7	19.1	16.5
	有时	52.9	58.2	52.8
	经常	29.4	22.7	30.7
愿为环境清洁支付更高费用	从不	19.7	15.1	19.3
	有时	51.9	61.3	50.0
	经常	28.4	23.5	30.7

从调查统计表 7 - 13 中可以看到：长三角地区中学生的低碳环保行动频率排在前列的分别是：购买有绿色食品标志的食物、珍惜粮食，"光盘"行动和少开私家车，多乘坐公共交通；大学生的低碳环保行动频率最多的是：少开私家车，多乘坐公共交通、少买不必要的衣物、购买有绿色食品标志的食物和双面打印，必要时才打单面；在职青年的低碳环保行动频率最高的则是：少开私家车，多乘坐公共交通、购买有绿色食品标志的食物、使用环保袋代替塑料袋和双面打印，必要时才打单面。中学生和大学生更倾向于在衣和食的领域对低碳生活身体力行，而在职青年则更多结合自己的日常生活和工作需要，厉行节能和绿色生活的行动。从制定相关政策和措施的角度，调查结果给我们的启示是：要对政策实施的对象做具体的分析和分类，有针对性、有区别地鼓励不同类型的人群更好地

从自己的现实生活环境出发,探索个性化的低碳生活方式。

在此需要特别指出的是:我国可持续发展战略实施以来,经过十几年的环保宣传,一部分人已经认识到使用一次性制品会对环境和资源造成严重的污染和浪费。但是,由于长期以来养成的饮食和消费习惯,我国民众使用一次性餐具、水杯以及塑料袋的频率较高,随意丢弃一次性用品的情况比较普遍,其中也包括相当数量的青年人。如果青年人能够带头拒绝使用一次性消费用品,并能主动将使用后的废弃物分类丢弃,那么将会大大减少对环境的污染和垃圾的处理量,进而促进废旧物品的回收和再利用,减少资源的一次性消耗。

最后,以垃圾分类为例,通过调查我们发现:长三角的青年比较认同的推进生活垃圾分类的举措是进一步"完善垃圾分类标准",其次是"规范废品回收行业"和"加强配套制度、法规的出台"(见表 7 - 14)。

表 7 - 14　青年对推进生活垃圾分类主要措施的看法

选　　项		中学生	大学生	在职青年
规范废品回收行业,鼓励垃圾产业化	选　中	54.9	59.6	74.6
	未选中	45.1	40.4	25.4
因地制宜,区别对待城乡差异	选　中	54.4	56.4	52.0
	未选中	45.6	43.6	48.0
完善垃圾分类标准	选　中	72.1	73.5	74.6
	未选中	27.9	26.5	25.4
深化法规操作性,加强配套制度政策研究	选　中	55.8	64.9	67.0
	未选中	45.2	35.1	33.0

综合近十年的垃圾分类推广工作,不同地区依据不同的标准,制定了多种垃圾分类的标准,也推行了各种各样的鼓励居民对生活垃圾进行分类的办法。自1996 年起,上海就开展了多轮生活垃圾分类试点。到 2000 年,上海成为国家首批生活垃圾分类试点城市。2011 年,上海在几经修改后,明确垃圾标准为可回收物、有害垃圾、湿垃圾、干垃圾的"四分法",并为积极投身垃圾分类的市民建立"绿色账户",鼓励居民养成垃圾分类的良好习惯。2019 年 1 月 31 日,上海市十五届人大二次会议表决通过了《上海市生活垃圾管理条例》(以下简称《条例》)。通过法律的强制性,推动垃圾分类,包括固化共识性的管理要求、明确各类责任主体、强制源头减量、落实分类体系的全程监管等。从 7 月 1 日起,这一条例将

正式施行。除了明确垃圾清运过程中各个环节的具体责任人和职能部门之外,条例的一个亮点就是明确了对垃圾"不分类、不收运、不分类、不处置"的监督机制,不排除用行政、法律的手段制裁少数坚决不执行条例的个人和集体,以保障全程分类效果的实现。从上海市推行垃圾分类的工作中,我们可以感受到政府对于环境治理的决心,同时也不禁要反思:上海的垃圾分类标准已经公布了近十年,但是民众的认可度、接受度乃至自觉进行垃圾分类的执行度仍旧存在一些不足之处。所以,垃圾分类不仅仅是由政府出台一个分类标准或者一个管理条例就能够成为居民的一种低碳行为习惯的。要让环保的理念、制度、措施真正变成青年人的行为和生活方式,这其中的教育、教化和引导、转化工作,还需要全社会群策群力去思考和解决。

通过进一步统计和比较长三角地区中学生受访对象相关调查数据,不难看出在推进垃圾分类的具体举措方面,不同城市的中学生看法基本趋于一致:建议完善垃圾分类标准,深化法规操作性及配套制度政策的研究,而对于举措中"因地制宜,区别对待城乡差异"的选项,各个城市的中学生并不是十分支持,可能是中学生认为区别对待城乡差异的做法与长三角生态一体化建设的宗旨有互相矛盾或违背之处(见表 7 - 15)。如果青年人对生态一体化建设的认识存在这方面的误会,也需要有关方面做好解释和宣传工作,帮助青年人更好地理解"生态一体化"的内涵和意义。

表 7 - 15　不同城市中学生对推进垃圾分类具体举措的看法比较

		杭州	宁波	苏州	南京	合肥	芜湖	上海
深化法规操作性,加强配套制度政策研究	选　中	58.0	63.7	61.1	39.5	48.6	52.0	63.6
	未选中	42.0	36.3	38.9	60.5	51.4	48.0	36.4
完善垃圾分类标准	选　中	66.7	74.7	65.1	67.2	80.0	78.0	72.2
	未选中	33.3	25.3	34.9	32.8	20.0	21.0	27.8
因地制宜,区别对待城乡差异	选　中	54.3	55.5	43.2	46.2	41.2	42.3	44.9
	未选中	45.7	44.5	56.8	53.8	58.8	57.7	55.1
规范废品回收行业,鼓励垃圾产业化	选　中	53.7	56.2	51.0	49.6	59.2	62.2	49.4
	未选中	46.3	43.8	49.0	50.4	40.8	37.8	50.6

通过对长三角中学生不同属性和特征的交叉对照,可以看出:是否是学生干部与性别特征对中学生对垃圾分类具体举措的看法的影响不大,但是不同年

级的中学生在具体举措的看法上,存在一定的差异性。其中,初中生的看法比较明确和一致,观点的涵盖面比较集中,除了"完善垃圾分类标准"的举措获得了大部分初中生的认可外,其他举措对初中生的影响力均属一般;而高中生对于各项举措的支持力度则比较均衡,说明高中生相较于初中生,在生态环保建设方面的认知深度和广度要更科学和理性(见表7-16)。中学生作为长三角地区未来的建设者,需要有关部门联合各方面的资源和力量,细致而有针对性地做好教育、引导、宣传和倡导工作。

表7-16 不同类型中学生对推进垃圾分类具体举措的看法比较

		学生干部		性 别		年 级				
		是	否	男	女	初二	初三	高一	高二	高三
深化法规操作性,加强配套制度政策研究	选 中	53.7	57.2	58.9	52.9	49.5	39.5	63.5	58.6	78.6
	未选中	46.3	42.8	41.1	47.1	50.5	60.5	33.5	41.4	21.4
完善垃圾分类标准	选 中	72.4	71.9	57.5	76.4	76.9	71.1	73.0	66.9	71.4
	未选中	27.6	28.1	42.5	23.6	23.1	28.9	27.0	33.1	28.6
因地制宜,区别对待城乡差异	选 中	45.4	45.8	45.5	45.7	40.9	47.4	45.9	50.1	42.9
	未选中	55.6	54.2	54.4	54.3	59.1	52.6	54.1	49.9	57.1
规范废品回收行业,鼓励垃圾产业化	选 中	51.6	57.0	52.4	57.2	60.5	44.7	52.7	51.2	50.0
	未选中	48.4	47.0	47.6	42.8	39.5	55.3	47.3	48.8	50.0

(三)生态环保行为和生活方式生态化

生产技术的发展使得可应用于生活的物品日渐丰富,当代青年人不断追求更多更好更新的事物,不断通过消费获得需求上的满足感,而消费观与生态环保理念之间的联系却往往容易被青年人忽视。我们不提倡绝对的禁欲和过度的节俭,但是如何在适度消费和使用能源与浪费和滥用资源之间找到理想的平衡点,还需要当代的青年人多学习、多实践、多反思。

环保行为是有助于维持生态平衡和减缓环境污染的行为。斯特恩把公众的环保行为分为四类:第一类,激进的环保行为(如,参加环保组织的示威、游行等活动);第二类,公共领域的非激进环保行为(如,向政策制定部门提交有关环境保护的议案);第三类,私人领域的环保(如,在生活中注意随手关灯、关空调;出行时,用步行或骑自行车代替开小汽车等);第四类,其他环保行为(如,企业主引进新生产技术,减少二氧化碳排放量)。青年的生态环保行为可以大致归属于私人领域的环保行为,具体来说就是:青年有意识地在日常生活中采取某些行动来节约能源,保护环境。

从前面的讨论中,我们可以得出结论:长三角的青年在对低碳环保生活理念的认识和环保生活方式的探索方面,已经有了一些自己的心得和经验。对于未来,长三角地区如何实现人与环境的友好和持续发展?青年也有自己的期望和要求。调查中,我们也了解了青年对于政府推进长三角生态环保一体化建设的举措的建议,不同类型的青年都期望政府能够首先建立和健全生态治理协作方面的法规体系,为长三角各地居民协调一致共同建设绿色家园创建法制基础。当前,长三角地区的环境治理法规、法规基本上还是各自为政,如何从政策、条例的角度打破区域的局限,这也是长三角各地方政府需要共同商议,协商解决的问题(见表 7‐17)。

表 7‐17　青年人对推进长三角生态环保一体化的对策建议

选　　项		中学生	大学生	在职青年
健全生态治理协作法规体系	选　中	61.8	64.7	70.4
	未选中	38.2	35.3	29.6
建立应急联动机制	选　中	39.6	45.9	48.6
	未选中	60.4	54.1	51.4
加强信息共享	选　中	50.2	52.3	53.5
	未选中	49.8	47.7	46.5
深化生态补偿机制	选　中	38.5	42.6	40.9
	未选中	61.5	57.4	59.1
完善生态政绩(绿色 GDP)评估体系	选　中	49.4	49.0	45.8
	未选中	50.6	51.0	54.2
创建"双赢"的利益协调观念	选　中	39.1	42.4	37.1
	未选中	60.9	57.6	62.9

调查中另一个值得关注的现象是:除了出台生态治理协作方面的法规,青年人对政府在其他方面推出生态环保一体化的举措并不十分关注或认可。这一现象可能与长三角各地的青年对目前各地方政府已经出台和推行了哪些与生态环保一体化建设有关的举措和办法不甚了解或者平时不太关注有关的新闻和介

绍有一定的关系。

法律的制约是促进环境保护和治理的重要方式和手段。以法律的强制性严厉地惩处和打击破坏环境且缺乏悔改意识和行动的个体和组织,不仅可以增加违反环境保护法律者的违法犯罪成本,还可以对其他社会公众起到警示和启发的作用。近十几年来,我国中央政府及各级地方政府都在积极努力建立和健全有关环境保护方面的立法工作。与此同时,如果相关法律法规制定之后,不能被很好地贯彻和执行,那么不仅会令破坏环境者有恃无恐,心存侥幸,而且可能会引来其他民众的效仿,造成法不责众的尴尬境地。在国家环保总局与教育部的联合调查中,86%的人认为造成环境污染的原因是执法不严和不守法。在建立长江三角洲地区生态环保一体化的工作中,各地方政府一定要重视立法和执法工作的重要性,做到环境保护有法可依、有法必依、执法必严、违法必究。长三角的青年人们也应积极学习、了解有关环境保护的法律和法规,并在日常生活中自觉遵守法律的规定,为其他人群树立良好的榜样,做知法守法的新时代好青年。

三、对策与建议

(一) 从知行合一的视角全面性概括青年与生态的关系,增强青年绿色责任意识

生态环境问题是全世界青年群体关切的主要问题,因为它直接影响到他们现在和未来的福祉。但从本次调查结果可知,长三角城市群青年的绿色责任意识有待提高。在专科或本科、硕士及以上两类高学历群体中,生态文明意识与行为脱节,知晓度高,践行度低,知行存在反差。他们的生态价值意识相对较高,但生态道德意识、资源节约意识明显不足等。生态文明意识只停留在表面,没有最终落实到行动上。青年群体还没有真正树立起生态文明所倡导的"人与自然和谐发展"的生态价值观,大多数情况下还受到了工业文明框架下的"以人为中心"的经济价值观的影响,[①]总体来说,青年绿色责任意识亟待增强,与我国绿色教育体系不够健全存在很大的关系。虽然我国高校较早设立了与绿色教育有关的课程,但目前对绿色教育的认识总体上还存在偏差,对绿色教育的重视程度不够,制约了绿色教育的发展,使得高校和社会性绿色教育参与的主体还比较单一,从思想认识到实践都还亟待形成合力。因此,要加强青年的绿色责任意识,必须尽快建立积极有效的绿色教育体系,达到"知行合一"。

---

① 全国生态文明意识调查研究报告[J/OL].中华人民共和国环境保护网.http://www.zhb.gov.cn/xxgk/hjyw/201403/t20140325_269661.shtml.

一般认为,我国的环境教育起步于1973年。40年来,我国的环境教育取得了一定的成就,初步形成了一个多层次、多角度、多渠道的环境教育体系,对中国经济、社会的发展起到了一定的推动作用。特别是近几十年来,我国政府通过多种渠道,采取多种举措,创新各种教育方式方法,在全社会各个人群中间,广泛开展环境保护的教育和宣传工作。1993年起,全国人大环境资源委员会、中宣部、国家环保总局等部门共同组织开展"中华环保世纪行"活动,中央和各省市的750多家新闻单位积极参与,宣传和报道环保的知识、理念,介绍环保的具体方法,向公众推出一系列环境保护方面的专家、企业家、环保组织领袖及优秀环保志愿者,在全社会引领"环境保护,人人有责""环境保护,从自身做起,从点滴小事做起"的理念和意识。

学校教育通过系统地传播环境保护知识,在培养青年人的环境保护意识和能力方面,发挥了积极的作用。1992年,国家环保局与国家教委联合召开了第一次全国环境教育工作会议,明确了"环境保护,教育为本"的方针。此后,各地中小学校和幼儿园开始尝试以"渗透式"的教学方法,将环境教育融入对学生的日常教育教学过程中,成为学校推行学生素质和能力教育的重要考核指标。学校教育对青少年环保意识的形成产生了积极的影响。1999年,零点调查针对11个中心城市居民的生活状态展开调查,结果显示:青少年在对环保的关注程度、重视程度、自然观、环保行为等各个方面均明显高于成人。而且70.3%的青少年表示他们所学习的环保知识和方法主要来自学校课堂。本次调查活动中,也设计了此类问题,与"零点调查"的情况比较一致,长三角地区的青年人主要是通过学校课堂(85.7%)、专题讲座(84.6%)和家人朋友(82.7%)获取有关低碳环保方面的知识。这充分说明中小学的环境教育对青少年环境意识的形成具有非常重要的影响力。

在今后的环境教育推广普及工作中,我们应继续坚持以政府相关职能部门为工作主体,联合环境保护的研究院/所、非营利环保组织和个人以及大众传媒、网络媒体的资源和力量,加大基本环保知识在社会更广泛人群中的宣传和普及力度。另外,应研究和开发更多样的、兼具教育性、娱乐性、体验性和成长性的环保教育产品,帮助人们更积极、主动、便捷地学习和运用环保的理念和知识。

(二)从可持续发展的视角整合性理解青年与生态的关系,提高青年参与绿色环保的能力

对于青年、环境与可持续发展的关系,政府要做好顶层设计。自1994年《中国21世纪议程》出台以来,国家、社会和各级组织在促进青年参与环境保护方面

做出了诸多努力,也取得了一定成效。但是,到目前为止,在涉及青年的重大发展纲领方面,尚未有对青年、环境与可持续发展的整体性论述和具体的政策出台。近年来,由于快速工业化导致的空气、水、土壤等各种环境污染问题叠加爆发,当前中国正处于生态文明建设的关键时期,作为社会未来的青年该如何面对环保问题,关系到中国未来可持续发展的质量与效果。从社会公平正义、可持续发展的高度,整体把握青年与环境保护的关系,必将对青年提高自身参与环保的工作能力有所助益。

一方面,政府、媒体等社会各部门要更加紧密合作,鼓励广大青年积极关注环境保护与社会可持续发展的进程,引领和推动各界青年参与我国资源节约型、环境友好型社会的建设。另一方面,要给青年赋权,提升其参与环境保护的能力。一是,提升青年环境保护的专业能力,诸如气候变化、环境维权、生物多样性等。环境保护行动是一个专业性很强的活动,仅仅有环保热情是远远不够的,否则很难与环境职能部门、污染企业等交流。政府及社会各界可以积极争取各类社会资源,开展青年环保组织、青年环保人的专业培训,提高青年的环保能力。二是提升青年在环境保护方面的国家对话能力。环境保护是一个世界性重要议题,每年都会在世界各地举办各类重大的活动、论坛、对话。国内已经有不少环保组织,可以在这些机构中增设青年国际合作项目。另外,也可以在一些国家级的国际青年组织增设环保合作项目。三是提升青年环境研究学者的学术能力。目前,已经有越来越多的科研院所、高校开始重视环保与可持续发展项目。政府部门也应该积极搭建平台、提供资源,支持青年环境研究学者参与环保与可持续发展的重大攻关项目。四是提升青年环保社团的治理能力。目前,青年环保社团存在募款能力、机构人员不稳定等诸多问题,政府、基金会要有意识地支持开展青年环保社团治理能力提升的项目。

(三) 从共同参与的视角协同性看待青年与生态的关系,促进青年养成绿色环保好习惯

2013 年 11 月 4 日,中国社会科学院、中国气象局联合发布了《气候变化绿皮书①:应对气候变化报告(2013)》,其中明确指出:改革开放以来,华东地区的城市化对观测气温的变化产生了重要的影响,尤其以长江三角洲城市群最为显著。主要的变化特征是城市热岛效应导致的城市气温持续变暖,高温持续时间增加,极端高温天气的数量增加,这直接导致人类死亡率的提高,还可能引发心

---

① 王伟光,郑国光.气候变化绿皮书:应对气候变化报告(2013)[M].社会科学文献出版社,2013.

脑血管、呼吸系统等疾病。因此,为了我们的身心健康,青年人也应勇于承担环境保护和环境治理的责任,自觉养成节能、环保、绿色、健康的生活习惯和生活方式,为社会公众起到积极的表率和示范作用。

青年是社会公众的重要组成部分和中坚力量,青年参与也是公众参与的一部分。我国 1994 年发布的《中国 21 世纪议程》提出:目前,中国是一个人口年龄结构比较年轻化的国家,青年占全国总人口的 29.8%,他们是环境保护与可持续发展的重要推动力量[①]。绿色环保行动中的青年参与内涵广泛,不仅指青年在生产、生活及参与相关公共事务治理过程时秉持并践行绿色、低碳理念,还包括通过特定的方式和途径向公共管理者发表自身观点、表达自身意愿及要求,从而影响绿色低碳相关立法及决策,以及监督绿色低碳相关的行为等活动。青年参与绿色环保,在我国的环境保护及低碳经济建设过程中发挥了积极作用。以往的很多环境保护事件都有广大青年的参与。如果能促使广大青年养成良好的绿色环保习惯,那么我国在发展绿色环保的道路上势必会取得长足的进步。在一些发达国家,志同道合的志愿者自觉组织起各种环保的组织和社团,他们反对暴力,强化每个人在环境保护方面应承担的社会责任,鼓励公众积极参与志愿服务,共同为保护生态、建设人与自然友好相处的生态环境献出自己的力量。对我们长三角而言,我们也迫切需要一支强大而有广泛影响力的青年环保志愿者队伍,引领环保志愿行动的时代风尚,呼吁更多的社会群体投身环境保护和环境治理,建设生态环保一体化的现代都市。

青年具有很强的可塑性,这就需要政府、社会和学校等各级组织协同合作,合理引导,通过宣传教育,培养他们树立绿色生态观及环保意识,帮助青年养成节约、环保的消费方式和生活习惯并能在社会上践行。

延伸阅读 1

CNNIC 发布第 44 次
《中国互联网络发展状况统计报告》

2019 年 8 月 30 日,中国互联网络信息中心(CNNIC)在京发布第 44 次《中国互联网络发展状况统计报告》(以下简称《报告》)。《报告》从互联网基础建设、网民规模及结构、互联网应用发展、互联网政务应用发展和互联网安全等多个方

[①] 童志锋.社会转型期的青年环保运动[J].中国青年研究,2016(8):5-9.

面展示了 2019 年上半年我国互联网发展状况。

党的十九大以来,在以习近平同志为核心的党中央坚强领导下,各地区、各部门深入贯彻落实全国网络安全和信息化工作会议精神,网络强国建设整体推进,网络安全保障能力稳步提升,互联网在经济社会发展中的重要作用更加凸显。2019 年上半年,中国互联网发展呈现出六个特点。

一是 IPv6 地址数量全球第一,".CN"域名数量持续增长。

截至 2019 年 6 月,我国 IPv6 地址数量为 50 286 块/32,较 2018 年底增长 14.3%,已跃居全球第一位。我国 IPv6 规模部署不断加速,IPv6 活跃用户数达 1.3 亿,基础电信企业已分配 IPv6 地址用户数 12.07 亿;域名总数为 4 800 万个,其中".CN"域名总数为 2 185 万个,较 2018 年底增长 2.9%,占我国域名总数的 45.5%。2019 年 6 月,首届"中国互联网基础资源大会 2019"在京召开,大会围绕网络强国战略大局,回顾中国互联网二十五周年发展历程,聚焦互联网基础资源行业发展,展示前沿创新技术,搭建行业交流平台,推动行业规范有序发展。

二是互联网普及率超过六成,移动互联网使用持续深化。

截至 2019 年 6 月,我国网民规模达 8.54 亿,较 2018 年底增长 2 598 万,互联网普及率达 61.2%,较 2018 年底提升 1.6 个百分点;我国手机网民规模达 8.47 亿,较 2018 年底增长 2 984 万,网民使用手机上网的比例达 99.1%,较 2018 年底提升 0.5 个百分点。与五年前相比,移动宽带平均下载速率提升约 6 倍,手机上网流量资费水平降幅超 90%。"提速降费"推动移动互联网流量大幅增长,用户月均使用移动流量达 7.2 GB,为全球平均水平的 1.2 倍;移动互联网接入流量消费达 553.9 亿 GB,同比增长 107.3%。

三是下沉市场释放消费动能,跨境电商等领域持续发展。

截至 2019 年 6 月,我国网络购物用户规模达 6.39 亿,较 2018 年底增长 2 871 万,占网民整体的 74.8%。网络购物市场保持较快发展,下沉市场、跨境电商、模式创新为网络购物市场提供了新的增长动能:在地域方面,以中小城市及农村地区为代表的下沉市场拓展了网络消费增长空间,电商平台加速渠道下沉;在业态方面,跨境电商零售进口额持续增长,利好政策进一步推动行业发展;在模式方面,直播带货、工厂电商、社区零售等新模式蓬勃发展,成为网络消费增长新亮点。

四是网络视频运营更加专业,娱乐内容生态逐步构建。

截至 2019 年 6 月,我国网络视频用户规模达 7.59 亿,较 2018 年底增长 3 391 万,占网民整体的 88.8%。各大视频平台进一步细分内容品类,并对其进行专业化生产和运营,行业的娱乐内容生态逐渐形成;各平台以电视剧、电影、综艺、动漫等核心产品类型为基础,不断向游戏、电竞、音乐等新兴产品类型拓展,以 IP(Intellectual Property,知识产权)为中心,通过整合平台内外资源实现联动,形成视频内容与音乐、文学、游戏、电商等领域协同的娱乐内容生态。

五是在线教育应用稳中有进,弥补乡村教育短板。

截至 2019 年 6 月,我国在线教育用户规模达 2.32 亿,较 2018 年底增长3 122 万,占网民整体的 27.2%。2019 年《政府工作报告》明确提出发展"互联网+教育",促进优质资源共享。随着在线教育的发展,部分乡村地区视频会议室、直播录像室、多媒体教室等硬件设施不断完善,名校名师课堂下乡、家长课堂等形式逐渐普及,为乡村教育发展提供了新的解决方案。通过互联网手段弥补乡村教育短板,为偏远地区青少年通过教育改变命运提供了可能,为我国各地区教育均衡发展提供了条件。

六是在线政务普及率近六成,服务水平持续向好。

截至 2019 年 6 月,我国在线政务服务用户规模达 5.09 亿,占网民整体的59.6%。在政务公开方面,2019 年上半年,各级政府着力提升政务公开质量,深化重点领域信息公开;在政务新媒体发展方面,我国 297 个地级行政区政府已开通了"两微一端"等新媒体传播渠道,总体覆盖率达 88.9%;在一体化在线政务服务平台建设方面,各级政府加快办事大厅线上线下融合发展,"一网通办""一站对外"等逐步实现;在新技术应用方面,各级政府以数据开放为支撑、新技术应用为手段,服务模式不断创新;在县级融媒体发展方面,各级政府坚持移动化、智能化、服务化的建设原则,积极开展县级融媒体中心建设工作,成效初显。

(资料来源:中国网信网,2019 年 08 月 30 日)

延伸阅读 2

沪苏浙皖代表共议长三角生态文明建设　推进生态保护一体化

编者按:长三角一体化发展已经进入全面深化阶段,长三角区域合作办公室也已经组建,以习近平新时代中国特色社会主义思想为指引,围绕"创新引领,携手打造世界级城市群"的目标而努力。今年政府工作报告提出,积极推进京津冀协同发展、长江经济带发展,编制实施相关规划,建设一批重点项目。全国两会上,如何进一步加强长三角合作,成为来自长三角地区的代表委员们共同关心的话题。浙江日报与解放日报、新华日报、安徽日报联合开设"长三角圆桌"专栏,邀请来自长三角地区的代表委员进行讨论。

全国人大代表、上海崇明区委书记唐海龙：生态环境协同治理要有机制保障

崇明被誉为上海的后花园和绿肺,又处在"一带一路"、长江经济带和沿海大通道的交汇点上,在长三角生态保护一体化中有其独特的位置。按照上海市对崇明的规划定位,崇明不仅要建成上海的生态后花园,更要建成长三角生态文明建设的先行区。

在全国人代会期间,全国人大代表、崇明区委书记唐海龙多次谈到崇明世界级生态岛建设,"经过多年建设,崇明水体、大气、植被等环境要素品质不断提升,全区地表水环境功能区达标率达到90%以上,全年环境空气质量(AQI)优良率达到76.4%,森林覆盖率达到25.1%,这些指标都为全市最高"。

近年来,崇明在生态文明制度创新上有一些新探索。"我们正在探索生态环境损害责任终身追究制。"终身追究制是以领导干部自然资源资产离任审计为重点,将环境保护、节能降耗等元素纳入常规审计事项,以鞭策干部在生态建设方面积极作为。崇明编制了水、耕地、森林、滩涂四类自然资源资产负债表,并加强了生态环境监测评估。目前,崇明已建成生态环境监测实验基地,整合建立生态环境预警监控平台。下一步,将完成水、空气、噪声、土壤质量监测体系建设和生物多样性、生态遥感、碳通量监测体系建设。

崇明生态岛建设绝不能"就崇明而崇明",必须立足上海,跳出上海,放眼长三角。崇明愿在生态制度创新方面先行先试,为长三角生态文明制度建设提供实践经验。"我们要看到,水域、大气、土壤等具有一体性特点,需要从整个长三角地区联防联控。"唐海龙代表说,在长三角生态保护合作中,生态环境协同保护治理机制缺乏包容性的问题突出,主要表现在资源要素短缺,环境问题仍然突出,地区间环境纠纷较多,缺乏有效的协调机制等。

唐海龙代表说,长三角一体化已有很好基础,建议先行制定长三角区域协同法,在国家层面建设强有力的推进一体化的协调机构,尤其强化长三角生态保护长效机制建设,建立全流域的水土林气等生态资源的统一调度平台。

崇明岛上的启隆、海永两镇隶属江苏省。唐海龙代表透露,崇明正加强与江苏启东、海门等地的规划对接、战略协同、专题合作,在已经形成的"东平—海永—启隆"城镇圈协同规划基础上,进一步探索深化融合发展、绿色发展、创新发展道路,共同守好"长江门户"的生态屏障。

"江苏两镇也将按照'三控制一留白'的要求推进建设,和崇明生态岛的建设定位完全一致。""三控制一留白",即人口管控,人口规模不突破现有 70 万的人口规模;建设密度的管控,新增建设用地零增长;建设高度的管控,今后新建建筑原则上不超过 18 米,实现房在林中、路在林中;留白是,看不明白想不清楚的就留白,留到以后再进行研究。(解放日报记者 陈抒怡)

全国人大代表、江苏宜兴市白塔村党总支书记欧阳华:加大生态补偿,留住一方净土

"江苏最美乡村"白塔村,藏在半山,隐在竹林,远在城外,静静地等着你。这是江苏省宜兴市西渚镇白塔村的宣传推广语。谁能想到,这个当年穷得连电费都交不起的经济薄弱村,如今年接待游客 100 万人次,成为城里人向往的宁静田园。

"发生这个巨变的秘诀,就是我们始终坚持生态环境立村。"全国人大代表、白塔村党总支书记欧阳华一语道破。20 年前,村里就划定了不开发区域,把张戴公路以南作为原生态保护区。

坚守总会有回报。党的十八大以来,在"绿水青山就是金山银山"理念的指引下,白塔村做起了生态休闲旅游和高效观光农业大文章。他们逐步打造了 5 000 亩原生态的高端民居民宿休闲区,引来了八方游人。近几年,他们利用生态优势引进了 2.8 亿元的乡村旅游项目。欧阳华代表介绍,仅去年他们就回绝了 8 个项目,每个项目的投资都有几千万元,"因为我们觉得,这些项目一旦落户,有可能破坏我们村的原生态环境"。

欧阳华代表认为,"空气也好、水也好,都是互相关联的整体。如果我们拒绝的项目,被别的地方拣去了,最终也会对我们的环境带来影响。一个地方生态破坏了,相邻区域也难以幸免"。

这方面,白塔村有过深刻教训。村上游有个云湖水库,既是村里的饮用水源地,也是灌溉用水的来源。2002 年以前,上游地区种植的农作物打农药较多,化工厂、养鸡场不少,村民还把垃圾往河道里倒。一下大雨,上游的农药、垃圾都冲到下游来,白塔村的鱼和庄稼大片死掉。现在,各地普遍发展高效农业,农药用得很少,上游的养鸡场、化工厂也都关掉了,"我们村再也不会受害了"。欧阳华代表说。

所以,欧阳华代表认为,生态保护不是一个地方、一个区域能做好的,树立大局意识、加强区域联动尤其重要。比如太湖流域治理,就要上海、江苏、浙江共同行动。欧阳华代表建议,应进一步加大生态补偿力度,良好生态的受益人要向地

处偏远、环境较好、发展较慢的地方支付更多费用，使那些地方保留住一方净土。同时，打破传统的以 GDP 为重点的考核模式，对党政领导的考核中加大生态文明建设成果的比重，形成鼓励绿色发展的鲜明导向。对违规排污、破坏生态的，包括对别的地方环境带来不良影响的，法律都应给予严厉制裁，让他们的违法成本大大高于违法所得。（新华日报记者　任松筠）

全国人大代表、安徽省环保厅厅长徐恒秋：区域联动　共护碧水蓝天

全国人大代表、安徽省环保厅厅长徐恒秋常常会议一结束就立刻拿出手机，查看从合肥传过来的安徽环境监测数据表。她坦言："目前，将安徽环保指标纳入长三角地区评价、考核，压力还是很大，环保工作必须付出更大努力。"

"推动绿色发展，长三角地区要率先行动、探索新路，要建立健全区域联动机制，提高共商共治共享水平。"徐恒秋代表说，长三角地区空间相关性大，一些山、江、河、湖跨省市分布，随着经济发展一体化进程加快，环境同步性不断增强。长三角地区要认真贯彻落实党的十九大精神和习近平总书记关于生态保护的重要指示要求，突出源头防控、强化管控措施、优化协作机制，共同呵护碧水蓝天。

全面深入打好蓝天保卫战。徐恒秋代表表示，安徽省今年要重点做好"五控"，即控煤、控气、控车、控尘、控烧。控制煤炭消费总量，全面启动城市建成区 35 蒸吨及以下燃煤锅炉、工业窑炉清洁能源替代工作，加快推进集中供热改造，开展煤发生炉专项整治等；控制工业废气排放，全面实施燃煤机组超低排放改造，完成重点行业挥发性有机物综合整治，加强工业企业无组织排放管理，开展工业污染源全面达标和"散乱污"集中整治专项行动等；控制机动车船排气污染，加快建设机动车尾气遥感监测系统，开展重型柴油车超标排放治理，推动减少公路运输、提高铁路货运比例等；控制各类扬尘污染，实施冬季"封土行动"，开展建筑施工扬尘综合整治，车辆密闭运输"六个百分百"，加强工业堆场扬尘污染防治等；控制露天焚烧，持线加大餐饮油烟污染管控，全面启动城市建成区烟花爆竹禁燃禁放，持续加强秸秆禁烧和综合利用等。（安徽日报记者　朱胜利）

全国人大代表、温州市人大常委会主任葛益平：加强生态保护合作　构建绿色空间格局

长三角地区是我国城市化程度最高、城镇分布最密集、经济发展水平最高的地区之一。区域内工业化程度高、产业类别齐全，石油化工、钢铁、电力等行业分布集中，机动车、船保有量大，整体生态环境面临挑战。实施生态保护合作，推进长三角地区的生态保护一体化进程，在当下显得尤为重要。

"推进长三角地区生态保护一体化的意义，不仅在于有效治理跨界污染等问题,更重要的是探索一条适合长三角区域生态保护的道路。"全国人大代表、温州市人大常委会主任葛益平认为,长三角地区的各个城市是一个不可分割的整体,在水、大气、土壤等各方面相互影响。

2016年,国务院发布《长江三角洲城市群发展规划》,提出要以生态保护为长三角地区提供发展新支撑。但就目前来说,这一地区的生态保护合作仍存在不少短板。

如何通过深化合作,加强长三角地区的环保力度?葛益平代表指出,要从"五个一体化"着手,强化经济发展、政策法规、机制体制、治理保护和科技合作等方面的一体化,打破区域内"各自为政"的状况,根据各城市的资源环境承载能力、主体功能区规划等现实状况,统筹谋划经济发展和生态保护。同时,各地在进行地方性环境立法前,应充分征询相互意见,避免地方性法规相互冲突,加快推进重点领域、关键环节体制改革,形成生态环境保护共抓、共管、共享的体制机制。温州开启"一站式服务"助推发展的新思路,实现环保部门25项办事事项"最多跑一次"。

葛益平代表表示,下一步,温州将主动作为,积极对接,科学构建绿色空间格局,逐步形成东部滨海海洋型产业带、西部山区生态型产业带和中部平原城市型产业带联动发展格局,加快全省大花园城市和西部生态休闲产业带建设,同时,打好环境质量提升攻坚战,探索共抓共管共享机制建设,加强地方环保科研,积极融入长三角区域一体化发展进程,为长三角生态保护合作贡献力量。(《浙江日报》记者 王庆丽)

(资料来源:浙江在线,2018年3月18日)

第八章　风险与安全

当今社会在处于转型发展时期,风险无处不在。风险社会中,安全需要是人的基本需要,获得安全和安全感体验是基本的民生需求。在获得感、幸福感、安全感这"民生三感"中,安全感是基石,是前提和保障。本章研究以长三角城市群节点城市的在校大学生青年群体为对象,取样上海、杭州、宁波、南京、苏州、合肥、芜湖等七个城市的在校大学生,从安全感体验、安全风险行为经历与认知、安全意识和安全教育等三个方面进行调查,为从整体上揭示长三角城市群青年民生状况、提出针对性的青年安全民生促进举措提供实证依据。

第一节　青年安全研究概述

一、研究背景

安全需要是人的基本需要,满足安全需要是基本的民生需求。安全需要的满足,既是一种客观的社会安全事实,更是一种个体感知和体验的主观事实,即安全感。不同领域的学者都已认识到安全感在个体和社会发展中的重要作用,比如心理学家马斯洛认为,安全感是决定心理健康最重要的因素;社会学家瑞泽尔则指出,古典现代性阶段的理想是平等,而高级现代性阶段的理想则是安全。我国学者指出,公众的安全感被视为社会治安的晴雨表[①]。

在政策层面,在党的十九大报告中,习近平总书记特别强调了民众的安全感问题,提出要完善公共服务体系,保障群众基本生活,形成有效的社会治理、良好的社会秩序,使人民的获得感、幸福感、安全感更加充实、更有保障、更可持续。党的十九大报告首次将人民获得感、幸福感、安全感并列提出,深化了大众对改

---

① 林荫茂.公众安全感及指标体系的建构[J].社会科学,2007(7):61-68.

革目的和发展归宿的认识。能否提高人民群众的获得感、幸福感和安全感必将成为衡量改革发展成败得失的基本指标。青年是国家的未来、民族的希望。青年兴则民族兴,青年强则国家强。中共中央、国务院印发的《中长期青年发展规划(2016—2025 年)》明确指出,促进青年更好成长、更快发展,是国家的基础性、战略性工程。当代青年群体生活水平不断改善,成长环境不断优化,他们的需求越来越多样化、多元化,求发展、要公平、想参与的愿望增强,对安全的要求不断提高。然而,近年来,食品安全、电信诈骗、校园暴力、校园贷、网络暴力、大学生失联、与公交车司机发生肢体冲突等事件频频发生,我国目前正处于突发社会公共安全事件的高峰期。这些突发社会公共安全事件的发生,不仅严重威胁着广大人民群众的生命安全和身体健康,还影响着我国正常的生产生活和经济建设,同时必然在青年群体的安全感体验上得到反映。鉴于此,本部分研究将以长三角城市群节点城市的在校大学生青年群体为对象,调查了解其安全感现状,并进一步调查了解其安全风险行为经历和安全意识教育状况,为从整体上揭示长三角城市群青年民生状况、提出针对性的青年民生促进举措提供实证依据。

二、文献回顾

(一) 关于青年安全感和安全意识的研究

作为一个巨大的、全球性的健康问题,安全感指的是"一种从恐惧和焦虑中脱离出来的信心、安全和自由的感觉,特别是满足一个人现在(和将来)各种需要的感觉"。[1] 我国学者认为,安全感是主体对于其稳定与安宁的生活状态的主观肯定,是主体对于生活的一种持续稳定的体验。它主要表现为两个方面:一是对可防控风险的规避,二是有能力对不可防控风险的处理。当群众认为自身的生命财产安全等其他各方面的利益有所保障,有所依托,当风险来临的时候,群众相信自己或社会有足够的能力化解风险,就会感到安全,就能体验到安全感。[2]

安全感不仅是个人的追求,也是整个社会需要获得的一种状态。当前,转型期的中国面临着贫富差距扩大、群体性事件增多、安全事故多发、政府公信力不足、国内外环境日趋复杂等问题。[3] 面对如此复杂与挑战的社会环境,作为社会结构的主力军,青年安全感的提高以及安全意识的增强有着重要的意义。在第

① Maslow A H. The dynamics of psychological security-insecurity[J]. Character & Personality: A Quarterly for Psychodiagnostic & Allied Studies. 1942, 10: 331 - 344.
② 金伟,陶砥.新时代民生建设的旨归:增强群众获得感、幸福感与安全感[J].湖北社会科学,2018(5).
③ 陆璐.论社会转型期公民风险意识养成的系统构建[D].中共中央党校,2012.

六次人口普查中,上海市 14～35 周岁的青年占全市常住人口总数的比例将近 40％。因此,上海市高度重视青年群体的安全问题,将青年安全教育纳入政府工作规划。[①] 对青年安全感的研究也逐渐引起了学者的重视。刘彦广调查上海青年的结果显示,有高达 59.4％的青年不了解公共安全方面的知识,在面对公共安全灾害时仍会非常紧张并不知所措的青年占比高达 61.1％。[②] 汪海彬、陈宁等研究指出,总体上城市青年的安全感处于中等水平,社会稳定和公共安全偏低;男性城市青年安全感高于女性青年。[③] 谢熠分析中国社会状况综合调查 2015 年的全国数据,结果表明,我国青年的社会安全感处于中等水平,与总体具有一致性,但在各个维度上均低于总体,特别是在个人信息、隐私安全、食品安全、交通安全、环境安全方面更为明显。青年安全感由低到高分别是食品安全、交通安全、环境安全、医疗安全。[④]

网络安全感也是青年安全感的重要方面。卢家银通过对 2016 年的中国互联网治理调查(CIGS)〔该调查覆盖全国 31 个省市自治区(包括直辖市),样本的性别、年龄和小区类型按照一定比例进行抽选,有效样本为 3 333〕的数据进行分析,我国青年的网络安全感处于中等水平,随着年龄的变化,网络安全感会在均值上下浮动且有下滑趋向。青年群体较多遭遇的各类网络安全事件依次为人格侮辱与人身威胁(57.60％)、诈骗网站与网页(56.04％)、个人账号或密码被盗(51.66％)、微信或邮件诈骗(49.62％)、上网设备感染病毒(48.51％)、淫秽色情信息(46.80％)、网络谣言(虚假信息)(43.92％)、网络推送信息(41.43％)和垃圾邮件(36.30％)。从调查数据看,我国有 30％以上青年的网络安全感较高,占比 31.98％,有 46.32％的青年网络安全感较低。[⑤] 鉴于青年安全感的现实状况,学者建议,为了制定更有效的提高青年公共安全的政策措施,有必要对青年的公共安全意识及行为进行调查分析,寻找其影响因素,从而使干预更有针对性。[⑥]

(二) 关于高校中校园暴力事件和校园贷的研究

校园暴力事件和校园贷是大学生遭遇较多的两类安全风险行为,也是影响青年大学生安全感的重要校园事件。校园暴力是在学校里发生的一切蓄意针对身心、财产造成伤害或者威胁的行为,是一个多层次多维度的结构系统,包括身

① 刘彦广.青年安全意识影响因素研究——以上海市为例[J].青年探索,2015(01): 105－112.
② 刘彦广.青年公共安全意识现状及影响因素[J].中国公共安全(学术版),2014(03): 1－3.
③ 汪海彬,陈宁,姚本先.城市青年安全感的调查及启示[J].山东青年政治学院学报,2014,30(04): 33－38.
④ 谢熠.转型期青年社会心态的现状与特征——基于公平感、安全感视角的实证分析[J].广西青年干部学院学报,2018,28(06): 27－31+36.
⑤ 卢家银.新时代中国青年的网络安全感研究[J].中国青年研究,2018(05): 60－67.
⑥ 刘彦广.公共安全危机中青年的安全意识及行为影响因素研究[J].管理观察,2014(07): 169－171.

体暴力和心理暴力两个层次。身体暴力由欺辱、肢体暴力、工具暴力、自杀和性侵犯 5 个维度构成;心理暴力由言语侵犯、压力营造、人际攻击和网络暴力 4 个维度构成。[1] 傅军等学者将校园暴力事件分为显性暴力事件(欺辱行为)、隐性暴力事件(主要表现为部分学生受到一些暴力而采取自伤、自残和自杀与离家出走的暴力方式)、隐性—显性相互转换型暴力事件(主要表现为部分学生在受到某些特殊情景的刺激下,突然爆发常人难以想象和理解的暴力行为,甚至在毫无征兆的情况下爆发骇人听闻的重大恶性事件)三类。世界卫生组织的调查显示,各种形式的校园暴力在全球 48 个国家中年发生率高达 60%[2]。近 5 年来,全国约 60%的高校发生过较严重的校园暴力事件,且呈多发态势[3]。近年来,校园暴力也是很多学者关注和研究的主题。曾建国对江西四所高校共计 1 410 名在校学生展开为期近一年的校园暴力调查,有 667 名学生涉及校园暴力,发生率为 47.3%,其中身体暴力 118 例,心理暴力 306 例,财产暴力 73 例,施暴者 247 人,遭受暴力者 420 人。[4] 张敏在分析中国 2008~2017 年间高校校园暴力恐怖事件时发现,2008~2017 年高校校园暴力恐怖事件共 48 起。[5] 都芳等采取分层整群抽样的方法对芜湖地区 8 所高校 4 160 名大学生进行问卷调查,结果表明:遭受校园暴力行为的发生率为 38.7%,遭受心理暴力行为的发生率为 37.8%,躯体暴力行为的发生率为 7.9%;本科院校学生遭受暴力的发生率为 36.4%,高职院校受暴力的发生率为 42.2%;男生遭受校园暴力的发生率为 48.4%,女生遭受校园暴力的发生率为 29.9%;遭受校园暴力行为的大学生,其他 8 种健康危险行为的发生率均显著高于没有遭受过校园暴力的大学生。[6] 汤亮分析认为,"社会不良风气的消极影响""校园周边环境不佳,如有较多的迪厅、网吧等""家庭教育方式不当""遇到较多不顺心的事,无处宣泄"等是造成校园暴力行为发生的原因。[7]

随着互联网金融 P2P 借贷平台的出现,一些不法组织在利益的驱动下将这种经营模式引入到高校校园内,一时间高校"校园贷"乱象丛生。因为法律法规的不健全和滞后,校园借贷中的风险事件频发,以致发展出"裸贷",甚至危害大

① 任文华.青少年学生校园暴力的实证研究[D].重庆大学,2012.
② 李颖.高校校园暴力的成因与对策[J].科教文汇(下旬刊),2016(9):140-141.
③ 邢淑芬,王丹旸,林崇德.媒体暴力对儿童青少年攻击行为的影响和心理机制[J].华东师范大学学报(教育科学版),2015,33(03):71-78.
④ 曾建国.大学校园暴力问题及其安全教育机制研究[D].江西理工大学,2013.
⑤ 张敏.高校校园暴力恐怖事件特征及防控对策[J].中国学校卫生,2018,39(11):1715-1717.
⑥ 都芳,齐凯,鲁玮,金岳龙,王俊,王金峰,聂忠华,朱丽君,姚应水.大学生遭受校园暴力现状及影响因素分析[J].中国学校卫生,2018,39(06):857-859.
⑦ 汤亮.校园暴力的成因与对策研究[D].江西师范大学,2006.

学生的生命安全。"校园贷"等与高校大学生相关的互联网金融贷款被推上了风口浪尖,引起了社会各界的广泛关注。^① 时至 2016 年 4 月,《关于加强校园不良网络借贷风险防范和教育引导工作的通知》明确指出:"加大不良网络借贷监管力度,教育和引导学生树立正确的消费观念。""校园贷"也成为"两会"关注的重要教育热点问题,成为多名委员的关注焦点,一些委员建议为"校园贷"立法,从法律层面打击非法放贷,完善监管机制。^② 尽管针对校园贷已经出台相关法律,但依旧无法阻止因手续方便且到款速度快的小额信用贷款深受大学生的欢迎。

重压之下,校园贷"改头换面",以另外的形式重新作恶:将"校园贷"改为"消费贷""培训贷""创业贷""颜值贷""美容贷""留学贷"等更具隐蔽性的名称;在放贷方式上巧妙地将现金贷款转换为分期消费业务,通过消费信贷的方式继续为大学生放贷,或者假以金融理财产品等花式"变身",以隐性校园贷的形式悄然存在;衍生手段有增无减,由校园贷滋生出"多头贷""传销贷""刷单贷""诈骗贷""裸条贷"等多种手段,而大学生的法律知识储备和风险防范能力并未见同步增长。^③ 校园贷问题已然引起社会公众的广泛关注,对于校园贷款和分期消费的研究依旧是很多学者研究的热门领域。《大学生校园贷风险意识现状调研报告》课题组对云南省高校部分学生开展随机调查,发现有 20.7% 学生将部分贷款或完全贷款用于缴纳学费、培训、日常消费等。对已贷款高校学生的资金来源进行调查后发现,除国家助学贷款(34.0%)外,其他形式如支付宝和蚂蚁借呗是学生最喜欢的方式(48%),还有少部分学生通过 P2P 网贷平台、民间信用公司借款。对借贷用途的调查结果表明,除用于学杂费、日常生活、投资等开支外,部分学生将贷款资金用于购买苹果智能手机、平板电脑等高端电子产品以及娱乐,甚至用于网络游戏币、彩票、赌球等消费。^④ 天津大学对国内多个省份和地区 800余份样本被试开展了线上线下调研,调查报告显示,29.03% 的大学生申请过贷款,其中超 60% 大学生通过网络平台进行贷款;约 83% 的大学生曾经有过"短期资金短缺"的窘境,61% 的大学生倾向于"分期消费",以解燃眉之急。此外,报告还呈现出大学生自身还款能力被高估、"救急"和购买电子产品成贷款主因、近80% 大学生对逾期还款的后果缺乏认知等问题。^⑤

① 莫灿灿.高校"校园贷"的法律问题及其规制路径研究[D].安徽大学,2018.
② 李玫,徐颖.我国互联网校园贷市场法律问题与规制路径[J].深圳大学学报(人文社会科学版),2017,34(04):90-96.
③ 蒋英燕.校园贷中大学生权利救济的法律研究[J].黑龙江高教研究,2019,37(02):80-83.
④ 谢聪,徐涛.大学生校园贷中风险意识与诚信缺失探讨——以云南省高校为例[J].金融经济,2017(18):5-8.
⑤ 陈建强,赵习钧.大学生网贷:人数剧增风险意识差[N].光明日报,2016-12-19.

（三）关于青年风险意识教育的研究

加强大学生风险意识教育是对所面临风险的积极回应，是提升大学生风险应对能力、增强大学生安全感的重要教育内容。从风险预防看，风险意识养成处于安全教育核心位置。古语"未雨绸缪""禁邪于冥冥""防患于未然"即是风险意识最早的萌芽。张小红，刘静丽对安徽部分高校 750 位学生进行调查后发现，有78％的被调查者认为自身处理风险的能力比较差，对身边的风险来源关注不够。[①] 闫丽琛认为当代大学生风险意识现状存在风险自觉意识淡薄、风险认知存在偏差、风险应对态度不够理性、风险责任担当意识等特点。[②] 赵艳波则从大学生对风险理性意识、主体意识、应急意识、责任意识及群体意识等方面具体现状进行了深入研究，从传统思想、大众传媒、相关制度、风险教育和学生自身五方面进行大学生风险意识淡薄的原因剖析。也有研究者研究发现，大学生面临的最主要的风险类型前四位分别为健康安全风险、兼职与就业风险、心理道德风险和个人信息安全风险。[③]

对于对青年风险意识的教育，不同学者提出的不同的方法。陆璐提出风险教育强化、风险文化塑造、风险制度完善三方面的管理建设来培养风险意识。[④] 闫丽琛针对如何加强大学生风险意识教育，提出加强大学生风险意识教育的四大主要路径：加强社会在大学生风险意识教育中的应有作用；发挥家庭在大学生风险意识教育中的重要作用；完善高校大学生风险意识教育体系；提升大学生风险意识自我培育能力，形成多方面提高大学生风险意识的局面。[⑤] 而崔德华则认为高校应通过积极探索和加强大学生风险意识教育、开设风险教育课程、增强大学生的风险意识、注重实践锻炼和增强大学生风险防范意识教育的实效性等途径，使大学生更加积极主动地规避和应对风险。[⑥]

第二节　安全感与安全教育

本文的青年安全研究侧重于研究大学生的安全感以及大学生的安全教育。

---

① 张小红,刘静丽.当代在校大学生风险意识与规避策略研究——以安徽省部分高校为例[J].鸡西大学学报,2014,14(04)：41-43.
② 闫丽琛.当代大学生风险意识教育研究[D].北京交通大学,2017.
③ 张小红,刘静丽.当代在校大学生风险意识与规避策略研究——以安徽省部分高校为例[J].鸡西大学学报,2014,14(04)：41-43.
④ 陆璐.论社会转型期公民风险意识养成的系统构建[D].中共中央党校,2012.
⑤ 闫丽琛.当代大学生风险意识教育研究[D].北京交通大学,2017.
⑥ 崔德华.谈加强高校大学生风险意识教育[J].教育探索,2011(04)：63-65.

作为社会新技术、新思想的前沿群体,大学生代表着高素质、高文化,在同龄人中具有表率和示范作用,是青年群体中的知识阶层。同时,他们正在接受高等教育,还未完全走进社会,不但生理年龄相近、心理发展相似,而且生活空间高度集聚、生涯发展任务高度同构,因此,大学生群体面临的安全风险更加接近,对大学生安全意识的教育也更加重要、有效。

研究主要采用问卷调查法、文献资料法进行。基于现在不安全性事件频频发生的社会现象,通过查阅有关青年安全感和暴力事件的相关文献,进行青年安全感和安全意识的问卷设计。除基本人口学信息外,主要从大学生的安全感、安全风险经历与认知、安全意识和安全教育等三个方面设计问卷内容。其中,在青年安全感方面,一方面通过情境题测量大学生的总体安全感,另一方面从食品卫生、社区治安、交通出行、职业环境、公共场所、网络空间、社会稳定、生态环境、经济金融等方面进行具体安全感测量。在安全风险经历与认知方面,主要从校园暴力和互联网贷款两个方面进行行为经历的客观调查和行为认知的主观调查。在青年大学生的安全意识与安全教育方面,主要进行食品安全、户外活动、个人信息、高利贷、性行为、意外险、安全或避难场所等方面的安全意识的调查,分数越高,安全意识越强。同时,对学校在风险意识教育方面的举措进行调查。

本研究的样本结构参见第一章。研究中运用统计学 SPSS 22.0 软件进行统计分析,在分析过程中采用频数分析、描述性统计、Pearson 相关性分析和方差分析。

一、青年大学生的安全感

(一)"城市夜行"情境中大学生的安全感

如果"0"分表示一点不安全,"10"分表示非常非常安全,询问大学生"在你现在所在的城市里,如果晚上一个人夜行,你觉得可以给自己的安全打几分",统计发现,"城市夜行"情境中的大学生安全感平均得分为 7.16 分,处于"安全感较高"水平。相关分析显示,"城市夜行"情境中的大学生安全感与大学生幸福感的相关系数为 0.347,达到显著正相关水平。

对不同城市就读的大学生夜行情境安全感进行方差分析,结果如图 8-1 所示:7 个城市之间差异显著,$F = 4.269$,$P < 0.001$。其中,苏州和杭州的安全感最高,宁波和合肥的安全感相对最低。

依次对大学生的"夜行情境"安全感进行性别、独生子女、学历层次、户籍情况、家庭结构、家庭经济水平、受资助情况等方面的差异分析,结果显示:家庭是否完整(家庭结构完整、家庭结构不完整)对大学生安全感没有影响;学历层次

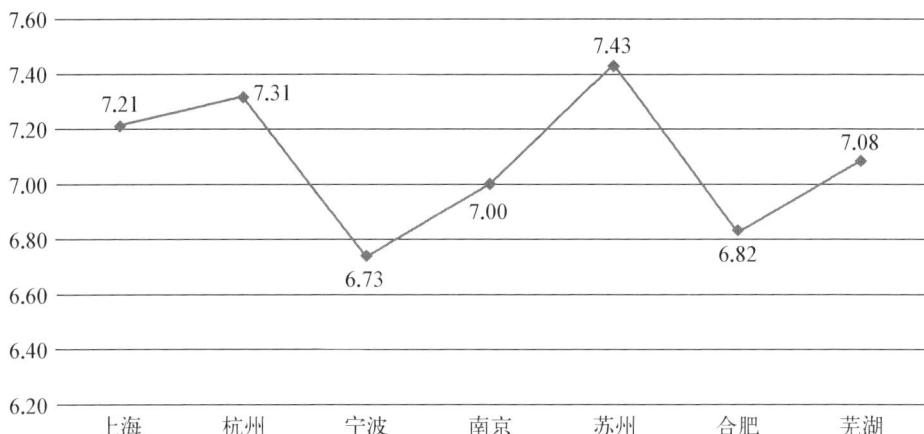

图 8‒1 "城市夜行"情境中 7 座城市中大学生的安全感

（大专、本科、研究生）对大学生安全感没有影响；性别差异显著，男生更有安全感；独生子女身份差异显著，独生子女安全感得分更高；受资助情况差异显著，大学期间未受过困难资助的大学生更有安全感；生源地户籍情况差异显著，$F=15.292$，$P<0.001$，本市城镇户籍和农村户籍大学生得分最高，而外省市城镇和农村户籍大学生安全感得分低，且两者之间没有差别；家庭经济地位对大学生安全感影响明显，$F=6.338$，$P<0.001$，从较高收入层次到很低收入层次呈现直线下降趋势。

表 8‒1 性别、独生子女身份和受资助情况对大学生安全感的影响

性 别		独生子女身份		受资助情况	
男 生	女 生	独生子女	非独生子女	受过资助	未受过资助
8.02	6.74	7.33	6.91	6.99	7.21
$t=16.088$，$P<0.001$		$t=4.958$，$P<0.001$		$t=-2.127$，$P<0.05$	

（二）经济社会领域中大学生的具体安全感

为进一步探测大学生的安全感情况，选取经济社会发展领域食品卫生等 9 个方面，询问大学生在这 9 个方面的安全感程度。采取 5 级计分（如果"1"分表示很不安全，"5"分表示很安全），统计结果表明，大学生的具体安全感领域由高到低依次为社会稳定、交通出行、公共场所、社区治安、职业环境、经济金融、生态环境、食品卫生和网络空间。食品卫生和网络空间两个领域的安全感显著低于其他方面，这是值得关注的现象。表 8‒2 进一步显示，在具体经济社会发展领

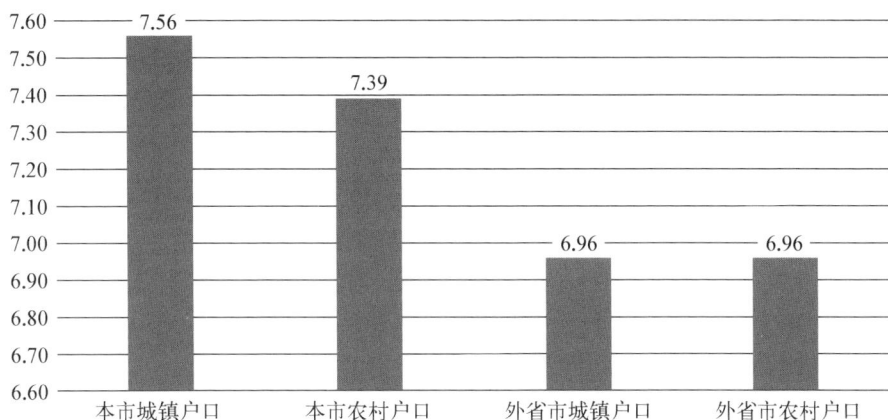

图 8-2　"夜行情境"中大学生安全感的生源地户籍差异

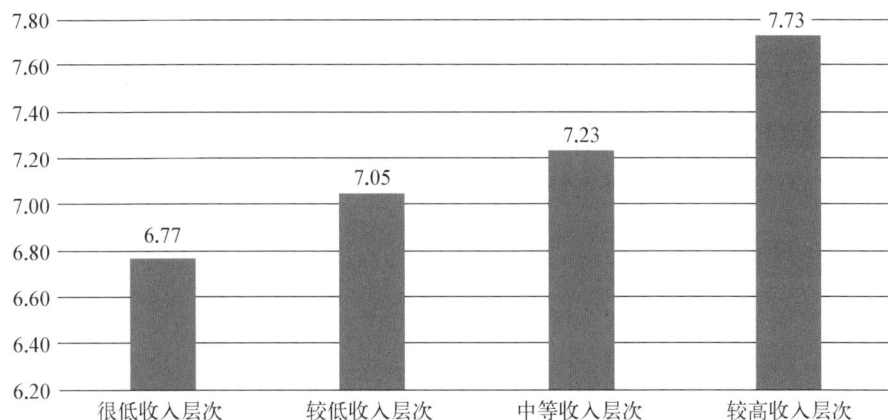

图 8-3　"夜行情境"中大学生安全感的家庭经济地位差异

域中大学生感觉不安全的筛选比例方面,超过 20％的分布是网络空间和食品卫生,超过 10％的是生态环境。

表 8-2　具体经济社会发展领域大学生安全感程度的比例/％

	食品卫生	社区治安	交通出行	职业环境	公共场所	网络空间	社会稳定	生态环境	经济金融
不太安全	15.8	7.3	6.8	4.8	5.6	16.8	3.8	8.8	6.5
很不安全	4.2	1.3	1.0	1.0	1.2	4.2	1.2	2.2	1.2
合　　计	20.0	8.6	7.8	5.8	6.8	21.0	5.0	11.0	7.7

对不同城市就读的大学生经济社会发展领域的具体安全感进行方差分析,结果如表 8-3 所示:9 个领域的安全感得分在城市间的差异全部显著,总体而

言,8 个领域中杭州的得分都最高,6 个领域中芜湖的得分都最低。结合图 8 - 1 可知,最高和最低城市的具体安全感与"夜行情境"既有相似之处,也有不一致之处,而不一致之处可能与 9 个领域的内部结构性差异有关。由于 9 个题项的内部一致性系数高达 0.930,所以将 9 个题项得分合并为"经济社会安全感"总得分。方差分析的结果与"夜行情境"基本一致:杭州和苏州的得分最高,得分低的城市总体也保持一致;进一步,经济社会安全感和"夜行情境"安全感之间呈显著正相关关系,$r = 0.469$,$P < 0.001$,这也解释了两种测量方式的有效性。

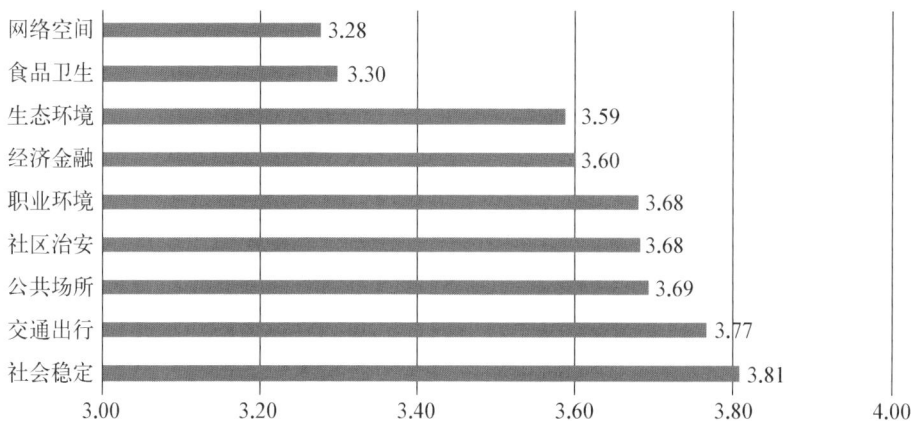

图 8 - 4 具体经济社会发展领域大学生的安全感

表 8 - 3 性别、独生子女身份和受资助情况对大学生安全感的影响

	食品卫生	社区治安	交通出行	职业环境	公共场所	网络空间	社会稳定	生态环境	经济金融
杭 州	3.54	3.80	3.82	3.90	3.88	3.40	3.97	3.80	3.81
宁 波	3.17	3.50	3.72	3.64	3.61	3.16	3.68	3.59	3.49
南 京	3.17	3.58	3.64	3.54	3.59	3.22	3.66	3.39	3.41
苏 州	3.49	3.75	3.82	3.73	3.77	3.49	3.88	3.72	3.71
合 肥	3.26	3.62	3.77	3.77	3.65	3.35	3.92	3.57	3.68
芜 湖	3.20	3.50	3.61	3.49	3.58	3.13	3.74	3.40	3.36
上 海	3.28	3.72	3.78	3.68	3.69	3.24	3.81	3.57	3.60

依次对大学生的经济社会安全感进行性别、独生子女、学历层次、户籍情况、家庭结构、家庭经济水平、受资助情况等方面的差异分析,结果显示:家庭是否完整(家庭结构完整、家庭结构不完整)对大学生安全感没有影响;是否受过资助对大学生安全感没有影响;学历层次(大专、本科、研究生)对大学生安全感没有

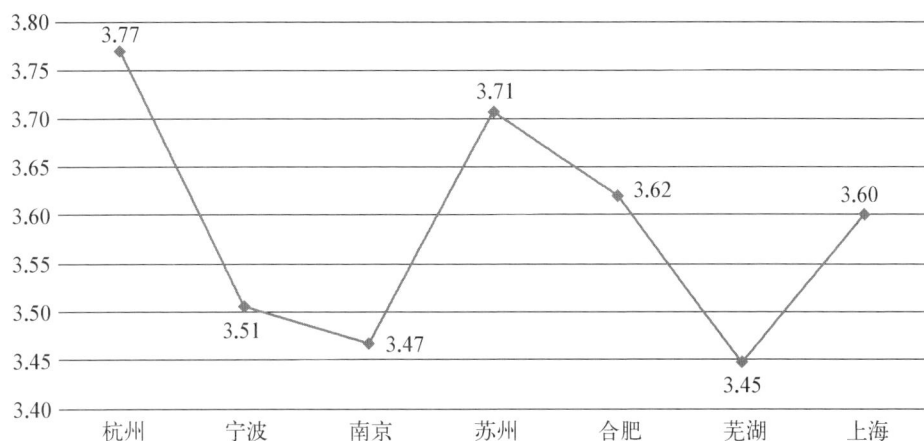

图 8-5　7 座城市中大学生的经济社会安全感

影响；入学前户籍情况对大学生安全感没有影响；但性别、独生子女身份和家庭经济地位三个变量依然表现出强劲的影响效应，即男生、独生子女的经济社会安全感得分高于女生、非独生子女，大学生的安全感从家庭经济较高收入层次到很低收入层次呈现直线下降趋势（$F=4.219$，$P<0.05$）。

表 8-4　性别、独生子女身份对大学生安全感的影响

性　　别		独生子女身份	
男　生	女　生	独生子女	非独生子女
3.74	3.53	3.62	3.56
$t=7.772$，$P<0.001$		$t=2.501$，$P<0.05$	

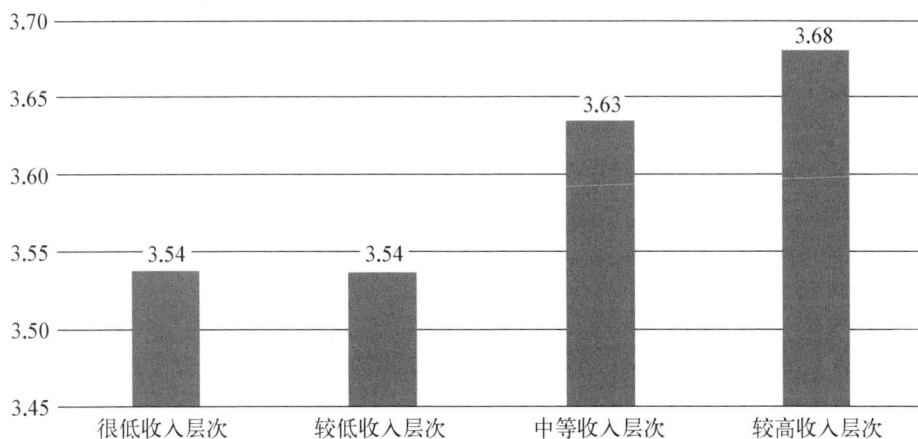

图 8-6　大学生经济社会安全感的家庭经济地位差异

二、青年大学生的安全风险经历与认知

(一) 大学生的安全风险经历

从受伤害和经济风险行为两个方面对大学生在校期间的安全风险经历进行调查,结果如图 8-7 所示:54.6%的大学生没有经历过问卷中所设定的安全风险,但遭遇电信诈骗(22.0%)的比例超过 20%,办理信用卡(18.2%)和分期消费(16.0%)的比例也比较高,同样不能忽视的是互联网平台贷款(6.3%)、遭遇性骚扰(5.5%)和受校园暴力伤害(4.9%)等经历,这些方面的比例虽然不高,但一旦发生,对大学生的伤害程度或大学生遭遇风险的严重程度就会非常大。相比较而言,在没有经历安全风险行为的大学生中,女生的经历(58.1%)较之男生更多(47.5%);在没有经历安全风险行为的大学生中,大专生(54.7%)和本科生(55.3%)之间没有差异,但都显著高于研究生的比例(41.9%),换句话说,研究生群体经历了更多的安全风险,且主要经历的是互联网贷款、遭遇电信诈骗、办理信用卡和分期消费等经济安全风险。

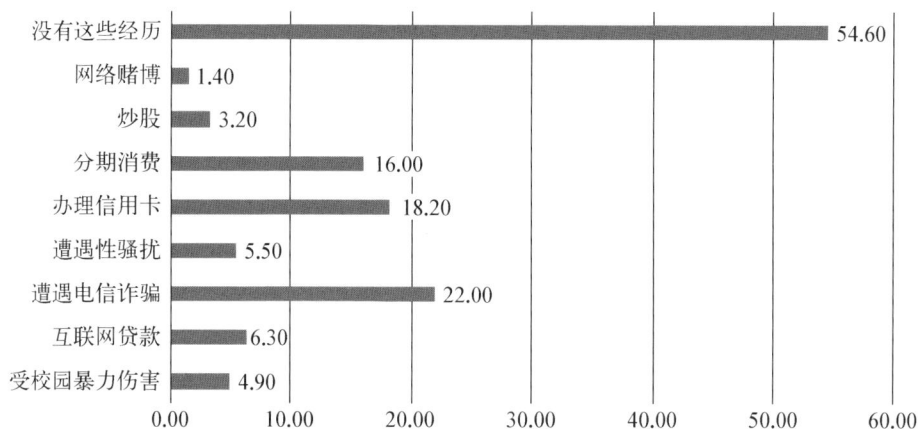

图 8-7 大学生在校期间的安全风险经历/%

对不同城市的大学生安全风险行为进行交叉分析,结果如表 8-5 所示:在伤害事件(校园暴力和性骚扰)经历中,南京和芜湖大学生的经历相对较多;在经济风险行为中,遭遇电信诈骗的经历普遍较多,网络赌博和炒股的行为普遍较少,南京的大学生在互联网贷款方面明显多于其他城市。

表 8-5 不同城市大学生的安全风险经历/%

	杭州	宁波	南京	苏州	合肥	芜湖	上海
受校园暴力伤害	2.40	4.00	11.40	5.70	6.30	5.90	4.10
遭遇性骚扰	2.40	5.70	8.40	4.90	5.60	9.20	5.40
遭遇电信诈骗	26.70	23.30	28.20	18.40	20.40	22.70	21.80
网络赌博	1.80	1.10	1.00	1.00	0.00	5.00	1.50
互联网贷款	3.00	4.50	16.30	6.50	7.00	6.70	5.60
办理信用卡	19.40	18.20	28.20	15.80	26.10	22.70	16.60
分期消费	10.90	13.90	21.80	17.20	17.60	20.20	15.50
炒股	2.40	6.50	3.00	1.80	1.40	5.00	3.00

(二) 大学生的校园贷经历与认知

校园贷是近年来进入高校、对大学生的经济安全产生很大影响的安全事件。对于身陷校园贷的同学,有人说责任在于自己,有人说责任在于社会。那么,大学生对经历校园贷的责任归因怎样呢? 统计发现,16.7%的大学生认为责任在于自己,3.4%的大学生认为责任在于社会,高达 79.9%的大学生认为自己和社会都有责任。这一结果反映出大学生对身陷校园贷的理性责任认知。

交叉分析结果表明:在校园贷的责任归因方面,独生子女和非独生子女之间没有差异,$\chi^2 = 2.829$,$P > 0.05$;性别差异显著,$\chi^2 = 2.829$,$P < 0.001$,男生将责任归因于自己的比例高于女生,而女生更认为责任在于自己和社会;学历层次

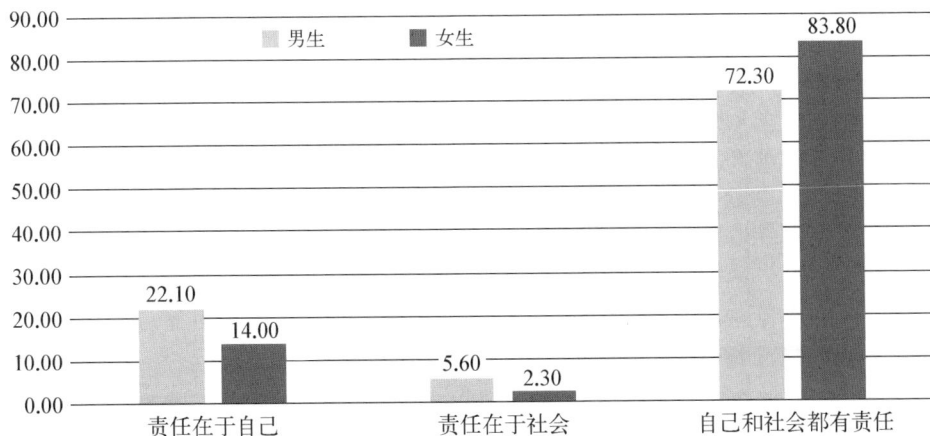

图 8-8 不同性别大学生对校园贷经历的责任归因/%

差异显著,$\chi^2=24.058$,$P<0.001$,认为责任在于自己的大专生比例更高,而本科生更将责任归因于自己和社会;互联网贷款经历最多的南京市大学生更多将责任归因于社会因素(10.9%),远远高于其他六个城市。

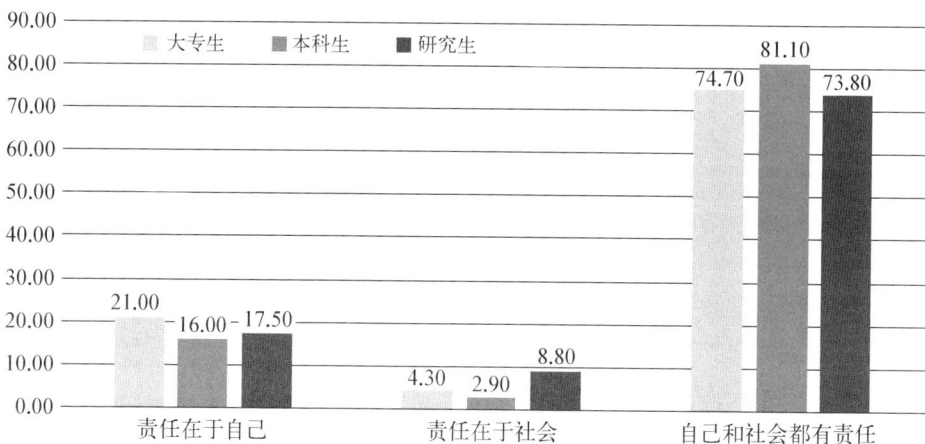

图 8-9 不同学历层次大学生对校园贷经历的责任归因/%

进一步调查大学生在校期间的贷款用途,结果显示,68.6%的大学生没有在校期间贷款的经历,在拥有贷款经历的大学生中,其贷款用途如图 8-10 所示:高居第一位的是购买手机等通讯、电子产品,生活费、学杂费和日常衣着服饰费用的比例也都超过 10%。交叉分析表明,除了在购买化妆品和服装方面女生高于男生 3 个百分点外,男女生在各项贷款用途上并无明显差别;学历层次上,在服饰化妆品、求职培训购书、旅游、基本生活费、学杂费、创业资金、彩票游戏等方面的用途上,研究生比例都是最高的,事实上,在没有贷款经历方面,研究生为

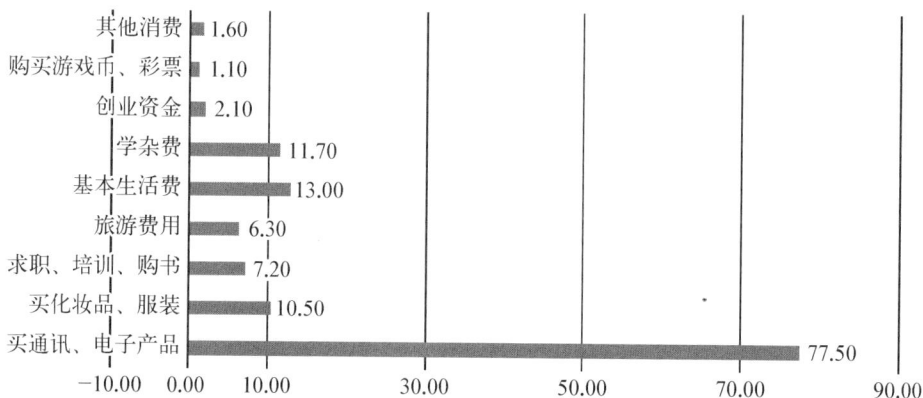

图 8-10 大学生贷款的主要用途/%

58.8%,较之专科(65.0%)和本科生(69.7%)的比例都更低。

　　不同家庭经济地位的大学生在是否贷款和贷款用途上表现出明显的差异性：第一,低收入家庭的大学生有更多的贷款经历,而中等收入家庭的大学生则拥有更少的贷款经历；第二,较高收入层次家庭的大学生虽然也有比较多的贷款经历,但从其贷款用途上可以看出,非生存型消费应该是其贷款的主要用途；第三,对低收入家庭的大学生来说,其贷款用于基本生活费和学杂费的比例远远高于中等及以上经济地位家庭的大学生。

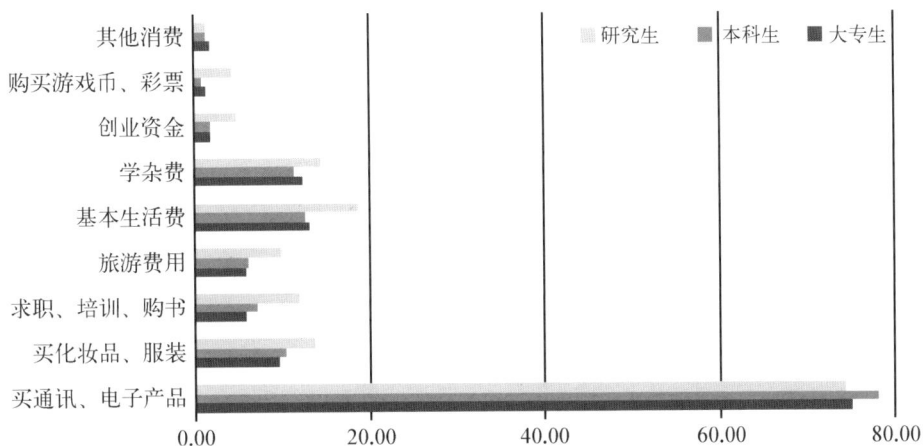

图 8‑11　不同学历层次大学生贷款的主要用途/%

表 8‑6　不同经济地位家庭的大学生贷款主要用途/%

	很低收入层次	较低收入层次	中等收入层次	较高收入层次
买通讯、电子产品	59.00	71.80	83.80	78.80
买化妆品、服装	7.60	9.40	10.80	17.90
求职、培训、购书	11.00	7.40	5.90	12.30
旅游费用	6.40	6.40	5.60	12.80
基本生活费	25.10	17.00	9.00	10.10
学杂费	29.70	18.80	5.40	5.60
创业资金	2.80	1.50	1.80	7.30
购买游戏币、彩票	1.80	1.40	0.70	3.40
其他消费	1.80	1.90	1.30	2.20
没有贷款	51.70	62.90	75.50	60.30

（三）大学生的校暴经历与应对

校园暴力是对大学生的人身安全和身心健康产生很大影响的传统安全事件。询问大学生身边校园暴力的发生情况,结果发现:校外人员与校内学生之间发生的情况最多,其次为同宿舍同学之间和高低年级同学之间,相对而言,师生之间的发生概率最低。

假如遭遇校园暴力事件,大学生会怎样应对呢? 调查显示,大学生首选的是根据严重程度决定应对方式,其次是选择交由学校处理和报警,而选择以暴制暴和忍气吞声的比例都比较低。可见,大学生在遇到校园暴力时的应对反应是比较理性和理智的。交叉分析显示,性别差异显著,$\chi^2 = 109.156$,$P < 0.001$,更多男生选择以暴制暴的方式,而更多女生选择根据严重程度再采取应对方式,其他方面没有明显差异。

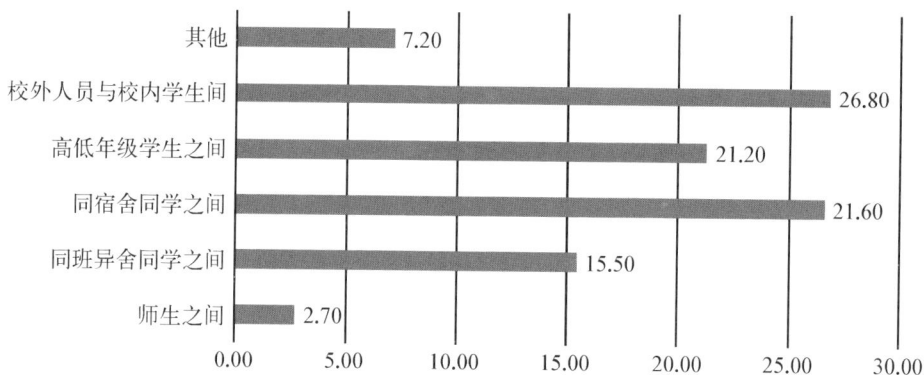

图 8‐12 校园暴力发生人群的情况/%

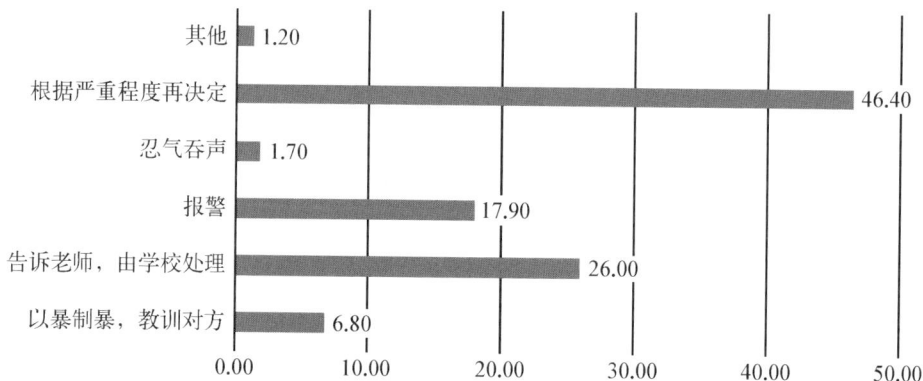

图 8‐13 遭遇校园暴力时大学生的应对方式/%

三、青年大学生的安全意识与安全教育

(一) 大学生的安全意识状况

采取 1～4 级计分,得分越高表示意识越强,从食品卫生意识、信息安全意识、户外运动风险防范、经济安全意识等方面测查大学生的安全意识状况,结果表明(表 8-7):大学生的高利贷防范意识、性行为安全意识和贷款陷阱防范意识相对最强,而参加意外保险意识、逃生避难意识和户外活动安全意识相对最弱。

表 8-7　大学生的安全意识(1～4 级计分)

安 全 意 识	测 查 内 容	平均值
食品安全意识	在购买食品时,会检查食品的生产日期	3.24
户外活动安全意识	参加户外活动前,会评估可能的风险	3.10
信息安全意识	避免暴露手机号码、身份证等个人信息	3.17
信用安全意识	对于逾期还款的后果,我非常清楚	3.27
高利贷防范意识	绝对不碰高利贷	3.62
贷款陷阱防范意识	"无首付、零利息"贷款,常常是陷阱	3.50
性行为安全意识	采取安全措施,避免性行为风险	3.51
参加意外保险意识	购买意外保险	2.30
逃生避难意识	知晓周边的安全或避难场所	2.85

对大学生的安全意识进行性别差异分析,结果显示:除食品安全意识、信用安全意识外,其余方面男女生差异都达到显著水平,其中在户外活动安全、信息安全和逃生避难意识上男生更强一些外,诸如参加意外保险、性行为安全、贷款陷阱防范、高利贷防范等方面都是女生表现更优。这种性别间安全意识的结构性差异为安全教育提供了有益的启示。在独生子女方面,除在购买意外保险意识上没有差异外,其余安全意识都是独生子女更优于非独生子女。

由于 9 个题项的内部一致性系数达到 0.760,所以将 9 个题项得分合并为"安全意识"总得分。首先对七个城市的大学生安全意识得分进行方差检验,结果如图 8-15 所示:全部样本的总平均分为 3.17 分,处于整体正向积极水平,但离"完全符合"(4 分)仍有一定差距,说明对大学生进行安全意识教育依然是非常必要的;七个城市之间差异显著,$F=6.037$,$P<0.001$。其中,宁波和杭州的

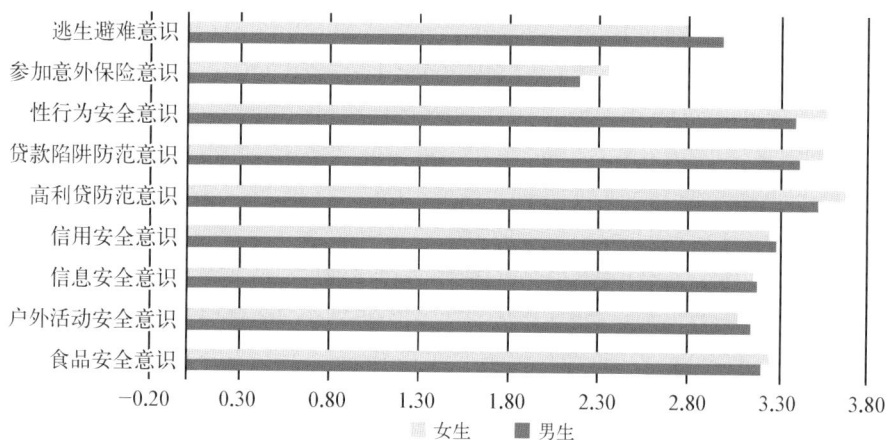

图 8-14 大学生安全意识的性别差异

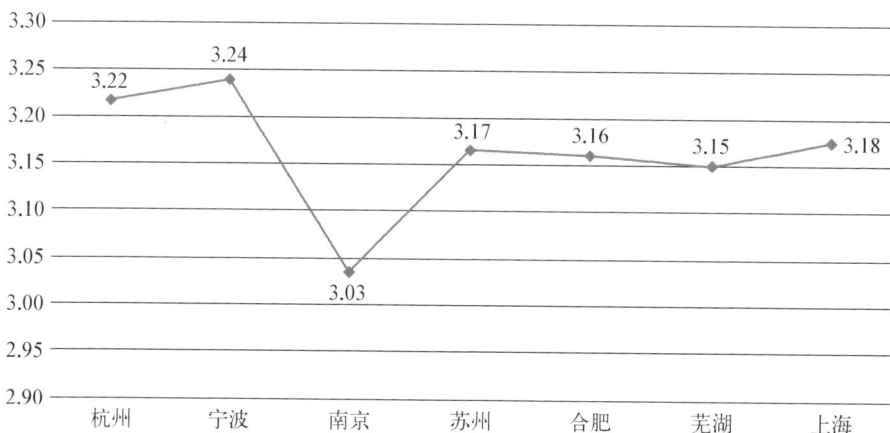

图 8-15 不同城市大学生的总体安全意识

大学生安全意识相对最高,南京大学生的安全意识明显最低。对 9 个方面的具体安全意识的城市间差异逐一进行方差分析后发现,除信息安全意识外,其余方面均差异显著,描述性统计结果具体见表 8-8。

表 8-8 七个城市大学生的具体安全意识情况

	食品安全意识	户外活动安全意识	信用安全意识	高利贷防范意识	贷款陷阱防范意识	性行为安全意识	参加意外保险意识	逃生避难意识
杭州	3.25	3.16	3.37	3.69	3.69	3.54	3.54	2.19
宁波	3.33	3.21	3.34	3.72	3.72	3.59	3.61	2.32
南京	3.04	2.99	3.14	3.42	3.42	3.30	3.31	2.21
苏州	3.24	3.13	3.28	3.56	3.56	3.48	3.44	2.17

（续表）

	食品安全意识	户外活动安全意识	信用安全意识	高利贷防范意识	贷款陷阱防范意识	性行为安全意识	参加意外保险意识	逃生避难意识
合肥	3.20	3.06	3.27	3.57	3.57	3.48	3.56	2.32
芜湖	3.14	2.97	3.25	3.61	3.61	3.54	3.51	2.34
上海	3.25	3.09	3.25	3.63	3.63	3.51	3.53	2.35

（二）大学生在校期间接受的安全教育

安全和风险意识教育是提升大学生安全意识最重要的教育举措。调查显示（图8-16），大学生所在的高校在安全教育方面最重要的举措是在安全风险防范与应对方面的宣传与讲座，在课程开设、制度建立、环境整治和机构设立方面，也达到了一定比例，总获选比例高达283.1%。应该说，随着高校安全事件的频发，近年来，高校对大学生安全和风险意识教育越来越重视。

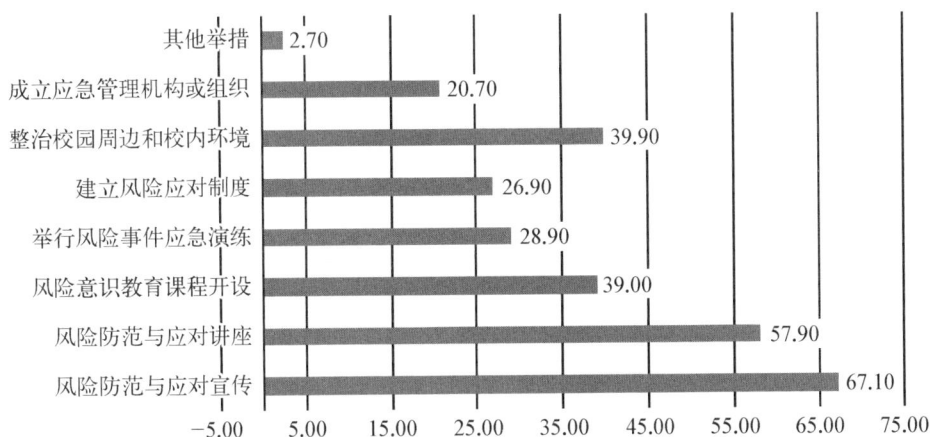

图8-16 高校的大学生安全与风险意识教育开展情况/%

对七个城市高校的大学生安全与风险意识教育进行交叉统计，结果如表8-9所示：从累积百分比来看，杭州和宁波高校的开展情况最好，而南京与合肥的开展情况相对最差。

表8-9 七个城市高校的大学生安全与风险意识教育开展情况/%

	杭州	宁波	南京	苏州	合肥	芜湖	上海
风险防范与应对宣传	73.30	65.60	54.50	64.00	69.00	69.70	68.80
风险防范与应对讲座	64.20	65.30	39.60	51.80	51.40	52.10	60.70

（续表）

	杭州	宁波	南京	苏州	合肥	芜湖	上海
风险意识教育课程开设	42.40	35.50	41.10	39.10	30.30	40.30	39.80
举行风险事件应急演练	32.70	38.40	26.70	31.60	25.40	32.80	26.10
建立风险应对制度	32.70	30.40	32.20	26.50	24.60	21.80	25.60
整治校园周边和校内环境	43.60	48.30	32.20	38.30	38.00	36.10	39.60
成立应急管理机构或组织	29.70	24.70	15.30	19.20	16.90	22.70	20.10
其他举措	1.80	3.40	2.50	4.00	2.80	1.70	2.30
合计（累积百分比）	320.40	311.60	244.10	274.50	258.40	277.20	283.00

四、研究结论与对策建议

（一）主要研究结论

1. 青年大学生安全感整体处于较高水平，但城市之间差异显著，具体考量因素对大学生安全感影响也存在差异

本次从"城市夜行"情境和经济社会领域两方面调查青年大学生的安全感，均显示处于较高水平。但对青年大学生就读的不同城市进行比较，城市之间的差异显著，其中苏州和杭州的安全感最高。

从性别、独生子女、学历层次、户籍情况、家庭结构、家庭经济水平、受资助情况等方面展开调查，结果显示"城市夜行"情境和经济社会领域中的大学生安全感呈现显著正相关关系。家庭是否完整、学历层次（大专、本科、研究生）对大学生安全感没有影响。性别、独生子女身份、家庭经济地位三方面的差异对大学生安全感的影响显著，男生、独生子女的安全感要优于女生、非独生子女，大学生的安全感从家庭经济较高收入层次到很低收入层次呈直线下降趋势。

针对经济社会发展领域的调查表明，大学生具体安全感由高到低的领域依次为社会稳定、交通出行、公共场所、社区治安、职业环境、经济金融、生态环境、食品卫生和网络空间，其中食品卫生和网络空间两个领域的安全感显著低于其他方面。

2. 近半数青年大学生对安全风险经历比较理性和理智

调查显示，近半数大学生在校期间有过安全风险经历，电信诈骗、办理信用卡、分期消费、互联网平台贷款、遭遇性骚扰、校园暴力伤害等安全风险所占比例都不高。以学历层次而言，经历安全风险的研究生比例明显高于大专生、本科生;以性别而言,经历安全风险的男生比例高于女生。当发生安全风险时,大部分大学生都能比较理性和理智对待。近80％的大学生对身陷校园贷有理性责任认知,认为责任归因于自己和社会。当遇到校园暴力时,也选择学校处理和报警。

调查显示,近70％的大学生没有在校期间贷款经历。在拥有贷款经历的大学生中,高居第一位的是购买手机等通讯、电子产品。除了购买化妆品和服装这一方面外,男女生在各项贷款用途上并无明显差别;学历层次上,研究生贷款用途更为广泛。

不同家庭经济地位的大学生在是否贷款上表现出明显的差异性:虽然低收入家庭的大学生和较高收入层次家庭的大学生都有更多的贷款经历,但其贷款用途却大不相同,较高收入层次家庭的大学生贷款的主要用途是非生存型消费,低收入家庭的大学生的贷款主要用于基本生活费和学杂费。

3. 各高校重视对大学生安全意识教育,青年大学生的安全意识整体较高

调查显示,大学生安全意识处于整体正向积极水平,但高校安全事件仍然频发,高校对大学生安全和风险意识教育也越来越重视。但大学生对不同领域的安全意识是不同的,大学生对调查的高利贷防范意识、性行为安全意识和贷款陷阱防范意识相对最强,而参加意外保险意识、逃生避难意识和户外活动安全意识相对最弱。性别差异对大学生安全意识也产生不同影响,男生在户外活动安全、信息安全和逃生避难意识上更强一些外,而女生在参加意外保险、性行为安全、贷款陷阱防范、高利贷防范等方面表现更优。

(二) 相关对策建议

1. 发挥政府在增强青年大学生在经济社会发展领域安全感、提高青年大学生家庭经济收入中的主体作用

网络空间安全和食品卫生安全是公共安全的重要组成部分,超20％的受访青年大学生在网络空间和食品卫生领域缺乏安全感,这折射出当前公共服务方面急需提升。因此,社会需要建立健全基本公共服务体系,政府需要出台相关政策,主动承担起提升公共安全的主体责任,加强在食品卫生领域的监管和执法;净化网络空间,加强对网络空间最活跃的青年大学生的保护,对青年大学生的网络保护进行立法,从而为青年大学生健康成长创造良好的网络文化环境。

青年大学生安全感的水平尚与预设目标存在一定差距,这对政府提出了警示。就读经济发展水平较低城市的青年大学生具有较低水平的安全感,也要求政府着力改善民生,提升青年大学生家庭经济的稳定性,减少因家庭经济收入过

低而产生的生存型消费压力。只有努力提高所在城市的经济和社会发展水平,努力提高中低收入家庭的经济水平,才能持续提升青年大学生安全感,才能使青年大学生的安全感水平呈正相相关关系的逐步提升。

2. 加强对青年大学生的安全风险教育

虽然过半数的青年大学生没有安全风险经历,但青年大学生仍比较缺乏风险意识,危机观念也比较淡薄。安全风险具有"不可预见性",一旦风险突发,由于青年大学生对风险缺乏足够的认识和心理准备,便可能茫然失措,无法积极应对。青年大学生一旦遭遇安全风险,则对大学生的伤害非常大,且不可逆转。因此,必须加强对青年大学生的安全风险意识教育,从切身感受中认识并把握安全风险,树立理性的风险意识,有效规避安全风险。

目前,青年大学生接受安全风险教育的形式单一,很多流于形式。要采取多种措施,提升青年大学生的安全意识。一是,抓好课堂教育,开展知识讲座或活动竞赛等形式,培养大学生树立正确世界观、政治观、价值观,正确地对待面临的诱惑。通过不同形式的课堂学习,了解现代社会发展现状及发展趋势,增强对安全风险的认识,提高对安全风险的鉴别,掌握对安全风险的应对方法。二是,做好心理健康教育,培养大学生树立正确的危机意识、失败意识,开展挫折教育,提升其抗挫折能力,一旦面临安全风险,敢于面对风险,保持理智和理性。

3. 提升安全风险教育的实效性

一是开展实践教学、模拟教学。对青年大学生开展安全风险经历教育的情境教学,当青年大学生面临安全风险时,避免出现脑子空白、束手无策的情况,而能将学到的课堂知识转化为实际应对方法,化解安全风险,让青年大学生在实践中不断磨炼,这样才能不断提高青年大学生处理安全风险、应对安全危机的能力,而不会只知理论,只会纸上谈兵。二是对青年大学生根据性别差异开展不同的安全风险教育内容。对男性青年大学生,则要加强其比较轻视的意外保险、性行为安全、贷款陷阱防范、高利贷防范等内容的教育;对女性大学生,则要加强其薄弱的户外活动安全、信息安全和逃生避难等的安全意识教育。三是对青年大学生具有的共性薄弱风险意识开展教育。青年大学生往往容易忽视户外活动安全风险,缺乏参加意外保险意识、逃生避难意识,这方面需要着力加强。四是让高校设立专门机构,配备专门人员,负责开展对大学生的安全风险教育,将安全风险教育真正落到实处,不能让安全风险教育成为高校辅导员或教务等部门的附属工作。五是开设安全风险教育课程,组织人员编写相关教材,将安全风险教育课程纳入学分管理,以实践考核方式获取学分。

延伸阅读 1

上海市大学生安全教育三年行动计划(2016～2018 年)①

上海市 2008 年颁布《上海市大学生安全教育大纲》(以下简称《安全教育大纲》),2010 年编制《上海市大学生安全教育读本》(以下简称《安全教育读本》),明确了高校开展大学生安全教育工作的目标、任务和途径。经过多年的探索与实践,上海高校大学生安全教育已积累了一定的经验做法,安全教育质量和水平稳步提升,取得了明显的成效。但是,目前高校的安全教育工作还存在体制机制不健全,教学、研究、考核体系不完善,教育专业程度不高等问题,与新形势下对安全教育工作的要求仍有一定差距。根据市委市政府关于城市发展中"转方式、补短板、防风险"的总体要求,进一步完善大学生安全教育工作的形式、内容和管理,为切实提高本市高校大学生安全防范意识和自救互救能力,以"教育为先、预防为主、综合施策"的思路推进本市大学生安全教育工作再上新台阶,特制订本行动计划。

一、指导思想

以党的十八大以及十八届三中、四中、五中全会精神为指导,围绕《上海市中长期教育改革和发展规划纲要(2010—2020)》以及本市教育"十三五"规划发展目标,坚持目标导向、问题导向和需求导向,突出以人为本、创新改革、破解难题,抓住"完善安全教育体系、提高安全教育质量、增强学生安全意识"的工作主线,持续加大安全宣传教育力度,有效整合安全教育工作资源,全面提升安全教育整体水平,切实维护本市高校安全稳定。

二、总体目标

在上海作为国际化大都市的背景下,为确保城市和高校安全有序运行,培育"安全、健康、向上"的现代优秀高校毕业生,力争用 3 年时间,推进本市大学生安全教育工作深入发展,体现走在全国前列的示范引领效应。

一是大学生安全教育体系基本成型。安全教育贯穿大学生入学到毕业全过程,开展大学生安全教育理论与教学研究,构建资源叠加、功能复合的大学生安全教育课程体系,强化大学生安全教育保障机制。

二是高校安全文化氛围有效改善。提高安全教育种类覆盖率,丰富安全宣

---

① 沪教委保〔2016〕6 号。http://www. shanghai. gov. cn/nw2/nw2314/nw2319/nw12344/u26aw47208. html.

传教育形式,增强高校师生对安全发展的知行水平,营造人人自觉重视安全、人人主动遵守安全、人人努力维护安全的氛围。

三是大学生安全教育水平持续提高。理顺高校安全教育体制机制,加强大学生安全教育师资队伍建设,完善大学生安全教育内容,创新大学生安全教育教学方式,推进教学计划、教师、教材、课时"四落实"。

四是大学生安全教育质量明显提升。提高大学生安全教育的针对性和实用性,制定、完善大学生安全教育考核评价标准,提高大学生人身安全、国家安全、行为安全、网络安全等防范意识,帮助大学生养成良好的安全习惯。

三、主要任务

(一) 完善课程设置

根据《安全教育大纲》,结合各高校实际情况,将大学生安全教育纳入本校教育教学体系,制订具体的教学计划,合理安排相应的教学时间。

(1) 大学生安全教育课程应按年级、按学科、按需要分级分类实施,可分为一般性课程与专业性课程。一般性课程针对全体大学生,教授常用的通识性安全知识与技能;专业性课程针对实验、实训、实习或其他涉及安全的专业学科,教授专门的安全知识与技能,做到安全教育前置进行。

(2) 强化课堂教学作为大学生安全教育工作的主渠道功能。明确大学生在入学第一周内,必须开展安全集中教育,每学期应安排不少于2学时的集中安全教育。开设系统性的安全教育专门课程,有条件的高校在选修课程中积极开设专门的安全教育课,逐步将安全教育课列入大学生基础必修课,并落实相应学分;市教委将制作安全教育视频教材,建立安全教育在线教育平台,未开设专门安全教育课程高校的学生及未参加高校开设安全教育课程的学生,应在市教委统一的安全在线教育平台接受安全教育,力争做到全体学生全覆盖接受一次系统性的安全教育。

(3) 多层次开展知行合一的大学生安全教育。大学生安全教育课程既要加强知识的传授,还要注重技能的培养,要积极探索体验式安全教育的模式和途径。采取理论传授与实践训练相结合,制度规范和行为养成相结合,常规安全与特种安全相结合的方式,建立理论、制度、实务、演练为一体的综合性课程。

(4) 除了课堂教育外,充分利用班会、网络、广播、宣传栏等形式,广泛开展安全宣传教育。

(二) 充实教学资源

积极开发利用与大学生安全教育相关、为教学服务的多种教学资源。文本教学资源开发要重质量,做到科学、规范、准确、实用;其他教学资源开发要从实际出发,精心选择,有效利用。

(1) 根据《安全教育大纲》要求,落实教学所需书面、投影、录音、录像、多媒体、实训器材等教学工具和场所。充分发挥新技术在安全教育中的作用,大学生安全教育网络课堂和网上考试系统建成后,应妥善安排相应的网上学习与考试设备。

(2) 以《安全教育大纲》和《安全教育读本》为依据,积极制作教育教学计划、教案、课件等教学资料和配套材料,探索案例教育和自我教育新途径,鼓励各高校积极开展校本安全教育教材开发。专业性课程的安全教育内容根据专业的不同情况合理安排。

(3) 有条件的高校可以建立安全教育教研室和专家咨询系统,积极搜集和储备各类教学资源和实习资源;可以利用社会资源,积极开展内容丰富、形式多样的安全教育。

(三) 师资队伍建设

注重安全教育教师在大学生安全教育工作中的重要作用,努力构建"专职为主、专兼结合、社会参与"的高素质大学生安全教育师资队伍,提高安全教育学术水准。

(1) 将大学生安全教育教师队伍建设纳入高校师资队伍建设规划,将一般性、通识性的安全教育教师纳入思政教师系列。积极构建专职教师、兼职教师和社会专家相结合的安全教育师资队伍,建立"双岗双职"复合师资群。大学生安全教育教师人数应根据学生规模、课程体系等因素合理设定。

(2) 加强大学生安全教育师资队伍的培养和培训。积极组织开展教学研究、集体备课、教师培训等活动,鼓励大学生安全教育教师进行教学创新和科研活动,促进大学生安全教育学术水平和教学效果不断提高。加强大学生安全教育师资队伍的职业保障,帮助大学生安全教育教师做好职业发展规划。

(四) 健全考核评价

加强教学考核评价,从课堂教学和实践应用两方面检验教学绩效和教学方法,帮助学生有效掌握所学知识和技能。加强考核评价结果运用,以考核评价促进大学生安全教育工作。

(1) 建立大学生安全教育考核评价机制。制定大学生安全教育理论与实践考核评价办法,积极组织大学生参加全市统一的大学生安全教育标准化通识考试,参试人数须达到应试人数的 100%,通过率达到 100%,优良率达到 90% 以上,专业性课程根据学校实际情况组织相应的考核,力争做到全覆盖。

(2) 建立大学生安全教育考核评价衡量标准。科学评估大学生安全教育工作的科学性、合理性、针对性、实效性,注重利用科技手段进行大学生安全教育数据分析,根据分析结果改进教学,并对有关学生开展分类指导。

(3)加强大学生安全教育考核结果的有效运用。试点将通过大学生安全教育标准化考试作为大学生在校期间评先评优的基础条件,作为学生毕业的基本要求,逐步扩大安全教育考核结果的应用范围。

四、时间节点

(一)2016 年,制订计划,分解任务,全面启动

制订大学生安全教育三年行动计划,各高校全面启动相关工作,查找分析存在的问题,研究制定管理办法。构建大学生安全教育"六个一"工程平台:一个开放的网上课程、一个供练习的题库、一个基于 PC 端的标准化练习和考试系统、一个基于智能化手机的标准化练习和考试系统、一本切合学生学习需求的教材,开展一年一度的大学生安全知识竞赛。试点开展大学生安全教育网上标准化考试。

(二)2017 年,完善标准,建立机制,全面推进

完善大学生安全教育"六个一"工程平台,制定大学生安全教育课程体系建设与师资队伍建设指导意见,进一步丰富、充实大学生安全教育、评价内容。制作大学生安全教育视频课程,全面推行大学生安全教育网络视频教学,全面实施大一新生安全教育标准化测试,通过率不低于 90%。

(三)2018 年,考核评价,巩固提高,全面落实

构建大学生安全教育网上教学、测试系统,落实线上、线下相结合的大学生安全教育、评价模式,安全教育在大学生群体中做到全覆盖,大学生参加安全教育标准化考试通过率达到 100%,优良率达到 90% 以上。构建上海市大学生安全教育研究中心,选拔大学生安全教育名师,试点开展安全教育名师巡回讲课,形成大学生安全教育工作长效机制。

五、工作要求

(一)加强组织领导

各高校要高度重视大学生安全教育工作,切实加强组织领导,成立由学校分管领导牵头,保卫、教务、学工、宣传、人事等部门,以及学术委员会、二级学院等共同组成的大学生安全教育工作领导小组,切实承担起推进大学生安全教育工作的主体责任。要加强顶层设计和统筹规划,制定本校开展大学生安全教育的计划方案,作出明确的部署和安排。要将大学生安全教育纳入学校整体工作,纳入人才培养计划,纳入思政工作体系,每学年校长办公会议至少有 1 次专题研究安全教育工作。要加大经费投入力度,做好专项经费预算,做到专款专用,加强大学生安全教育经费保障,确保经费落实到位。

(二) 增强工作合力

大学生安全教育是一项系统性工作,必须通过相关部门、院系分工负责、协作配合、整体推进。各高校要进一步理顺大学生安全教育工作的体制机制,明确大学生安全教育工作的牵头部门,制定目标管理责任清单,将工作职责任务分解落实到位。要积极为推进大学生安全教育创造有利条件,克服惰性思想和畏难情绪,要挤出课时、挤出资源、挤出教师、想尽办法,做好大学生安全教育工作。学工部门、教务部门和人事部门在安全教育课程设置、安全教育教师配置等方面要给予大力支持。要积极调动校内外各部门和专家力量支持大学生安全教育,主动拓展合作渠道,增强安全教育工作整体合力。

(三) 注重工作成效

各高校要认真总结以往大学生安全教育的经验做法,深入分析存在的问题,推进大学生安全教育供给侧改革,更好地满足大学生对安全教育的需求。要转变安全教育工作方式,进一步完善安全教育形式、内容、模式,全面提高安全教育的应用效果,提高安全教学质量,提高大学生掌握和运用安全知识技能的本领。要善于研究和发现安全教学规律,把握好安全教育理论与实践、形式与内容、应急与常态、教学与自学的关系,为学生终身安全发展打好基础。要加强安全教育工作监督考核,落实奖惩措施和追责倒查机制,切实全面有效推进大学生安全教育工作。

(四) 形成安全文化

各高校要以实施大学生安全教育三年行动计划为契机,积极营造"安全第一"的校园文化,强化以人为本和安全关怀,促使学生形成"要我安全"到"我要安全"的思想转变。要树立安全发展观,做到用理念引领安全、用工作推进安全、用制度保障安全、用教育强化安全,帮助师生建立良好的安全习惯,将安全文化融入学校教学、科研、生活的方方面面。要广泛组织发动师生参与校园安全管理,组建安全志愿服务队、学生自保组织等群众性安全工作队伍,营造全校师生关心支持安全工作的良好氛围。

延伸阅读 2

校园"安全文化"何处觅(节选)①

近几年,高校实验室安全事故不时被媒体报道。早在 1992 年,我国教育部

---

① 转引自袁一雪.校园"安全文化"何处觅[N].中国科学报,2019-01-10(6)节选.

就曾出台《高等学校实验室工作规程》,对实验室建设、体制、管理和人员要求等做了规定。然而,仅仅有规定是否就足够呢?

缺席的文化

安全文化的概念是指人们的安全理念、安全意识以及在其指导下的各项行为的总称。换言之,目前我们针对科研安全领域所进行的制度规定,可以算作安全文化的一部分,但远不是安全文化的全部。而安全文化的缺失,也是导致很多安全问题出现的深层原因。

以实验室安全为例,有专家表示,我国实验室事故的频发,与以往我国高校实验室建设中不太注意安全方面的设计有关。此外,设备老化、不定期安全核查和维护等都是造成实验室事故不可忽视的原因。危险的发生还与参加实验的学生忽视安全规范、不按照流程操作,在实验期间混淆顺序、操作失误等有关。

这些显然不是制度问题,而是与安全文化缺失所导致的安全意识不足有关。

因为缺乏安全意识,很多学校并没有对实验室进行过安全和风险评估。对此,中南大学资源与安全工程学院教授吴超在接受《中国科学报》采访时表示,对于涉及危险化学品和生物安全等具有较大风险的探索实验,实验前一定要开展危险源辨识和风险评估工作,未来,相关部门对高校的这类实验要作出明确要求。否则稍有不慎和疏忽,就会造成生命财产的重大损失,甚至可能付出生命的代价。

防微杜渐

事故发生了,再以其为研究对象,通过调查分析事故的原因,作为后事之师,以便预防新事故的发生,这种方法被称为"向后看"。只是这种方法在半个多世纪前便已经被认为有很大的问题。

另一种被大多数国家接受的方法是运用系统安全分析等方法和技术,预先辨识和预测系统未来可能存在的风险和隐患,然后采用有效的途径做好风险管理工作,最大限度地预防可能发生的各种事故,这被称为"向前看"。

若要人人有"向前看"的意识,让安全成为一种社会文化,安全教育必须做到位,让"安全"二字深入人心。但要做到这一点却不是朝夕之事。

邻国日本在安全教育与安全文化方面所做的努力或有借鉴意义。曾在日本留学过的高婧一告诉记者,她在留学期间,实验室的安全条例是要集中学习和掌握的,如果留学生日语不流利,他们还准备了英文资料。而且,定期都有人前来检查每个实验室是否严格按照标准执行。在日本,"不给别人添麻烦"的行为准则,让每个人对自己的行为极为自律,严格遵守规章制度,也将危险消灭在"摇篮中"。

合理的制度和有效的执行力度,让人们将危险发生概率降到最小。以被称为日本"生命之湖"的琵琶湖为例,其周围也有几家工厂,但安全规范和政府高效严格的执行力度,让琵琶湖并没有受到污染,反而清澈见底,依然为近畿地区1 400万人提供水源。

安全是一项系统工程

在我国,虽然有一系列消防安全法规和技术标准,但是执行力度却要打个大大的问号。中国矿业大学安全工程学院教授朱国庆在接受《中国科学报》采访时坦言,现在不是基层群众没有安全文化,而是决策层、管理层安全文化意识不强,凡涉安全的事就会糊弄、应付。安全管理要从道、德、法三个层面着手才会有效果,仅强调对最底层的法治不会有好的效果,而且难以持久。

因为对安全缺乏实质性的重视,迄今为止,在大学工程专业教育里面,与安全相关的知识基本上未被当作人才培养整体过程的一部分。"高校安全不能仅仅是请保卫处的干部宣讲一些防火防盗的内容,这样的安全教育层次太低级。"吴超批评道。毕竟走入高校的大学生,以后都是国家的高级人才,他们不仅需要自身安全,也要为周围其他人的安全做贡献。为了让高校学生提升安全文化,十多年前,吴超就率先在中南大学设立了大学生安全文化素质课。2017年,吴超还将《大学生安全文化》搬上慕课平台,在不到两年的时间里,就有超过10万名学生学习了该课程。

但是现在高校的安全知识的传播,在吴超眼中还是"补课"的性质。由于一些学生出生的地区经济落后、家庭贫困以及家长受教育水平不高,他们从小缺少安全教育和安全知识。吴超说,"我讲安全课时经常强调,安全是每个人的事,也是每个专业的事。安全教育从出生就开始,而父母是孩子的安全导师。安全教育是终生教育,是一辈子的事,安全是相对的,风险存在是绝对的。更重要的是,安全知识是需要不断补充的"。也正因如此,他希望屡次发生的校园安全事故,可以让更多部门意识到安全的重要性,而非"头痛医头脚痛医脚"。"要让安全融入人们的一切行为活动中,而不是只将安全作为'作料'。不管做工程、教育、管理等工作,如果能够将安全放在首要的位置,那么我们的生产生活才会变得越来越安全。"吴超说。

第九章 参与与服务

第一节 社 区 参 与

青年社区参与的倡导由来已久。社区服务与社区建设的发展离不开青年志愿者的参与。在社会治理创新的背景下,青年被视为促进基层社区治理的有生力量。《中长期青年发展规划(2016—2025年)》进一步指出,要使青年社会参与的渠道和方式进一步丰富和畅通,实现积极有序、理性合法参与。在上海,共青团于2018年推出了"往社区走"五年行动计划,实施"青春上海"社会参与行动,积极引领青年"往社区走"、投身公益、理性建言。

然而,在当前情况下,青年的生活重心常常在社区之外。在实践中,青年社区参与度低下是普遍存在的情形。已有研究表明,既有的社区参与研究较多提到了社区参与的困境,如居民参与意愿薄弱、总体参与率偏低、参与层次不高、参与效果较差。[①] 2014年上海市15~34周岁常住居民的抽样调查表明,71.6%的青年表示对社区事务"不太了解"或"说不清";70.8%的人在过去一年中没有提过任何关于社区治理的意见或建议(样本量 $n = 2\,559$)。[②] 可以说,促进青年参与的积极政策导向和青年社区参与度低的现状形成了较大的反差。

尽管如此,随着城市社区结构的变迁、社区社会组织的发展,青年社区参与的意愿、行动和方式在悄然发生变化。加之政府对基层社区治理的有力推进、共青团等组织在引领青年方面的积极举措,部分基层社区出现了青年积极参与社区公共事务的案例,反映了青年社区的新趋势。尤其是近年来,长三角各城市积极推进生活垃圾分类工作,为促进青年社区参与提供了新的契机。在上述背景下,与过去相比,青年社区参与有怎样的新特点?青年社区参与的积极性究竟如

---

① 冯敏良."社区参与"的内生逻辑与现实路径——基于参与—回报理论的分析[J].社会科学辑刊,2014(1).
② 邓蕾.社区治理中青年的认知、行动及影响因素——基于上海的调查[J].中国青年社会科学,2015(5).

何？对未来进一步促进青年参与社区治理有怎样的借鉴意义？本课题围绕上述
问题进行了调研。

一、调查结果与分析

社区是人们居住与生活的空间，也是满足日常民生需求的场所。青年的社
区参与，是发挥青年力量提升社区民生水平的重要形式，也是社区发展生生不息
的活力源泉。本研究将在问卷调查与个案访谈的基础上，从参与率、参与内容、
参与动机等方面，归纳各城市青年社区参与的共同特征，对青年社区参与进行综
合分析；在此基础上进行横向比较，探讨不同城市、不同青年群体之间是否存在
显著差异；对于有前期数据的指标，与以往的调研结果进行纵向对比，分析随着
经济社会的发展，青年社区参与特征所发生的变化。

（一）长三角青年的社区参与率

1. 青年的年度社区参与率高，但各类社区活动平均参与率有待提升

本次调查表明，在 7 个城市的 3 023 名在职青年中，2 655 人在过去一年中参
加过一种或一种以上社区活动，在样本中占 87.8%。各个城市之间的青年社区
参与率存在一定差异。在青年的年度社区参与率同样较高的情况下，相比较而
言，宁波、上海、杭州的参与率高于其他城市，达到 90% 以上，且三大城市不相上
下；合肥与南京在 85%～90% 之间；苏州接近 85%，紧追南京；而芜湖在七个城
市中相对较低，为 81.5%。卡方分析表明上述差异达到显著性水平，可推及总体
$(\chi^2 = 47.377, P < 0.001)$。

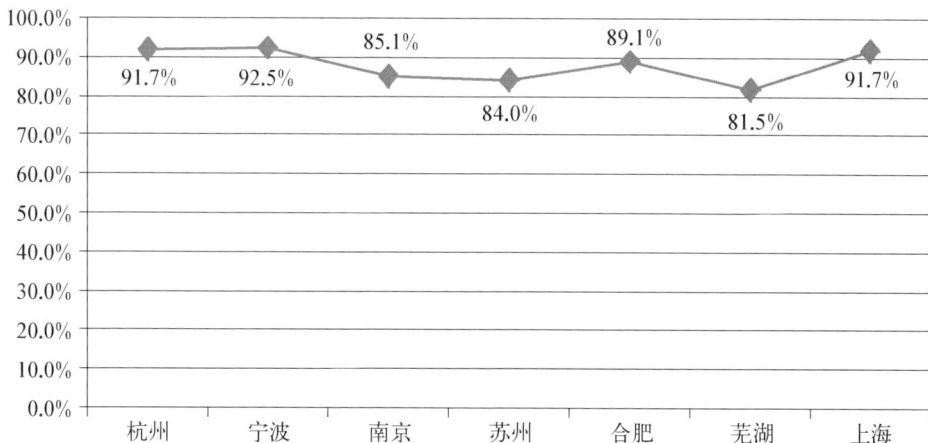

图 9-1 不同城市的青年社区参与率

本次调查也列出 11 类社区活动内容,以及"其他"项,供调查对象根据实际参与情况自由填答。这 12 类社区事务与活动的平均参与率,从另一个侧面反映了青年的社区参与情况。数据表明,七个城市的青年在过去一年中对 12 类社区事务与活动的平均参与率为 23.5%。鉴于选项中包含"其他"项,可以囊括所有的社区活动类型,上述数据可以视为参加调查的在职青年对各类社区活动的平均参与率。与年度参与率形成对照,青年在过去一年中对各类社区事务与活动的平均参与率仅为两成多,这个比例并不高。横向比较表明,七个城市在该项指标上的差异尚未达到显著性水平,不能推及总体。在样本中,上海青年在过去一年中对各类社区事务与活动的平均参与率略高于其他城市,但也仍然有待提升。详见图 9 - 2。

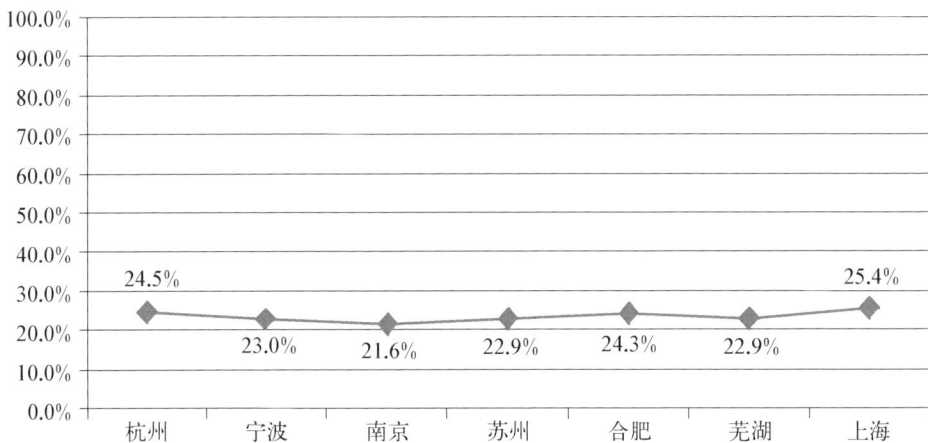

图 9 - 2 不同城市的青年对各类社区活动的平均参与率

2. 过去十年中青年社区参与率有较大幅提升

2007 年上海市中心城区青年社区参与意识的实证研究成果表明,在徐汇区参加调查的 241 名 19~35 周岁青年中,37.5% 的人"从不参加"社区活动,49.2% 的人"很少参加"社区活动。[①] 徐汇区是当时上海市经济发展水平、居民文化层次最高的行政区,在整个上海市乃至长三角,其社区工作水平也处于较高水平。上述数据从侧面反映了当年的都市青年社区参与率低下。

2009 年,正值上海紧锣密鼓筹办世博会,本课题组承担的"上海青年发

---

① 王锡源.中心城区青年社区参与意识的实证研究——以上海徐汇区有关街道社区为例[J].青年探索,2007(5): 52.

展报告"项目在全市范围内抽样,向当时的"70后""80后""90后"青年发放了2 000份问卷,回收有效问卷1 962份,其中48.2%为在校学生,46.3%为在职青年。调研结果表明,有2.0%的受访者"不愿也没有参加过任何社区活动",19.4%的受访者"有参与意愿,但实际没参加过任何活动"。① 以上两项相加,说明即使在迎世博的大环境下,仍有21.4%的青年从未参加过任何社区活动。

2014年,在"创新社会治理、加强基层建设"列为上海市委"一号课题"的那一年,春夏之交,上海社会治理创新的"1+6"系列文件尚未出台,新一轮的社区治理促进措施正在酝酿之中,课题组在上海虹口区广中路街道对1 428名居民开展了调查。数据显示,在237名18～35周岁青年中,"从未参加过"社区活动的有71人,占30.0%。该样本中的被访青年以在职青年为主,在校生仅占3.2%。在职青年与在校学生的比例构成与本次调查较为接近。

4年过去了,与此形成对照,本次调查中上海在职青年仅过去一年中参加过社区活动的比例就高达91.7%,长三角青年的此项均值也达87.8%,换言之,在过去一年内没有参加过社区活动的比率仅为10%左右。这反过来说明,与过去相比,青年社区活动参与率已经有较大幅度提升。

(二) 长三角青年的社区参与内容

关于社区参与的类型,不同学者从不同角度进行了划分。一种常见的划分方式是将参与分为"政治参与"和"社会参与"。李友梅、肖瑛、黄晓春提出,在中国情境下,有必要把"政治参与"进一步区分为"政党政治参与"和"事务性参与"两种类型。② 杨敏根据有无公共议题和是否参与决策过程两个变项,将社区参与分为强制性参与、引导性参与、自发性参与和计划性参与4种类型,并列出上述4种类型的社区参与在实践中的典型代表:福利性参与、志愿性参与、娱乐性参与和权益性参与。③

本课题根据社区事务与活动是否涉及社区决策、权力结构与权益抗争,将社区参与分为社区政治参与和社区社会参与。又从民生的视角,根据社区事务或活动所涉及的民生领域,划分出社区环境、社区秩序、社区文教、社区助老帮困。操作化后各子类别所涉及的内容如下。

---

① 共青团上海市委.拥抱世博的上海青年——2009年上海青年发展报告[M].上海:上海人民出版社,2010:84.
② 李友梅,肖瑛,黄晓春.当代中国社会建设的公共性困境及其超越[J].中国社会科学,2012(4):138.
③ 杨敏.作为国家治理单元的社区——对城市社区建设运动过程中居民社区参与和社区认知的个案研究[J].社会学研究,2007(4):142.

社区政治参与：民主选举、社区公共事务决策投票、业主维权。

社区社会参与：社区环境——垃圾分类、清洁家园；社区秩序——车辆停放与行车秩序、纠纷调解；社区文教——文娱活动、亲子教育；社区助老帮困——扶贫帮困，敬老助老。

1. 长三角青年的社区参与内容概况

本次调查数据显示，在整个长三角区域，不同类型的社区公共事务与活动，青年的参与率差异悬殊，如图 9 - 3 所示。

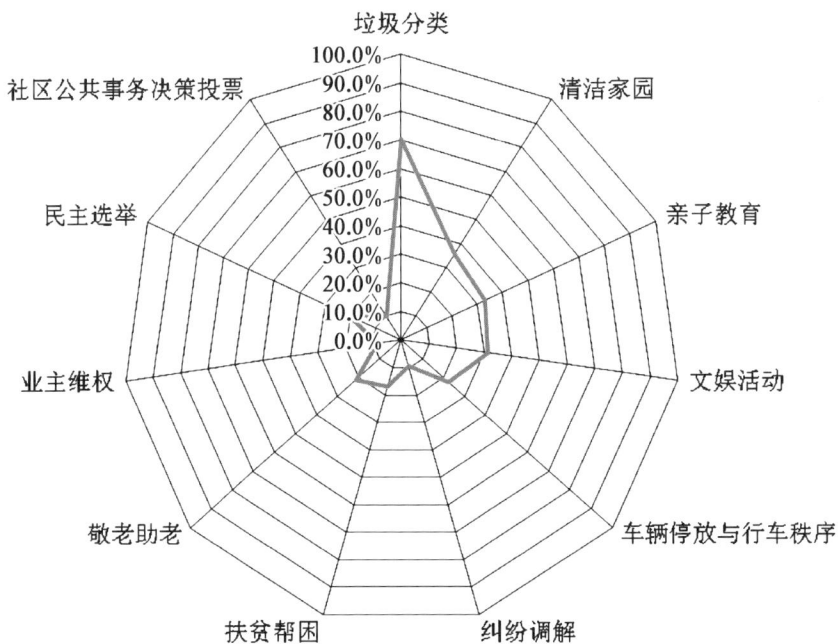

图 9 - 3　长三角青年的社区参与内容

数据显示，长三角青年对"社区环境"类事务的参与率最高，其中"垃圾分类"的社区参与率在各选项中高居榜首，3 023 名青年中，有 2 117 人选择了此项，占调查人数的 70.0％，"清洁家园"的选择比例在全部选项中位居第二，为 35.5％。此两项构成了"社区环境"类活动。

青年对"社区文教"类活动的参与率位居其次，其中对"亲子教育"与"文娱活动"的选择比例分别为 33.0％和 31.6％，在全部选项中占第三、第四。

在"社区秩序"方面，青年对车辆停放和行车秩序的参与率选择比例为22.5％，对"纠纷调解"的参与率则很低，仅有 9.6％。

在"社区助老帮困"方面,青年对"敬老助老"的参与率为 21.3%,对"扶贫帮困"的参与率为 16.8%。

社区政治参与中,"民主选举"的参与率达到 21.1%。"社区公共事务决策投票"和"业主维权"的参与率均很低,分别为 9.7% 和 8.9%。

上述调研结果表明,长三角青年在社区参与类型与内容上呈现出不均衡的特征,社区政治参与率总体低于社区社会参与率,而政府着力推进的垃圾分类带动了青年社区参与率的大幅提升。

2. 长三角七城市青年社区参与内容的比较

长三角七城市青年在过去一年中对各类社区公共事务与活动的参与率详析如下。

(1)长三角七城市青年对社区环境类事务的参与率

调查表明,对垃圾分类、清洁家园等社区环境类活动,上海、杭州的青年参与率相对较高,随后是宁波青年。南京、合肥作为省会城市,青年的社区环境类活动参与率位居中游,苏州、芜湖青年的参与率略低。这从侧面反映了上海、杭州垃圾分类进社区的工作在七城市中的推进力度相对较大,具体数据详见图 9-4。

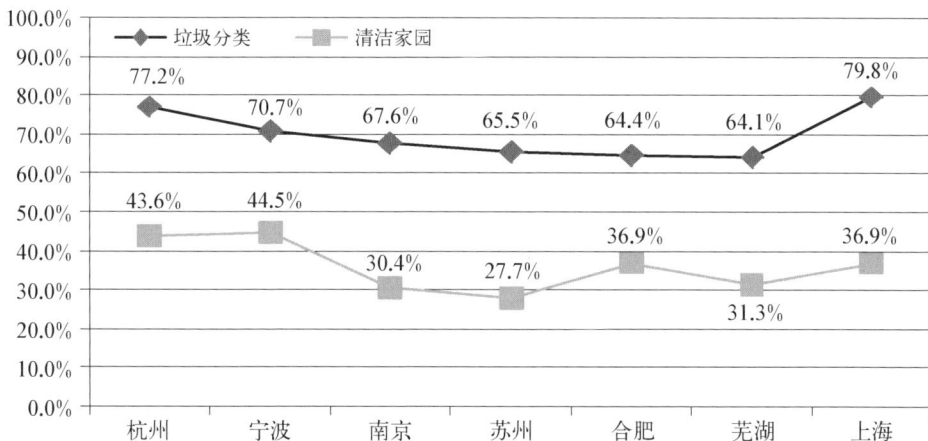

图 9-4 长三角七城市青年对社区环境类活动的参与率

(2)长三角七城市青年对社区文教类活动的参与率

对于社区亲子教育类活动,苏州、上海的青年在过去一年中的参与率领先,为 40% 以上;但是在社区文娱活动方面,上海青年的参与率并未显示出优势,在七城市中反而偏低。这从一定程度上反映了长三角七城市在社区文教内容的发展上各有所长,详见图 9-5。

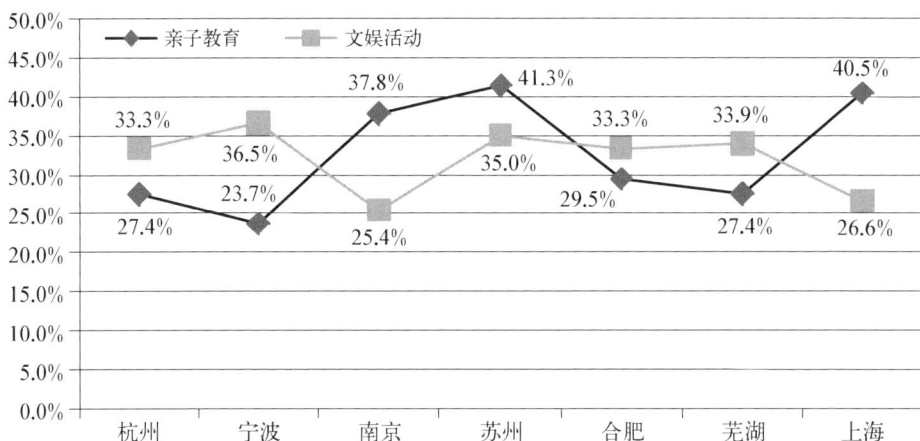

图 9 - 5　长三角七城市青年对社区文教类活动的参与率

（3）长三角七城市青年对社区助老帮困活动的参与率

数据显示，青年对社区助老帮困类活动的参与率总体不高。对于社区敬老助老活动，七城市青年在过去一年中的参与率大部分在 20％以上，而对扶贫帮困类活动，七个城市青年的参与率绝大部分不到 20％，见图 9 - 6。

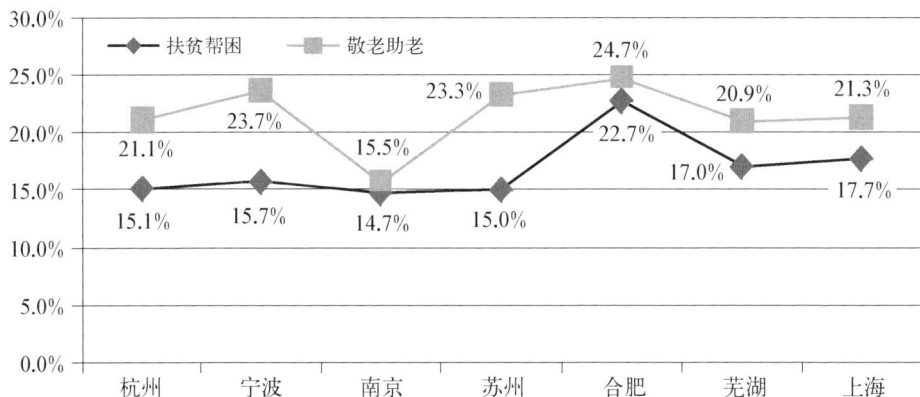

图 9 - 6　长三角七城市青年对社区帮老助困类活动的参与率

（4）长三角七城市青年对社区秩序类事务的参与率

随着城市居民私家车拥有量的提升，社区"停车难"问题越来越突出，成为社会的焦点议题。非机动车，如电动自行车的停放涉及消防安全等问题，近年来一些区域也开展了整治。在一些社区，青年自发或有组织地参与到社区车辆停放和行车秩序的维护中。调查显示，七城市青年对车辆停放与行车秩序类事务的参与率在 20％左右。

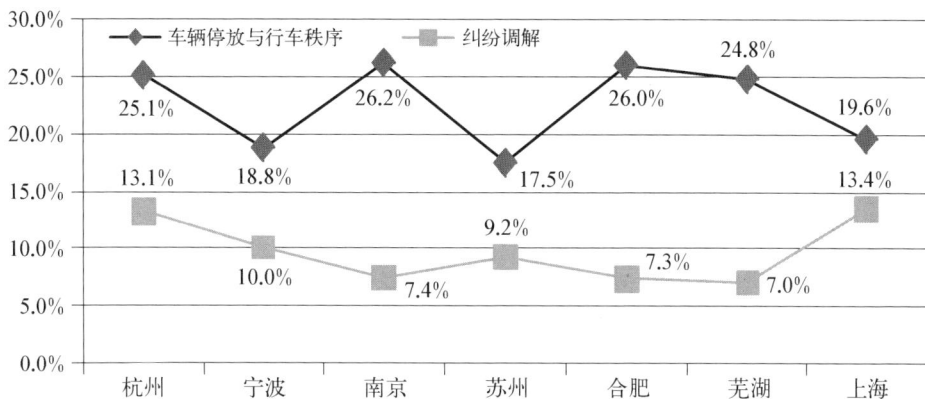

图 9-7　长三角七城市青年对社区秩序类事务的参与率

相比较而言,涉及社区人际关系、社区不同利益主体矛盾的"纠纷调解",青年的参与率就非常低,仅在 10％左右。

(5) 长三角七城市青年的社区政治参与率

按照相关法律法规要求,符合选举条件的社区常住居民,尤其是成年的社区户籍居民,均有权利参加居委会等社区基层民主选举。在现实中,由于种种原因,青年对社区民主选举的参与率并不高,本次调查显示,在过去一年中,长三角七城市青年参加过社区民主选举的比例在 20％左右,其中上海青年的参与率最高,为 28.6％,接近 30％,详见图 9-8。

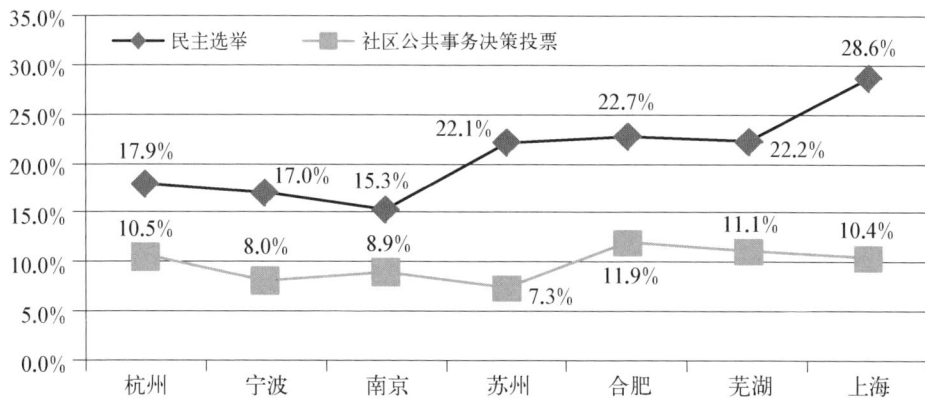

图 9-8　长三角七城市青年对社区民主选举和公共事务决策投票的参与率

相比较而言,作为社区民主决策的制度化方式,社区公共事务决策投票的青年参与率则更低,七城市青年在过去一年中的参与率均在 10％左右,上海青年在这方面并没有显示出优势。这与社区公共事务决策投票机制在一些社区尚未推行有关,也与青年对这一机制的知晓度和认可度有关。

以上两项属于制度化的社区政治参与,尤其是居委会选举,具有显著的自上而下的动员特征。基层社区中还会发生居民的自发性、抗争性的集体行动,"业主维权"就是其中一种典型代表。从基层社区角度看,这种参与涉及社区精英的再生产与社区权力主体的博弈;从宏观角度分析,这类参与反映了民间社会与资本力量、国家权力的抗争,可以被视为另一种形式的政治参与。

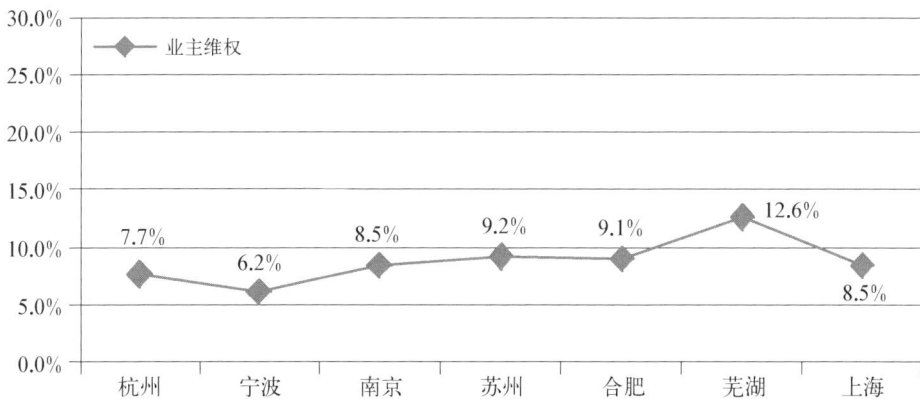

图 9 - 9　长三角七城市青年对业主维权的参与率

在过去一年中,七城市青年对业主维权的参与率在 10% 上下波动。从数值本身来说,这一参与率并不高。但是业主维权并不是社区的常规事务,是在矛盾激化基础上的集体行动,是基层社区在意见传达机制与矛盾化解机制难以有效发挥作用的情况下产生的,往往具有抗争性和突发性,因此这一参与率值得政府与社会各方重视。此外,上海基层社区的业委会发展迅速,在各个城市中位居前列,而青年对业主维权的参与率仅为 8.9%,在七个城市中处于中游。业委会的发展与青年的业主维权参与率之间似乎并不是正相关关系,两者之间的关系还需要进一步探究。

(三) 长三角青年社区参与的动机

1. 长三角青年社区参与动机总体分析

青年社区参与的动机反映了青年的意愿和目标定位,是青年参与社区的内在推动力。2009 年,本课题组承担的"上海青年发展报告"项目把青年参与社区活动的动机分为三类:一是以"责任感"为轴心的传统性动机,如"想为社区出份力"等;第二是以"发展"为轴心的现代性动机,具体包括丰富阅历、结交朋友、展现个人才能、学习新技能等;第三是以"快乐"为轴心的后现代性动机,即寻求新刺激、满足参与乐趣。调查显示,青年社区参与的动机结构是多重的,而主要表现为传统动机与现代动机的混合。有58.7%的青年是纯粹地想为社区出份力,39.5%的青年是为了改善社会风气,同时,也有39.2%的青年参与社区活动是为了丰富人生经历,31.6%的青年是为了结交朋友、拓宽社交。"满足乐趣"等"后现代"动机的选择比例非常低,还不到5%。[①]

在本次调查中,除"责任感""发展""快乐"三类动机之外,增加了"权利"和"福利"维度,分别表述为"行驶居民权利"和"获得社区服务"。结果如图9-10所示。

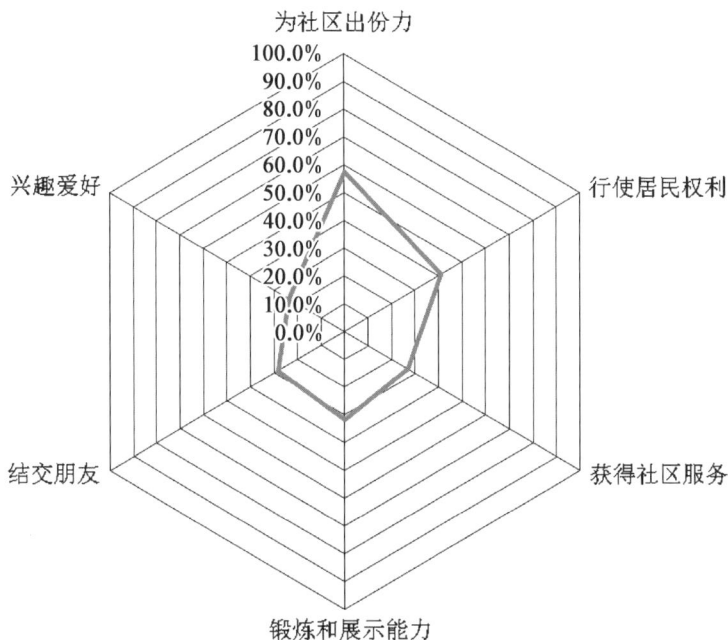

图9-10 长三角青年社区参与的动机

数据显示,青年社区参与的"责任感"动机仍然占据优势,2 689名有效应答的青年中,1 549人选择了"为社区出份力",占有效回答者的57.6%;其次是"行使居民权利",41.1%的人选择了此项;发展动机依然位居中游,"锻炼和展示能力""结交朋友"的选择比例分别为31.7%和28.2%;青年的福利需求也不可忽视,27.0%的青年在参与动机上选择了"获得社区服务";"兴趣爱好"的选择比例依然是最低的,但是也达到了23.4%。此外,有11.6%的青年表示"被动参加社

---

① 共青团上海市委.拥抱世博的上海青年——2009年上海青年发展报告[M].上海:上海人民出版社,2010:84.

区服务,自己没想法",此项在图 9-10 中未显示。

总之,青年社区参与的动机结构依然是多元的,在延续了主要特征的同时也表现出一些新趋势。与 9 年前相比,"责任"与"奉献"依然是青年参与社区公共活动的首要动机,表明新一代青年社区参与的责任意识并未弱化;与此同时,青年社区参与的公民权利意识开始凸显,发展动机依然是重要组成部分,获取社区服务成为吸引部分青年参与社区活动的现实原因。与 9 年前相比,青年有更多的机会在社区参与的过程中满足自身的兴趣爱好。社区公共活动中"被参加"的情况依然存在,但是比例较低。

2. 不同群体青年社区参与的动机差异分析

(1) 年龄越大,越重视责任与权利;年龄越轻,越注重个人发展

交互分析显示,青年社区参与的责任和权利动机均随年龄的增长而增强。在 1980~1984 年出生的青年中,选择"为社区出份力"的比例高达 65.0%,此后随着年龄的增长,各年龄段选择此项的比例依次下降,"80 后"占 60%左右,"90后"占 50%以上,"00 后"降至 40%。选择"行使居民权利"的青年比例也呈现随年龄递增而下降的趋势,1980~1984 年出生的青年选择"权利"项的比例将近50%,"95 后"只有 30%以上。

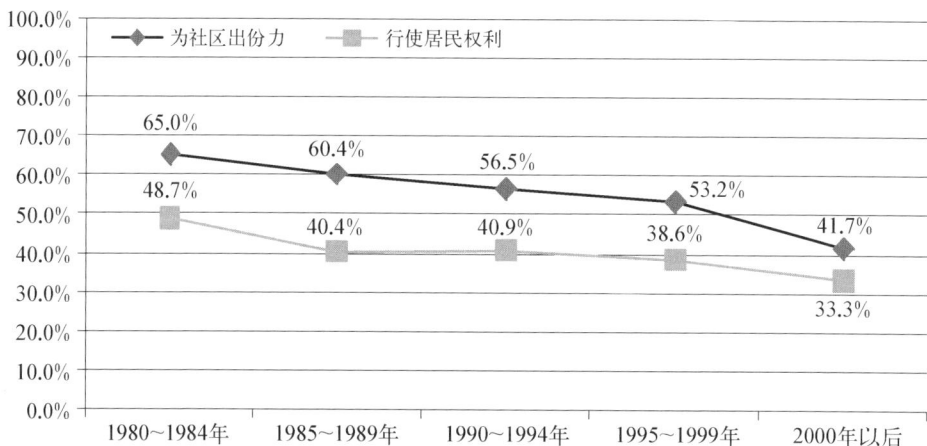

图 9-11 不同年龄段青年社区参与的责任动机与权利动机

与此形成对照,青年在社区参与中的个人发展动机随年龄的下降而递增。在 1980~1984 年出生的青年中,选择"锻炼和展示能力"和"结交朋友"的比例仅为 20%左右,1990~1994 年出生的青年选择这两项的比例为 30%左右,"00 后"更是高达 50%左右。

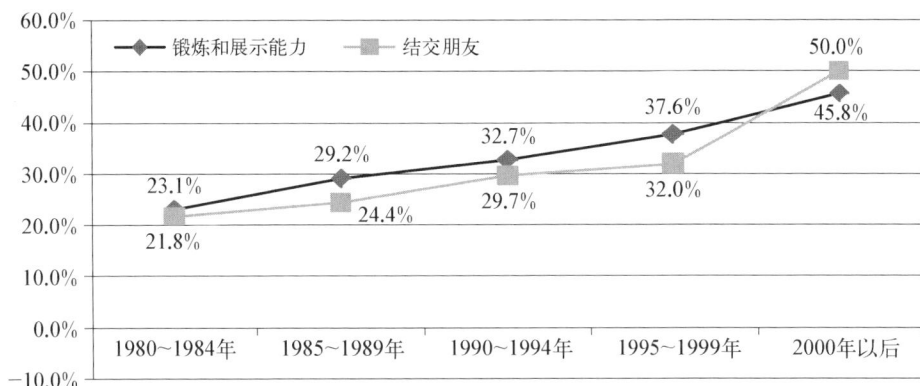

图 9－12　不同年龄段青年社区参与的发展动机

同样是青年,年龄越大,越注重责任与权利;年龄越小,越重视个人发展机会。这就是不同年龄段青年社区参与动机的差异。

（2）受过高等教育的青年有更强的居民权利动机

权利意识是公民意识的重要组成部分。数据显示,受过高等教育的青年,其社区参与的权利动机高于没有受过高等教育的青年。大专及以上的青年,选择"行使居民权利"的比例为 40％左右,而中专职校、高中、初中及以下的青年,选择此项的比例为 30％左右,详见图 9－13。不同受教育程度的青年参与社区活动的其他方面动机未呈现出显著差异。

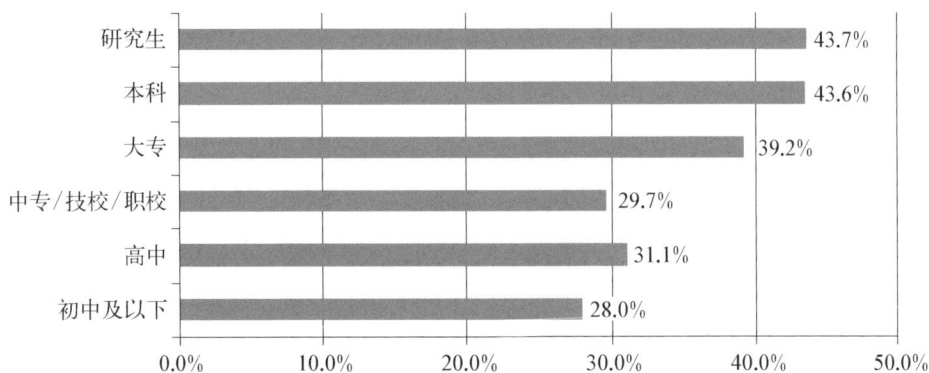

图 9－13　不同受教育程度青年社区参与的权利动机

（四）长三角青年社区参与的组织特征

不同的组织者所开展的社区活动形式各异,对青年参与的动员方式也有很大差别。通过分析青年社区参与的组织者,可以了解促成青年社区参与的支配性力量,推测青年社区参与的自主性程度与基层社区的社会发育状况。

1. 长三角青年社区参与的组织特征

在 3 023 名在职青年中,2 691 名针对过去一年所参加的社区公共活动的组织者做出了有效回答。从统计结果中可以归纳出长三角青年社区参与组织形式的共同特征。

(1) 多元主体推动的格局初步形成,自上而下的动员式参与仍占优势

长三角七城市的调查表明,在经济社会发展程度较高的东部沿海地区,在促进青年社区参与方面,多元主体推动的格局初步形成,但具有行政特征的动员式参与仍然占优势。当问及过去一年所参加的社区公共活动的组织方,在允许选择多项的情况下,提及率最高的是"工作单位",有 1 342 名青年选择了此项,占有效应答人数的 49.9%;"居委会"的提及率紧随其后,达到了 48.8%。街道作为基层政府的派出机构,在社区活动的组织上具有显著的行政性特征,被提及的比率位居第三,为 27.4%。作为社会力量的典型代表,公益组织的被提及率仅为 25.3%;业委会是以房屋产权为基础、维护业主权益、监督社区物业管理的民间组织,具有市场性和社会性特征,被提及率为 19.0%;而居民自主发起的社区公共活动的提及率最低,仅占 12.4%。

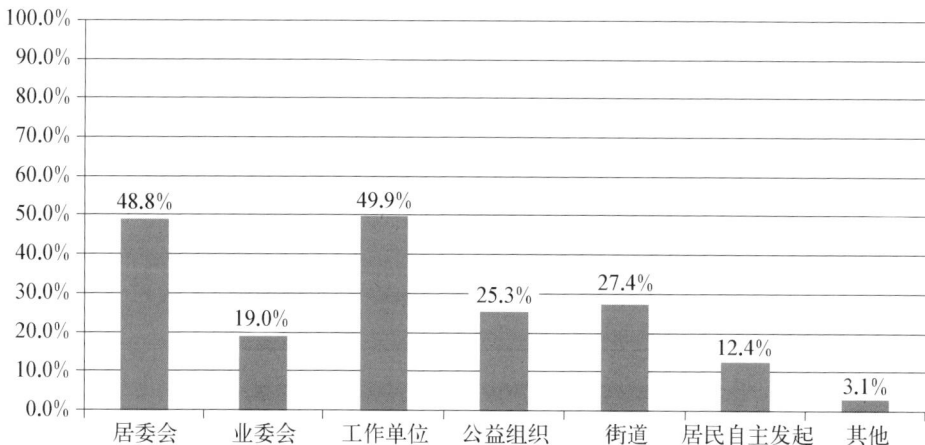

图 9 - 14　青年在过去一年所参加的社区公共活动的组织方

(2) 社区内外形成合力,工作单位和居委会成为组织青年社区参与的两大主体

当前的青年社区参与状态是社区内外部力量共同推动的结果。在促成青年社区参与的力量中,来自社区外部的力量不亚于社区内部,甚至可能强于社区内部。工作单位、街道和绝大部分公益组织,均为社区外部的组织力量,此三项的

选择比例之和,高于青年对社区内部三类组织方的选择比例之和(居委会、业委会和居民)。

作为社区内外的两大力量,工作单位和居委会在青年社区参与中的被提及率明显超过其他组织,说明这两类组织在推动青年社区参与中发挥了相对重要的作用。这两者之间在社区层面的合作值得今后进一步探讨。

上述调查结果也表明,青年的社区参与,相当一部分并非参加本人所居住的社区的活动与事务,而是在工作单位等的组织下,参加了其他社区的活动。根据日常观察与逻辑推理,工作单位组织的社区活动大多数情况下以青年的公益性、联谊性社区参与为主。

2. 长三角七城市青年社区参与的组织者对比分析

长三角七城市青年在社区参与的组织者提及率上存在差异,这主要表现在对居委会和工作单位的选择比例上。如图9-15所示,上海青年过去一年所参加的社区公共活动,以"居委会"为独立或合作的组织方的比例高达68.8%,而其他城市青年在此项的选择率上仅为50%或更低。选择"工作单位"为组织方的比例则呈现出另一种特征:杭州等五个城市青年的选择比例略高于50%;南京青年的选择比例相对较低,为45.4%;上海最低,为42.8%。

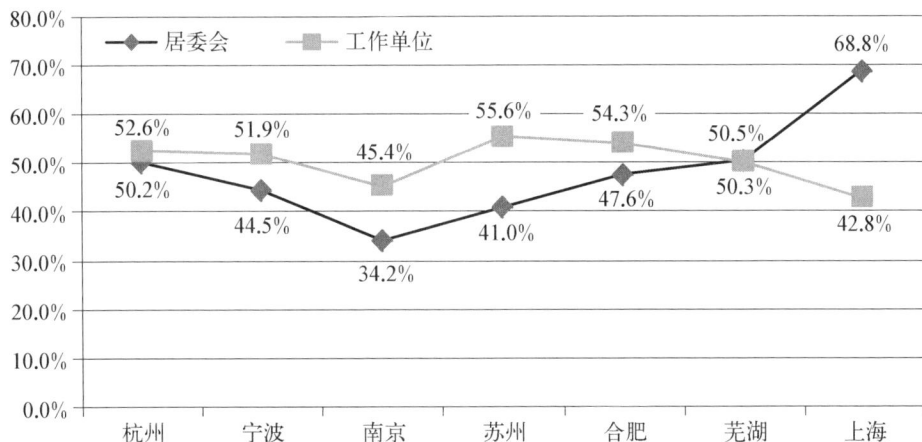

图9-15 七城市青年所参加的社区公共活动的组织方差异比较

图9-15也直观地反映出,除上海之外的六个城市,"工作单位"作为社区公共活动的组织者,被提及的比例均高于"居委会",或与"居委会"极为接近。只有上海表现出不一样的特征:青年选择"居委会"的比例远远高于"工作单位"。这从侧面反映出上海基层社区的居委会相对活跃,其对青年的组织能力

高于其他城市。

在推动青年社区参与方面,公益组织被学界赋予较高期待。但是本次调查显示,在长三角七个城市,关于青年所参加的社区公共活动,公益组织被列为组织者的比例较低,只有宁波和苏州青年的选择比例略高,分别为 30.7% 和 29.5%,上海只有 23.0% 的青年选择此项。合肥最低,为 19.3%。这说明公益组织在青年社区参与方面的影响力还有待增强。

3. 长三角不同青年群体社区参与的组织者比较分析

交互分析显示,不同住房类型、工作单位、收入层次的青年,在他们所参加的社区公共活动的组织者提及率上存在较为明显的差异。

如图 9-16 所示,不同住房类型的青年,对所参加的社区公共活动的组织方的选择存在显著差异。对居委会、业委会的选择比例,自购商品房的青年高于住父母(或配偶父母)房的青年,后者又高于租房青年。这一变化趋势在情理之中。上述数据反过来也说明了,即使对于租房青年,居委会和业委会也有不可忽视的组织力和影响力,尽管这种组织力与影响力低于对自购商品房的青年。

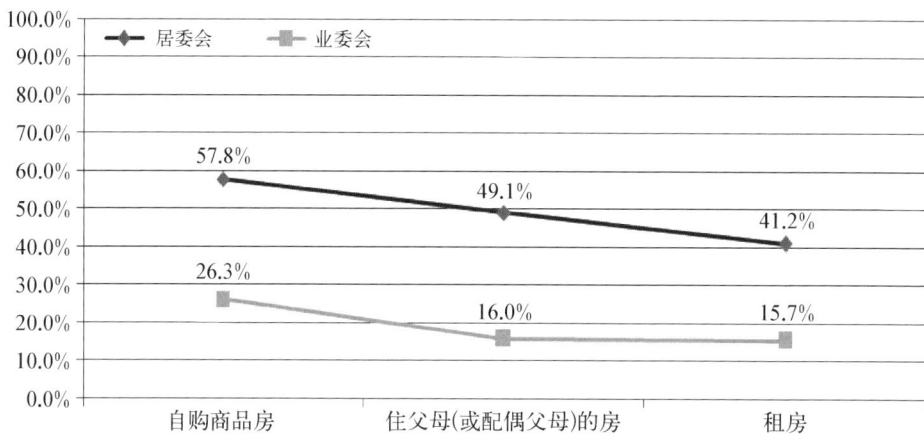

图 9-16 不同住房类型青年所参与的社区活动的组织者

不同工作单位的青年在社区公共活动组织者的选择上存在差异,这主要反映在"居委会"与"工作单位"的选择率上。社会组织青年对"居委会"的选择率高达 72.7%,即 72.7% 的社会组织青年在过去一年中参加过居委会组织的活动,这一比例高于其他单位青年二三十个百分点,也远远超过了社会组织青年对本单位和公益组织的提及率(后两者分别为 46.3% 和 31.4%)。

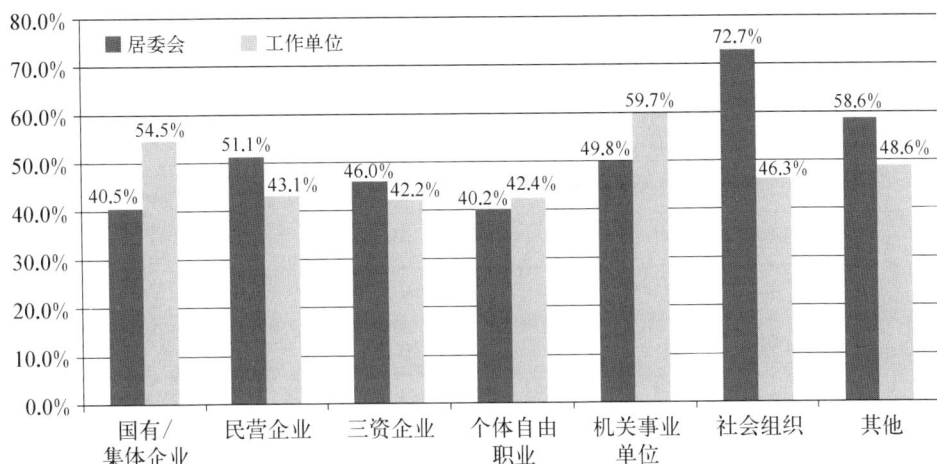

图 9-17　不同工作单位青年所参与的社区活动的组织者

　　不同工作单位的青年,在过去一年中参加过单位所组织的社区活动的比例也存在差异,选择"工作单位"为组织者的比例最高的是机关事业单位青年,为59.7%,随后是国有/集体企业青年(54.5%),民营企业、三资企业青年的选择比例相对更低,分别为43.1%和42.2%。这一递减趋势也在预料之中。但是即使在体制外的民营、三资企业中,也有将近半数的青年在过去一年中参加过工作单位所组织的社区公共活动,这一数据值得重视,可以作为今后开展社区青年工作的参考。

　　另一组值得思考的数据,是不管什么单位的青年,选择"公益组织"为过去一年所参加的社区公共活动组织方的比例都较低,大部分在20%～30%之间,即使是社会组织青年,选择此项的比例也仅为31.4%,这从侧面反映了公益组织在青年社区参与中的作用尚未得到充分发挥。

(五) 新媒体的运用和青年社区参与

　　随着信息化的发展,人们的社会交往与互动越来越离不开互联网技术,越来越多的人运用新媒体获取、传递和发布信息。尤其是青年群体,通过网络互动是他们所热衷的方式。在基层社区,越来越多的社区工作者和居民开始运用新媒体工具发布信息、开展互动、组织活动。本次调查发现,在3 023名调查对象中,2 563人使用过社区的新媒体工具或平台,占84.8%。其中又以使用社区微信公众号者最多,使用社区居民微信群或QQ群的人数紧随其后,以上两者在调查对象中均超过半数。此外,使用社区公共服务APP的青年约有四分之一,还有少数居民使用社区业主论坛或居民论坛,见表9-1。

表 9-1　青年对社区新媒体的使用

	人数(n)	百分比/%
社区微信公众号	1 779	58.8
社区居民微信群/QQ 群	1 523	50.4
社区公共服务 APP	783	25.9
社区业主论坛或居民论坛	473	15.6
其他社区新媒体平台	112	3.7
没使用过	460	15.2

进一步的分析表明,青年对社区公共活动的参与率和对社区新媒体的使用率之间高度相关($Gamma＝0.877, P＜0.001$)。在 2 563 名使用过社区新媒体工具或平台的青年中,2 416 人过去一年参加过社区公共活动,占 94.3%;而在没有使用过社区新媒体工具或平台的 460 名青年中,239 人过去一年参加过社区公共活动,仅占 52.0%。

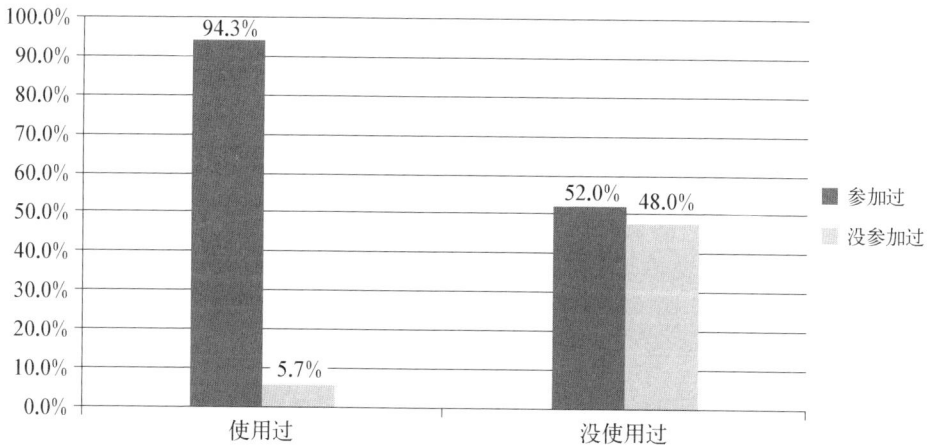

图 9-18　新媒体的使用与社区公共活动参与率

从逻辑上来讲,新媒体的使用能提高社区公共活动的参与率,而上述数据为新媒体工具对青年社区参与的促进作用提供了一定依据。尽管如此,新媒体对青年社区参与的功能并非单纯运用技术手段就能发挥的,而是需要线下社区活动的实质性推进。只有通过线上与线下的有力配合,才能更为有效地促进青年的社区参与。

二、对策建议

青年民生问题的解决，不仅需要政府部门和社会服务机构的努力，也需要青年自身的参与。基层社区是民生问题的发生场域，也可以是青年主体性意识呈现的社会空间。进一步促进青年社区参与，对于青年民生问题的解决具有重要意义，也有助于在参与式发展过程中，形成富有活力的基层社区互动形式，在长远上有助于形成社会力量广泛参与的基层社区治理格局。本次调研对今后长三角的青年社区参与有如下启示：

（一）社区内外联动，形成青年社区参与的组织合作网络

社区并非都市社会中的孤立单元，社区参与的内外部组织力量是否能够形成有效合作成为促进青年社区参与的关键。如前所述，在长三角七城市中，多元主体推动的格局初步形成，但自上而下的动员式参与仍占优势，工作单位和居委会是青年过去一年社区参与选择比例最高的组织者。这一信息强烈提示，要进一步促进青年社区参与，必须实现社区内外组织的联系与合作，从而形成促进青年社区参与的合力。在居民区内部，主要有居委会、业委会、物业公司"三架马车"，以及新兴的青年社会组织等，在居民区外部，有党政机关、辖区企事业单位，还有青年中心等共青团的活动阵地等。要完善青年社区参与的顶层设计，有效推动社区内外组织的联动。

不同的社区组织者各有其优势与劣势。其中工作单位在发动青年参加社区活动方面，具有青年服从率高、参与率高的优势，也能为社区引入各种资源。但是工作单位所组织的社区活动，往往具有跨区域、非持久性等特征，不容易培育青年的社区归属感。居委会拥有一些上级下沉的行政资源，但是在青年中的影响力相对薄弱。社区中的青年自组织容易在青年中形成向心力与归属感，但是往往缺乏资源支持。在社区内外联动中，要通过社区工作的策划，实现不同组织的优势互补。

（二）依托实践项目，建立青年社区参与的长效实践机制

青年的社区参与不仅需要政策倡导，更需要通过具体的社区实践项目来落实。本次调查表明，与过去相比，青年社区活动参与率已经有较大幅度的提升。从参与内容上看，长三角青年对"社区环境"类事务的参与率占绝对优势，其中"垃圾分类"的社区参与率在各选项中高居榜首，70.0％的青年选择此项。位居第二的"清洁家园"选择比例为35.5％，也与垃圾处理有直接关系。由此可见，在长三角各城市，垃圾分类活动极大地提升了青年的社区参与率。本课题组以往

的研究也表明,在青年参与率较高的典型社区具有一个共同特征:即社区中形成了持续而丰富的社区活动项目及运行机制。这说明,要进一步促进青年的社区参与,需要在社区中建立与发展长期而稳定的实践项目,并以此为依托,建立青年社区参与的长效实践机制。

然而,由于资源缺乏、居民联系薄弱等原因,大部分社区并没有形成对青年具有足够吸引力的实践项目,这是导致青年社区参与率低下的直接原因。垃圾分类活动为社区形成长期的实践项目、建立长效实践机制提供了很好的契机。与以往的社区活动不同,垃圾分类活动是政府着力推进的重大项目,覆盖各类企事业单位、社区组织与普通居民,具有持续性、长久性的特征,且有法规为依据,甚至有一定的强制性参与色彩。这为青年参与社区的垃圾分类提供了强有力的外部推力。然而,垃圾分类的实际成效如何,还有赖于居民自主、自愿的参与。因此,在垃圾分类广泛推进的背景下,基层社区需要抓住时机,设计与垃圾分类相关的社区主题活动,形成长期的社区实践项目,并在此基础上,形成和完善青年社区参与的长效实践机制。

(三) 线上线下互动,激发青年社区参与的积极性与能动性

调查表明,长三角青年的公共参与意愿可谓积极与冷漠并存。一方面,绝大部分青年表示“希望为青年民生问题的解决发挥自己的力量”,对此表示“非常同意”与“比较同意”的青年比例,在 3 052 名高校学生中合计达 88.2%,在 3 023 名在职青年中占 86.0%。从此项指标看,青年对于解决青年民生问题的公共活动参与意愿较高。另一方面,在现实中依然可以感受到,社区中的青年参与度依然严重不足。其原因在于,青年并未从社区参与中体会到与自身的相关性。倘若青年通过社区参与,能够解决与切身利益相关的问题,则情况将会大有改观。垃圾分类需要加大宣传力度,使得每位青年意识到生活中的垃圾处理不仅事关社区环境的清洁度,也关系到整个社会的可持续发展、关系到每个人生活的环境质量。其他的社区活动也需要与青年的动机与需求充分契合。

青年对社区公共活动的参与率和社区新媒体的使用率之间高度相关,使用过社区新媒体平台的青年与未使用社区新媒体平台的青年在社区参与上存在显著差异,前者对社区公共活动的参与率几乎是后者的两倍。因此,需要充分利用社区青年微信群等平台,大力宣传垃圾分类等社区公共活动的意义,发布相关的互动信息,同时通过组织丰富的、富有意义的线下活动,促进线上线下互动,使青年在社区参与中提升个人获得感、社区归属感。通过社区实践项目的切实推进,反过来强化青年的社区意识、社会责任感,进一步激发青年社区参与的积极性与

能动性,从而实现社区参与意识与社区参与实践的良性循环。

第二节　志愿服务

一、研究背景

近年来,我国志愿服务事业持续蓬勃发展,并逐渐走向合作化、法制化、制度化和网络化。

（一）法制化与制度化

党中央、国务院和各地相继出台相关文件制度。2014 年 2 月 19 日,中央精神文明建设指导委员会印发《关于推进志愿服务制度化的意见》,《意见》包括推进志愿服务制度化的重要意义和指导思想、建立健全志愿服务制度、加强对志愿服务制度化的组织推动 3 部分 10 条。2016 年 3 月 16 日,标志着中华民族乐善好施、守望相助的优良传统将在法律的规范与保障下发扬光大的《中华人民共和国慈善法》由中华人民共和国第十二届全国人民代表大会第四次会议通过,并自 2016 年 9 月 1 日起施行。2016 年 5 月 20 日,习近平总书记主持召开中央全面深化改革领导小组第二十四次会议,通过了《关于支持和发展志愿服务组织的意见》,意见指出:"支持和发展志愿服务组织,要坚持以培育和践行社会主义核心价值观、满足人民群众日益增长的社会服务需求为出发点,以能力建设为基础,以建立健全政策制度、完善体制机制、增强法律保障为重点,积极扶持发展志愿服务组织,形成布局合理、管理规范、服务完善、充满活力的志愿服务组织体系。要把志愿服务组织的工作重点放在扶贫、济困、扶老、救孤、恤病、助残、救灾、助医、助学方面。"2017 年 6 月 7 日,保障志愿者、志愿服务组织、志愿服务对象的合法权益,鼓励和规范志愿服务,发展志愿服务事业,培育和践行社会主义核心价值观,促进社会文明进步而制定的法规——《志愿服务条例》经国务院第 175 次常务会议通过,由国务院于 2017 年 8 月 22 日发布,自 2017 年 12 月 1 日起施行。这些文件制度的出台,表明我国志愿服务已经成为落实习近平总书记"四个全面"战略布局、全面推进国家治理体系和治理能力现代化的重要抓手。

（二）网络化

在宏观法规条例和制度文件相继出台实施的同时,层次分明、紧密合作的志愿服务架构逐渐形成并不断完善。在各地精神文明办公室的带领下,各地纷纷成立志愿者协会、志愿者基地、志愿者总队等。在线下志愿者组织积极发展的同时,新时代互联网＋理念与志愿服务相融合,线上志愿服务平台开始建立并推广开来、服务大众。2014 年 11 月 24 日,中国志愿服务联合会"志愿云"信息系统上线发布仪式在北京举行。基于云技术和大数据,具有志愿者实名注册、自动生成志愿服务证、志愿服务时间 APP 记录、志愿服务证书自动下载、服务记录异地转移接续等特色功能的"志愿云"信息管理系统旨在实现全国志愿服务数据库互通互联。"志愿云"采用实名注册,既可通过地域分布,又可以通过行业系统,还可以通过自由加入的方式,实现对志愿者的有效分类和管理。志愿者可以下载客户端,根据个人意愿自主选择加入平台上的组织和服务项目。

（三）合作化

近年来,长三角一体化战略逐渐明确,在进博会期间,习近平总书记提出关于支持长江三角洲区域一体化发展上升为国家战略的重要指示。在长江三角洲区域一体化建设的战略下,长三角三省一市的志愿服务合作化发展成为志愿服务发展的重要策略。2019 年 3 月 1 日,为深入学习宣传贯彻习近平新时代中国特色社会主义思想和党的十九大精神,进一步学习领会习近平总书记关于志愿服务的重要指示精神,全面落实习近平总书记关于支持长江三角洲区域一体化发展上升为国家战略的重要指示,充分发挥志愿服务在推动长三角高质量一体化发展中的积极作用,推动学雷锋志愿服务制度化、常态化发展,由上海市文明办、江苏省文明办、浙江省文明办、安徽省文明办、上海市教卫工作党委、上海市民政局、共青团上海市委、上海市社会科学界联合会、杨浦区文明委、上海市志愿者协会、上海市志愿服务公益基金会等单位主办,复旦大学承办的"探索与创新"2019 长三角地区(上海)志愿服务论坛在复旦大学举办。三省一市举办长三角志愿服务论坛,就是要深入贯彻落实习近平总书记关于志愿服务和长三角一体化的重要讲话精神,立足全局、服务大局,拓展志愿服务理论研究的深度广度,加强志愿服务实践经验的交流互鉴,搭建长三角地区志愿服务信息互联互通、资源共建共享、项目协同协作的新平台,把重大机遇转化为推动长三角志愿服务工作的强大合力。上海市文明办主任潘敏同志提出三方面倡议,一是以经验互鉴、机制联动为着力点,携手推进长三角地区志愿服务制度化。二是以拓展平台、打响品牌为切入点,携手扩大长三角地区志愿文化的影响力。三是以资源共享、阵地共建为突破点,携手深化长三角地区志愿服务能力建设。三省一市共同发布了《长三角志愿服务合作宣言》,其中包括建立协调联动机制、联合开展理论研讨、推动工作交流学习、加强文化宣传推广等方面合作内容。这是三省一市在长三角区域协调发展中,在志愿服务领域发布的首个正式合作文件,标志着长三角地区一体化发展在社会治理创新格局方面探索开创了志愿服务新领域。

在长三角一体化发展的战略背景下,本报告将聚焦长三角地区,抽取了3 152个样本量的大学生青年群体,通过分析长三角地区大学生青年的志愿服务参与情况以及态度认知情况,以期能为长三角一体化发展中志愿服务的发展提供相关参考。

二、调查结果与分析

(1) 三省一市大学生青年参与志愿服务的积极性较高,且持续参与志愿服务的人数比例也在上升之中。

被试者中90.9%的同学在过去一年中都参与过志愿服务,其中参与过1~3次和4~7次的比例最高,但仍然有22.8%的大学青年参与8次以上志愿服务。由此可见,大学生参与志愿服务的积极性较高,且持续化参与志愿者的人数也在上升。

(2) 大学生青年参与志愿服务的渠道方式多元化,主要以学校组织或者自愿参与学校的社团活动的渠道方式参与志愿服务。

大学阶段,青年置身于校园环境之中,这个阶段里校园文化对于大学生青年的思想和行为引导起到重要的作用。进入大学阶段的青年,大部分刚刚脱离居家式的生活方式,开始进入到独立的校园生活中。由于较中学时代学业压力减小,社会对于大学生的预期更多呈现在参与社会的角度,而非单一地对学业成绩的期待,所以这个阶段是大学生开始接触社会的关键过渡阶段,这个时候的价值引导会起到非常重要的作用。即使是在互联网时代,校园的实体组织氛围仍然发挥着更为重要的作用。基于此,应善用大学校园的环境平台,有效促进志愿服务文化在大学阶段的有效传播,从而增强大学生参与志愿服务的积极性和持续化。大学生青年参与志愿服务的渠道方式除了学校组织的之外,还有通过网络宣传的渠道方式参与志愿服务。

(3) 大学生青年参与志愿服务的复合式动机,体现出当代青年融社会意识与自我意识为一体的新参与观。

在关于大学生参与志愿服务的动机调研中,排名前三位的分别是:奉献社会、帮助他人和锻炼自己的能力。

我们往往将参与志愿服务的动机分为三类:① 利己型:指为增进个人利益的行为,利益可分为有形的或者无形的利益,有形的利益如金钱报酬、物质报酬等,无形的利益主要是指他人的赞赏或者鼓励。具体来说,利己动机又包括社交、个人发展、获得成就感、自我表现、提升自身的形象等。② 利他型：指在无回报的情形下，志愿帮助他人的行为。具体来说，利他动机包括满足他人的需要、帮助他人等。③ 社会责任型：指感受到"取之于社会，用之于社会"，进而必须以实际行动回馈社会的志愿参与动机。具体来说包括为社会贡献力量、回报社会等等。

当下社会，随着社会的发展与进步，大学生的公民参与意识越来越强，会将参与志愿服务活动作为一项参与社会活动、贡献社会、帮助他人的方式。但是这种奉献社会、帮助他人的行为又不同于从前那种纯粹无私奉献、毫无"小我"只谈"大我"的纯利他主义观念。当代青年因为生活年代发生了变化，接触的事务更加复杂，较以往年代具有更多的自我意识，当代绝大部分的大学生不是完全的利他主义者，也不是功利的利己主义者，而是对服务社会和自我价值有了更统合的认知概念，在这种融社会意识和自我意识为一体的新参与观的影响之下，青年群体参与的志愿服务往往更具有主动选择的特征。

（4）大学生青年在参与志愿服务过程中在能力建设方面受到了良好的保障服务和支持，但仍有进一步完善的空间。

志愿力是指个人获得及持续完成志愿工作的能力。其本质是："个人具备获得志愿工作、保有志愿工作以及做好志愿工作的能力"。它包括三个要素，一是意愿（willingness），二是能力（capability），三是获得的可能性（availability）。其中为提高志愿者的参与意愿，调动志愿者参与的积极性，需要激励机制与激励举措的建立、完善与实施；为促进能力的发掘、匹配与建设，需要系统化的培训体系的建立、完善与实施，以及与此相对应的评估机制的建立、完善与践行；志愿力的提升与志愿服务整体环境的氛围营造息息相关，配套制度的支持与公民社会中的社区文化是增加获得可能性必不可少的要素。基于此，为志愿者提供适当的激励、必要的保障、丰富的培训、科学的评估等能力建设方面的支持对于增强志愿者在志愿服务中的良好体验感、提升志愿者的持续参与率至关重要。

整体来看，一半以上大学生青年在参与志愿服务的过程中，获得了相关的激励、培训、保障、评估等能力建设方面的支持并持满意态度。但是仍有相当比例的同学对在能力建设方面的体验不满意，甚至并没有获得相关的支持和保障。

（5）志愿云等志愿服务记录平台已经得到了一定程度的推广，且主要集中在较为正式的组织开展的志愿服务活动中，普及范围仍待进一步提高（图 9 - 19）。

（6）大学生青年群体的公益意识已经大大增强，但是从事公益行业的人士的社会支持还有待增加。

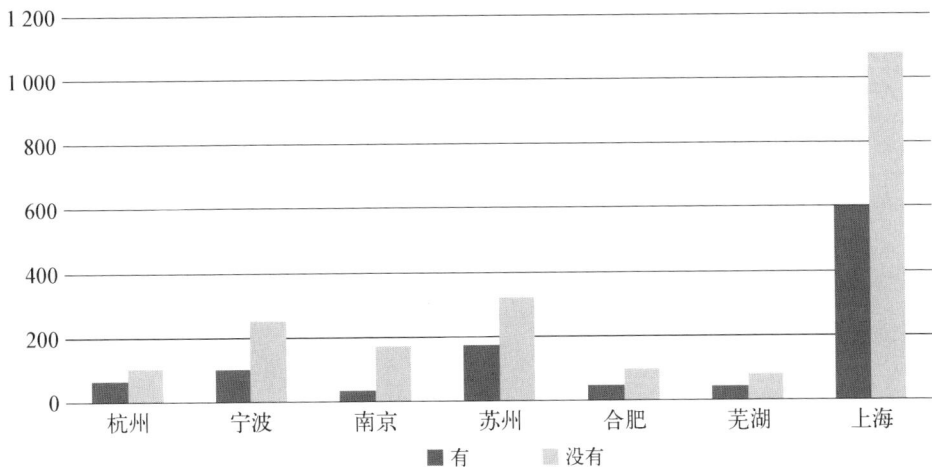

图 9-19　志愿服务过程中是否有记录平台

对于从事公益相关领域的工作，被访者参与意愿较高，但多以兼职参与意愿为主，愿意全职参与者的比例有限，体现了社会中公民的公益意识已经增加，但是从事公益行业的人士的社会支持还有待增加。今后应继续不断提升与此相关的志愿服务引领等公益类岗位的社会影响力，进一步重视公益文化的宣传和影响力传播，全方位推动志愿服务事业的发展。

三、对策建议

（1）顺应志愿服务的发展趋势，了解新时代志愿者参与志愿服务的多元化需求。在组织志愿服务的过程中，整合志愿者在服务他人的同时也希望能感受到自我价值、获得自我成长的多重动机，优化组织志愿服务目标，吸引更多人士加入志愿服务事业中，并通过精准志愿，更大程度地发挥当下志愿者的积极性，通过增能和优势视角理念的渗透，充分发掘志愿者的专长优势，促使其发挥更大的作用。

（2）充分借助有效渠道，首先发挥大学校园的极高的组织性和影响力功能，使其最大程度地正向引领大学生青年积极参与志愿服务。比如校园内公益主题的社团、学生的暑期社会实践等等，这样的平台是极大调动大学生主动投入到志愿服务参与中的重要方式。学校应重视这些社团的功能，给予学生更多的资源链接和锻炼平台。其次是网络媒体对于当代大学生青年积极看待和参与志愿服务类的社会活动具有极强的引导作用和传播功能，尤其是新媒体的涌现，线上的宣传和沟通成为不可或缺的连接青年和影响青年的方式。

（3）继续大力加强志愿者能力建设，全方位优化激励、培训、保障、评估各方面的支持内容，完善志愿服务管理过程从而留住志愿服务人才。政府对于志愿者激励非常重视，在全国范围内设置常规表彰示范。比如，全国百名优秀志愿者和十大优秀志愿服务组织网上评选活动，由共青团中央、中国青年志愿者协会主办的全国范围内的"中国青年志愿者优秀个人奖、组织奖、项目奖"评选表彰活动，由中国红十字会组织的"中国红十字志愿服务特别贡献奖""中国红十字志愿服务专业贡献奖""优秀红十字志愿服务队"以及"十大杰出红十字志愿者"网上评选活动。长三角区域应在参与这些全国性的表彰激励活动之余，结合自身独特的区域化特点，开创长三角地区区域化的表彰或者示范活动。除了表彰示范类活动的特色化组织外，还应在志愿服务组织层面重视组织对于志愿者的能力建设功能，志愿服务组织或者开展志愿服务工作的其他非营利组织应该树立明确的组织使命、愿景和目标，并及时传递给志愿者，在组织具体的志愿服务活动的过程中，在供需匹配的基础上，根据志愿者本身的意愿和专长，为志愿者安排合适的志愿服务岗位，同时在具体的活动实施中，为志愿者考虑周全各种保障和相关的物质精神激励等。

针对志愿者进行有效性评估与系统化培训，建构多元化培训体系，构建丰富的培训内容，采取多元化的培训方式，同时加强培训基地的建设。《关于支持和发展志愿服务组织的意见》指出，国家将建立志愿服务示范培训机制，鼓励有条件的地区建立培训基地，加快培养一批志愿者骨干和志愿服务组织管理人才。评估是监督过程的一部分，是监督的继续，它对于保持志愿者的积极性和有效性是非常关键的，其重要性不可忽视。有了科学的志愿者服务评估机制，才能进行志愿者服务的经验总结，从而有效提升服务质量，丰富服务内容，创新服务形式和方法。

（4）继续规范志愿服务环境，大力推广志愿服务文化，推动志愿服务的影响力传播。志愿服务事业的发展需要全体公民的共同努力。整体志愿服务氛围的营造和志愿服务文化的建设，需要设定标准和约束机制，建立规范的志愿服务环境，在此基础上能更好地发挥志愿者的作用和影响。① 建立志愿服务的问责制。志愿服务工作中有许多利益相关方，包括志愿者、政府、第三方组织者、受益人、捐赠者、一线员工等等。需要建立问责制度，增强责任感，规范志愿服务工作环境。② 提升志愿服务的公信力。志愿服务组织的公信力是其生存发展的生命线。《中国非营利组织公信力标准》包括：合法性、使命、资源利用和利益冲突、内部治理、协作和伙伴关系、筹资、项目评估、财务透明、信息公开、道德诚信各方面,也可以作为志愿服务组织公信力的评价标准。③ 大力弘扬志愿服务文化。志愿服务是美好的社会行为和道德实践,社会要大力弘扬志愿服务文化。通过宣传志愿服务文化,让民众认识志愿服务的重要意义、认可志愿者的社会价值和功能。通过积极引导社会舆论,增强志愿者行动的内驱力、增加公民参与志愿服务工作并获得认可的机会、推动志愿者队伍建设,最终形成良好的社会氛围。

(5) 大力推动长三角区域志愿服务的联动发展。三省一市共同发布了《长三角志愿服务合作宣言》,其中包括建立协调联动机制、联合开展理论研讨、推动工作交流学习、加强文化宣传推广等方面的合作内容。沟通协调省市际志愿服务工作重大问题,商讨区域志愿服务协调联动相关重要事项,推进区域志愿服务的课题研究、项目培育、人才培养、典型选树、文化推广等方面工作,进一步实现长三角志愿服务资源共建共享、信息互联互通。定期组织长三角志愿服务论坛,由各地轮流主办,主要议题由主办方根据工作需要确定,邀请相关理论专家、志愿服务组织志愿者等参加,进一步拓展长三角志愿服务理论研究的深度和广度。在省(市)级理论研讨机制的基础上,推动省(市)、地市(区、县)、社区志愿服务工作者,互相学习借鉴,调查研讨考察,进一步促进长三角志愿服务工作交流、成果共享。搭建长三角志愿文化宣传推广合作平台,加强微信公众号、微博互动,挖掘、宣传和推广各地志愿服务先进典型、品牌项目,进一步强化长三角志愿服务宣传联动优势。

延伸阅读 1

当业委会来了年轻人,一切都在悄然改变!不信你看……

对业委会的评价,还是"钱没花掉"就好吗?业委会开展工作的方式只是张贴公告栏吗?当业委会来了年轻人后,一切都在悄然改变。

上周六,在团市委和解放日报社联合举办的"业委会来了年轻人"专题座谈会上,已经走进业委会的青年告诉你,如今有微信群、小程序开展业委会工作。为提升社区的舒适度,该用的维修基金就得用。他们还与专家一起探讨了团青骨干加入业委会的长效机制。

据悉,这项"青春社区——团青骨干参与业委会建设"工作由上海共青团推出,先期在静安、闵行等四个区试点,落实"坚定不移往社区走"。解放日报上观新闻也关注到业委会来了年轻人的新现象新探索,已推出"业委会来了年轻人"

系列报道 10 篇,引起社会各界关注。

选出苗子　社区事业需要情怀　不参与会后悔

为贯彻落实习近平新时代中国特色社会主义思想和党的十九大精神,上海市第十五次团代会确定了"坚定不移往社区走、坚定不移往网上去"两大主战略。

团市委成立了"青春社区"项目组,推进"青春社区——团青骨干参与业委会建设"工作,先期在静安、闵行、嘉定、宝山等 4 个区试点。

截至目前,各试点区团组织已联系凝聚小区业委会中的青年委员 321 人,有 28 名青年在试点工作之后新加入业委会。

当越来越多的青年开始关注社区、服务社区时,一批青年社区达人崭露头角。参加座谈会的十多位青年,更是其中的佼佼者。

自 2015 年关注到小区业委会后,"85 后"韩冰如今已经是青浦区徐泾镇新虹桥雅苑业委会主任,在真正参与到社区治理后,他发现自己对整个社会的看法都有了颠覆性的改变,看待问题不再那么肤浅。"比如社区外墙漏水这件小事,并不是说直接找物业就能解决。需要通过鉴定、征求意见等各个流程,体现的是基层工作的复杂性。"

静安区临汾街道汾西路 88 弄的业委会委员周浩这样总结自己在业委会工作的要点:"亮身份,做实事,赢民心。"

他提到,目前不少小区业委会老龄化现象依旧比较严重,年轻人参与其中,在做事理念和方法上都会有分歧。在这样的情况下,要让青年人愿意进入业委会并发挥作用,需要专业的引导和培训。

如何引导青年往社区走?已经往社区走的徐汇区斜土路街道尚海湾的业委会副主任单伟,结合工作提出了自己的想法,他觉得可以从青企协、律师协会等团市委指导联系的青年团体中找到一些合适的人选,让业委会的工作与这些青年团体互相吸引、产生共鸣。"我觉得青年要参加业委会,这是一件不干会后悔的事情,希望更多的年轻人一起来参与。"

社邻家创始人闫加伟长期从事社会创新领域的研究和实践。听完年轻人的经历后,他认为,共青团推进青年人进业委会非常有必要,"上海的社区治理已经从前台治理走到了后台治理,不是追求前台的活动,而是更看重后台的程序、流程、规则,这需要年轻力量的介入"。

"做社区事业,也需要情怀。"上海社会科学院政治与公共管理所副研究员李锦峰指出,年轻人进入业委会,不仅有助于提高业委会的代表性和专业性,还能更多样地反映出年轻群体的关切,通过新技术的运用,维护社区的公共秩序,提高社区整体福利。

推进举措　开展微调研　9成青年有意愿参与

为推动年轻人走进社区,团市委和各试点区也推出了系列举措。如各试点区组织推动近1000名青年以青春社区"汇智团""智业团""青年议事会""顾问团"等不同载体参与业委会的日常工作。

团市委举办了上海共青团基层群众工作培训班,组织79名来自区、街镇、居民区和业委会的团青骨干赴延安、梁家河开展一周的培训,进一步坚定理想信念,提升工作能力;经各团区委推荐,初步形成了首批78位上海青年业委会委员联谊会(筹)成员。

团市委"青春社区"项目组还邀请了全市139名40周岁以下的青年业委会委员进行了微调研,通过问卷形式了解上海青年业委会委员群体的状况,以及对于青年参与社区事务的观点和意见建议。

调研发现,如今参与业委会的青年的年龄段主要集中在28～35岁,占比49.6%。其中,有超过10%的青年成为了业委会主任,超过60%的青年担任业委会委员。

对于青年参与社区治理,青年们也亮出了自己的观点。

有超过9成的青年觉得,对共青团推进青年人参与社区治理这项工作,他们持支持态度,觉得"很有必要,青年人可以为社区做很多事"。对青年骨干参与业委会建设,有90.6%的青年也选择了"很有必要"。他们认为,加入业委会,能直接为社区和业主服务。

在开展工作的同时,青年也发现自己的专业能力需要提升。当被问及"您在业委会工作中最大的困扰和需求是什么",除了排名第一的"业主的不理解、不支持、期望过大等问题"外,"相关专业(法律、财务、政策、物业管理等)知识的缺少"成为青年第二大困扰。

在回答"希望共青团给青年业委会委员提供什么服务"时,排名前三的需求为物业管理知识培训、有关社区治理的培训讲座和法律知识培训。

在这方面,作为小区业委会主任的韩冰深有体会,并已经在探索。

今年5月4日,韩冰开发的小程序"众蚁法典"上线,如今已经积累了6000多名用户。小程序中,有关上海社区治理的法规法典就有几十个,如《上海市住宅物业管理规定》《上海市物业管理招投标管理办法》等。

他自己也收藏了很多条款,比如《物业服务收费管理办法》就在他的收藏之中,当业主反映各种各样的问题时,他就会拿出管理办法、条款给他们看,显得更有说服力。

下发方案　成立联谊会　形成长效机制

解放日报社党委书记、社长李芸，团市委书记王宇，团市委副书记丁波，团市委副书记邬斌，及市委组织部、市社会工作党委机关党委、市民政局、市房管局等相关负责人出席了座谈会。

解放日报社党委书记、社长李芸觉得，这次座谈是从实践层面上升到如何做好业委会管理这一理论层面上的探索。她认为，作为党报，要做好时代的记录者，既要反映年轻人在业委会工作中取得的成绩，也要反映工作中碰到的一些无法解决的难题，从问题导向角度看待业委会工作的开展，更好地助力这项工作。

团市委书记王宇提到，中央要求上海探索特大型城市的社会治理，特大型城市如何治理，需要贡献上海智慧和经验。上海要建设卓越的全球城市，重视社区建设，社区发展则需要青年人才参与。

王宇觉得，如今年轻人对社区的依赖度不够，更需要用组织的力量动员青年带着互联网、新的沟通方式进入社区。

"共青团有人才平台和组织优势，下一步会动员金融青年、医卫青年等加入，为社区带进专业知识，组织更多金融、法律方面的培训，也会为青年搭建交流平台。在未来，让更多青年真正成为社区自治的参与者，社区活跃的带动者，社区正能量的传播者，开启社区治理的新时代。"

团市委对下一阶段的工作也有了规划。他们将制定下发《关于进一步深化上海共青团"往社区走"试点工作的实施方案（征求意见稿）》，进一步深化试点工作、发挥带动作用。

同时正式成立青年业委会委员联谊会，搭建交流、学习、互助平台，加强引领和服务，形成长效机制。针对社区需要专业人才，团市委也正筹备组建"业委会青年顾问团"，让公用事业、工程建筑、法律服务、财务审计等相关领域团组织的专业青年，成为业委会的重要外围支持力量。

此外还有一系列举措，如推出青年业委会委员工具包，梳理整合市级团组织下沉服务社区项目资源清单，举办"创意进社区"上海青年美好空间社计赛等，持续推进"团青骨干参与业委会建设"，引领青年走出家门、走进社区，让更多青年投身社区治理与建设，让社区因青年而活跃，让青年因社区而出彩。

（资料来源：青春上海记者　周胜洁，共青团上海市委官方澎湃号，2018 年 7 月 30 日）

延伸阅读 2

整合志愿力量　服务长三角高质量发展

志愿服务是现代社会文明进步的重要标志,是加强思想道德建设、培育和践行社会主义核心价值观的重要载体。作为志愿服务发展的一片热土,长三角地区如何进一步实现跨界资源的有效整合、推进不同群体的协同参与,从而在全社会营造浓郁的志愿服务文化氛围?

近日,在上海市复旦大学首届长三角地区(上海)志愿服务论坛现场,人头攒动,掌声四起。来自长三角三省一市文明办志愿服务工作的负责人、志愿服务领域的专家学者、上海市各区志愿服务组织的代表等 400 余人会聚于此,围绕志愿服务与长三角更高质量一体化发展的关系、价值、目标和实现路径,推进志愿服务制度化建设、新时代文明实践中心建设等问题,积极发言、交流观点、分享成果。

汇聚力量

论坛发布了《长三角志愿服务合作宣言》(以下简称《宣言》),据了解,这是长三角区域志愿服务领域发布的首个正式合作文件。据此,未来长三角地区的志愿者们将在建立协调联动机制、联合开展理论研讨、推动工作交流学习、加强文化宣传推广四个方面展开积极的合作。进一步实现长三角志愿服务资源共建共享、拓展理论研究的深度和广度、促进志愿服务工作交流、成果共享。

江苏省响水助力微梦公益协会创始人吉旺认为,《宣言》中提出的"联合开展理论研讨"和"推动工作交流学习"可以成为长三角志愿服务正式合作的前奏。他建议,长三角志愿服务合作进程可以从理论探讨和经验交流做起,从而进一步深化至资源共享和协同工作。

针对《宣言》中提出的"建立协调联动机制",浙江省社会科学院副研究员王平认为,浙江省通过大数据平台和智能 App 来引导和规范志愿服务的做法具有指导意义。

"在志愿服务的大数据平台上,长三角各地区可以统一数据标准,打破信息孤岛,更好地服务于志愿服务,从而形成一个稳定、高效、共建、共享共用的协调联动机制。"王平说。

"加强文化宣传推广"是《宣言》的最后一个部分,大多数从业者和专家认为,如何加强文化宣传推广,是未来长三角志愿服务力量能否真正"拧成一股绳"的关键所在。

对此,上海市委宣传部副部长、市文明办主任、市志愿者协会会长潘敏指出,长三角各地区应携手扩大志愿服务的影响力。"江苏的志愿服务展示交流会、安徽的志愿服务主题月、浙江的国际志愿者服务品牌、上海志愿服务文化推广季在各地掀起了志愿文化传播的高潮。三省一市可以拓展平台,打响品牌,携手扩大长三角地区志愿服务的影响力。"潘敏说。

引领发展

当前,长三角正在进入更高质量的一体化发展时期,现在全国志愿者服务人数已达 1 亿,志愿者人群的比例约为 7%,而长三角地区已超过了 12%。

"长三角志愿服务者的数量远超全国平均水平,这是长三角志愿服务力量携手并进的底气所在。"上海社会科学研究院社会学研究所所长杨雄介绍,以上海为例,上海市注册志愿者数量已连续 10 年递增,2018 年上海市注册志愿者注册率达到 16.6%。

潘敏说:"今年是长三角一体化上升为国家战略的开局之年,长三角志愿服务论坛的举办,就是要深入贯彻落实习近平总书记关于志愿服务和长三角一体化的重要讲话精神,加强长三角地区志愿服务实践经验的交流互鉴,搭建长三角地区志愿服务信息互联互通、资源共建共享、项目协同协作的新平台,把重大机遇转化为推动长三角志愿服务工作的强大合力,推动长三角志愿服务高质量发展。"

早在 1998 年,复旦大学就响应团中央、教育部号召,成立了首批复旦研究生支教团。20 年来,共派出 274 名大学生在宁夏西吉接力支教,播撒希望的种子。复旦大学博士生讲师团坚持 17 年深入社区、学校、企业、军营宣讲党的创新理论、传播科学文化知识,累计开展 2 000 余场公益讲座,听众超过 75 000 人次,荣获中宣部"全国基层理论宣讲先进集体"称号。

"高校志愿服务是彰显人的情志涵养和文化自觉的一种不可或缺的生活实践方式,它所蕴含的文化力量与社会价值在一定程度上已经成为大学校园的一种精神现象和文化存在。"复旦大学党委书记焦扬说,多年来,复旦大学依托大学志愿者协会搭建志愿服务平台,开展形式多样的志愿服务活动,培育出了一批志愿服务优秀项目、典型人物。

(资料来源:记者郑晋鸣,《光明日报》,2019 年 3 月 3 日 03 版)

第十章　共青团与青年民生

　　青年民生,是一个内涵丰富、外延广阔的概念,涉及青年生活的方方面面,既包含了一般民生问题,又表现出青年发展性需要的突出特点。健康成长、身心安全、成人成才、求学就业、婚恋成家、养老育儿、创业创新、社会融入等,都是青年现实的民生需要,都会构成青年的民生压力。由于青年具有涉世未深、经验不足、社会地位和社会角色尚待进一步稳定、自我保护能力相对不足等特点,所以青年民生的改善与实现,尤其需要全社会的服务、维护和保护。共青团作为中国青年的核心组织,作为党的助手和后备军,在代表和维护青少年合法权益、促进青年民生状况的改善和民生质量的提升方面,具有义不容辞的责任,要担当起自己的历史使命,并协同各方面的社会力量,不断创新青年服务维权的手段、路径和方式方法。

第一节　服务维权

　　共青团权益工作存在着整体性、长期性、专业性、科学性的特点,虽然经过多年努力,形成了比较稳定的工作格局和明确的工作方向,有一些效果好、社会认可度高的工作项目,但与当前社会结构变迁、矛盾凸显的新形势和当代青年的多样化、个性化诉求之间还存在着较大差距。切实加强共青团组织的服务能力,做好对青年的服务维权工作,既是我们党对共青团的基本要求,也是共青团吸引青年、凝聚青年、促进青年健康成长职能发挥的重要前提。为了解共青团服务维权工作的开展状况和面临的实际问题,探索共青团服务维权的创新目标方向与路径手段,《长三角城市群青年民生发展报告》课题组以问卷调查和访谈调查为基础,综合运用文献数据研究、实证研究和比较研究的方法对长三角地区的青年进行了分层分类发展研究。

一、研究背景

（一）共青团青年服务维权工作不断深入发展

中华人民共和国成立以来，特别是改革开放以来，党和政府十分重视青年的发展和青年维权工作。1988 年召开的团十二大明确将青年维权工作确定为共青团的一项重要社会职能，指出共青团要依法代表和维护青年的具体利益，反映青年的意愿和呼声，全心全意为青年服务。

2017 年，中共中央、国务院印发了《中长期青年发展规划（2016—2025 年）》，将维护青少年合法权益列为重要发展领域，并强调共青团等群团组织要充分发挥代表和反映青年普遍性利益诉求的作用。

2018 年 6 月 26 日，团十八大胜利召开，报告中特别指出："各级团组织要主动关心和掌握青少年特别是贫困家庭青少年、残疾青少年、城乡间流动的农村青年、农村留守儿童等群体的成长需求，积极争取社会支持，多提供常态化、接力式服务，真心帮助他们感受温暖、健康成长。要深入调查研究，切实维护青少年的发展权益。要加强青少年法律服务和未成年人司法保护，深化青少年维权网络平台和 12355 服务台建设。"随着我国经济社会的发展，青年在健康、受教育、公共参与、创业就业、婚姻家庭、社会保障、法律保障等方面的权益得到充分的保障，促进了青年的全面发展。共青团服务维权的方式主要有：关心青年身心健康；推动青年发展问题的研究；参与监督维权，保护法律、法规的制定和执行；参与重大侵权案件的处理；不断完善青年权益维护法律法规和政策；构建维权工作体系，健全权益保护机制。

伴随高度信息化时代的来临，中国经济社会发展全面进入加速转型期，经济结构和社会结构发生了深刻变革，关注发展质量、增加民生福祉被提到了前所未有的重要位置。相较于其他年龄层的社会群体而言，青年具有特殊的生理、心理和行为特点，在加速转型期，青年的思想更加开放，需求更加多样，青年群体的分化进一步加剧，他们面临着一系列学习教育、职业发展、社会融入与参与，以及婚恋、养老、育幼、社会保障等方面的新情况新问题。青年的权益意识也愈发觉醒，为争取个人权利的保护与实现不断发出诉求，内容涉及人身权、隐私权、受教育权、劳动权、财产权、发展权、参与权、个人信息安全权等各个方面。

随着时代的发展和社会的转型，共青团青年维权工作的视野、方式、策略和载体也在不断发生变化。20 世纪 80 年代，团中央牵头各级团委逐步建立起青少年维权工作网络。为创造有利的法律环境，共青团中央于 1980 年着手调研青少年保护立法问题,1987年成立了青少年专门立法领导小组,会同国家教委共同牵头起草《中华人民共和国未成年人保护法(草案)》。之后,各地通过了一系列地方青少年保护法规。改革开放40年来我国形成了以宪法为根本,以未成年人保护法、预防未成年人犯罪法为核心,以民法总则、侵权责任法等法律及行政法规、地方性法规为有益补充的青少年权益保护法律体系,初步构建了家庭、学校、政府、社会共同参与的维权机制。

多年来,共青团在了解青年心声和诉求、开拓维权渠道方面开展了各种有益的探索。从1987年开始,各地团组织陆续开通了青春热线、心理咨询热线,及时掌握青年的思想动态和诉求,积极争取社会力量为青年提供心理咨询服务和法律咨询援助。2004年,团中央权益部提出建设"12355"青少年服务台,为青少年提供专业、权威、及时的在线咨询服务,帮助他们解答学习、工作和生活中遇到的各种权益问题和困惑。2015年,"青少年维权在线"网络平台得以建立,共青团对青年的服务维权工作实现了网上网下供需对接。2016年,《共青团中央改革方案》出台,提出要全面完成共青团"互联网+"改革,构建新媒体矩阵,建立"网上共青团",积极拥抱青年网络娱乐阵地。共青团先后入驻了微信、微博、知乎、QQ空间和网易云音乐,创办了"青年之声"互动社交平台。2018年10月1日,团中央正式入驻了快手、抖音。在此基础上,共青团全面推开了重点青少年群体服务管理和预防犯罪工作,采取多种措施促进青年就业创业,组织搭建青年婚恋交友平台,积极参与普法、禁毒、防艾、反拐、助残等专项行动,开创了"青少年维权岗"等活动品牌。

在推动青年有序的政治参与方面,2009年团中央倡导"共青团与人大代表、政协委员面对面"活动,旨在通过人大代表和政协委员及时反映青年对公共政策的意见和青年的利益诉求。活动自启动以来,各级团组织围绕"大学生就业创业""城乡青年电商创业""青年婚恋交友""维护新兴职业青年群体的发展权益"等主题,形成了各级议案、提案,有效推动了相关问题的解决。目前,"面对面"活动已成为共青团引导青年有序政治参与的重要平台,代言青少年权益的实践载体,是维护青少年合法权益的重要举措。

(二)共青团服务维权工作面临诸多问题

总的来说,在共青团和社会各界的共同努力下,我国青年维权工作不断进步,青年权益得到了更充分的实现和保障,大大促进了青年的全面发展,但也存在着一些需进一步发展和完善的方面。

(1)青年维权的立法有待进一步完善。我国青年维权立法不断发展,相关的法治体系日益健全,但相对于社会的快速变革和发展来说,存在着青年维权若干法律相对滞后的问题,在青年健康服务、权益保护、政治参与、社会保障、社会福利方面尚缺少专门的法律法规。另外,有些法律的原则性较强,对执法主体、责任主体、监督主体等规定比较宏观,缺乏针对性和可操作性。

(2)青年维权意识有待进一步增强。长期以来,青年多是被动受保护和被管束的对象,各有关部门对青年维权的主体作用不够重视,社会、家庭和学校没有注重发挥青年在维护自身权益方面的主体作用,也没有认识到问题的重要性,一些家长和老师甚至对有关青年权益保护的法律法规持抵触态度或情绪。由于法治教育和维权教育不够,大多数青年的维权意识尚缺,在权益受到危害时不自知,或是不知道如何维权,在遇到问题和困扰时,能够主动向政府、社会组织寻求帮助的较少。

(3)青年维权的针对性有待进一步提高。当今社会日新月异,随着市场化、城镇化、网络化的不断发展,青年的生活方式、思想观念、社会需求日益多样化。传统的青年维权工作内容、方式不适应青年的需要,不能解决青年遇到的问题和困扰。社会转型中也会产生新的情况,青年维权工作不断面临新的要求。所以青年维权工作不能再停留在一些传统的问题上,要提高针对性,研究青年面临的问题以及权益内涵的变化,变被动维权为主动维权,实现青年维权服务的精准递送。

(4)青年维权的体制机制有待进一步完善。青年维权工作涉及面宽,需要多部门的积极参与与配合。近年来,我国青年维权工作的体制机制不断健全,但也存在着不少亟待解决的突出问题,如青年维权工作的监督主体、执行主体呈现分割状态,不同的部门各管一块。条块现状的存在使得发生青年权益侵害事件时,存在缺位与越位情况,相关部门不能有效协调,互联合作。虽然有时会成立一些联合小组,共同处理青年维权事宜,但小组的协调性不够,或由于存在临时性,无法有效的维护青年权益。

综上所述,青年维权工作任重道远,相关法律有待进一步完善,工作模式有待创新,维权意识有待增强,维权效果有待提高。共青团组织作为青年利益的代言人和维护者,在新形势下,需要准确把握青年的新要求、新形态、新变化,加强对青年维权工作的调查和研究,积极维护青年权益,构建青年的政治认同,筑牢党执政的青年群众基础。

二、调查结果和分析

本次《长三角城市群青年民生发展报告》课题组所开展了调查研究,调查对

象包括长三角地区 3 023 名在职青年、3 152 名高校学生、1 451 名中学生、1 828
名已婚已育青年,调查重点是当前青年的维权意识、维权问题、维权发展现状和
维权渠道,经调查得出以下数据,并以此为依据提出相应的对策建议。

(一)青年关注问题和维权热点多集中在关乎切身利益的经济民生方面

调查结果显示,参与调查的在职青年最关注的三个问题是住房租房、物价上
涨和食品安全问题。其中住房租房问题是青年们最关注的问题,所占比例高达
88.6%;其次是物价上涨问题,所占比例为 42.2%;再次是食品安全问题,所占比
例为 39%。从调查中还可以看出青年们所关注的其他问题依次是就业创业问
题、股市行情问题、环境保护问题、看病难看病贵、教育费用、父母养老、婚恋问题
等。其中青年们对二孩政策、范冰冰偷逃税问题关注最少。

参与本次调查的高校学生最关注的三个方面分别是住房租房问题、校园安
全、就业创业。食品安全和物价上涨也是学生所关注的问题,其余则是贫富分
化、教育费用和环境保护等问题。

参与本次调查的已婚已育青年关注的依次是物价上涨、食品安全和校园安
全问题。在调查的人群中,选择物价上涨的人数所占比例为 53.2%,超过一半;
选择食品安全的人数所占比例为 30.7%;选择校园安全的人数所占比例为
26.8%。选择环境保护的人数所占比例为 25.3%。选择看病难、看病贵的人数
所占比例为 21.8%。

在参与本次调查的中学生人群中,最关注的问题是住房、租房,选择人数的
比例占到 67.3%;其次是食品安全,比例占 49.9%,将近一半;再次是环境保护,
比例占 37.2%;物价上涨比例占 32.6%,选择教育费用问题的比例占 29.5%。可
以看出,住房租房问题、物价上涨问题、食品安全和校园安全是青年们的共同关
注,青年维权问题多集中于此,尤其是租房问题,青年最担心的是房东问题,包括
随意提价、房东违约、提前收回房子等问题,其次是小区安全没保障,其他的中介
欺诈也是青年在租房问题中担心的问题。

另外,四类典型青年对就业创业问题的关注排序分别是高校学生(47.2%)、
在职青年(34.9%)、已婚已育青年(17.7%)、中学生(13.4%),其中就业纠纷、兼
职陷阱、创业环境等投诉居高不下,成为当前青年维权工作的难点和痛点。

(二)青年解决工作和生活中问题和困惑的途径主要是身边的人,选择官方
组织和非官方组织的极少

调查结果显示,参与本次调查的在职青年对于工作中的问题和困扰,通常采
取的应对方式是努力改变现状,使情况向好的一面转化;其次是制定一些克服困

难的计划并按计划去做;或者是向有经验的同事、亲友求教解决问题的方法。极少数的青年会借吸烟、喝酒或娱乐活动来消除烦恼。参与本次调查的高校学生在遇到问题和困扰时,得到的支持和帮助来源主要是家人、朋友、同学,其中选择家人的占 73.6%,选择朋友的占 60.3%,选择同学的占 42.6%。选择官方组织和非官方组织的极少,其中选择社团、宗教组织的仅 0.7%,选择党团组织的仅为 3.5%。

在接受调查的中学生人群中,被问及遇到问题和困扰时,曾经得到的支持和解决问题的帮助来源有哪些时,选择无任何来源的比例为 10.5%,未选择的比例为 89.5%。选择家人的比例为 72.8%,占大多数;选择朋友的比例为 50.3%,超过一半;选择同学的比例为 47.5%,接近一半;选择师长的比例为 32.3%。

在参与本次调查的在职青年中,被问及对青年民生问题的切身体会和想法时,67.5% 的青年选择在微信群、QQ、贴吧、微博等互联网空间发表看法,23.7% 选择打政府热线电话,20.4% 选择向新闻媒体反映,20.1% 选择在政府网络平台上反映,10.3% 选择联系和动员更多的青年采取行动,8.8% 选择联系人大代表,16% 选择什么也不做。

调查还显示,虽然青年话语权意识开始觉醒,敢于公开表达自己的意见和看法,并勇于争取与自己密切相关的各项利益,但维权的整体意识较为淡薄,维权的主动性不强,维权能力有所欠缺。这在大学生中表现尤其明显。统计数据显示,当自身权益受到侵害时,仅有 20% 不到的学生选择了法律维权,低于全国平均水平。很多学生并不知道自己享有哪些具体权利,应该怎么维权,不会寻求党团组织的帮助,更不会把问题诉诸法律。

（三）青年积极参与公共生活,但认为参与公共生活的渠道不是很通畅

调查结果显示,青年参与社区公共活动的积极性较高,参与领域也越来越广泛。本次调查的在职青年在过去的一年中未参加过任何社区公共活动的比例仅占 4.1%,他们参与社区公共活动的出发点主要是为社区出份力,其次是行使居民权利（公共参与权）;再次是锻炼和展示能力、结交朋友、获得社区服务、基于兴趣爱好等。有些青年认为不热心参与公共生活,是因为学习与生活压力大,无暇顾及。78% 的在职青年认为参与公共生活的渠道不是很通畅。参与本次调查的高校学生基本都希望能为解决民生问题发挥自己的力量,但是同样又认为青年参与公共生活的渠道不是很通畅,并且可能因此缺乏参与公共生活的热情,高校学生对教育助学、节能环保、社区建设三个方面的公益活动最感兴趣,其次是心理健康、扶贫救灾、弱势群体救助。

（四）校园贷、校园欺凌和校园暴力现象依然存在,发生范围比较广泛;青年学生对校园贷的认识不断成熟

调查结果显示,参与本次调查的高校学生在大学期间经历最多的就是遭遇电信诈骗和办理信用卡,4.8％的学生曾在互联网平台贷款,12.1％的学生选择了分期消费,3.7％的学生受过校园暴力的伤害,另有 4.2％的学生遭遇过性骚扰,当然还是有一半以上的同学没有经历过以上遭遇。在大学期间贷款的高校学生有近 80％是为了购买手机等通讯电子产品,其次是基本生活费、化妆品服装、旅游费用。在本次参与调查的高校学生中有 60％之多的学生没有贷款。

近 80％的学生认为对于身陷校园贷的同学,责任在于自己和社会。其中认为责任在于自己的比例远远高于责任在社会。中学生认为身陷校园贷的同学,自己和社会都有责任的比例为 80.8％,占绝大多数;认为责任在于自己的比例为13.4％;认为责任在于社会的比例为 5.8％。

在遭遇校园暴力时,高校学生首先选择的是根据严重程度决定如何应对,其次是告诉老师,由学校处理。其中选择以暴制暴的不足 7％,选择忍气吞声的不足 2％。参与本次调查的高校学生认为校园暴力主要发生在校外人员与校内学生之间、同宿舍同学之间、高年级与低年级学生之间。仅有少数学生认为发生在师生之间,比例不足 3％。参与本次调查的中学生则认为,校园暴力发生在高年级与低年级学生之间的比例最高,为 34.6％;其次为校外人员与校内学生之间,比例为 25.4％;同班的不同宿舍同学之间的比例为 16.7％;同宿舍同学之间的比例为 10.9％;选择其他的为 7.3％;选择师生之间的人数最少,所占比例为 5.2％。

遭遇校园暴力时,接近半数的中学生选择告诉老师,由学校处理,比例为46.3％;其次选择根据严重程度再决定怎么应对的比例为 27.7％;选择报警的比例为 15.4％;选择以暴制暴,教训对方的比例为 7.0％;选择忍气吞声的比例2.4％;选择其他的比例为 1.1％。

（五）青年学生的安全防范意识不断提高

调查结果显示,高校学生对当前社会的交通出行和社会稳定是很满意或者说比较满意的,对社区治安、公共场所安全、生态环境问题较为关注。青年学生的安全防范意识较从前有所提高。有 50％以上的学生在购买食品时,会检查食品的生产日期;有 60％以上的学生在参加户外活动前会评估可能遇到的风险,避免暴露手机号码、身份证等个人信息。有近 40％的学生基本从不购买意外保险;有近 50％的学生基本知晓周边的安全或避难场所。参与本次调查的高校学生所在学校在风险意识教育方面,主要采取了加强风险防范与应对方面的宣传

及开设讲座的教育方式,其次是整治校园周边和校内环境,开展风险意识教育课程。接受调查的中学生对安全问题的关注度排序:社会稳定的安全程度、公共场所的安全程度、交通出行、职业环境、生态环境的安全程度、食品卫生。

（六）在职青年压力主要来自工作,基本职业保障不够充分;青年创业需要良好的社会环境和更多有利条件

调查结果显示,参与本次调查的在职青年有 54.2% 认为目前工作压力主要来自工作任务繁重,有时需要在紧迫的时间内完成;其次,43.6% 认为工作的薪酬制度不合理;37.5% 认为工作职位晋升比较困难,竞争激烈;29.3% 认为缺乏工作需要的多方面或高水平的技术和能力;23.7% 认为在工作中不能充分发挥自己的能力,缺乏价值感、成就感。而女性青年则提出工作中很难充分享有经期、孕产期、哺乳期等应有的物质和假期权利,希望落实职业上的平等权。可以看出,不同的青年人群面临着不同的就业问题,但都渴望着择业的自由权和基本的职业保障权。在择业方向上,相较于过去,更多青年倾向于自主创业,其中在校大学生选择自主创业的比例为 26.2%,在职青年为 36.9%。青年自主创业人数增多,但创业成功率不足 10%,大多数青年认为创业中政府的相关支持政策没完全到位,市场环境有待进一步改善。

（七）社会保障体系不断健全和完善,青年参保人数逐年上升,社会保障权得到基本保证,但内部发展仍不均衡

调查结果显示,青年职工参加基本养老、医疗、工伤、失业等社会保险的人数不断增多,社会保障制度的发展正在使越来越多的青年受益。在已婚已育青年人群中,享有社会养老保险的人所占比例为 92.2%,意味着绝大多人都享有这项保障;享有工伤保险的人所占比例为 74.8%,享有失业保险的人所占比例为 76.3%。享有新型农村合作医疗保险的人所占比例为 13.1%,享有城镇医疗保险的人所占比例为 55.6%,享有生育保险的人所占比例为 68%。已婚已育青年享有住房公积金的人数也较多,所占比例高达 70.4%。调查还发现,青年的社会保障程度与就业高度相关,政府机构、国有和集体企业的工作人员、专业技术人员(如教师/医生/律师/工程师等)参保观念强,参保率高,而个体和民营企业从业青年、自由职业者的参保率相对较低。在与小微企业从业青年的座谈中我们发现,绝大部分小微企业青年不了解政府社保政策,问卷调查结果显示有 34.27% 的小微企业从业青年未曾购买社会保险。而对在校学生、非在职社会闲散青年来说,很少人了解社会保障及其包含内容,参与度和满意度均较低。

（八）大多数青年对政府改善民生所做的努力给予肯定，对现状表示满意，对未来充满信心

调查结果显示，参与本次调查的青年们对过去一年内政府改善民生所做的努力总体上持肯定态度，满意率高达 60%。其中对教育问题表示肯定的比例为 84.7%，非常满意和比较满意为 38.8%；对就业问题表示肯定的有 90.1%，安全问题 90.8%，社保问题 88.7%，收入问题 73.9%。最令青年感到满意的是安全问题，最不满意或者说不太满意的是收入问题，大多数在职青年认为本人的平均月收入属于较低收入层次或中等收入层次。尽管如此，他们还是认为过去一年生活幸福指数较高，对未来生活抱有信心，其中 16.2% 的在职青年对自己未来生活充满信心，仅有不足 10% 的在职青年对未来生活是比较悲观或者非常悲观的，而参与本次调查的学生群体则对自己未来生活充满信心。调查数据反映出当代青年对自身权益的密切关注和对整个社会发展的良好预期。

三、对策与建议

青年权益维护工作关乎青年一代的民生质量、健康成长和发展前途，进一步关乎社会稳定和谐、党的执政基础、国家前途命运，需要引起全社会的高度重视。努力做好青年服务维权工作，是党赋予共青团的光荣使命，是共青团的组织职能所在，是广大青年和全社会的迫切需要。共青团要深入研究、直面问题、科学施策、整体发力、勇于担当，努力开创新时代青年服务维权工作的新局面。

（一）认清青年服务维权工作的必要性和长期性

青年民生的主要矛盾是，青年的人生欲望和需求全面展开与自我满足需要的能力及实际可用资源相对不足的矛盾。一方面随着青少年的迅速成长，他们的人生需要全面展开，需要结构发生了剧烈的变化，以一个具有完全人生需要但尚不成熟、不强健的主体走出家庭、走入社会，他们再也不能享受家庭那种无微不至的关怀和保护；另一方面，家庭、学校、社会尚没有完全适应青年的这种剧烈变化，跟不上青年需要结构的变化节奏，没有做好满足青年成长发展需要的全面准备，不能提供充足的资源。由于这种矛盾的存在，青年的合法权益时不时地可能受到损害，需要强大的组织力量、社会力量予以适当、及时的维护。这种矛盾是规律性的、必然长期存在的，因此，维护青少年权益的事业需要做好政治上、制度上、法律上、机制上的整体性安排，青少年权益工作将是一个长期的、持续的、专业的工作，无法建立某一种完美无缺、静止不变、覆盖无缺的体制机制，更不要企望一蹴而就、毕全功于一役的完成，而是要由共青团主动担当，争取党政的强

力支持,整合全社会各方面的力量,将青少年权益服务维护工作作为一项事业,作为共青团的一个重要的组织职能,长期坚持下去,并根据时代与青年的变化而不断加以改进。

(二)坚持问题导向理念,分层次制定服务维权对策

青少年权益服务与维护问题具有不同的性质、不同的层次,需要有不同的对策。

青少年成长发展的普遍性利益诉求,其主要对策是提供制度性保障。共青团要深入开展国情、社情、民情、青年发展状况的调查研究,为党和国家制定宏观的青年政策法规提供决策基础和决策依据。党和国家制定和公布的《中长期青年发展规划(2016—2025 年)》《中华人民共和国青少年保护法》《中华人民共和国预防青少年犯罪法》及其各地方条例,以及法律法规中有关青少年权益保护的各项规定,就属于这个层面的保护。它解决的是青年权益服务维护的政治性、群众性、福利性、整体性的问题,为具体的、实际的服务维权工作提供全国和地方性的政策法律依据。

系统性的青年特殊权益诉求,需要制定专门的政策法规予以保障和维护。比如,新兴领域青年群体的利益需求、特殊青年群体的权益、弱势青年群体的权益、女性青年群体的特别权益等,应出台行业性、部门性的权益维护措施。

对于青年切身利益问题和民生困难问题,要明确相关责任主体的责任归属和责任标准。例如,青少年的政治引领、价值教育、身心健康、防范霸凌等问题,牵涉到家庭、学校、社区、工作单位等一系列机构,需要各个机构明晰各自责任,切实担当责任并保持密切的协调沟通合作。

建立侵权防范和权力救济机制,加强有关维护青少年合法权益法规政策的宣传教育工作,加强青少年权益保护的理论、知识、技能的宣传教育工作,在全社会树立关爱青年的意识,防患于未然,尽力减少侵权事件的发生。对于已经发生的侵权案件,共青团要有能力早发现、早制止,联合有关社会力量及早尽快尽全恢复青年合法权益,防止类似案件的再次发生,尤其是做好心理辅导工作,尽力消除侵权事件的次生伤害。更重要的是,深入研究侵权事件发生的规律,总结防止侵权事件发生的预防性经验,建立相应的预防制度。

(三)充分发挥共青团的政治和组织优势

共青团是一个具有政治性、先进性、群众性的青年群团组织,党赋予了共青团组织动员青年、维护青年权益、促进青年发展的崇高地位和责任,与广大青年保持着密切的联系。共青团的政治属性和工作特点决定了我们做工作与一般政

府部门不一样,没有固定的职责,没有明显的边界,这是弱势也是优势,恰恰给了我们极大的工作空间。

(1)要发挥共青团的政治信誉优势。作为党的忠实助手和忠诚的后备军,共青团在党所领导的革命、建设、改革、发展的伟大历史实践中,团结带领青年走在时代的前列,创造了彪炳史册的成就,赢得了党、社会、人民和广大青年的信任,这为我们大力开展青年服务维权工作提供了强大的政治优势。这种政治优势为共青团服务维权工作争取党政支持、群众参与、社会协助奠定了良好基础。

(2)要发挥共青团全面覆盖青年的组织优势。共青团是一个覆盖全国青年,联系网络特别完善的伟大组织。哪里有青年,那里就有共青团组织。这对于我们广泛联系青年,深入研究青年,了解和把握青年的所思所想、所忧所乐,总结青年的权益需求和有关变化,形成组织意志,集中反映青年普遍权益,促进政策法规的完善是一个巨大的优势条件。

(3)要发挥共青团作为青年社会组织联系枢纽的社会地位优势。在改革开放的进程中,社会结构和青年聚集方式、工作方式、生活方式的越来越多样化,各种青年组织层出不穷。这些社会组织聚集了大量的青年群众,在服务青年利益、维护青年权益方面做了大量工作,产生了良好的效果。共青团作为中国青年的核心组织,有机会、有能力广泛联络这些社会组织延伸服务维权的工作手臂,提高服务维权工作的质量和效率。

(4)发挥共青团基层组织密切联系青年群众的边界优势。共青团具有体系庞大、组织严密、联系广泛的基层组织系统,这些基层组织是共青团的机体细胞,是共青团组织的末梢神经,与青年个体和青年群众有血肉相连的密切关系。要让广大基层团组织、基层团干部积极行动起来,真正做到贴近青年,了解青年,关心青年,服务青年,把青年的注意力吸引过来,成为青年的贴心人,使青年愿意与团组织、团干部诉说真心话,寻求真帮助。如果团组织真正成为青年身边想得起、找得到、靠得住的力量,青年服务维权工作就会有更好的着力点和针对性。

(四)着力落实好党和国家的青年方针政策

党和国家历来高度重视青年、关怀青年、信任青年,关心、解决青年的现实问题和迫切需求,支持青年在人民的伟大奋斗中实现自己的人生理想。党的十八大以来,以习近平同志为核心的党中央高度重视青年发展事业,反复强调青年一代有理想、有担当,国家就有前途,民族就有希望,实现中华民族伟大复兴就有源源不断的强大力量;进一步明确中国特色社会主义青年运动方向,全面加强对青年的思想政治引领和成长成才服务,制定实施一系列促进青年发展的政策措施,激励引导青年与民族同命运、与祖国共奋进、与时代齐发展，为广大青年指明了正确成长道路，创造了良好成长环境。共青团在青年服务维权工作中要着力落实好党和国家的方针政策。

要继续完善共青团与人大、政协面对面机制。通过与人大代表、政协委员的密切联系，让他们更深入地了解青年的利益诉求，运用提案、议案的方式，畅通青年利益诉求渠道，修改、完善有关青年法规、政策，并监督有关青年政策、法规的有效落实与执行。

积极推动政府购买，探索青年服务维权工作的项目化运行。在推进社会治理体系和治理能力现代化的进程中，政府购买服务是一个大趋势，团组织要主动探索，设计好的服务项目，推动政府在这方面做出突破。通过政府购买，可以规范地、有力地解决团组织在开展服务维权工作时遇到的资金不足、资源缺乏的问题，可以解决青年民生中迫切的现实困难。

做好未成年人保护委员会的协调工作。多数地方的团委都是未成年人保护委员会和预防青少年违法犯罪专项组的协调机构，应当主动联系，经常沟通，抓住一切机会落实青年服务维权工作。尤其应当做好相应的工作项目设计，善于结合成员单位的工作来切入，运用未保委名义下的工作项目来推动协调沟通经常化，建立信息共享、个案办理的工作机制，多思考如何形成长效的机制和能够持续运转的模式。

(五) 积极借助和运用专业技术队伍和力量

共青团是做青年群众工作的，要把工作做得深入人心，做得富有成效，光靠组织的力量和传统的思想政治教育方式是不够的，需要运用法律、管理、社会工作、传播学和心理学等各方面的专业方法和技术，服务维权工作尤其如此。团组织和团干部不仅自己要努力学习掌握法学、社会工作学、传播学和心理学的专业知识和技能，更要掌握和联系一支强大的专业工作者队伍，发挥好他们的专业能力。

(1) 要拥有较强的法律工作力量。青少年权益维护工作，特别是在基层的实际工作中往往牵涉到法律问题。共青团要联络一批热心专业的法官、检察官、律师和司法工作者，依靠他们的力量，提高维权工作的严肃性和权威性，特别是当维权案件发生时，需要进行权益救济时，这方面的力量更是不可或缺的。

(2) 要拥有一支社会工作者队伍。社会工作运用个案工作、小组工作、社区工作的技术和方法，能够更有针对性更有效果地解决青年面临的学习、工作、生活困难，更好地改善青年的生活环境。

（3）要拥有一个较好的心理学工作力量。青年的民生困难和权益问题往往会带来乃至直接表现为心理问题，运用心理咨询、心理辅导、心理教育乃至危机干预等一系列心理工作技术方法，不仅有助于现实问题的解决，也能防范心理问题的困扰，更能激发青年们的心理潜能，激发其面对困难、解决问题、成长发展的力量。

（4）拥有较强大的传播工作力量。传播学是信息沟通的科学，人的一切问题都要通过知识、技术、情感、情绪等等的信息交换和沟通来发现和解决。现代青年大量集中在网络上，他们的许多信息、情绪、诉求、观点都是通过网络来传播和沟通的。只有掌握了良好的网络沟通和传播技术，才能更快更准确地了解青年的情况，把握青年的脉搏，弄清青年的诉求，制定有效的工作预案和方案，把青年服务维权工作做得更加扎实。

第二节　协同创新

《团章》指出，"中国共产主义青年团贯彻党管青年原则，充分发挥党联系青年的桥梁和纽带作用，为党做好青年群众工作。积极协助党和政府管理青年事务，协调督促青年发展规划落实，主动承担适合承担的公共职能，服务国家治理体系和治理能力现代化"。因此，共青团作为党的青年工作的主要承担者、作为党和政府联系青年的桥梁和纽带，自当积极主动，充分发挥共青团的政治优势和组织优势，增强协调各方资源、处理青年民生发展事务、解决青年民生发展问题的能力，真正履行好服务青年、维护青少年合法权益的职责。

在当前青年民生发展事务日趋复杂的背景下，共青团单靠一己之力，以及简单划一的传统工作模式，是无法做好青年工作的，必须大力开展协同创新，才能真正当好政府青年事务的协调者、承接者、推进者和督促者。

一、共青团协同创新的必要性

"协同创新"是指创新资源和要素的有效汇聚，通过突破创新主体间的壁垒，充分释放彼此间"人才、资本、信息、技术"等创新要素活力而实现深度合作。在长三角区域一体化的大背景下，共青团组织在服务青年方面的协同创新，就是要在不同部门、不同层级、不同区域、不同系统的青年民生相关主体之间进行交流、协作、合作等协同工作，打破传统模式，创新青年工作资源和力量的整合方式，激发各创新要素的活力，构建适应区域一体化发展的青年民生产品服务的跨界供给模式。

(一) 满足新时代青年民生诉求多元化的客观需要

当今青年不仅仅出现在学校、企业、机关、农村等传统领域,而且在很大程度上向社区、新经济组织、新社会组织里流动。随着互联网的出现和快速发展,更多的青年出现在网络空间、虚拟社会里。从职业选择趋势上看,随着经济结构的调整和社会结构的分层分化,新兴青年群体不断涌现,如自由撰稿人、独立演员歌手、网约车司机、快递小哥等。不同的青年群体既面临共同的民生发展需要,也产生了不同类型和不同程度的民生利益诉求,如自由职业青年似乎更关注自身养老、医疗等社会保障问题。青年民生诉求的多元性和复杂性不是单一的公共部门能够独自解决的,需要共青团创新构建跨部门、跨领域的协同链条和网络,才能实现青年民生发展事务的有效治理。

(二) 应对青年分布高流动性的基本趋势

当代青年因就业、求学、婚姻等原因进行越来越普遍地跨区域流动,由于区域资源隔离、流动不畅等原因,出现了在教育、就业、住房、医疗等青年民生领域的诸多新型问题。青年的高流动性使得传统共青团组织体系无法更广泛地覆盖流动青年,加上各类草根青年社会组织蓬勃兴起,满足了青年日益细分化的群体归属需要。因此共青团必须打破壁垒,积极靠近,充分融合组织间创新要素,与各类青年社会组织进行广泛协同,更好的服务青年民生发展。

(三) 解决资源配置的不平衡性的现实问题

不同部门、不同层级、不同区域、不同领域组织之间拥有大量异质性、互补性的资源,诸如人才、资本、信息、技术、项目、品牌、能力等,使得相关主体间形成了相对优势。然而,各主体从不同利益出发形成的壁垒使得资源流动相对凝滞。青年民生问题日益复杂化,主体间资源从不平衡发展向平衡发展流动成为协同创新的迫切要求。因此,共青团协同创新就是建构优化、创新的主体间资源链接,促成要素的优势互补,使得工作能量能够无障碍流动。

(四) 构建协同创新的服务维权体系,是新时代共青团工作的重要组成部分

中央党的群团工作会议对群团组织在社会治理中发挥的作用做出了明确的要求,"群团组织要通过服务来引导和促进社会组织健康有序发展。推动政府治理和社会自我调节、基层群众自治良性互动,促进多元治理主体协同协作协调、互促互补互融"。

共青团参与社会治理,构建全方位的服务维权体系,提升协同创新能力,使共青团成为广大青少年遇到困难时能够想得起、找得到、靠得住的坚强力量。共

青团服务维权工作只有放在共建共治共享的社会治理格局中来推进，才能真正发挥群团组织社会协同的作用，推动共青团服务维权的社会化体系构建进程。

二、共青团协同创新的主要方式

《中长期青年发展规划（2016—2025年）》指出，"坚持全局视野，从战略高度看待青年发展事业，党委加强领导，政府、群团组织、社会等各方面协同施策，共同营造有利于青年发展的良好环境"。《规划》明确规定了共青团在国家青年发展事务中的协调职责，自此共青团有了协调党政部门参与和支持青年工作的国家政策依据。在实践层面，各级共青团组织也在创新中不断探索协同的方式方法。

（一）跨部门协同创新

青年民生发展事务有几十个政策执行主体，是一个复杂的政策执行过程。跨部门协同治理中，共青团起着协调作用。跨部门协同治理，既是共青团促进青年发展的必然要求，也是弥补共青团资源不足、促进有效治理的重要手段。

目前，与青年民生发展跨部门协同治理相关的制度保障和操作规范还不健全。由于各执行机构所处的地位不同、利益不同，易出现意见不同和利益矛盾的情况，都需要共青团组织通过沟通意见，消除分歧，减少矛盾，促进合作，从而建立起有效的协同组织网络。

（二）跨层级协同创新

近年来，政府、共青团组织、青年社会组织等不同层级主体协同参与青年民生发展事务的模式已具备雏形。在服务青年民生、维护青少年合法权益方面，共青团通过购买服务、专业机构运作、监督实施等过程，充分发挥青年社会组织的功能，使之成为青年事务和社会建设的自治主体，并纳入党政整体规划，实现了政府、共青团组织、青年社会组织三方协同参与的服务青年格局。

（三）区域合作型协同创新

区域合作型协同创新是目前共青团最为常见的协同创新类型。区域合作，可有效克服区域间行政区隔的壁垒，提供跨区域的青年民生发展的公共产品和公共服务，提高区域整体青年民生事务的协同成效。目前已初步实现长三角地区共青团组织积极推动青年民生发展的区域协同，不仅有力地配合了国家层面的区域合作战略，提升了跨区域服务青年的力度和影响力，同时也增进了共青团组织自身的资源组织协调能力。随着长江三角洲区域一体化发展并上升为国家战略，共青团组织引导青年积极投身长三角地区一体化发展建设，2019年5月，经上海市、江苏省、浙江省、安徽省 4 地团委友好协商,《三省一市团委服务长三角一体化发展合作框架协议》正式签订。四地团委将本着平等协商,优势互补,资源共享,合作共赢的原则,从深化长三角青少年交流、加强青年社会组织合作、服务青年职业发展、加强青少年权益维护等方面积极开展合作,推动形成支持长三角一体化发展的良好氛围。

根据国家的区域发展战略,长三角地区存在普遍的地方政府合作行为,不仅城市群之间的团组织交流日益频繁,区域内相邻的县、镇等层级的团组织也加强了互动,开展了鲜活的区域化协同实践,这为共青团组织提供了协同创新的基础和动因。如嘉定区团委加强与昆山、太仓等周边地区的交流互动,通过举办嘉昆太创业青年论坛、成立嘉昆太青年创新创业基地等举措,引导青少年融入长三角一体化。又如浙江嘉善县姚庄镇团委于 2019 年 3 月举办了"长三角青年说",来自上海青浦区金泽镇、练塘镇、朱家角镇,江苏省吴江区汾湖高新区(黎里镇)和西塘镇的长三角·小城镇"青春合伙人"青年代表与姚庄镇机关锦绣论坛的青年们齐聚一堂,探讨青年应有的人生价值。下一阶段,该镇还将依托姚庄青年说阵地,开展长三角"青春合伙人"公益集市、"保护母亲河"志愿服务、"说说咱们'包邮区'的好"主题青年说、"小城大匠·青春榜样"等系列活动,为当地青年提供更广阔平台。

三、共青团协同创新的对策建议

共青团参与长三角区域一体化协同发展不可缺位,这既是其服务大局、服务青年的使命的现实体现,也将对深入推进长三角区域一体化协同发展的国家战略发挥积极的建设性作用。但目前,共青团在协同创新上仍然存在机制不完善、资源分散化、工作力量碎片化、创新不足等突出问题,跨部门、跨区域服务青年的能力仍显不足。

(一)加强共青团跨部门协同创新的机制建设

青少年服务维权工作具有跨界性和复杂性,单一的政府部门很难有效完成,如服务青年婚恋及生育方面,各级卫生计生部门需加大对生育健康知识的普及与宣传力度,同时要联合教育部门、共青团组织引导青年形成正确的恋爱观、婚姻观和家庭观。虽然党政部门拥有最大的协调权力和最丰富的资源,但是我国党政系统中缺少管理青少年的职能部门,共青团自然成为重要的"协调统筹"部门,既要把党委、政府、司法对于服务青年的政策整合起来,也要将有关的社会力量和社会资源整合进来,真正发挥桥梁纽带作用。

因此,在青年民生工作中,建立有关议事协调机构是比较符合当下我国制度现实的选择,既有助于相关部门之间的信息沟通和联络,又可通过议事协调机构向共青团组织系统有效传达工作意志。议事协调机构的建立在当下,就是要发挥好《中长期青年发展规划(2016—2025 年)》中部际联席会议机制(地方联席会议机制)的作用,通过定期或不定期召开部际联席会议,讨论规划中关于青年民生工作的进展以及政策实施过程中存在的问题,将政策主体的力量发挥到最大,做好跨部门综合性的青年民生发展工作。

（二）健全共青团区域化协同创新的制度保障

《中长期青年发展规划(2016—2025 年)》是共青团协同创新的政策依据,青年工作联席会议是共青团协同创新的机制保障。从制度来源看,主要是区域总体合作框架提供的制度保障。区域合作作为突破行政壁垒实现不同行政区域协同发展的做法,在我国转型发展的全过程中均屡见不鲜,而在我国各地区开展的不同层级的区域合作中,地方党委政府对于区域协同发展的态度、规划、协议也构成了共青团开展协同创新的制度保障、合法性基础和驱动力,这些制度安排使得共青团可以主动参与、积极对接,扮演了积极的角色。

2018 年,《长三角地区一体化发展三年行动计划(2018—2020 年)》正式印发;2019 年政府工作报告提出,将长三角区域一体化发展上升为国家战略,编制实施发展规划纲要。长三角发展大幕已经拉开,区域内经济社会的协同发展和机制创新也为区域内青年发展提供了崭新的时代背景。长三角三省一市共青团组织主动行动,相互对接,逐步拉开了长三角共青团工作和青年事务协同发展的帷幕。2019 年 5 月签订的《三省一市团委服务长三角一体化发展合作框架协议》,旨在积极适应一体化发展趋势,打破省际区隔,整合力量,建立协同机制和导向,对于共青团参与区域协同发展的制度化建设,具有里程碑意义。

（三）丰富共青团区域化协同创新的组织形式

伴随着长三角区域一体化协同发展从愿景走向行动、从理论走向实践步伐的加快,区域内各层级共青团组织之间的协同形式也开始了积极创新和探索,旨在以组织化的形式聚合资源,扩大共青团服务青年的覆盖面。

目前的主要组织形式是地区间或行业间的团组织牵头建立的平台型、协调性机构或机制。如长三角青商论坛,是在三省一市共青团的共同指导下,由三省一市青年商会和青年企业家协会等联合主办的公益性年度经济论坛。自 2008年起,长三角地区的杰出青年企业家们就开始通过"中国长三角青商论坛"这一平台交流经济话题,加强商业合作,在互动中觅得商机。十一年来,长三角青商论坛不断凝聚青年企业家们的共同智慧,持续助力长三角地区产业升级,积极促进长三角地区经济发展,为提升长三角地区整体优势和国际竞争力作出了不可磨灭的贡献。又如 2018 年成立的中国电科长三角青年创新联盟,以项目共建、联谊交友等方式推动长三角科创青年的交流与合作。在服务青年的举措上,上海市嘉定团区委聚焦科创青年人才"成家立业"这一现实需求,依托共青团广泛联系青年的优势,制定科创青年"齐家"计划,专门为单身科创青年量身打造了一款交友程序,在线上实现智能化和精准化信息匹配,在线下有针对性地开展联谊交友活动,帮助他们"成家"之后,更加安心地在嘉定"立业","曲线"解决单身科创青年普遍存在的落户、住房等现实问题。除此之外,还有长三角城市群"青年人才创新论坛",以及共青团组织参与建立的长三角青年创新创业联盟等。

(四)共青团要延伸手臂,实现资源的有效整合

团的十八大报告提出,要彻底打破行政化思维定式,构建全团联动、面向社会、开放共享的资源配置和供给机制。必要的资源保障、科学的资源配置、有效的资源供给,是共青团开展工作的重要依托。各级团组织要加强探索,开拓创新,着力构建开放共享的资源整合机制。

目前,共青团组织资源存在地域间资源不均等的问题,在一定程度上制约了共青团整体的作用发挥。各级团组织要着力推动团内资源跨地域配置和使用,以打通组织体系的内生活力。要促进共青团组织的地域协作,通过结对帮扶、区域联动、项目互助、定期交流等方式,推动地区间在项目、人才、资金等方面的交流共享。如 2019 年 6 月,温州市和上海嘉定区青年企业家签订了龙湾—菊园新区共青团战略合作框架协议,将从资本合作、创业创新、青年交友、公益服务四方面实现共建共赢,推动了温嘉两地共青团的深度合作。又如青浦、吴江、嘉善三地共青团组织从 2019 年开始筹备长三角团建联盟,旨在整合共青团不同地域不同层级的内在资源,更好地服务青年。

共青团虽然具体负责青年民生事务的各项统筹协调工作,但是人员有限,专业性不高,团干部的流动性较大,导致工作队伍不稳定。现在有大量的社会组织和公益机构,在某一领域从事青少年群体的关爱帮扶、权益保护等工作,共青团应该和他们保持良好的合作关系,既发展自己的队伍,也要团结其他优质资源,努力使社会化的青少年服务机构成为共青团开展工作的"亲密伙伴",实现资源的有效整合。

(五)共青团要深化青年民生发展事务协同创新的方式

(1)积极营造青年投身区域一体化发展的良好氛围。依托共青团新媒体矩

阵,积极在青少年群体中宣传区域一体化发展的战略意义、发展规划、发展前景,引导青年关心、关注、投身区域一体化发展,从而聚合青春力量。

（2）加强青年职业发展服务的协同。通过制定政策、搭建平台、打造项目等措施,实现区域各主体间的优势互补,加强对青年在学习、就业、创业等方面的资源支持,帮助青年在更广阔的空间和领域实现职业发展。

（3）加强青少年权益维护工作的交流合作。各地、各级共青团组织共同开展预防青少年违法犯罪工作研究,加强青少年维权在线、12355青少年综合服务台等的共建共享。推动青年社工队伍培养的合作,共建青年社工队伍、青年公益律师队伍、青年心理专家队伍等志愿服务团队。

此外,还可以通过"优化资源的空间布局,打造开放型青年服务共同体""加强区域政策规划以及标准的同步性,建立统一的青年民生共享服务平台"等措施来进一步促进区域青年民生的协同创新发展。

总之,青年民生发展事务的实施受到多方面因素的影响,需要由共青团组织汇聚各种协同治理的力量,提高协同治理的效能。跨部门、跨层级协同治理能够充分发挥各个政策执行主体的功能作用,使得青年民生发展得到有效执行,而区域间协同创新更是来源于区域内共青团组织的鲜活实践。团组织要鼓励基层先行先试、大胆探索,注重提炼、推广各级团组织在协同创新上的好做法好经验,推动广大青年得到更充分、更优质的发展。新时代的共青团将在党的坚强领导下,不断建立健全协调机制,整合政府、市场、社会各方面资源,协同创新,努力汇聚起促进青年民生发展的强大合力,为广大青年成长成才、创新创造、成家立业、建功社会做好价值引领和服务保障。

延伸阅读

长三角科创青年多了交流平台,
交友小程序助青年"成家立业"

今天下午在嘉定南翔举行的"创新共享未来"长三角青年科技创新论坛传出消息:中国电科长三角青年创新联盟揭牌成立,以项目共建、联谊交友等方式推动长三角科创青年的交流与合作。

中国电子科技集团作为我国军工电子"国家队",不断推动国家军工电子信息产业转型发展,在长三角区域形成了产业集聚发展态势。为了充分发挥区域团建的整合作用,促进资源共享,中国电科长三角青年创新联盟成立,促进长三角地区科创青年群体在科技创新、项目共建、人才交流、联谊交友等多领域、深层次的合作。

目前,本市着力打造"上海科技创新资源数据中心",以大数据应用为驱动,着眼全球视角聚焦人才、装置、机构、企业等创新资源核心要素,构建科技资源和知识数据的集聚、评价、挖掘和共享的功能型平台。论坛上,上海市研发公共服务平台管理中心主任刘晋元介绍,以其中的长三角科技资源共享平台为例,数据显示,长三角高端人才中有 336 名两院院士和 154 名高被引科学家。一般来说,科学家发表的论文被数据库收录后,其他研究学者可以通过检索来获取信息,引用这篇论文,被引文献的作者叫被引科学家。如果这些科学家的论文被引用的频次很高,就叫"高被引科学家"。长三角高端人才在《自然》《科学》《细胞》等发表论文数分别占全国的 28.7%、44.4%、53.2%,"科技资源共享可以促进长三角地区科研院所、高校、企业等创新主体协作融通,从而实现人才、设备等创新资源统筹、整合和共享"。

目前,嘉定、苏州、温州等地尝试打破行政壁垒,推行首批科技创新资源在长三角城市群中共享共用,并以"双创券"平台(信息系统)为共享共用载体,让企业以更低的成本跨区域使用科技资源。三地科技部门建立了科技创新资源共享共用合作机制,首批共享的资源涵盖了高校院所、检验检测机构、企业工程技术中心 130 家。

嘉定区不仅是老牌的"上海科学卫星城",如今还担负"上海科创中心重要承载区"的建设重任。嘉定区聚集了众多科创企业,团区委聚焦科创青年人才"成家立业"这一现实需求,依托共青团广泛联系青年的优势,制定科创青年"齐家"计划,专门为单身科创青年量身打造了一款交友程序,在线上实现智能化和精准化信息匹配,在线下有针对性地组开展联谊交友活动,帮助他们"成家"之后,更加安心地在嘉定"立业","曲线"解决单身科创青年普遍存在的落户、住房等现实问题。

另外,市科技团工委和嘉定团区委以团建为纽带,将开展市科技系统青年与嘉定区科技条线青年双向挂职锻炼工作,周期为三个月,让更多的嘉定青年了解科技政策和科技动态,也让更多的科技青年了解嘉定。

长三角青年科技创新论坛由团市委、市科技工作党委、嘉定区委等指导,市科技团工委、中国电科上海地区团建联合会、嘉定区科委、嘉定团区委等联合举办。

(资料来源:彭薇,上观新闻,2018 年 12 月 7 日)

专题一

逐梦希望的田野：乡村振兴战略背景下农村创业青年群体调查报告

第一节　青年乡村创业的背景和意义

一、农村创业的重要意义及创业阶段回顾

我国是农业大国，重农固本是安民之基、治国之要。农业农村农民问题是关系国计民生的根本性问题。解决三农问题的实质是要解决农民增收、农业增长、农村稳定的问题。然而，改革开放以来，农村内在综合发展能力偏低的客观现实和城镇化进程的推进使得农村发展缓慢、城乡差距较大。单一的外部推动力已很难实现农村经济的持续发展和变革，因此，充分发挥农民的主观能动性，鼓励农民自谋职业、自主创业增加收入，促使农村经济社会实现由外生推动型向内生发展型的转变具有重要意义。

伴随着经济发展和政策引导的推动，农村创业对推动和加速农村经济发展，解决农民就业难问题、促进农民持续增收等方面起着拨动"关捩"的作用。进入21世纪后，农民增收和发展的体制性瓶颈或制度性障碍进入高发期，细碎化的耕地已不足以支撑农民收入与农民生活质量的持续提高。另一方面，2008年的全球金融危机，使得我国经济发展严重受损，"打工经济"促进农村劳动力转移实现就业的效应弱化。要从根本上破解农民增收与致富的瓶颈，核心是鼓励更多的农民走上创业之路，推动"打工经济"向"创业经济"的转变。在此背景下，就农民创业问题，国务院副总理回良玉在2006年全国"创业之星"表彰大会上强调："促进农民就业创业，拓宽农民增收渠道，是我国现代化建设中的一项战略性、全局性工作。"2007年，党的十七大报告提出，"要实施扩大就业的发展战略，促进以创业带动就业，把鼓励创业、支持创业摆到更加突显的位置"。2008年10月，

中共十七届三中全会决定提出"鼓励农民就近转移就业,扶持农民工返乡创业"。农村创业成为农民和农民工解决就业、促进增收的新途径,第一次农村创业潮形成。

2012 年,党的十八大报告提出"鼓励多渠道多形式就业,促进创业带动就业"。其后,2013 年中央"一号文件"指出"农业生产经营组织的创新是推进现代化农业建设的核心和基础,强调要稳步提高农民组织化程度",该文件聚焦农业生产经营组织的创新,首次提出发展家庭农场,为农民创业指明了方向。2015 年中央一号文件确定加大改革创新力度,加快农业现代化建设。农业部关于实施推进农民创业创新行动计划(2015—2017 年)的通知指出,农民创业创新是蓄积农业农村经济发展新动能的必然选择,是带动农民就业增收的有效途径,是助推大众创业万众创新的重要力量。进一步强调了农民创新创业的重要性。同年 6 月,国务院常务会议确定支持农民工等人员返乡创业政策,增添大众创业万众创新新动能。国务院办公厅印发《关于支持农民工等人员返乡创业的意见》,支持农民工、大学生和退役士兵等返乡创业,通过大众创业、万众创新使广袤乡镇百业兴旺,打开工业化和农业现代化、城镇化和新农村建设协同发展新局面,第二次农村创业潮逐渐拉开序幕,农村创业大潮中仍以农民工和农民为主,但也开始出现退役士兵、青年大学生的身影,创业主体更加多元。

二、乡村振兴战略对农村创业提出新要求

实施乡村振兴战略,是以习近平同志为核心的党中央着眼于推进"四化同步"、城乡一体化发展和决胜全面建成小康社会作出的重大战略决策,是新时代做好"三农"工作的新旗帜和总抓手。2017 年 10 月,习近平总书记在党的十九大报告中首次提出乡村振兴战略,指出农业农村农民问题是关系国计民生的根本性问题,必须始终把解决好"三农"问题作为全党工作的重中之重,实施乡村振兴战略。2018 年 1 月,国务院公布的 2018 年中央一号文件《中共中央国务院关于实施乡村振兴战略的意见》提出,我国发展不平衡不充分问题在乡村最为突出,主要表现在农产品阶段性供过于求和供给不足并存,农业供给质量亟待提高;农民适应生产力发展和市场竞争的能力不足,新型职业农民队伍建设亟须加强;农村基础设施和民生领域欠账较多,农村环境和生态问题比较突出,乡村发展整体水平亟待提升;国家支农体系相对薄弱,农村金融改革任务繁重,城乡之间要素合理流动机制亟待健全;农村基层党建存在薄弱环节,乡村治理体系和治理能力亟待强化。乡村振兴所遇到的新问题亟待解决,乡村建设迈出新的步伐,

农村发展进入了一个新的阶段。

随着我国经济由高速增长向高质量发展转变，乡村面临的新问题、实施乡村振兴战略的新举措对农村"双创"提档升级提出了更高的新要求，赋予了农村创业新的意义，督促农村创业出现新思路新举措。农业部长韩长赋强调，打造农村"双创"升级版，需要创新思路，拓宽视野。要挖掘乡村新功能新价值，努力发展农村"双创"新产业新业态；运用新技术新模式，让农村"双创"搭上信息化快车；搭建新平台新载体，打造农村"双创加速器"；依托新农民新主体，培育农村"双创"主力军；完善利益联结新机制，带动更多小农户分享农村"双创"收益。在打赢脱贫攻坚战和实施乡村振兴战略的历史交汇期，农村创业挑战与机遇并存，农村"双创"升级具有重要的现实意义。

乡村振兴，人才是关键。习近平总书记在十九大报告中指出，实施乡村振兴战略，加强农村基层基础工作，健全乡村治理体系，必须培养造就一支懂农业、爱农村、爱农民的"三农"工作队伍。这样一支队伍，应当是具有高素质、高技术、高标准的青年队伍。而据有关资料统计，我国受过职业技术教育和培训的农业劳动力占全部农业劳动力的比重不足20％，而荷兰90％的农民受过中等教育，12％毕业于高等农业学院。在农业技术推广人员方面，我国平均2 000多个农业劳动力中，只有一名农业技术推广人员，而发达国家平均400人就有一名。近年来，随着乡村振兴政策体系的构建，"双创"人数越来越多，既有农村能人和农村青年等本乡人员，也有具有农村户籍的农民工、中高等院校毕业生和退役士兵等返乡人员，还有具有城镇户籍的科技人员、中高等院校毕业生、有意愿有能力的城镇居民等下乡人员，形成了蔚为壮观的"双创"主体。据农村农业部统计，2018年仅返乡下乡创业创新人员已达740万，非农创业人员也已达300万。这支朝气蓬勃的青年人才队伍以新知识、新理念、新技术创业，在科学技术引导、农业互联网应用、农村电商发展等方面都起到很好的带动和普及作用，他们有望在乡村"异军突起"，形成新的热潮，成为农村改革发展的新亮点。

乡村振兴战略背景下，新一代农村创业青年面临着前所未有的发展机遇，他们具有知识和技术等先发优势，但也存在诸如创业指数偏低、创业失败率较高、创业结构不合理等问题。在机遇与问题交织的新形势下，如何认识农村创业青年的群体特征、如何激励更多青年在农村创业、如何在把握农村创业青年群体特征的基础上构建有效的政策支持都是经济社会转型过程中急需应对的重大课题。

第二节　农村创业青年的创业现状

一、研究对象与研究方法

（一）研究对象

在开展本次调查之前，课题组首先对调研对象进行了界定，为之后的调查研究和分析奠定基础。通过前期对文献、政策文件等资料梳理，本文提出：农村创业青年是指年龄在 18～35 周岁，在浙江省乡村从事涉农或非农创业的青年。考虑到乡村振兴背景下青年人才返乡、"智力下乡"等政策导向和乡村需求，本次调查对象主要是返乡创业大学生，兼顾农村本地青年、返乡青壮年农民工及青年科技人员等。

（二）研究方法及样本信息

本次调研在梳理以往文献研究的基础上，通过采用问卷调查和访谈等调查方式，获取浙江省农村青年创业的第一手资料。课题组实地走访了浙江省生产总值较低的 5 个地市（丽水市、舟山市、衢州市、湖州市、金华市），历经 2 个月，访谈农村创业青年 29 人，团委、农办、人社局、创业园等相关职能部门和服务平台工作人员 24 人①。访谈内容由访谈员记录文本、录音转录文本整理而成。

在此基础上，对浙江省 11 个地级市的农村创业青年进行问卷调查，共发放问卷 480 份，回收有效问卷 438 份，回收率 91.25%。问卷发放根据各地市返乡创业企业的初创期、成长期和成熟期实际数量分布情况，按比例抽取，兼顾性别、年龄、学历等因素。样本基本信息如表 1 所示。在被调查者中，男性创业者与女性创业者数量持平；28 周岁以下的创业者超过 70%；创业者中本科学历者接近半数，也出现了一些高学历创业者（硕士研究生、博士研究生）、海归人才（5.25%）；具有人文与社会科学类（43.43%）、工程与技术科学类（36.38%）学科背景的创业者较多，其中选择较多的前三位专业是经济学（21.36%）、管理学（18.54%）、工学（17.84%），艺术学（9.39%）、农学（9.15%）专业的返乡创业者也占了一定比例。

---

① 在 2017 年浙江省各市国民经济主要指标中选取"生产总值"指标，确定生产总值后 5 位的地市作为本次调研对象。各市国民经济主要指标（2017 年）详见《2018 年浙江统计年鉴》。

表 1 返乡创业大学毕业生基本信息

项目	类　别	频数	%	项目	类　别	频数	%
性别	男	219	50.00	专业	自然科学类	35	8.22
	女	219	50.00		工程与技术科学类	155	36.38
年龄	18～22 周岁	164	37.44		工学	76	17.84
	23～28 周岁	152	34.70		管理学	79	18.54
	29～35 周岁	122	27.85		人文与社会科学类	185	43.43
最高学历	高中（中职/职高/中技）及以下	37	8.45		经济学	91	21.36
	专科(高职/高专/高技)	163	37.21		艺术学	40	9.39
	本科	234	48.86		医药科学类	12	2.82
	硕士研究生	20	4.57		农业科学类	39	9.15
	博士研究生	4	0.91				

二、创业动机：内部驱动力与外部推拉力的合力作用

农村创业青年的创业动机是其自身创业意愿、乡村拉力与城市推力有机整合、综合权衡的结果。不少农村创业青年对农村创业的强烈意愿与外部环境相契合，使得农村创业从"可能"成为"可行"。

（一）强烈创业意愿驱使其走上创业道路

随着"大众创业、万众创新"工作的推进，越来越多的青年愿意投身创业。仅在大学生群体中，青年就已表现出了强烈的创业意愿。《2017 中国大学生创业报告》指出，30％的在校大学生创业意愿强烈，与 2016 年相比，上升了 8 个百分点；更有 3.8％的学生表示一定要创业，有一定创业意愿的学生占 57.9％。由井冈山大学与海尔创客实验室联合发布的《2018 年大学生创业意愿调查报告》显示，近 70％的大学生都有过创业的想法。访谈中了解到，不少农村创业青年很早之前就已形成了创业的计划，创业不仅是他们的兴趣和理想，也是他们选择不懈奋斗的方式。创业者 CSJ 提道："我是做茶叶生意的，大学时就喜欢，我会去品尝、考察各种茶。一直想着自己去做茶相关的生意，创业最初只是卖茶，后来就承包了 15 亩茶园（开始产茶），我喜欢这件事就会去钻研……我觉得现在挺好的，既能推广乡村特产，又能赚钱。城市里很多人认准了我们的产品，觉得我们

的产品品质好、纯天然,即使价钱高一点,也愿意买。"另一位创业者 LQ 也提道:"大学期间就开始创业了,毕业的时候虽然也拿到了地铁集团等一些很不错的 offer,但也没想着要去,还是想创业,最后还是回来了。"问卷调查中,农村创业青年创业的内因主要包括追求个人兴趣爱好(26.89%)、提升自己的能力(19.75%)、实现个人理想(11.11%)、增加人生阅历(6.45%)等能够自我实现的高层次需求,也会兼顾考虑返乡创业是否能创造财富(20.03%)的生存需求因素(见图 1)。

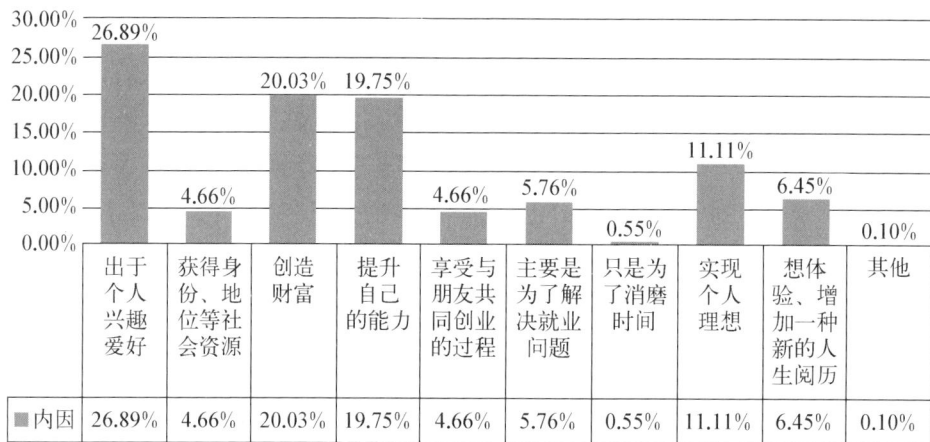

	出于个人兴趣爱好	获得身份、地位等社会资源	创造财富	提升自己的能力	享受与朋友共同创业的过程	主要是为了解决就业问题	只是为了消磨时间	实现个人理想	想体验、增加一种新的人生阅历	其他
内因	26.89%	4.66%	20.03%	19.75%	4.66%	5.76%	0.55%	11.11%	6.45%	0.10%

图 1 初创的内因

(二) 乡村创业环境利好与乡梓情怀吸引返乡创业

(1) 乡村政策与创业环境的带动作用。不少研究表明,创业政策及创业环境对创业意愿具有积极推动作用。如吴立爽等认为,创业环境各维度均与创业意愿呈显著正相关;孔凡柱等研究认为,创业政策对农民工创业意愿向创业行为的转换起到推动作用。当被问及创业外因时,25.51%农村创业青年表示受到国家政策利好因素的影响(见图 2)。而且,在所调查的创业者中,有 90.28%的创业者享受过创业政策(见图 3)。在国家政策的大力扶持下,顾虑已然化为热情,踌躇逐渐退为后话。在访谈中也不乏一些非浙江籍的创业者对浙江的创业环境赞赏有加,如受访者 JY 说道:"局长碰到我第一句话就是'我有什么可以为你服务的'。这个给我们的感觉特别好,我们愿意在这扎根,踏踏实实地做下去。"受访者 ZRQ 将企业从上海搬回了家乡,也是受惠于本地的创业政策和服务态度:"以前在上海办事需要两个月,万一出个事情也不知道找谁。现在在江山有点事情,大家都很热情,这个很重要。对于我们创业者或生意人来说,那种感觉是不一样的，一种是很热情地服务你，一种是冷冰冰的，好像你热脸贴冷屁股。家乡对我来讲，给的感情温度是不一样的。"

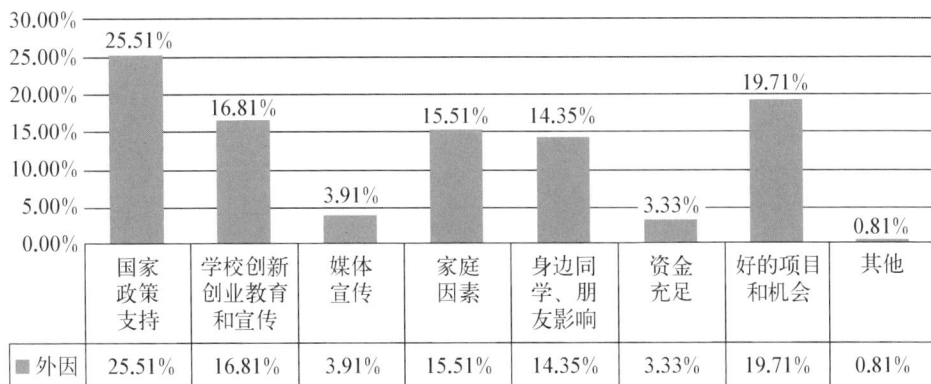

	国家政策支持	学校创新创业教育和宣传	媒体宣传	家庭因素	身边同学、朋友影响	资金充足	好的项目和机会	其他
■外因	25.51%	16.81%	3.91%	15.51%	14.35%	3.33%	19.71%	0.81%

图 2　初创的外因

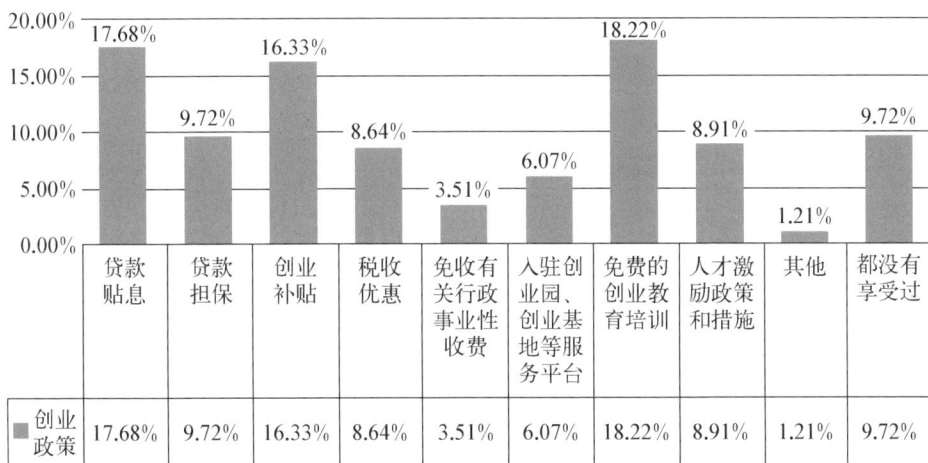

	贷款贴息	贷款担保	创业补贴	税收优惠	免收有关行政事业性收费	入驻创业园、创业基地等服务平台	免费的创业教育培训	人才激励政策和措施	其他	都没有享受过
■创业政策	17.68%	9.72%	16.33%	8.64%	3.51%	6.07%	18.22%	8.91%	1.21%	9.72%

图 3　享受过的创业政策情况

　　另外，家庭也是吸引不少农村青年返乡创业的重要环境因素。调查中，受家庭因素驱动创业的青年占到了 15.51%（见图 2）。部分创业者受到了"一大家子都做生意"的影响返乡创业，还有些青年出于分担家庭经济压力的生存需求返乡创业。正如受访者 ZK 所说："我做生意更多的原因是家庭的生意可能会走下坡路（需要我做生意来分担压力），因为现在整体的地板行业不景气，如果我爸这边的（地板）生意不行了，我的业务利润就可以把他的亏损弥补回来。"也有些创业者看到了父母维持生计的不易，最终放弃高薪工作回乡。受访者 BL 提道："我本来在外面做律师的，但是觉得父母做点生意太辛苦了，所以决定还是回来创业，可以照顾父母，帮衬家里。"

（2）乡梓情怀的牵引。农村创业青年创业的最大亮点在于，农村创业青年似乎在乡梓情怀与个人发展中，找到了一个立足点和平衡点。除政策利好、创业资源等因素外，熟悉乡情（13.10%）、乡土情结（9.9%）、与家人团聚（7.00%）成为青年在农村创业的重要动机。在访谈中，不少农村创业青年提到家乡时流露出的是踏实和安心。多名受访者说道：

"十年前关工委给了我两千块钱扶助金帮助我上大学，十年后的现在，我回到了家乡，想做点力所能及的事情回报家乡、回报社会。"（受访者 JL）

"看到自己生活的地方从萧条到繁荣，到处生机勃勃，觉得发自内心得幸福。"（受访者 CS）

"漂在外面总是没有归属感，不如扎实一点在自己家乡耕耘。"（受访者 KF）

与其说乡村是吸引大学生返乡的一种外部环境，不如说，乡村已成为流淌在每个返乡创业大学生身体里、牵动着他们内心的情结。乡村情结成为牵动着农村创业青年"雁归兴乡"的重要因素。

（三）城市高压与创业饱和的现实推力

影响农村创业青年创业的外部因素除了乡村不断增加的"拉力"之外，还有重要的"城市外推力"。在乡村急需人才回归的同时，城市却以另一种姿态，给予了青年强大的外推力。一方面，城市给予了青年巨大的生活工作压力，他们受到交通拥堵、空气污染、买房难、婚恋交友难、子女上学难、养老难等一系列"城市病"的负面影响；面临在城市创业的初始资金、租房及用工成本都更高的投入门槛。另一方面，城市看似提供了更多的创业机会，但也意味着更激烈的市场竞争，龙头企业、高端品牌林立，想在这样的市场中有所作为，难上加难。相比于"抓不住""追不上"的城市，乡村市场的迅速成长更具发展空间。

"返乡创业是好事，不然的话大家都围在大城市里，我觉得不如回家乡做点事，我把总公司放在衢州，如果哪天做大了，这是我们衢州本土的企业。"（受访者 YH）

三、创业资源：强个体资源与弱代际资源的外在呈现

农村创业青年虽然接受过良好的高等教育，个人素质较高，但不同于"生而优"的"富二代""创二代"群体，他们中较少有雄厚的父辈经济资源和社会资源作为创业基础，他们的创业资源主要来自自身的积累。

（一）个体优势凸显：自致性因素成为主要创业资源

自致性因素是包括教育水平、工作经验等在内的，个人通过自身努力而获得的后天能力或资质。农村创业青年最大的资本往往就是他们自己，他们从书本上学到的专业知识、接受的创业教育、经历的创业实践为他们拓展了眼界和思路；实习、工作经历等为他们积累了一定的社会经验和创业资金；大学毕业生的身份为他们赢得了一定的政策支持，这些共同构成了他们的基础资源优势。

"我在大学的时候基本是靠自己完成的学业，靠勤工俭学还助学贷款，后来还创过业。大四实习的时候，我把开在学校北门的一家餐馆转让了，加上当时的一点积蓄，我就回来（创业）了。"（受访者 LQ）

"从我高中毕业就开始有创业意向，进入大学以后，我是我们学校创业学院的第一届学员，大学里面就做过许多实践，摆地摊、做兼职、勤工俭学、发传单、销售等等。也做了三年的班长，一直有意识地锻炼自己的各方面能力。毕业了之后也选择先在社会上磨炼两年再创业，我的这些工作经历都是在创业做准备。"（受访者 ZK）

同时，创业青年在运营模式上有更大的创新，他们是技术革新和营销理念飞跃的一代。受访者 LDD 赶上了网络销售的快车道，及时运用互联网＋改变销售模式，不断更新生产设备，实现机器换人。"我觉得基地的设备太落后了，就很自然地想对基地进行现代化改造，引进了 4 条轨道车，通过数据分析选择适宜的肥料，开展新品种研发工程。当初我父母很反对，觉得成本太高，后来看到效果很好才认可了……我和父母是有代沟的。他们比较保守，当初很反对网上卖，说损耗大、快递费太高、还要包装……"而受访者 JY 在互联网相对成熟的情况下，不断迎合消费者的需求实现产品更新换代。"我们一家店一年的产值可能赶上几家大规模茶企，因为我们的销售从客户的角度出发，任何一款产品出来都是从市场切入的，我们不是纯粹地去讲故事、讲包装……针对 c 端（消费者）市场，我们有口粮茶计划，就是每个月 100 克茶 99 块钱，推送这个季节我们认为最适合的茶。今年在跟浙大开发新产品，叫做二十四节气健康中国茶，把二十四节气和中国人的健康及适合的茶饮结合起来。我们会根据市场的反应，推出一款产品叫喜茶，针对的是婚庆市场，用于各种回礼。我们还推出了一块刚需市场，办公用茶。中国人的礼仪从一杯茶开始，就像我们到这里来，肯定要倒一杯茶给我们。"

（二）代际传承效应微弱：先赋性资源缺位明显

先赋性因素是包括性别、户籍、年龄、父母教育水平、父母的经济状况、社会地位等在内的个人与生俱来的先天条件或属性。已有研究表明,家庭资本禀赋对农民自我雇佣选择和创业绩效等具有显著影响。据调查显示,农村创业青年能获得的父辈创业资源十分有限,48.63%的农村创业青年父辈没有创立企业(见图4),他们是创一代。农村创业青年的父母职业分布最广的是个体工商户,其中父亲为个体工商户的占 26.48%,母亲为个体工商户的占 24.43%。访谈中茶叶生意的创业者CSJ 也提道:"其实我们(做生意)也是我们家族里年轻的一代人,把这个茶叶(生意)做起来了。真正留在农村里面的人,他们可能也没有那个(创业的)想法或思想,(农村青年)可能都是到外面(打工)去的多。我们不像吕总(同地区的企业家)是富二代,他做农业起点就很高了,我们家里一开始不支持创业,后来我跟弟弟妹妹才慢慢(把生意)做起来。"受访者 LJQ 说道:"我们自己的创业基础是 0,你问我动机是什么,就是趁现在还年轻,自己还可以奋斗,为自己的梦想努力一把,想把自己喜欢的事情发展成事业。如果没有兴趣的话,我这一年也坚持不下来。"

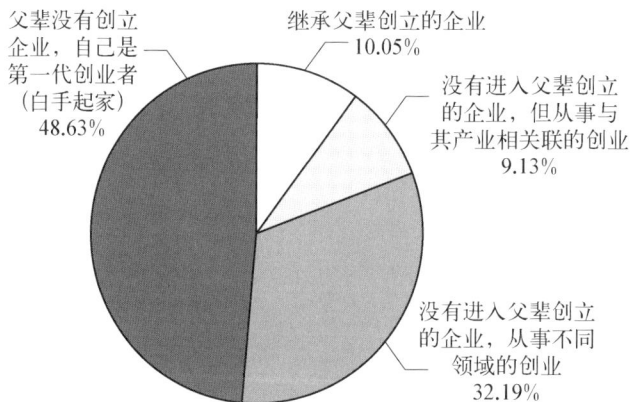

图 4　创业传承

四、创业效能: 小本规模和融合发展备受推崇

(一) 创业规模: 以小微企业为主

问卷调查显示,当前农村创业青年的企业规模以微型、小型为主(86.08%)(见表2)。究其原因,一方面创业者年纪较轻、创业时间短,资本和经验的积累还不足;另一方面,当前创业模式逐渐向专业化、精细化方向转变,小微企业更符合这一创业模式的转向。访谈中也发现,创办小微企业是农村创业青年创业的首选。"有时候也很想扩大规模,但是一下子扩张会出现人员、资金跟不上的问

题，所以也不着急，一点点把这个生意做起来。""当然是先从小企业做起，因为有时候自己也不确定这个方向是不是正确，要先试试水。"尤其是在农业领域，对于规模的把握上，创业者们都有自己的心得和经验。

表 2　创业规模

项　目	类　型	人　数	百分比
创业规模	微　型	239	54.57
	小　型	138	31.51
	中　型	43	9.82
	大　型	12	2.74
	特大型	6	1.37

"整个浙江地区多山少地，只能做精致化的小农业。浙江的农业，特别是精品水果，控制在一百亩左右，这是合理的，两百亩、三百亩的一定会亏，很多大企业什么都做，做完以后全都亏了……农业这个东西不像工业，有很标准的车间、流水线，农业基本上要全身心地扑在那里，假如有病虫害了要老板第一时间处理，不像工业里有检验的流程可以查出。"(受访者 ZLX)

(二) 创业领域：注重"三产"融合

近年来，农业农村发展环境正在发生深刻变化。一方面，随着城乡居民收入增长和需求结构的升级，人们对农产品的品种、品质、品位提出了更高要求，乡村旅游和休闲农业等需求呈"井喷式"增长态势。另一方面，农业资源环境承载能力趋近极限，拼资源、拼投入的传统老路已难以为继；农产品价格低迷，农民务工环境趋紧，保持农民收入持续较快增长难度很大。发展农村新产业新业态、推进农村一、二、三产融合发展，是农业供给侧结构性改革的重要内容，是培育农业农村发展新动能的突出亮点。自 2017 年中央一号文件对壮大新产业新业态、拓展农业产业链价值链做出重要部署开始，农村产业发展逐渐呈现出新气象。根据调研，农村创业青年的创业领域从传统的种养产业逐渐拓展延伸到加工流通、休闲农业、乡村旅游、文化创意、养生养老等生活性服务业、生产性服务业、农产品加工业等领域，且 70% 以上农村创业青年创办的企业涉及新产业、新业态、新模式，具有产业融合发展特征。农业与旅游、健康、教育、文化产业的深度融合备受创业者青睐(见图 5)。一方面是由于基于生活性服务业对设备、技术等条件的要求容易满足；另一方面是由于生活性服务业与文化生活密切相关，顺应人们多元化的生活需求。相比之下,农产品加工业对土地、设备、农业规模等条件的要求更高,因此创业者涉猎相对较少。这与走访中所了解到当前的乡村创业领域分布情况基本吻合。

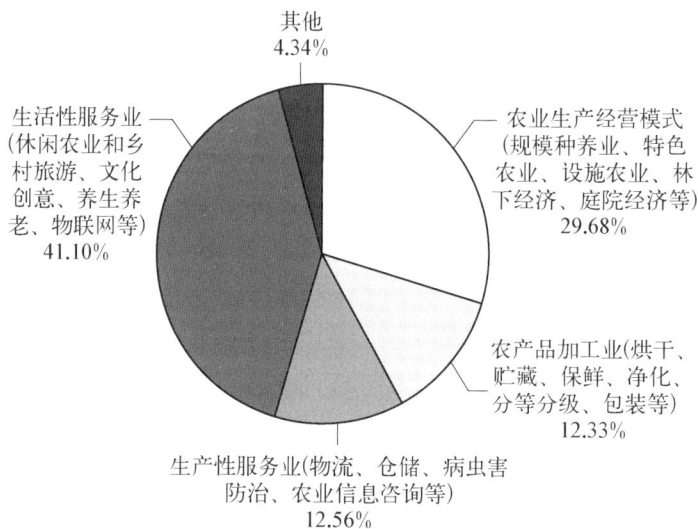

图 5　核心项目属于哪个领域

第三节　农村创业青年的创业困境

创业能否成功是创业者自身禀赋优势、创业资源、外部市场环境和政府帮扶政策等诸多因素催生和耦合的结果。根据本文将从农村创业所需的资源要素和外部条件两方面阐述农村创业青年遇到的创业困境。

一、创业资源困境

创业资源是创业的必要条件。关于资源的概念和分类,学者提出了不同的说法,其中较新和较为全面的定义是由刘霞提出的,她认为创业资源是指创业企业在创业全过程中先后投入和利用的各种物质、能量和信息的总称。并将创业资源分为财务资源、人力资源、知识资源、实体资源和社会网络资源。基于以上概念和分类,根据问卷数据,农村创业者最需要的创业要素前三位是:资金(25.30%)、人才和团队(23.81%)、技术(15.37%),结合访谈文本分析发现,土地已然是当前制约乡村现代化的重要资源要素,其所具备的稀缺性、约束性也成了阻碍农村青年的创业项目进一步更新升级的绊脚石。综上所述，本文将资金、人力、知识技术、土地作为制约乡村创业发展的重要因素加以重点分析。

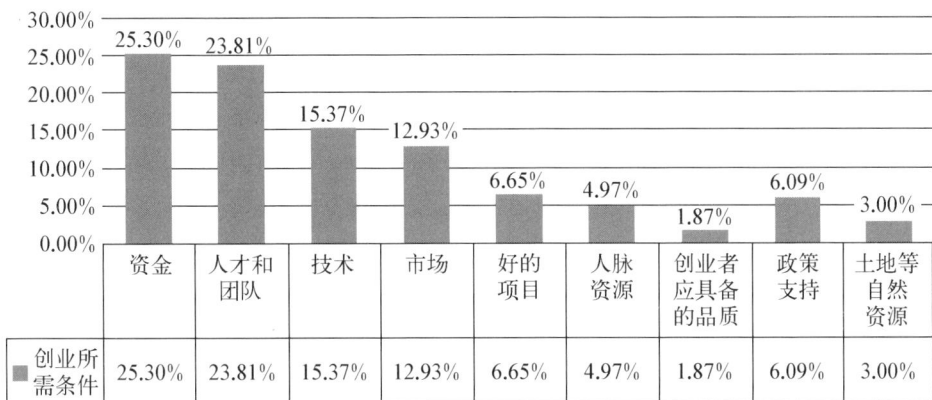

	资金	人才和团队	技术	市场	好的项目	人脉资源	创业者应具备的品质	政策支持	土地等自然资源
创业所需条件	25.30%	23.81%	15.37%	12.93%	6.65%	4.97%	1.87%	6.09%	3.00%

图6 在乡村创业或从事农业相关创业项目最需要的条件和资源

（一）资金资源短缺，乡村创业缺乏"自转"优势

（1）自筹资金总量有限。自筹资金主要是指个人自有资金、亲友筹款等个人筹集的资金。当前创业者依赖自筹资金的比例依然较高，包括自有资金、父辈经济资助、与他人合伙出资等（35.09％），尤其在创业启动资金的筹集上，自筹资金占了很高的比例，如受访者 WXJ 的启动资金来源于亲朋好友的借款，受访者 WYB 的父母则将一套房子给了他作为创业资金。随着企业的规模扩大、设备的升级，对于并没有许多先赋性资源的农村创业青年来说，靠自筹资金难以支撑企业的后续发展。受访者 WXJ 提道："前期资金是到处找亲朋好友去借的。我们当时四个人就凑了十万块钱，都是借过来的，也没敢找家里要。后续的话主要是靠我们每年运营产生的利益再投入，资金始终是个大问题。"

（2）融资渠道狭窄且融资门槛高。在自筹资金有限的前提下，解决资金难题的根本在于外部资本的获得。据调查，农村创业青年能获得的外部资本，主要以政府创业补贴或贴息贷款（24.56％）、银行抵押贷款（13.41％）为主。据访谈获知，政府部门和金融机构设置的"门槛"较高，许多农村创业青年难以达到相关申领条件。一是申领创业补贴政策往往受到户籍地、固定营业场所、营业利润等前置性条件限制，一名受访者表示，"政策性资助资金相当于（给创业者）画了一个饼，但是基本上吃不到，如果能吃到的人也不在乎那一口"。而且，申领过程手续繁杂、耗时长等也极大地挫伤了申领的积极性。二是金融机构不愿意给规模小、风险大、周期长、还贷能力弱的农村创业青年创业项目提供低息贷款，往往会增设一些隐性障碍。受访者 ZL 表示："我们参加比赛得了名次,理应给予免担保贷款,但最后审完我们的材料后,可能考虑到风险,银行还是叫我们提供抵押物或者找一个担保人,最后这笔贷款就不了了之了。"此外,乡村创业项目收益慢、风险高等因素致使农村创业青年难以获得风投资金的青睐,获得风投资金的仅占 1.75％(见图 7)。风险投资对创业者不仅意味着资金的大量注入,更重要的是,通过与风险投资机构的合作,创业项目获得了更进一步的成长。然而,对于农业项目来说,风险投资的获得几乎少之又少。

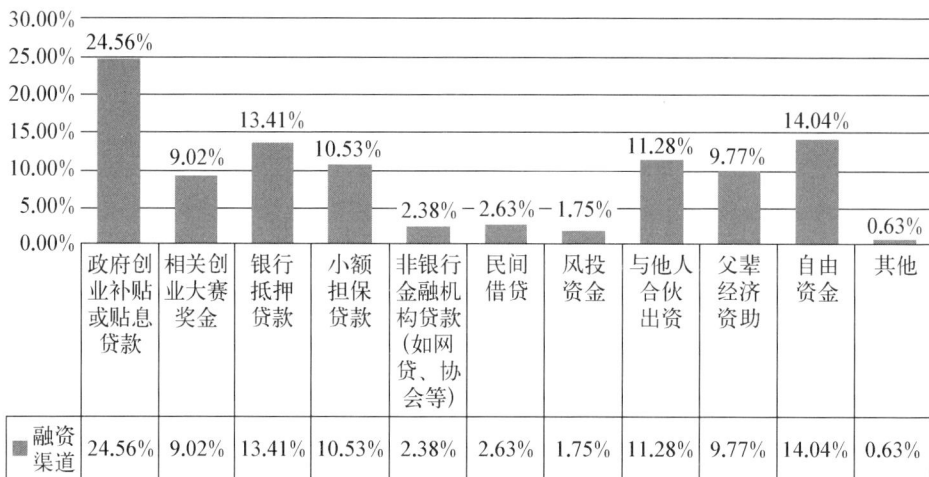

	政府创业补贴或贴息贷款	相关创业大赛奖金	银行抵押贷款	小额担保贷款	非银行金融机构贷款(如网贷、协会等)	民间借贷	风投资金	与他人合伙出资	父辈经济资助	自由资金	其他
融资渠道	24.56%	9.02%	13.41%	10.53%	2.38%	2.63%	1.75%	11.28%	9.77%	14.04%	0.63%

图 7　融资渠道

"风投也很重要,我们没有机会去接触。跟风投打交道的过程,是一个成长的过程。搞风投的(负责人)项目看得多,问的问题很习钻的。你要去思考他问的问题,解决了那么就成长了。不一定非要拿到风投的钱,听他们的意见也很关键。我们想去找风投,找谁都不知道。"(受访人 JY)

(3)贷款期限短融资成本高。大部分农村创业青年获得的贷款还贷时间为1～3 年,而乡村创业项目,特别是农业种植类项目,投资见效慢,很多投资收益至少要 5 年左右时间,导致企业实际经营中往往因周转资金短缺而难以还贷。同时,创业者还要面临资金过桥、银行断贷等金融风险,无形中提高了融资成本。正如受访者 QK 所说:"农业本身就是个收益很缓慢的行业,但贷款时间太短,容不得我们喘气。比如我贷了 70 万,这 70 万都扔(投资)到田里了,还贷款的时候田里还没有收益,去哪里搞 70 万?我很多朋友赔了就是因为他去拿高额借贷去还贷,之后银行又不贷给他。理由是银行觉得他效益不好。农业哪有这么好

(做)的,受影响因素那么多,不像工业品是一个标准化产品复制的结果,产能比较稳定。"

(二) 知识资源储备不足,乡村创业缺乏发展动能

(1) 处于初创期的创业者:专业知识技术及经验不足。调研发现,企业初创期对创业者的专业知识、社会经验和行业经验的需求最为迫切。农村创业青年平时主要接触、学习和积累的是非农领域的某些技能和人脉关系,这与其创业大多从事的农业项目在专业技术、分工协作、市场拓展等方面没有太多的内在关联性和资源共享性。同时,农村创业青年基本上没有干过农活,对农业生产的具体环节知之甚少。因此,初创期的农村创业青年普遍认为自己创业领域的专业知识、社会经验和行业经验等先前经验匮乏,限制了企业的发展。受访者 CJJ 因为种植技术等专业知识的不足,在创业过程中倍感艰辛:"种植的土豆因为自己经验不足,种出来是绿的,口感很苦,亏本了。"而拥有农学专业学科背景的 WYB 选择了与专业对口的创业项目,但由于社会经验和行业经验的不足还是碰壁了:"有个客户说给他摘 2 000 斤西瓜,明天来拿,谈好价格 2 块。我们(早上)四点钟起来全部摘好,因为我们觉得等他八点钟来再收瓜就来不及了。结果他来了以后就说:'一块八,你卖不卖!'那时一点办法都没有,瓜都摘下来了,你不卖也得卖。这就是没有社会经验造成的,本来不应该出现这种问题的。"

(2) 处于成熟期的创业者:普遍存在创业专业知识恐慌的问题。随着创业企业的不断成长,创业者面临的困境开始变为如何打造创业"升级版",通过不断提高运营能力和创新能力实现农业项目的科技化、规模化、标准化、品牌化,此时,需要更多专业性的知识和顺应新时代发展的管理思想。因此,创业者在成熟期面临的最普遍问题就是专业知识的恐慌。尽管成熟期的创业者已经脱离了基本知识技能不足的束缚,也积累了较为丰富的经验,但调查也发现,成熟期的返乡创业大学生对专业知识的需求仍然较高,主要表现为对市场、管理、财务、前沿技术等多方面知识的全面掌握和深度融合,创业者需要从一个基于实践经验管理的经营者向一个基于现代系统管理知识的企业家转变。正如创业者 QK 所说:"返乡创业青年,既要懂得算账,看得懂财务报表;还要懂种田,懂前沿技术;既要善于跟政府部门的领导打交道,又要懂得和专家交流最新的商业模式,还得要学会如何去筹措贷款资金。"

(三) 劳动力供应不足,乡村创业缺乏人才竞争力

(1) 简单劳动力供给不足,人力成本高。据调查,相较于高素质人才,农村创业青年对简单劳动力的需求更为迫切。正如受访者 ZLX 表示,"搞技术的农

业科研人才,一个企业有一个基本上就够了,但对实际操作的技术工人需求量就非常大"。但是,多年来,在城乡收入巨大势差的诱导下,农村绝大部分优质人力资本流向城镇,农村人口老龄化、村庄"空心化"问题凸显,城乡之间的经济"剪刀差"变成了人力资源的"剪刀差"。据多名受访者介绍,从事农业工作的劳动力平均年龄在 60 岁以上,而"留守"农村的中青年农村劳动力不会做也不愿意做农业。农业特有的季节性"用工"需求,进一步加剧了招工难度,无形中也增加了创业成本,受访者 WQ 表示"现在把箱子从一楼搬到五楼这种活儿都没人愿意干,除非给高价钱","园子里人力成本每天就得 300 元左右,常工根本雇不起"。

(2) 优秀人才回流难,专业人才紧缺。随着现代化农业的推进和农村一、二、三产业融合的发展需要,农村创业青年倾向于将更多创业项目引入乡村,如文化创意、跨境电商、视频制作等,这些企业急需专业人才的加入,但他们在招聘专业人员时频频遇冷。正如受访者所说:"我们的招聘需求贴出去,符合要求来应聘的只有两三个人,稀稀拉拉的;在杭州贴一个,成百上千的人来面试,这就是区别。"农村劳动力素质低已成为制约农村劳动力转移的一个重要因素。目前农村创业青年的企业所能招聘到的员工多以当地初高中学历的劳动力为主,学历层次较低,各企业需要用到的管理、财务、信息类人才都存在缺口。如跨境电商类企业需要外语、跨境电商专业的人才,而在乡村,外语专业六级以上的就很难招。与集聚着更多机会和资源的大城市相比,乡村在吸引人才、留住人才上缺乏竞争力,同时传统的就业观将众多优秀的大学生推出了乡村的"家门"。对于农村青年,创业发展的不断推进对专业人才的需求逐步增加,人才招募面临观念和现实上的多重障碍。面对专业人才的匮乏,一些企业不得不降低用工要求,如一位负责招聘的工作人员说道:"网易严选的客服中心在衢州招客服,当时公司要求的大专以上的学历,找了好久好不容易招了 60 个,做着做着又溜了,后面要求降到中专。后面阿里巴巴也到衢州了,对学历就没有什么要求了,高中毕业就可以。"大型民营企业尚且如此,返乡创业大学生的小微企业专业人才状况可想而知。

(四) 土地使用受限,乡村创业缺乏基本支撑

(1) 农业设施用地"申请难"。土地是乡村创业项目最为迫切需要的稀缺资源,农村创业青年需要一定规模的土地。正如受访者 DSL 谈到自己的下一步规划:"接下来准备做一个品牌为主,体验为辅的设施农业,肯定要去谋求观光园土地,最好是在杨梅山下的土地。如果我只是一辈子单纯地卖酒也没什么意思,我想把本地的根留住,把本地杨梅做深做透,让它成为品牌复制出去。我觉得这也

是一件蛮有意思、蛮有意义的事情。"而现实情况却受我国基本农田保有率、土地利用总体规划、建设用地指标等因素的限制。同时，相对于引进现代产业的大项目而言，返乡大学生所创办的各类企业因为规模小和技术含量低，土地的产出率不高，为地方财政所提供的税收十分有限，地方政府不愿意把日渐稀缺的用地指标分配给农业创业项目。因此，农村创业青年一直面临农业规模经营设施用地少、设施用地"申请难"、使用年限短等问题。不少创业者提道："虽然规定农业设施建设配套的附属设施面积占总面积的 $3\%\sim5\%$，看似给予了一定空间，但事实上这个比例远远没有达到。"面对农业建设用地的"可望不可及"，一些农村创业青年冒险在农用地上建房，但因房屋无产权证，随时面临"违章建筑"被拆除的风险，加剧了农业创业的不稳定性。

"我跟镇里一直以来都有接触的，在镇政府半默许的状态下，我们在门口搭了房子、改建了停车场。但是一年多之后，镇政府提出来这是违规，现在我们已经被拆了，然后没有任何补偿。现在项目资金投进去了，说拆就拆，让我怎么办呢？我怎么生存呢？所有的业务都停滞了，还好人员不多，占公司的比重不是很大，影响不大。但比如说我这个场地有十几二十个人，业务都停了，那这帮人我都要让他们离职了，后续的遗留问题很多。"（受访者 CLR）

（2）农村土地流转"风险多"。在当前我国土地集体所有的制度条件下，土地流转是农村创业青年发展规模经营的主要举措。目前，土地流转已呈现出从农户自主流转向组织化、有序化流转转变的趋势，但仍有相当大数量的农村土地流转形式是在企业与农户之间的私下流转，存在租户过多、金额难以协商一致等问题。如受访者 DR 提到的，"土地流转时签的合同钉在一起有一本书厚"，签约的时候还面临"这个没有一千不租，那个没有两千不租，最中间的土地打死都不租"的扯皮烦心事。谈及村委是否提供帮助时，受访者 CLR 直言不讳："当时也让村里人帮我们出面去协调过的，但是现在村里面要做美丽乡村建设，领导、村长、书记都很忙的，实际上也没什么空帮我处理，而且土地流转决定权都在村民手里，你要去买他的地，他不肯卖，这是他的个人选择，你让村长、书记去做工作，实际上他也有一定难度的。"而且，目前浙江省土地使用权第二轮承包的到期时间一般在 2029 年末，对创业者而言，目前的承包期不到 11 年，如果追加投资，尤其是一些资金投入较多的农业观光园、生态农庄类项目，合同到期的时候可能会面临土地流转价格被抬高的风险。此外，虽然十九大报告指出"第二轮承包期到期后再延长 30 年"，但与之相关的具体政策尚未出台，到期后土地是否能顺延使用仍是创业的风险点。

二、外部环境因素

除了创业的自身要素之外，外部环境也对农村青年的创业产生影响。根据问卷数据和访谈文本，对乡村创业产生重要影响的外部环境因素有：政府政策支持、乡村市场环境、文化氛围等。

（一）创业政策知晓度不高，落地成效不显著

政府层面对农村青年创业的政策支持主要体现在创业政策上。为了促进农业农村经济的发展，近年来，国家大力扶持农村创业，推出了多项优惠政策，如资金支持、人力资源保障、教育培训、环境支持、行政服务支持等，其中资金支持类（52.37%）和教育培训类（18.22%）成为农村创业青年享受最多的政策（见图3），[①]为青年创业提供了坚实的保障。但当前政策系统性、完整性不够，政策"碎片化"的现象依旧比较突出，不少政策知晓度不高、落地成效不显著，在一定程度上影响了企业的成长壮大。

（1）创业政策知晓度不高。根据问卷调查结果，当前创业政策的信息获得渠道较多元，政府部门（25.50%）、网络（21.6%）、亲朋好友（17.71%）成为主要的渠道（见图8）。经过政策的多方位宣传，多数青年对农业创业补贴、大学生创业补贴等政策有所了解，但对其具体内容、申领程序仍然一知半解。仍然有三分之一的创业者认为创业政策信息获取很难或者不太容易（见图9），可见青年创业者真正了解创业政策依然存在困难。受访者 YH 表示"如果是有利于民生的创

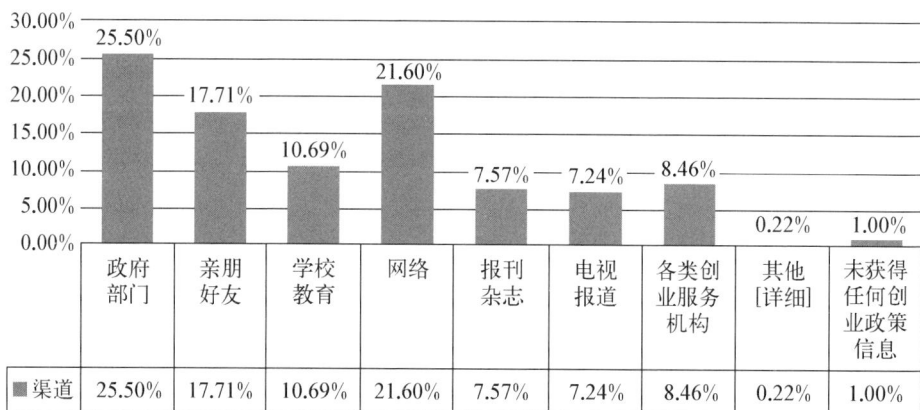

图8 创业政策获得渠道

[①] 李国和,曹宗平.农民工返乡创业面临的多重风险与防控策略探究——基于适度鼓励与引导的视角[J].改革与战略,2018(2).

业项目应该有相应的补贴。比如做早点的，我一个朋友只是设了几个点，他应该可以拿到补贴的，但现在大家都不知道去哪里申请补贴，政策知晓度还不够高"。

通过分析不同性别、年龄、学历以及处于不同创业阶段的创业青年的政策获取情况，发现不同性别及创业阶段的青年对环境评价均无显著差异。而不同年龄和学历的创业青年在政策信息的获取上则存在显著差异（$F_{年龄}=4.026$，$p_{年龄}=0.019<0.05$；$F_{学历}=3.611$，$p_{学历}=0.007<0.05$）（见表3）。年龄在 $18\sim22$ 周岁的青年认为政策获取难度最大，且显著高于 $23\sim28$ 周岁、$29\sim35$ 周岁的青年（见图10）。这可能是由于年龄较小的青年社会经验比较欠缺，对相关政策信息资源的识别和判断能力相对较弱。另一方面，学历在本科及以上的创业青年，对政策信息的获取更容易，而学历在专科及以下的创业青年，普遍认为政策信息获取较难（见图11）。这可能是由于学历越高，人脉圈越广，能够接触到相关政府部门或人员的可能性越大，借助多种新媒体搜集信息的能力越强，使得他们获取政策信息较为容易。

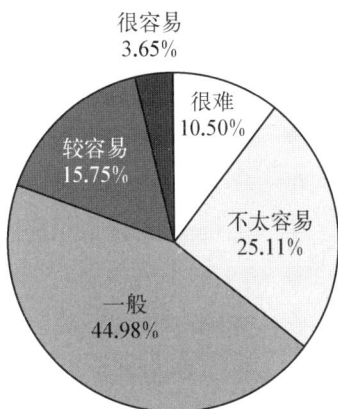

图9 创业政策获得难易度

表3 不同年龄和学历创业青年政策信息获取差异分析

		平方和	df	均方	F	p
年 龄	组 间	7.338	2	3.669	4.026	0.019
	组 内	396.372	435	0.911		
	总 数	403.710	437			
学 历	组 间	13.031	4	3.26	3.611	.000 7
	组 内	390.679	433	0.90		
	总 数	403.710	437			

（2）创业政策落地成效不显著。从调研结果来看，当前创业政策对返乡创业大学生的影响程度一般，[1]其平均得分仅为 3.70，说明创业政策的落地成效并不十分显著。当被问到"所在区域对相关创业政策落实情况如何"时，有 4.79% 的创业者表示"不了解"，还有 10.96% 的创业者认为落实情况"很差"或"较差"。

——————————

① 创业政策对企业发展的影响度打分，5分为影响度最大，其平均得分为 2.68 分。

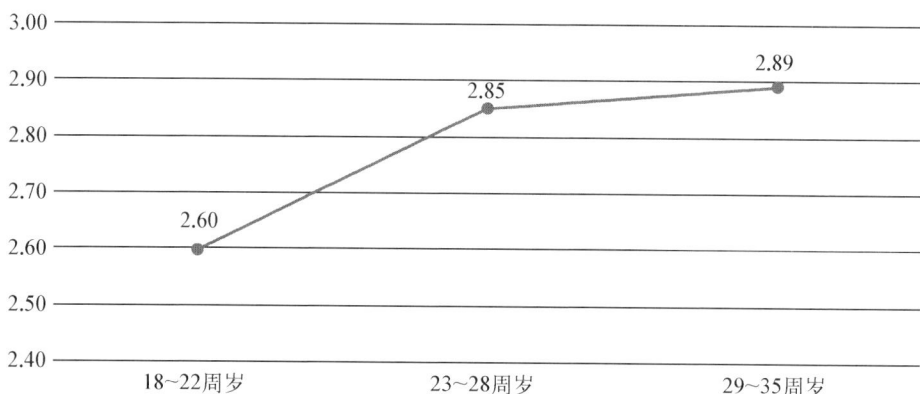

图 10　不同年龄创业青年对政策信息获取难度的评价

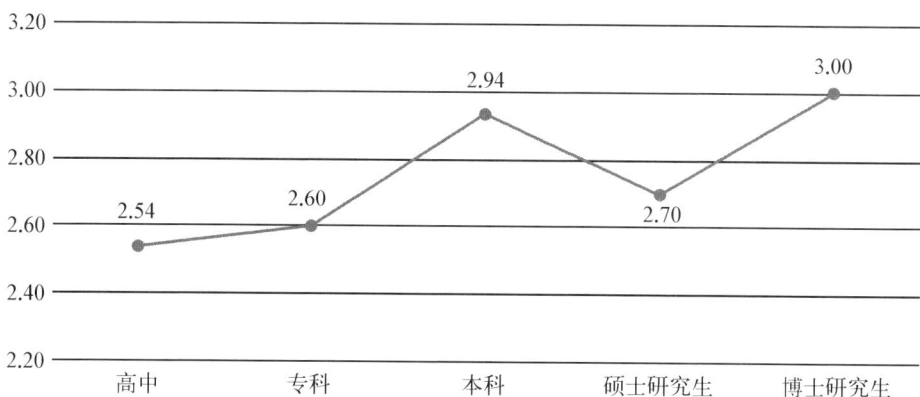

图 11　不同学历创业青年对政策信息获取难度的评价

原因主要在于当前创业政策涉及的职能部门比较繁杂,政策执行方分散,容易产生"九龙治水"的局面,陷入政府服务单打独斗、资源"碎片化"的情境。比如,大学生创业一次性奖励由人社局执行,科技项目奖励由科技局执行,创业贷款、贴息等则由人社局、团委、农发局等多个部门各自执行,农村创业青年很难一次性知晓全部的创业政策和服务内容,政策利用率不高。受访者 RSN 表示:"很多的政策太散了,我们好像是湖里的小鱼,一把米撒过来,大家好像都能吃到一点,就看谁的能力强一点多抢到一点。如果能比较有针对性地做持续性引导,政府工作也会更有重心一点。"其次,创业政策普遍存在"扶大忽小"、针对性不强等问题。对于大部分处于初创期的创业青年来说,许多创业政策门槛太高,创业青年往往达不到这些高标准,从而降低了创业政策对农村创业青年的激励和支持作用。

通过分析不同性别、年龄、学历以及处于不同创业阶段的创业青年对政策落地情况、政策对企业影响程度的评价,发现不同性别及创业阶段的青年对环境评价均无显著差异。而不同年龄的创业青年在政策落实评价方面存在显著差异（$F=10.914,p<0.001$）（见表4），年龄在18～22周岁的青年认为政策落实程度最差，且得分显著低于23～28周岁、29～35周岁的青年（见图12）。这与政策信息获取的结果一致，也可以从侧面反映出，18～22周岁的青年对政策信息、政策落实的感知都相对较弱，需要政策发布和实施部门在今后的工作中对这一群体更多关注。不同学历创业青年在政策落地情况、政策对企业发展的影响上的评价有显著差异（$F=2.562,p=0.038<0.05$），在评价企业发展受到创业政策的影响程度方面也存在显著差异（$F=3.386,p=0.010<0.05$）（见表5）。学历为本科和硕士研究生的创业青年，对政策的落实情况感知最为明显，博士研究生对政策落实的感知最差。本科生和博士研究生创业青年，认为政策的落实情况对企业影响最大，专科生认为政策的落实情况对企业影响最小（见图13）。结合以上两个因素的分析以及人口统计学变量数据，可以发现，本科生不仅是农村创业青年中的主力军，更是对创业政策最为关注、受影响也最大的群体。而高中学历青年和博士研究生对创业政策的要求较高，一方面认为企业受创业政策影响较大，一方面又认为所在区域对创业相关政策落实不足，今后要重点针对两类群体加强创业政策的宣传、解读和实操指导。

表 4　年龄在政策落实评价上的差异

		平方和	df	均方	F	p
您觉得所在区域对创业相关政策的落实情况	组　间	12.350	4	3.09		
	组　内	521.853	433	1.21		
	总　数	534.203	437			

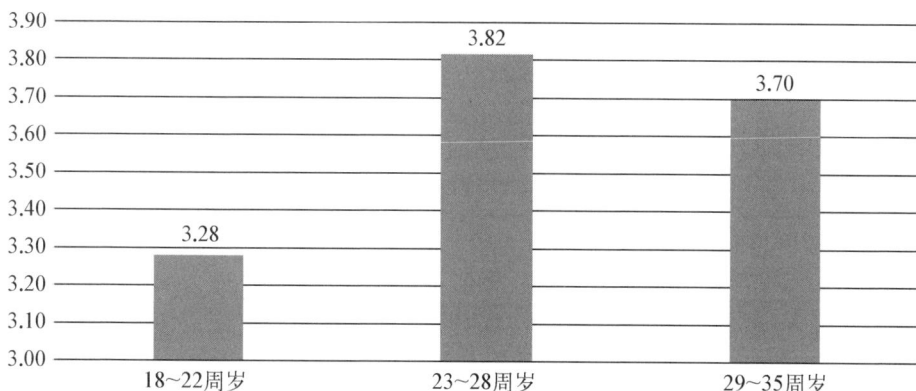

图 12　不同年龄创业青年对政策信息获取难度的评价

表 5 学历在政策落实和企业发展影响评价上的差异

		平方和	df	均方	F	p
您觉得所在区域对创业相关政策的落实情况	组 间	12.350	4	3.09	2.562	0.038
	组 内	521.853	433	1.21		
	总 数	534.203	437			
您觉得创业政策对贵企业发展的影响程度	组 间	27.606	4	6.90	3.386	0.010
	组 内	882.613	433	2.04		
	总 数	910.219	437			

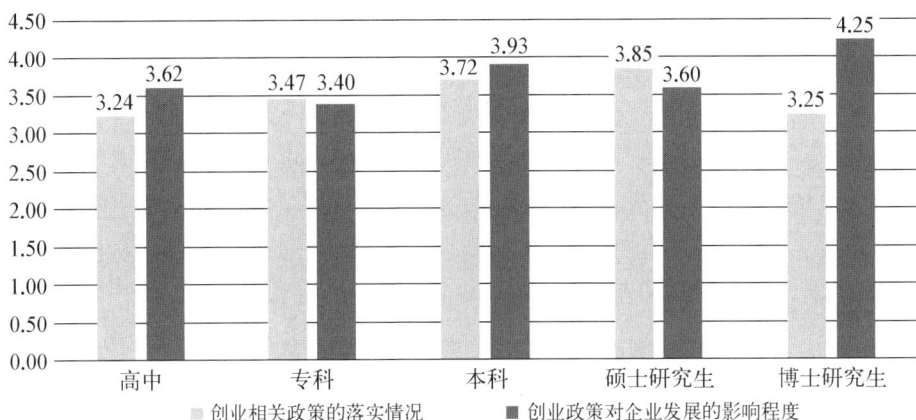

图 13 不同学历创业青年对政策信息获取难度的评价

(二)乡村市场发育不完善,乡村创业缺乏发展"催化剂"

现阶段的农村商品经济本身就发育不够,乡村市场不断缩水:一方面乡村市场自身的消费人群在不断流失,乡村中大多数以留守的老人、妇女为主,作为消费主力的"80后""90后"青年群体,接受教育之后大多数选在留在城市工作、生活;另一方面,由城市注入的乡村旅游等发展动力尚未成为主流消费市场。同时,乡村市场还相对分割和封锁,自由流通和公平竞争不足,农业的抗风险能力小,这些都为农村创业的进一步升级带来了难题。

(1)驾驭市场能力不足。许多农村创业青年市场意识不足,面对瞬息万变的大市场,除了国家指导性大宗粮棉等作物生产外,往往陷入"生产什么""产品卖给谁""能卖多少钱"的困惑之中。他们对市场信息把握不足,在进行市场产品供给时容易失误。在创业初期,部分创业者由于市场把握的偏差和市场定位的模糊,在项目选择、产品生产和服务开发上非常盲目,导致产品生产和服务开发的针对性不强。如受访者 ZLX 提及其初次创业失败的原因："果园种的果类太多，西瓜、葡萄、猕猴桃七七八八都有，定位不清晰，每一个品种单独拿出来都卖不好。"另外，许多创业者向市场上提供的农产品，基本上是以"原"字号出卖，品种不多、质量不佳、技术含量不高，很多农产品生产之后难以融入市场当中，卖不出价格，市场竞争优势不大，难以长时期占领市场。

（2）开拓市场后劲不足。大部分创业者缺少农产品深加工、精加工长时期储藏的技术，缺乏进入商品市场所必需的经营规模、商品质量、品牌商标以及现代营销手段，在纵深开拓农村商品市场的过程中往往显得力不从心。根据调研，农村创业青年当前迫切希望解决产品的销路问题，但其拥有的市场资源不足以匹配企业的市场需求，主要表现在以下两个方面：一是本地市场开拓受限。受乡村消费力、消费环境、消费结构等因素的影响，乡村本地的消费市场基础薄弱，市场支撑力不足；其次，社会资历尚浅的农村创业青年，尤其是一些外来的创业者，所具备的乡村社会资源较为有限，难以在以社会关系为主的乡村环境中站稳脚跟。二是外地市场拓展难。一方面，市场开拓需要极大的广告投放和宣传力度，其金额对于农村创业青年，尤其是农业企业而言难以承受。另一方面，许多外地市场存在市场壁垒，如果没有良好的社会资源（熟人介绍或政府推介），很难对接外地或外省资源。

（三）创业文化氛围不融洽，乡村创业缺乏可持续土壤

乡村经济发展相对落后，乡村文化也日渐"式微"。虽然乡村文化的历史发展源远流长，但许多大学生，甚至一些在农村土生土长的青年可能都难以理解乡土特色文化。与创业紧密相关的制度化管理、互联网、电商等现代化经营理念与乡村社会固有的熟人文化、差序格局、土地等有着本质上的不同，由此也造成了创业者与村民之间的各种矛盾和冲突。

（1）创业的文化支持力度不足。创业极具风险性，对创业者和家人而言都是严峻的考验，创业者需要获得更多的社会、家庭支持以应对各种困难和压力。乡村固有的"重守业，轻创业"的小农意识使得人们对个人投资异常谨慎，尤其是农业领域，面临的是自然和市场的双重风险，对农业领域的创业更是持消极态度。家长希望子女"体面"就业，多数家庭期望子女在传统体制内就业，如公务员、事业和国企单位，在乡村这种观念尤为普遍，认为创业就是简单的小商小贩，成不了大气候，受访者 WXJ 说道："像我们农村的，很多的家长是不太支持的，因为他觉得好不容易考上大学（为什么还要下苦力），最好是不要晒太阳（干农活），所以我们几个人都是瞒着家里人在做。"受访者 JY 提及创业压力时，说："你看

我现在谈笑风生,是看不到我创业时的压力的,压力大的时候也睡不好。有一次发完员工工资只剩500块,我也就不回家过年了……创业是一条不归路。去了以后你就回不了头了,后面一群人跟着你吃饭呢,他们可以休息,你没办法的。创业者永远都站在边缘的,你就做好死的准备吧。"受访者WJJ谈及自己创业时遭遇的台风、寒潮经历,一度伤心落泪。

(2)文化冲突带来的"民企"关系紧张。在访谈中,受访者ZLX计划在村口的池塘两岸做绿化工程,既可以提升自身的企业形象,也可以使村容村貌焕然一新,却遭到了村民极力反对,ZLX不能理解,他认为村民"不理解""没有远见"。这两个词也被多名创业者提及。在企业经营过程中,很多村民站在了企业的"对立面"。如受访者XY讲述:"我这边经营的好,老百姓总要来要点什么。老百姓背着土豆来,很强硬地说土地还给他,要自己种。他们都是老头老太,也没法跟他们说。有些老百姓比较偏激的,把垃圾车堆在门口,我们只能报警了。"受访者WYB分别流转了两块土地,有没有熟人关系成为了两块地能否顺利流转的关键因素。"第一块地所在的村,因为我的带班师傅是本地人,有些话他好讲,就讲过去了;现在这一块地是第一年,需要一点点熟悉的过程。现在主要纠纷也是在这个地块,没有人照着政策跟村委这边进行统一流转,村委和村民本来就有历史积怨,这火恰好点到我头上,借我们挖塘这件事情爆发了,那就很尴尬。"

通过深入走访和了解情况,"民企"冲突的主要原因有三。一是村民思想观念守旧,难以接受新的现代农业新思维、新模式。二是排外文化驱使,当前规模经营主体以外来者为主,外来规模经营主体的土地流转,容易造成外来者与本地村民之间的不信任,从而导致经营风险和治理的外部性。对村民来说,一旦外来经营主体离开以后,其对当地土地的破坏风险将由当地人承担。三是法制意识淡薄,契约精神匮乏。一些村民在土地集体流转出去以后,仍不时到经营场所寻衅滋事以讨到一些"便宜"。另一方面,也说明当前的土地流转收益难以满足村民的期盼,利益分配机制有待进一步完善。

通过分析不同性别、年龄、学历以及处于不同创业阶段的创业青年对所在区域农村的政策环境、市场环境、法制环境和社会环境这四类环境的满意度,发现不同性别、学历及创业阶段的青年对环境评价均无显著差异,但不同年龄段的创业青年对四类环境的满意度存在显著差异(见表6)。通过进一步两两分析发现,对于四类环境的评价,不同年龄段之间的差异较为一致,即18~22周岁的创业青年对环境的评价显著低于23~28周岁、29~35周岁创业青年,而23~28

周岁、29～35周岁创业青年之间没有显著差异（见表7）。这一方面可能是由于这一年龄段创业青年刚刚踏入社会,社会经验较少、处理问题的能力较弱,因而不能很好地应对创业环境中所遇到的各类问题。因此,针对18～22周岁的创业青年,应当有针对性地了解他们在创业中遇到的问题,帮助他们提高应变能力,积累处事经验,减少创业阻力。

表 6　年龄在环境评价上的差异分析

		平方和	df	均方	F	p
政策环境	组　间	19.26	2	9.63	7.173	0.001
	组　内	584.05	435	1.34		
	总　数	603.31	437			
市场环境	组　间	15.30	2	7.65	6.116	0.002
	组　内	544.03	435	1.25		
	总　数	559.33	437			
法制环境	组　间	37.70	2	18.85	14.699	0.000
	组　内	557.80	435	1.28		
	总　数	595.50	437			
社会环境	组　间	31.80	2	15.90	13.057	0.000
	组　内	529.70	435	1.22		
	总　数	561.50	437			

表 7　年龄在环境评价上的事后比较

因变量	(I)年龄	(J)年龄	均值差(I−J)	标准误	p
政策环境	18～22周岁	23～28周岁	−0.420*	0.130	0.001
		29～35周岁	−0.448*	0.139	0.001
	23～28周岁	18～22周岁	0.420*	0.130	0.001
		29～35周岁	−0.028	0.141	0.845
	29～35周岁	18～22周岁	0.448*	0.139	0.001
		23～28周岁	0.028	0.141	0.845
市场环境	18～22周岁	23～28周岁	−0.399*	0.126	0.002
		29～35周岁	−0.368*	0.134	0.006

(续表)

因变量	(I)年龄	(J)年龄	均值差(I−J)	标准误	p
市场环境	23～28 周岁	18～22 周岁	0.399*	0.126	0.002
		29～35 周岁	0.031	0.136	0.818
	29～35 周岁	18～22 周岁	0.368*	0.134	0.006
		23～28 周岁	−0.031	0.136	0.818
法制环境	18～22 周岁	23～28 周岁	−0.497*	0.127	0.000
		29～35 周岁	−0.694*	0.135	0.000
	23～28 周岁	18～22 周岁	0.497*	0.127	0.000
		29～35 周岁	−0.196	0.138	0.155
	29～35 周岁	18～22 周岁	0.694*	0.135	0.000
		23～28 周岁	0.196	0.138	0.155
社会环境	18～22 周岁	23～28 周岁	−0.454*	0.124	0.000
		29～35 周岁	−0.639*	0.132	0.000
	23～28 周岁	18～22 周岁	0.454*	0.124	0.000
		29～35 周岁	−0.185	0.134	0.169
	29～35 周岁	18～22 周岁	0.639*	0.132	0.000
		29～35 周岁	0.185	0.134	0.169

第四节　促进农村创业青年创业的对策和建议

党的十九大明确提出把"乡村振兴战略"作为解决三农问题的重要战略部署。乡村振兴，人才是关键。农村创业青年作为人才振兴的最重要组成部分，在乡村的热土上汇聚智力资源，迸发出创新驱动发展的强大推进力，为实现农业强、农村美、农民富探索和积累了宝贵经验。更好地促进农村青年创业，需要统筹各方力量，共同促进乡村发展，形成人才、土地、资金、产业汇聚的良性循环，真正吸引、留住农村创业青年。

一、以推动政策高效落地为支撑，为农村返乡创业架桥铺路

一是增强政策落地的协同性。政策、制度支持是农村创业青年群体获取的

主要配置性资源之一。各级农业部门要充分发挥牵头作用,建立部门间协调机制,明确任务分工,落实部门责任,形成齐抓共管、共同推进的工作合力。系统梳理各部门已发布的有关支持乡村创业的政策、制度,全面落实给予高校毕业生创业税费减免、场租补贴、培训补贴、创业担保贷款及贴息等政策。充分利用"指尖上"的新媒体,让农村创业青年对创业扶持政策有充分的了解与掌握,增强政策信息覆盖面和透明度,以实现政策宣传全覆盖,政策服务零距离,政策落实无盲点。**二是**强化跟踪服务力促政策落地。加快制定政策的实施细则,确保创业扶持政策可操作、能落地。建立健全政策跟踪服务机制,结合"最多跑一次"改革的推进,最大限度地为农村青年的创业项目的落地减环节、减时限、减费用。**三是**加强督促检查。建立督促检查机制,将政策落实和工作推动纳入年度目标任务考核。

二、以深化"三位一体"改革为路向,为大学生返乡创业搭建资源聚合平台

以农民合作经济组织体系建设为重点,发展生产、供销、信用"三位一体"综合合作,是习近平总书记在浙江工作期间亲自部署和推动的重大改革举措。实践证明,"三位一体"综合合作是培育新型农业经营主体、健全农业社会化服务体系、实现小农户和现代农业发展有机衔接的有效途径。要及时总结浙江"三位一体"改革经验,按照党的十九大关于实施乡村振兴战略的部署,构建以合作社联合社和产业协会为载体的农业专业性服务体系与"农合联"为载体的通用性服务体系相结合的现代农业服务体系,助推农村青年创业。一要推广"三位一体"农村综合改革试点经验,坚定走"组织化的农村市场化发展路子",积极鼓励返乡创业大学生立足当地优势资源,围绕农业主导产业、特色产业和优势产业,创办、参办、合办专业合作社。同时,以专业合作社为载体,实现抱团快速发展,推进规模化生产、标准化建设、品牌化经营。二要围绕"谁来种地""种什么""怎么种""种出来的产品怎么办"等现实问题,以农民专业合作社为切入点,加大农业产业结构调整力度,推动各种生产资源要素聚集和优化整合,提升价值链。

三、以寻求政策精准突破为支点,为农村青年创业蓄积新动力

研究突破性的政策举措,与返乡创业形成良性互动,是破除创业政策影响力"一般"的现实路径。创新政策要抓住影响农村青年创业的突出问题,找准切入点,进行重点突破。**一是**在资金方面:建立健全专门针对农村创业青年的贷款扶持政策,对由农村创业青年创建且经营状况较好的农业项目,优先提供财政资

金予以扶持。鼓励地方政府通过参股、风险补偿、跟进投资等方式,引导和撬动更多金融资本支持农业、农村发展。深化农村金融体制改革,实施乡村振兴金融服务工程,创新"政银担"合作机制,①提供适度的政府信用支持,缓解投资涉农项目的风险压力,增强金融对乡村的支撑力。深化农村"三权"抵押贷款,②加快推进农村产权确权颁证、价值评估、交易流转等配套制度建设,支持高效生态农业、循环农业、特色农业、数字农业、智慧农业发展。**二是**在土地方面:在守牢"土地公有制性质不改变、耕地红线不突破、农民利益不受损"三条底线的基础上,借鉴养殖业建造养殖用房不再审批的经验,探索在种植业方面进行制度创新。融合推进农村宅基地制度改革、③农村集体经营性建设用地入市和土地征收制度改革。深化推行土地经营权入股,在更大范围、更高层次上推进农业产业化经营,促进土地与资金、技术、人才等现代生产要素的有机结合。**三是**在人才方面:加快构建以公益性机构为主体,市场主体和多方资源共同参与的"一主多元"培育体系。实施现代青年农场主培养计划、新型农业经营主体带头人轮训计划、农村实用人才带头人培训计划和农业产业精准扶贫培训计划,加大精准培训力度。将农村青年创业工作纳入基层工作经历和年限,调动农村青年创业的积极性,同时为他们向上流动提供政策保障。

四、以厚植城乡融合发展新优势为根基,为乡村振兴清障搭台

党的十九大报告明确提出"建立健全城乡融合发展体制机制和政策体系",这是新时代实施乡村振兴战略、加快推进农业农村现代化的根本保障。从 2003 年制定实施"八八战略"以来,浙江实施了一系列统筹城乡兴"三农"的战略举措,加快推进城乡一体化。2017 年浙江城乡居民可支配收入比为 2.051,稳居全国前列。当前,必须以习近平总书记"三农"思想为指导,以"八八战略"为总纲,坚

---

① 2015 年 8 月,国务院出台《关于促进融资担保行业加快发展的意见》,将"三类融资"担保界定为准公共物品,即小微企业、三农及关系经济社会发展大局的融资;提出构建以政府支持的融资担保和再担保机构为基础的新型融资担保体系。其中,安徽省以"1+5"制度体系为基础形成了"4321"模式,在全国率先构建了省、市、县三级全覆盖的政策性担保体系,即针对非融资服务类小微企业和"三农"提供的单户在保余额 2 000 万元(含)以下的政策性融资担保业务,一旦发生代偿,市县政策性担保机构承担 40%,安徽省信用担保集团承担 30%,合作银行承担 20%,地方政府财政承担 10%。

② "三权"抵押贷款是农户用农村土地承包经营权、农村居民房屋权和林权作抵押向银行申请贷款,不得改变土地所有权性质,不改变土地用途。

③ 2016 年 4 月,义乌市委、市政府印发的《关于推进农村宅基地制度改革试点工作的若干意见》明确,在落实宅基地所有权和保障集体经济组织成员资格权的前提下,允许宅基地使用权通过合法方式有条件转让。由此,基本确立了义乌市宅基地制度改革中的宅基地所有权、资格权、使用权"三权分置"制度基础。

持以统筹城乡兴"三农"为主线，进一步发挥浙江的城乡协调发展优势，以构建城乡融合发展的体制机制为着力点，以深化城乡综合配套改革为主动力，加快实现城乡公共服务均等化、居民收入均衡化、产业发展融合化，为新时代乡村振兴战略的实施提供浙江经验。**一要**以人民为中心的发展思想，持续深化"千村示范、万村整治"工程，补齐农村基础设施建设、基本公共服务有效供给的"短板"，全域提升农村人居环境质量，是推进乡村创业软环境持续改善的关键。**二要**加快形成工农互促、城乡互补、全面融合、共同繁荣的新型工农城乡关系。乡村振兴本质上是对工农、城乡关系的重塑。要统筹谋划工业和农业、城市和乡村，不仅推进基础设施、公共服务上的融合，也要推进产业体系、生态保护上的融合，还要推进规划布局、要素配置上的融合。要聚力打造"山海协作工程"升级版，以创新合作为重点，研究技术、人才、信息等要素向山区转移的好办法，推动协作内容从传统产业梯度转移更多向创新成果转化落地转变。**三要**把城镇建设成为带动乡村发展的龙头。要把特色小镇、美丽城镇建设作为实施乡村振兴战略的战略支点和重要突破口，完善城镇功能、彰显城镇特色、强化城镇统筹能力，以镇带村、镇村联动，加快走出城乡融合发展之路。

主执笔：张文婷　陈昕苗　卫甜甜　蔡宜旦

延伸阅读

农村创业创新正当时

在日前举行的全国新农民新技术创业创新论坛上，农业农村部部长韩长赋表示，党的十八大以来，农民工返乡创业，工商企业入乡创业，大学生"创客"、农村能人在乡创业风生水起，形成要素聚乡、产业下乡、人才入乡和能人留乡的良性互动局面，农村创业创新焕发出勃勃生机。

据农业农村部最新统计，全国返乡入乡创业创新人员已达 850 万人，在乡创业创新人员达 3 100 万人。与此同时，社会资本加速下乡，正成为促进乡村振兴的重要力量。社会资本下乡主体超过 15 万家，累计投资超过 2 万亿元。

近年来，下乡社会资本呈现出一些新特点。一方面，投资主体更加多元，既有传统农业企业，也有房地产、电商等企业跨界投资；另一方面，投资模式更加多样，通过订单农业、土地托管、土地入股等形式，带动发展适度规模经营，有力促进了农民就近就业增收。此外，还有的由村集体牵头，吸引社会资本参加，发展餐饮、民宿、旅游，壮大村级集体经济。

在社会资本的带动下,农村产业加速融合。近年来,社会资本下乡的重点领域正由最初的种养业,向"产+销"全产业链和"三产"融合转变。此外,有些社会资本还投资了冷链物流设施和公益性服务,既改善了乡村人居环境、促进了乡村基础设施和公共服务升级,又带动了农村金融发展,深化了农村承包地、宅基地和集体建设用地改革。韩长赋认为,当前,在乡村投资兴业正当时。从市场容量看,全国有 2 800 多个县、近 4 万个乡镇、58 万个行政村,还有 5.6 亿人生活在农村。乡村振兴大幕已经拉开,城乡差距正逐步缩小。从市场需求看,营养健康、优质绿色的特色农产品,绿水青山、小桥流水的田园风光,乡愁浓郁、民风淳朴的农耕文化,受到越来越多的消费者青睐。

从投资潜力看,社会资本既可以投资乡村产业发展,又可以参与农产品仓储保鲜、冷链物流、高标准农田、农村污水处理等有一定收益的基础设施建设,还能发展村庄规划、教育养老、乡村旅游、电商消费等服务业。从投资条件看,农村交通、通讯、信息等基础设施不断改善,物流运输更加便利,人工、土地等成本相对较低,1 500 万农民和 350 万家新型经营主体能够与社会资本有效对接。

在社会资本下乡的过程中,项目不好选、用地不好拿、资金不好筹、人才不好聘……"人地钱"的问题备受关注。韩长赋表示,针对用地难问题,设施农业用地办法即将下发,农村产业融合用地政策也在抓紧完善,将进一步放活农村集体建设用地,盘活闲置宅基地农房、"四荒地"等资源,努力满足乡村产业振兴用地需求;针对融资难问题,推动扩大农村资产抵押范围,发挥好农业信贷担保体系作用,加大融资担保、贷款贴息力度,撬动更多金融资本投入乡村;针对缺人才问题,研究出台支持"引人育人留人"政策,积极引入各类外来人才,同步培育"田秀才""土专家""乡创客"等乡土人才。

"我们欢迎社会资本下乡,但老板下乡,应该是带动老乡,不能农业现代化,农民边缘化。"如何带动老乡?韩长赋认为,首先,要多办农民"办不了、办不好、办了不合算"的产业,把收益更多留在乡村。社会资本应主要从事农业产前产中产后服务,中间的种养环节要尽量留给农民,并以订单、品牌和资本为"黏合剂",带动广大农户进入产业链,让其享受更多增值收益。其次,要多办链条长、农民参与度高的产业,把就业岗位更多留给农民。现在农村缺少人气,重要原因是就业岗位少。社会资本下乡要引导适合农村的二、三产业向县域和有条件的镇村布局,为农民创造更多就近就地就业门路。

(资料来源:吉蕾蕾,《经济日报》2019 年 11 月 21 日 04 版)

专题二
长三角青少年事务社会工作一体化
发展：基于沪皖地区青少年事务
社会工作的比较研究

  青少年事务社会工作，是中国社会工作的重要组成部分，也是共青团参与社会治理创新的重要举措之一。对于近三十年来中国社会工作的发展，学术界的基本共识是社会工作获得了嵌入性的发展。王思斌运用"嵌入性"概念，指出社会工作恢复重建以来，其发展基本上呈政府主导下专业弱自主嵌入状态，随着改革的深入和社会转型的加深，新的社会管理格局的逐步形成，社会工作将走向政府——专业合作下的深度嵌入。① 该理论强调，社会工作的发展需要进入到既有社会体制中，并形成良好的互动关系。何雪松认为"嵌入论"虽然解释了社会工作的整体发展，但无法解释社会工作在全国发展的地区性差异。大陆社会工作的发展存在地区和专业领域发展不平衡的问题。社会工作整体发展形势好的地区主要分布在中国的东部和经济发达地区。② 为了更有力地分析地区发展的差异性，何雪松提出"结构—行动"视角，认为社会工作发展是专业行动者与结构互动的结果。③

  在我国，传统的青少年工作主要由共青团组织承担，这一制度环境显示出很强的路径依赖性。在社会转型的过程中，共青团组织始终是推动青少年社会工作专业化进程的核心力量。④ 因而，考察沪皖两地青少年事务社会工作的发展，整体发展符合"嵌入式"发展的理论，但在地区差异性上，"结构—行动"视角更具有说服力。随着长三角一体化上升为国家战略，青少年事务社会工作发展的区

---

① 王思斌.中国社会工作的嵌入性发展[J].社会科学战线，2011(02)：206－222.
② 陈洪涛.当代中国社会工作发展道路的挑战及应对思路[J].社会工作与管理，2013,13(005)：33－37.
③ 何雪松.改革开放40年与中国社会工作的发展——"结构—行动"的视角[J].西北师大学报：社会科学版，2019,56(02)：41－46.
④ 张佳华.青少年社会工作：学科,实务与制度建设[J].青年学报，2015,(004)：47－50.

域性比较研究,逐渐凸显出重要的现实意义,其"服务型治理"的方式,是长三角地区社会治理创新的重要构成。① 本文以沪皖两地作为考察对象,重点考察两地青少年事务社工在政策、制度、实务等发展方面的共性和差异性,并在长三角一体化背景下对青少年事务社工的发展作出新的展望。

一、青少年事务社工发展的政策脉络

由中共中央、国务院印发的《中长期青年发展规划(2016—2025 年)》是新中国历史上第一个青年发展规划,也是青少年事务社会工作发展的重要政策依托。《规划》19 次提到"社会工作",十大发展领域中有四个领域与青少年事务社工相关,十大重大工程中,专门开设"青少年事务社会工作专业人才队伍建设工程",明确要求到 2020 年建成 20 万人、到 2025 年建成 30 万人的青少年事务社会工作专业人才队伍,全面参与基层社区社会工作,重点在青少年成长发展、权益维护、犯罪预防等领域发挥作用。早在 2010 年,《国家中长期人才发展纲要(2010—2020)》就明确"社会工作人才"是六大人才之一,随后中央组织部等十九部门发布《国家中长期社会工作人才发展规划(2011—2020)》提出"到 2015 年,社会工作人才总量达到 200 万人。到 2020 年,社会工作人才总量达到 300 万人",2014 年团中央等六部门发布的《关于加强青少年事务社会工作专业人才队伍建设的意见》提出"到 2020 年,建成 20 万人的青少年事务社会工作专业人才队伍"。

从各项重大政策的发展脉络来看,青少年事务社会工作人才是社会工作人才的重要构成部分,青少年事务社会工作写入《中长期青年发展规划(2016—2025 年)》中并成为重点工程之一,有其必然性和合理性。"嵌入式"与"结构—行动"的理论说明青少年事务社会工作发展与共青团的推动密切相关,有学者就指出,群团工作与社会工作具有同构性,可以说,青少年事务社会工作已成为共青团工作的重要组成部分。②

(一) 上海市青少年事务社工的政策演变

上海青少年事务社工的成立源于预防和减少青少年犯罪,最初的政策设计与上海市预防和减少犯罪工作体系的建立密切相关。2002 年,中共上海市委在党的十六大和上海市第八次党代会提出要改进并加强社会管理制度,维护好社会稳定的调研成果。2003 年启动了"构建预防和减少犯罪工作体系"的专题调

---

① 王思斌.社会工作在创新社会治理体系中的地位和作用——一种基础-服务型社会治理[J].社会工作,2014(1):3-10.
② 顾东辉.群团工作与社会工作的同构异涵[J].社会工作与管理,2018,18(04):5-11.

研,同年上海市委讨论并通过了《关于构建预防和减少犯罪工作体系的报告》,并于当年成立了上海市社区青少年事务办公室(副局级专业管理常设机构,并核准20个公务员编制)。2003年,上海市委办公厅发布《中共上海市委政法委关于构建预防和减少犯罪体系工作的意见》,以"政府主导推动,社团自主运营,社会多方参与"为总体思路,以政府购买服务制度为运作方式,以实施禁毒、社区矫正、社区青少年社会工作服务为主要内容,上海市预防和减少犯罪工作体系正式成立。①

其中"上海市阳光社区青少年事务中心"按照市、区、街(镇)三级管理模式分别设立总部、社工站和社工点,建立了一支500人、覆盖全市的专业社工队伍,该队伍作为最初青少年事务社工的主体,亦属于司法社工的范畴。2007年后,浦东新区、松江区、奉贤区陆续尝试新的发展方式,在区一级层面形成禁毒、社区矫正、社区青少年三支队伍合一的司法社工管理机制,形成中致、思齐、松茸三家社工服务中心。其后,随着来沪青少年人数的剧增,政策设计不再停留在户籍青少年,来沪青少年逐步纳入工作对象中。

《上海市青少年发展十三五规划》是共青团上海市委当前的工作重点,与《上海市青少年发展十二五规划》中上海每10万名青少年配备的青少年事务社会工作专业人才数达17人的现状比较,十三五期间要实现每10万名青少年配备的青少年事务社会工作专业人才数达80人的目标。在《上海市青少年发展十三五规划》的重大项目中,扶持失业青年就业"启航计划"提出动员社会力量,充实导师团队,逐步完善导师+就业指导员+社工的专业协同服务机制。在资源保障方面,《上海市青少年发展十三五规划》提出要大力发展青少年事务社工队伍,加强青少年工作队伍建设,建立"团干部+社工+志愿者"的基层工作队伍,健全配套政策体系和制度安排。在专业化社区工作者队伍的建设过程中,加强基层团和青少年工作力量配备。

上海青少年事务社工从最初的预防犯罪体系,逐渐扩大到基层社区,形成"团干部+社工+志愿者"的基层工作队伍。强基层,向社区走,构成共青团上海市委未来五年的重大战略。总体而言,截至2017年底,全市从事预防青少年犯罪的社工672名,在青少年社工机构和社会服务组织中从事发展性服务的社工783名,在街镇、社区从事青少年相关工作的社区工作者逾5 000名。②

---

① 费梅苹.上海青少年社会工作专业化发展的十年回顾与展望[J].青年学报,2014(04): 34-40.
② 群团改革后,上海共青团内外兼修,都使出了哪些妙招? 青春上海公众号,https://mp.weixin.qq.com/s/K7c-tk7v5R6FhjmFtFKZ1A.

（二）皖南地区青少年事务社工的政策演变

2014 年 9 月，团省委、省综治委预防青少年违法犯罪专项组、省综治办、省民政厅、省财政厅、省人力资源社会保障厅共同制定了《关于加强青少年事务社会工作专业人才队伍建设的实施意见》。2016 年 8 月，省委组织部、省民政厅出台《安徽省"十三五"社会工作专业人才队伍建设规划》。到 2020 年，社会工作专业人才占全省总人口比重达到 1‰，总量增加到 6.7 万人。2017 年 5 月，省爱卫办、团省委、省文明办、省民政厅、省卫计委转发全国爱卫办发布的《关于在健康城市健康村镇建设中充分发挥青少年事务社会工作专业人才和青年志愿者作用的通知》。《通知》提出探索建立"社工＋青年志愿者"联动机制。各级爱卫办负责统筹协调，搭建有效平台；共青团组织负责青少年事务社会工作专业人才和青年志愿者队伍的招募、培养、使用等管理培训工作和具体项目的设计实施。2017 年 12 月，共青团安徽省委、省民政厅、省财政厅联合制定了《关于做好安徽省政府购买青少年社会工作服务的意见》，力争到 2025 年，基本建立比较完善的政府购买青少年社会工作服务制度。2018 年 11 月，中共安徽省委、安徽省人民政府发布了《安徽省中长期青年发展规划（2018—2025 年）》。《规划》提出：到 2020 年建成 1 万人、2025 年建成 1.5 万人的青少年事务社会工作专业人才队伍。全面参与基层社区社会工作，重点在青少年成长发展、权益维护、犯罪预防等领域发挥作用。推动全省各级团组织以及青少年服务组织和机构设置社会工作岗位，培育青少年事务社会工作服务机构，逐步实现每个"青年之家"综合服务平台至少配备 1 名青少年事务社会工作专业人才。把青少年社会工作服务纳入政府购买服务指导性目录，组织实施涵盖重点群体、重点领域、重点环节的青少年事务社会工作项目。建立健全青少年事务领域社区、社会组织、专业社会工作联动机制和社会工作专业人才、志愿者协作机制。完善青少年事务社会工作专业人才培养、评价、使用、激励相关政策配套体系。

上面一系列政策、规划和文件的出台，说明安徽省关于青少年事务社工顶层设计初步完成。此外，专项政策也在不断完善，围绕社会工专业人才登记管理、教育培训、岗位开发等环节和社会工作机构发展、政府购买服务、救助社会工作、禁毒社会工作、青少年社会工作等重点领域都出台了专项政策。皖南是我省社会工作服务开展较好的地区。比如，合肥在安徽省最先出台了《合肥市"十三五"青少年发展规划》，大力培育扶持青年社会组织，建设市、县两级青年社会组织孵化园，组建合肥市青年社会组织联合会，"十三五"期间，力争在民政部门登记备案并开展活动的青年社会组织达到 500 个，重点培育 100 个示范性青年社会组织，力争以政府购买岗位和服务的形式，以专业社会工作者为主体组建"合肥市青少年事务社工服务中心"，利用专业力量为青少年提供专业社工服务。合肥、安庆出台推动社会服务"1+4"政策。2018 年，合肥、芜湖、铜陵等地被确定为全省首批"三社联动"工程试点，先后围绕"三社联动""两工互动"等多个社会工作发展重点环节制定政策制度。全省青少年事务社工人数达到 9 905 人，共青团主管的青年社会组织 159 家，各地非团属的青年社会组织 200 家，有一定影响力的青年社会组织 109 家。

二、青少年事务社工的制度框架

（一）上海青少年事务社工发展模式

第一阶段：预防犯罪体系与社会管理体制阶段。全国社会工作的发展，是从预防犯罪体系的建构和社会管理体制改革开始的。2002 年经市委批准，由上海市委政法委牵头，按照"政府主导推动，社团自主运作，社会多方参与"的总体思路，通过政府购买服务的方式，组建了自强社会服务总社、新航社区服务总站、阳光社区青少年事务中心。共青团系统新设置上海市社区青少年事务办（副局级），以每个社工 4 万元的标准，购买阳光社区青少年事务中心的专业服务。①

自此，上海市率先在全国启动了社会管理体制改革的试点，并嵌入上海预防犯罪体系中。预防犯罪体系的制度安排与当时的上海社会管理体制同构，即依照"两级政府、三级管理、四级网络"的社会管理体制，分别设置市、区、街镇三级管理体系，并且街镇层面的社工点，基本分布于居民区开展服务（如图 1）。中心为民办非企业社团，主管单位为共青团上海市委员会，实行董事会领导下总干事负责制。中心承担政府委托的社区青少年教育、管理和服务事务，负责对全市青少年事务社工进行业务指导、管理和调配，支持其参加资格认证、职业培训等。

第二阶段：基层社区治理与社会治理创新。党的十八届三中全会提出要创新社会治理体制，改变了上海原有的社区管理体制。2014 年，习近平总书记就社会治理创新做出重要指示，指出"创新社会治理，核心在人，重心在城乡社区，关键在体制创新"。随后，2015 年，《上海市委关于进一步创新社会治理加强基层建设的意见》和 6 个配套文件（简称"1+6"文件）出台，对上海社区治理创新提出了新的要求。青少年事务社会工作迎来了新的发展机遇，从原有局限于预防犯罪体系，转向为共青团落实《上海市青少年发展十三五规划》提供重要资源保

---

① 目前每个社工 8 万元的标准。

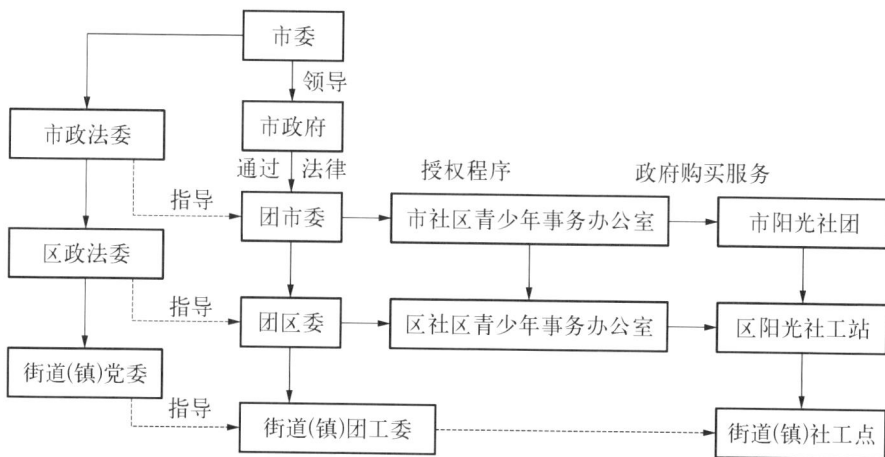

图1 上海市社区青少年工作"主轴型"三级政府行政管理体制图[①]

障。青少年事务社工从原有预防青少年犯罪的工作职能,逐渐转向参与社区治理的格局中;青少年事务社工从青少年权益与服务保护办公室(原社区青少年事务办公室)转向共青团向"社区走,夯实基层"的重要构成部分。这一阶段提出共青团基层工作队伍是"团干部+社工+志愿者",其中社工已经不限于既有预防体系的青少年事务社工,主要指在街镇、社区从事青少年相关工作的社区工作者逾5 000名,约占上海市整体社区工作者队伍的十分之一,其规模是预防体系的青少年事务社工的近8倍。

自"1+6"文件出台以后,上海基层社区治理已经发生重大变化。街道层面增设社区党建服务中心,并设立党群工作者(群团工作站)。工青妇原有的条线关系,在市区层面保留,在基层社区则统一纳入党建服务中心,形成党建引领群团组织工作的大党建格局。这样的变化无疑解开了长期工青妇服务对象重叠、服务分散难以形成合力的困局,提升了群团组织联系群众的桥梁作用。同时,群团组织的政治站位和庞大的组织优势为专业社会工作的开展提供了平台和保障。

(二)皖南地区发展模式

根据安徽省《关于加强青少年事务社会工作专业人才队伍建设的实施意见》文件要求,皖南地区基本建立了组织人才部门负责青少年事务社会工作专业人才队伍建设的宏观指导、综合协调、综治组织负责、将青少年事务社会工作专业人才队伍建设纳入综治工作考评、民政部门履行推进社会工作专业人才队伍建

---

① 沈黎.社会工作视野下的社区青少年工作探索——上海市阳光社区青少年事务中心个案研究[J].青年探索,2007,2007(003):43-47.

设的有关职能、财政部门贯彻落实《关于加强基层团组织工作经费保障的通知》（财行〔2012〕1142 号）并加强对团的基层组织建设和工作的财力保障、人力资源社会保障部门参与青少年事务社会工作专业人才队伍建设、共青团组织统筹规划青少年事务社会工作的服务范围和规模、强化日常管理和激励机制建设的职责分工明晰的协调配合机制，有效地推动了我省工作的落实。

皖南地区作为我省社会工作服务开展较好的地区，青少年事务社会工作人才队伍已初具规模、青少年社工培训及继续教育逐渐增多、青少年社工人才服务平台逐步拓宽、政府购买青少年社会工作服务的力度加大，逐步形成了一支"团干部＋社工＋志愿者"的青少年工作队伍。目前，安徽青少年事务社会工作的购买主体和指导单位主要是各级民政和团的系统，青少年社会工作行政管理体系如图 2 所示。

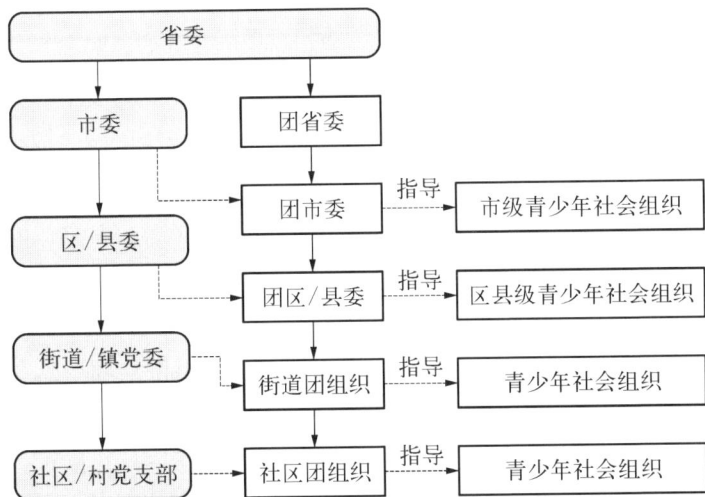

图 2　皖南青少年社会工作行政管理体系图

目前，全省青少年事务社工人数是 9 459 人，青少年社会工作者主要分布在草根社会工作机构、街道社区居委会。社工机构中的青少年社会工作者大多主做居家养老服务人员，兼做青少年服务。街道社区居委会中的青少年社会工作者大多为持有社工证的社区工作者、网格信息员等兼任。专职青少年社会工作者的绝对数量极少，青少年专业服务的提升难以突破。

三、青少年事务社工的两地比较

（一）政策层面

纵观青少年事务社工的发展政策，可以看出政策演变遵循着自下而上的地区性探索与自上而下的顶层设计。在自下而上的地区性探索阶段,上海市是全国第一座把青少年事务社工纳入预防犯罪体系工作的城市,并形成制度层面的保障。同时,随着青少年事务社工的发展,该领域也逐步纳入《上海市青少年发展十三五规划》,并最终纳入顶层设计,集中体现在《中长期青年发展规划(2016—2025 年)》中的"青少年事务社会工作专业人才队伍建设工程",其中明确了青少年事务社工的发展规模、实现路径、制度保障等内容。

因而,上海地区的政策演变遵循了自下而上的地区性探索、自上而下的顶层设计的双向路径。相较而言,皖南地区作为安徽省经济发达地区,青少年事务社工走在全省前列,但从政策出台的时间可以看出,皖南地区的政策集中出现在2014 年以后,即《中长期青年发展规划(2016—2025 年)》以后,遵循着顶层设计到地方落实的单向路径。

(二) 制度层面

制度是落实政策的保障,一系列政策的出台,必然涉及青少年事务社工的制度建立。比较沪皖地区青少年事务社工的制度性建构,可以看出两者都遵循"嵌入式"的理论模式,即青少年事务社工的主体嵌入到既存体系之中,比如,最初嵌入到预防犯罪工作体系中,逐渐获得发展和认可。不同的是,上海在最初的制度设计中,成立了市社区青少年事务办公室(2015 年更名为青少年服务与权益保护办公室),该部门对青少年事务社工的发展具有重要的推动作用。相较而言,皖南地区的发展模式,在团省委这一层面,并未形成相关职能部门,在市级层面,青少年事务社工也并未形成纵向的联系(见图 2),而是以各层级的团系统各自推动青少年事务社工的发展。

上海青少年事务社工在预防犯罪体系与社会管理体制阶段确实有其特殊性,其制度设计与上海当时的"两级政府、三级管理、四级网络"的社区管理体制密切相关,"中心—社工站—社工站"的制度安排与上海社区管理体制同构,同时借助嵌入当时的预防犯罪工作体系,获得了"嵌入性"的发展。在一段时间内,上海青少年事务社工就是司法社工的一部分。相较而言,皖南地区的司法社工则以点的形式嵌入于各类司法相关机构中,并未形成依托共青团"承接政府委托的青少年事务"的发展模式。在这个层面上,皖南地区的青少年事务社工,并未作为一支单独的力量构成司法社工的重要组成部分。

(三) 青少年事务社工的内涵演变

比较沪皖两地的青少年事务社工的政策演变与制度设置,可以看出"青少年事务社工"本身具有极强的建构性。青少年事务社工的内涵随着一系列政策的出台和现实发展路径的需要，发生了重大变化。在顶层设计层面，《中长期青年发展规划(2016—2025年)》并没有明确规定青少年事务社工队伍的构成，即没有明确阐明"谁是青少年事务社工队伍?"的问题。在《关于加强青少年事务社会工作专业人才队伍建设的意见》(中青联发【2014】1号)中，青少年事务社会工作专业人才是指具备一定社会工作专业素质、在青少年事务领域从事专门性社会服务的人员(不含专职团干部)。这个定义仍然比较模糊，从另一个侧面说明各地实践的差异性较大，各地对青少年事务社工的理解具有差异性。

就沪皖两地而言，上海的青少年事务社工经历了预防犯罪体系阶段和基层社区治理与社会治理创新两个阶段。需要说明的是，从事发展性的青少年事务社工，虽然存在，但不构成主流。两个阶段的政策背景与现实需求有较大差异，导致目前上海青少年事务社工至少包含三个层面的含义：一是司法社工的一部分，二是在民非中从事发展性社工的一部分，三是在街镇、社区从事青少年相关工作的社区工作者。这三类的区别主要在于只有第一类中的青少年事务社工以专人专岗的形式存在，第二类发展性社工基本依托青少年事务的购买服务政策，以项目官员的方式得以存在，第三类在街镇、社区从事青少年相关工作的社区工作者同样是一种功能性的存在。皖南地区的青少年事务社工的分类要更为复杂多样。一方面，青少年事务社工并不构成司法社工的主体——形成一支独立的队伍;另一方面，在顶层设计的推动下，青少年事务社工多以功能性的形式存在，其核定标准不在于岗位，而在于是否具备青少年事务社工功能来界定。因而，在青少年事务社工的主体层面，和上海第二阶段基层社区治理与社会治理创新同构，旨在盘活存量，重心在原有工作队伍中，增设青少年事务社工的功能性作用，以相关业务来衡量队伍的构成。

四、长三角一体化背景下青少年事务社工的发展展望

(一) 落实相关政策，促进少年事务社工一体化发展

《中长期青年发展规划(2016—2025年)》出台后，顶层设计得到了明确，并对青少年事务的发展形成了稳定的预期。沪皖两地相继出台了一系列的相关政策与规划。区域性的制度设计逐步实现同构，存在的问题集中体现在政策制度刚性不足上，缺乏社会工作立法及相关行政法规，没有上升到人大立法或党委政府层面出台的法规、规章层面，对于统一思想、推动工作缺乏强制性、规范性，直接影响到青少年社会工作专业人才队伍的发展。二是政策制度落实不到位，缺少其他实施细则或专项配套政策，制度衔接不到位。在保障措施方面，皖南地区

青少年社会工作专业人才岗位待遇没有兑现,薪酬激励机制不健全,职业晋级制度和职称评定制度没有落实。在服务岗位方面,青少年社会工作专业岗位设置不足,许多群团组织、事业单位、社会组织和社区青少年社会工作岗位设置标准不明确,管理不规范,职责不清晰,青少年社会工作服务机构作为增量发展的部分存在阻力。

（二）发挥团校优势,打造学术共同体

目前中央团校改革已经完毕,虽然剥离了学历教育,但保留了社会工作专业以涵养师资,并构成群众工作方法教研室的主体力量。作为共青团直属院校,长三角地区各地团校在推动青少年事务社会工作中发挥着重要职能。各地团校要抓住改革机遇期,因地制宜地建立、做实青少年社会工作研究所、青少年社会工作培训基地等,形成制度性保障。

尽管各地高校社会工作专业发展不均衡,且各个高校社会工作学科的特色不同,但长三角地区的各个团校有着明确的组织体系和工作目标。在形成制度性保障的基础上,要充分发挥团校之间的组织优势,建立区域性协会,围绕青少年事务社工的培训、科研、评估等环节,展开合作交流,形成合力。同时,各团校要坚持从共青团建设、服务青年的立场出发,打通实务界和学术界的壁垒。立足当地学科资源,与高校社会工作专业、社会工作行业建立广泛友好的联系,发挥连结共青团与高校学科资源、社工行业的枢纽作用。共同推动青少年事务社工长三角地区的协同发展。

（三）抓住发展机遇期,参与社会治理创新

比较沪皖两地青少年事务社工的发展经验,我们看出上海青少年事务社工发展的第一阶段抓住了预防犯罪体系工作的机遇期,以深度嵌入既有体系的方式,获得了在全国范围内都特殊的发展经验。该阶段的经验表明,青少年事务社工的发展要善于抓住机遇期。目前,伴随着长三角一体化上升为国家战略,加强社会治理创新带来了沪皖两地青少年事务社工发展的新机遇期。共青团强基层、向社区走的发展路径,意味着基层的人才队伍必然要与青少年事务社工形成紧密的联系。团干部＋社工＋志愿者的基层队伍模式已经成为当下强基层的主要人力资源保障。在条块关系中,以条为主的发展路径已经过去,未来的重点在于块——基层社区——层面的发展。

团干部＋社工＋志愿者的基层队伍还在探索期。一方面,该队伍中的团干部主要指街镇层面的团干部,而社工的指向则比较多元,既可以指向以预防犯罪为主的司法社工,也可以指社区工作者。就前者而言,有地区的特殊性,主要体现在上海目前的情况，表现为团区委＋社工站＋志愿者，或者街道团工委＋社工点社工＋志愿者两种模式。就社区工作者而言，沪皖两地有一定的共同性。其中包括两个层面：一是社区工作者中分化出的群团社工，主要在党群工作者（群团工作站）开展工作。群团社工统一纳入党建服务中心，打破了工青妇原有的条线关系，形成党建引领群团组织工作的大党建格局，这个层面的工作应该概括为党建＋团干部＋社工＋志愿者的模式。另一个层面主要指向居（村）委层面的社区工作者，主要体现了青少年事务社工的功能性，即在原有的社区工作者中，针对从事青少年相关工作的人员，加强其青少年事务社工的专业能力。这个层面的团干部主体是谁？如何和社区工作者展开合作？如何发挥以功能性为主体的青少年事务社工的作用？这些议题，还有待持续的探索和观察。

延伸阅读

《青少年社会工作服务指南》发布

6月28日上午，共青团中央社会联络部、民政部慈善事业促进和社会工作司在京联合召开《青少年社会工作服务指南》（以下简称《指南》）发布会。据悉，这是第一个社会工作领域的国家级标准，也是我国青少年社会工作领域的首个标准。

《指南》由共青团中央、民政部共同提出，是落实《中长期青年发展规划（2016—2025年）》有关要求，提升青少年社会工作服务专业化、规范化水平的重要举措，对青少年社会工作服务的原则、内容、方法、流程和管理等进行了规范。

《指南》7月1日正式实施。

《指南》明确指出，青少年的年龄范围为6～35周岁的人，青少年社会工作服务的主要内容包括思想引导、身心健康促进、婚恋交友支持、就业创业支持、社会融入与参与支持、社会保障支持、合法权益保护、违法犯罪预防等方面。

《指南》要求，开展青少年社会工作服务的社会工作者应：获得国家颁发的社会工作者职业水平证书或者具备国家承认的社会工作专业大学专科及以上学历；遵循社会工作专业伦理，遵守《社会工作者职业道德指引》；按照《社会工作者继续教育办法》接受继续教育，不断提高职业素质和专业服务能力。

对于青少年社会工作服务机构，《指南》提出了包括制度建设、质量管理、督导制度、档案管理等多项要求。

制度建设方面，青少年社会工作服务机构应制定相关规章制度，包括但不限于：青少年社会工作项目管理规定；青少年社会工作督导管理规定；青少年社会工作档案管理规定。

质量管理方面，青少年社会工作服务机构应对本机构内的服务进行质量管理，主要任务包括但不限于：建立社会工作服务质量管理体系；建立外部监督和内部监督相结合的服务质量监督与评估机制；对社会工作服务情况进行信息公开，确保青少年知情权；根据服务质量评估情况改进服务，完善制度。

督导制度方面，青少年社会工作服务机构应建立社会工作督导制度，开展督导工作，主要工作包括但不限于：建立社会工作督导制度，明确督导关系；定期为督导对象提供督导服务。

档案管理方面，青少年社会工作服务机应加强服务档案管理，主要工作包括但不限于：建立基本服务档案，包括青少年的基本信息、服务提供者、服务场所、服务过程及服务成效等；建立服务质量监督与评估档案，包括是否符合基本服务要求、目标完成情况、服务评价情况等；根据青少年实际情况进行分类、分级管理档案，做好信息的保密工作。

《指南》将青少年社会工作的方法分为两类：一类是基本方法，根据青少年需要，综合运用个案工作、小组工作、社区工作等社会工作直接方法和社会工作行政、社会政策和社会工作研究等间接方法。一类是针对特定需要的介入方法，包括危机介入、家庭治疗、外展服务、历奇辅导、朋辈辅导、向导服务等。

在成效评估方面，《指南》明确由共青团组织负责青少年社会工作服务成效评估制度建设和业务指导，在成效评估过程中应完成的主要工作包括但不限于：自我评估和接受第三方评估，第三方评估由具备条件的专业机构在共青团组织指导下开展；测量目标达成情况；评估服务满意度；评估服务对象及环境系统的改变。

青少年社会工作服务指南（全文）

前言

本标准按照 GB/T1.1－2009 给出的规则起草。

本标准由中华人民共和国民政部、共青团中央共同提出。

本标由全国社会工作标准化技术委员会（SAC/TC534）归口。

本标准起草单位：中央团校、山东青年政治学院、上海市阳光社区青少年事务中心、中国社会工作学会、北京厚德社会工作事务所、华东理工大学、上海青年管理干部学院、上海科学技术职业学院、南京市爱心传递社会工作服务中心、山东女子学院、济南山青社会工作服务中心、广州市民政局、广州市团校、广州市社会工作协会、深圳市龙岗区至诚社会工作服务中心。

青少年社会工作服务指南

1. 范围

本标准规定了青少年社会工作服务的原则、内容、方法、流程和管理等。

本标准适用于以青少年为对象开展的社会工作服务。

2. 规范性引用文件

下列文件对于本文件的应用是必不可少的。凡是注日期的引用文件,仅注日期的版本适用于本文件。凡是不注日期的引用文件,其最新版本(包括所有的修改单)适用于本文件。

社会工作者职业道德指引(2012 - 12 - 28)民政部

社会工作者继续教育办法(20090907)民政部

3. 术语和定义

下列术语和定义适用于本文件

3.1

青少年 adolescence

年龄范围为 6~35 周岁的人

3.2

青少年需要 adolescences' needs

青少年健康成长和发展所需的条件、机会和资源的总和。

3.3

青少年社会工作服务 service of social work with adolescences

以青少年为对象,整合运用社会工作专业价值、理论、方法和技巧,协助其提升解决问题的能力,恢复、改善及提高其社会功能促进其健康成长和全面发展的社会服务活动。

3.4

青少年社会工作服务机构 agency of social work with adolescences

以青少年社会工作服务为主要业务内容的组织。

4. 原则

4.1　主体性原则

尊重青少年主体地位,承认与接纳青少年的独特性与差异性,充分照顾青少年的特点和需要,开展有针对性的服务。

4.2 发展性原则

坚持用发展的眼光看待和理解青少年,强调青少年自身蕴含的发展潜力和成长的内在动力,重视经济社会发展对青少年福利的影响。

4.3 整体性原则

重视青少年与其家庭、学校、社区、朋辈及服务机构等因素的相互作用,全面系统地识别青少年的需要,提供整合性社会工作服务。

5. 内容

5.1 思想引导

主要包括但不限于以下内容:

——开展理想信念教育;

——开展国情政策教育和党史国史改革开放史教育;

——开展中华优秀传统文化、革命文化、社会主义先进文化教育;

——开展社会主义核心价值观教育。

5.2 身心健康促进

主要包括但不限于以下内容:

——开展青少年文化体育兴趣和爱好的培养活动、青少年文体交流活动;

——为青少年提供社会实践教育和学业支持服务;

——引导青少年珍惜生命,尊重生命,帮助青少年学习保护生命的方法;

——帮助青少年掌握应对风险的方法,引导青少年对风险形成正向认识;

——帮助青少年了解青春期相关生理和心理知识,积极应对心理困惑,增强解决问题的信心和能力;

——帮助青少年自我认识,并实现自我肯定;

——帮助青少年形成健康的人格,践行健康的生活方式。

5.3 婚恋交友支持

主要包括但不限于以下内容:

——帮助青少年树立文明、健康、理性的婚恋观,提供婚恋教育和指导,开展婚恋交友服务;

——帮助青少年树立正确的家庭观,传承优良家风家教;

——开展性健康和优生优育宣传教育服务;

——协助青少年建立良好人际关系。

5.4 就业创业支持

主要包括但不限于以下内容:

——开展就业创业政策宣传服务；

——协助链接就业创业资源；

——帮助提升就业创业能力；

——协助提升职业技能；

——开展就业创业指导及职业生涯规划服务。

5.5 社会融入与参与支持

主要包括但不限于以下内容：

——协助青少年建立良性社会支持系统；

——提升青少年社会融入和社会参与的能力，帮助青少年积极有序地参与政治生活和公共事务；

——营造青少年社会融入的良好环境；

——提升青少年参与社会公益和志愿服务的意识与能力。

5.6 社会保障支持

主要包括但不限于以下内容：

——开展残疾青少年关爱和扶持保障服务；

——开展流浪未成年人社会救助服务；

——开展进城务工青年与其未成年子女帮扶服务；

——开展农村留守儿童关爱和救助服务；

——协助解释办理城乡居民医保。

5.7 合法权益维护

主要包括但不限于以下内容：

——开展青少年权益保护相关政策法规宣传教育服务；

——拓展青少年权益表达渠道，支持普遍性利益诉求表达和反馈；

——开展侵害青少年合法权益行为预防和干预服务；

——协助青少年提升自我保护能力；

——倡导营造家庭、校园和社区的安全环境。

5.8 违法犯罪预防

主要包括但不限于以下内容：

——开展法制宣传教育；

——协助开展青少年社会文化环境、校园内外环境、网络环境优化和整治服务；

——开展重点青少年群体服务管理工作；

——提供青少年司法社会工作服务。

5.9 其他

主要包括但不限于以下内容：

——开展青少年服务的政策倡导及咨询研究；

——开展青少年社会工作专业人才培训、督导及青少年社会工作服务机构发展培育；

——开展受委托的其他青少年社会工作服务。

6.1 基本方法

根据青少年需要，综合运用个案工作、小组工作、社区工作等社会工作直接方法和社会工作行政、社会政策和社会工作研究等间接方法。

6.2 针对特定需要的介入方法

6.2.1 危机介入

通过多专业合作方式协调资源，以中途之家、类家庭、收寄养等方式为不适合家庭居住的青少年提供安置服务，进行综合援助。

主要针对有可能危及青少年自身和他人生命安全的问题而实施的紧急干预策略。

6.2.2 家庭治疗

以家庭为介入单位，探索青少年问题背后的家庭结构和互动关系，促进家庭内在系统的改变，优化少年成长的家庭环境。

主要适用于改善并重建青少年和家庭成员之间的关系，实现家庭成员的良性互动。

6.2.3 外展服务

深入青少年经常出入的场所，主动与青少年接触并发现其问题和需要；及时联系有关部门共同对处于风险状态的青少年进行保护、辅导和安置。

主要针对很少参与主流的青少年活动并容易受不良影响的青少年，开展走出去的服务。

6.2.4 历奇辅导

有目的地把青少年带离安适区，进入低冒险区，通过体验性活动经历新奇，促进青少年我探索、自我觉察与自我成长。

主要适用于帮助青少年提高自信、提升自尊、培养团队合作精神。

6.2.5 朋辈辅导

（资料来源：王勇，公益时报，2019 年 7 月 2 日）

"长三角城市群青年民生
发展报告"调查问卷

（在校学生）

亲爱的青年朋友：

　　您好！

　　感谢您在百忙中接受我们的调查。本次调查是苏、浙、皖、沪三省一市共青团重要的合作研究项目。您的意见和所填写问卷的完整性、真实性对于研究结果的科学性评估很重要。问卷答案无对错之分。调查以匿名形式进行，您的回答会处于完全保密的状态，所有信息仅供研究之用，不会对您的利益、声誉、人身自由等产生任何不良影响。感谢您的支持与配合！

"长三角城市群青年民生发展报告"课题组

2018 年 9 月

一、基本信息

　　1. 您的性别：

　　（1）男　（2）女

　　2. 您的出生年份区间：

　　（1）1980 年之前出生　（2）1980—1984 年　（3）1985—1989 年

（4）1990—1994 年　（5）1995—1999 年　（6）2000 年以后

　　3. 您是否独生子女？

　　（1）是　（2）否

　　4. 您的户籍情况：

　　（1）本市户口（原住居民）　（2）本市户口（新市民）　（3）本市居住证

（4）既不是本市户，也不是本市居住证

5. 请问您目前正在就读的学历层次是？

（1）大专在读 （2）本科在读 （3）硕士在读 （4）博士在读

6. 请问您的政治面貌是？

（1）共青团员 （2）中共党员或预备党员 （3）民主党派党员 （4）无党派人士 （5）群众

7. 您是否是学生干部？

（1）是 （2）否

8. 您入学前的户籍情况：

（1）本市城镇户口 （2）本市农村户口 （3）外省市城镇户口 （4）外省市农村户口

9. 您的家庭符合以下哪种情况？

（1）单亲家庭，父母离异 （2）单亲家庭，一方离世 （3）孤儿 （4）家庭完整

10. 您是否有在大学期间申请过困难补助？

（1）是 （2）否

11. 您在大学期间是否获得过奖学金？

（1）是 （2）否

12. 与所在城市的家庭收入相比，请问您的家庭目前平均月收入大概属于下列哪一个层次？

（1）很低收入层次 （2）较低收入层次 （3）中等收入层次 （4）较高收入层次 （5）很高收入层次

13. 您所在的城市是：

（1）杭州 （2）宁波 （3）南京 （4）苏州 （5）合肥 （6）芜湖 （7）上海

二、主体问卷

1. 您今年最关注哪三个方面的事情？【限选三项】

（1）住房、租房问题 （2）校园安全 （3）物价上涨 （4）就业创业 （5）环境保护 （6）股市行情 （7）食品安全 （8）教育费用 （9）贫富分化 （10）看病难、看病贵 （11）贪污腐败 （12）生育政策 （13）中美贸易摩擦 （14）个税改革 （15）假疫苗事件 （16）父母养老 （17）婚恋问题 （18）子女教育 （19）社会公德 （20）其他（请注明）

2. 您对目前国内收入差距的看法是:

(1) 不大 (2) 比较大 (3) 非常大 (4) 说不清 (5) 从不关注

3. 您对自己未来生活的看法是:

(1) 充满信心 (2) 比较有信心 (3) 一般 (4) 比较悲观 (5) 充满悲观

4. 您对过去一年里政府改善民生所做的努力的评价是:

(1) 非常满意 (2) 比较满意 (3) 不太满意 (4) 非常不满意 (5) 从不关心此事

5. 您对政府解决下列民生问题的看法如何,请分别作出选择:

	非常满意	比较满意	一 般	不太满意	非常不满意
就业问题					
教育问题					
收入问题					
社保问题					
安全问题					

6. 请问您对"长三角一体化"的了解程度如何?

(1) 非常了解 (2) 比较了解 (3) 一般 (4) 不太了解 (5) 非常不了解 (6) 没听说过

7. 通过您日常生活的体验,您最能感受到"长三角一体化"带来哪方面的变化?

(1) 交通一体化[例如:动车/ETC(电子不停车收费系统)互联互通/公交一卡通]

(2) 医保一体化(例如:医保卡联网刷卡享"同城待遇")

(3) 就业一体化(例如:社会保险互联互通)

(4) 旅游一体化(例如:景点联游)

(5) 信息一体化(例如:电视广播信息共享)

(6) 教育一体化(例如:异地升学/高考联考统招)

(7) 环保一体化(例如:污染统一整治)

(8) 无体验

8. 最近一年内您往来于长三角各地区的目的有哪些?【多选题】

(1) 学习 (2) 工作(长期) (3) 临时性出差 (4) 就医 (5) 旅游/娱乐/休闲 (6) 购物 (7) 探亲访友 (8) 其他(请注明)

9. 您对长三角医保一体化的建设有哪些期望?【多选题】

(1)节省就医的费用 (2)节省辗转异地的时间 (3)能享受到更高端的医疗服务 (4)方便查询长三角医疗资源 (5)其他(请注明)

10. 您希望长三角环保一体化能带来哪些成效?【多选题】

(1)提高城市空气质量 (2)减少水资源污染 (3)降低土壤污染 (4)协同治理污染,达到成效最大化 (5)其他(请注明)

11. 您认为阻碍"长三角一体化"的因素有哪些?【多选题】

(1)区域经济发展不平衡 (2)区域行政壁垒 (3)城市分工不明确 (4)缺乏统一规划布局 (5)地方政府招商引资不协调 (6)各区域投入资源不一致 (7)其他(请注明)

12. 您对"长三角一体化"推出的"长三角幸福生活城市圈"设想的认同程度如何?

(1)非常认同 (2)比较认同 (3)一般 (4)比较不认同 (5)非常不认同

13. 您对长三角在以下各方面一体化建设的评价如何?

	非常满意	比较满意	一般	不太满意	非常不满意	无体验
城际轨道交通建设						
高速公路电子不停车收费系统						
公交卡异地刷卡						
基本医疗保险定点医疗机构的互认(医保卡联网刷卡)						
医疗资源共享(异地名医交流)						
长三角地区景点联游、旅游资源共享						
社保一体化(养老金异地领取/社保地区转换)						
食品安全监管信息互认共享						

(续表)

	非常满意	比较满意	一般	不太满意	非常不满意	无体验
公共服务共享						
异地升学"同城待遇"						
教育资源共享						
长三角环境联防联控的政策						

14. 您如何看待长三角推动更高质量一体化发展,到 2030 年全面建成具有全球影响力的世界级城市群?

(1) 充满信心　(2) 比较有信心　(3) 一般　(4) 比较悲观　(5) 充满悲观

15. 如果 0 分代表程度最低,10 分代表程度最高,请您对这一年来的生活进行评分。

(1) 您对自己"身体健康"的满意程度

(2) 您对自己"心理健康"的满意程度

(3) 您对您的"工作情况"的满意程度

(4) 您对自己"财务状况"的满意程度

(5) 您对您"所住的地方"的满意程度

(6) 总的来说,您对当地医疗的满意程度

(7) 总的来说,您对当地政府的满意程度

(8) 总的来说,您觉得您在生活中做的事情在多大程度上是值得的

(9) 总的来说,您觉得长三角一体化发展在多大程度上是值得的

(10) 总的来说,您这一年来的幸福程度

16. 如果 0 分表示一点不安全,10 分表示非常安全,那么:在您现在所在的城市里,如果晚上一个人夜行,您觉得可以给自己的安全打几分?

17. 您感觉到当前社会中,以下各方面的安全感程度如何?

	很安全	比较安全	不太确定	不太安全	很不安全
食品卫生					
社区治安					
交通出行					
职业环境					

(续表)

	很安全	比较安全	不太确定	不太安全	很不安全
公共场所					
网络空间					
社会稳定					
生态环境					
经济金融					

18. 大学期间,经历过哪些以下事件?【多选题】

(1) 受到校园暴力的伤害 (2) 在互联网平台上贷款 (3) 遭遇电信诈骗 (4) 遭遇性骚扰 (5) 办理信用卡 (6) 分期消费 (7) 炒股 (8) 网络赌博 (9) 以上都没有经历过

19. 您在大学期间的贷款,曾经用于:【多选题】

(1) 买手机等通讯、电子产品 (2) 买化妆品、服装 (3) 求职、培训、购书费用 (4) 旅游费用 (5) 基本生活费 (6) 学杂费 (7) 创业资金 (8) 购买游戏币、彩票 (9) 其他(请注明) (10) 没有贷款

20. 对于身陷校园贷的同学,有人说责任在于自己,有人说责任在于社会。您认为:

(1) 责任在于自己 (2) 责任在于社会 (3) 自己和社会都有责任

21. 以您的观察,您身边的校园暴力主要发生在:

(1) 师生之间 (2) 同班的不同宿舍同学之间 (3) 同宿舍同学之间 (4) 高年级与低年级学生之间 (5) 校外人员与校内学生之间 (6) 其他(请注明)

22. 假如您遭遇校园暴力,首先会怎么应对:

(1) 以暴制暴,教训对方 (2) 告诉老师,由学校处理 (3) 报警 (4) 忍气吞声 (5) 根据严重程度,再决定怎么应对 (6) 其他(请注明)

23. 您学校在风险意识教育方面,已经采取了哪些举措?【多选题】

(1) 风险防范与应对方面的宣传 (2) 风险防范与应对方面的讲座 (3) 开设了风险意识教育方面的课程 (4) 举行风险事件应急演练 (5) 建立了风险应对制度 (6) 整治校园周边和校内环境 (7) 成立应急管理机构或志愿组织 (8) 其他(请注明)

24. 以下所述,符合您实际情况的程度如何?

	完全符合	比较符合	不太符合	完全不符合
在购买食品时,会检查食品的生产日期				
参加户外活动前,会评估可能的风险				
常常担心会发生什么不测				
避免暴露手机号码、身份证等个人信息				
对于逾期还款的后果,我非常清楚				
绝对不碰高利贷				
“无首付,零利息”贷款,常常是陷阱				
采取安全措施,避免性行为风险				
从不购买意外保险				
知晓周边的安全或避难场所				

25. 您所在的学校开展了哪些创新创业教育课程?【多选题】

(1)创新创业意识培养类课程 (2)传承创业精神的企业家主题讲座 (3)创新创业基础知识类课程 (4)与创业竞赛相关培训课程 (5)与专业教育相关的创业课程 (6)引进校外创业教育机构提供体系培训课程 (7)其他(请注明)

26. 您所在的学校开展创新创业教育的主要形式是?(限选二项)

(1)必修课课程 (2)选修课课程 (3)在线开放课程 (4)主题讲座 (5)培训辅导 (6)游学交流 (7)社会实践 (8)其他(请注明)

27. 您所在的学校开展创新创业教育的老师主要来自?

(1)本校教师 (2)外聘教师 (3)资深创业导师 (4)企业家 (5)其他(请注明)

28. 以下活动对您的创业意识萌发和创业活动开展影响程度如何?

	影响很大	影响较大	一般	影响较小	影响很小	无影响
创业课程						
创业竞赛						
创业培训与辅导						

（续表）

	影响很大	影响较大	一般	影响较小	影响很小	无影响
企业实习						
创业沙龙、交流与分享						
与企业家的接触学习						

29. 对于学校已经开设的创新创业课程，您有哪些改进建议？【多选题】

（1）目前课程拖沓，需要缩短课时 （2）目前课程内容不足，需要加长课时（3）加强案例指导 （4）加强实践指导 （5）加强创业精神指导 （6）导入实战型师资 （7）增加交流和企业学习机会 （8）其他（请注明）

30. 您想要创业吗？

（1）不打算创业 （2）已有创业计划 （3）已经开始创业 （4）已经创业成功

31. 对当前社会的创新创业环境如何评价？

（1）较差 （2）一般 （3）较好 （4）看不清楚

32. 您认为阻碍您创新创业的主要困难是什么？【多选题】

（1）所需资源不足 （2）内在动力不足 （3）自身能力不足 （4）家庭不支持 （5）社会环境不好

33. 您如果创业，希望得到政府在哪些方面的支持？【多选题】

（1）资金支持 （2）税收、贷款、审批流程等信息咨询支持 （3）办公场地支持 （4）创业实训、技能培训支持 （5）社会化专业化管理服务机构支持（6）承担创业风险和宽容失败方面的支持

34. 在过去半年中，您的学习和生活是否受到下列事件的困扰？请根据您的实际情况，选择最符合您的答案。（限选三项）

（1）学习负担重 （2）所学专业与自己的兴趣不相符 （3）家庭突发事件（4）烦恼的恋爱关系 （5）就业竞争激烈，毕业找工作难 （6）同学关系紧张（7）家庭经济困难 （8）学习方式发生变化 （9）其他（请注明）

35. 在日常生活中每个人都会遇到许多让人烦恼或使人困惑的事情，请想象一下，当您遇到困难或问题时，更倾向于下面何种方式应对？（限选三项）

（1）分析原因，找出合适的解决方法 （2）做其他感兴趣的事情，以转移注意力 （3）反思自己的不足或错误，以后改正 （4）自我责备 （5）与朋友或同学聊天，向他们倾诉 （6）任其自然，让时间来冲淡一切 （7）寻求亲人、师长、

朋友、书本等的帮助　(8)常爱幻想一些不现实的事来消除烦恼　(9)自感挫折是对自己的考验

36. 当您遇到问题和困扰时,曾经得到的支持和解决问题的帮助的来源有?(限选三项)

(1)无任何来源　(2)家人　(3)恋人　(4)师长　(5)同学　(6)朋友(7)官方组织(如党团组织)　(8)非官方组织(如社团、宗教组织)　(9)其他(请注明)

37. 您认为所谓大龄未婚男性的年龄界限是:(在 25—45 岁之间选择)

38. 您认为所谓大龄未婚女性的年龄界限是:(在 25—45 岁之间选择)

39. 您择偶时最看重的是什么? 请选择二项并排序。

(1)三观一致　(2)两情相悦　(3)相貌　(4)健康状况　(5)经济条件(6)性格脾气　(7)品德修养　(8)家庭背景　(9)学历　(10)职业　(11)户籍户口　(12)社会地位

40. 您是否赞同以下观点:

	是	否
青年结婚之前,可以试婚		
没有结过婚,人生就不完整		
青年可以有伴侣,但是可以不结婚		
找不到满意对象的情况下,会降低择偶标准		
没有得到家人认可,不会结婚		

41. 您每天平均上网的时间是:

(1)2 小时以内　(2)2—3 小时　(3)4—5 小时　(4)6—7 小时　(5)8 小时及以上

42. 除了工作,您上网主要做些什么?(限选三项)

(1)浏览信息、看新闻　(2)聊天、逛论坛、看朋友圈　(3)通讯或联络(4)看书、学习　(5)下载软件或资料　(6)看电影、听音乐　(7)购物　(8)公益活动　(9)网络游戏　(10)收发邮件

43. 您有过网络直播的经历吗?

(1)经常　(2)偶尔　(3)从不

44. 您认为网络生活有没有改变您的生活态度?

(1) 没什么改变　(2) 改变较少　(3) 改变较多　(4) 有很大改变

45. 长时间上网时您通常会出现哪些症状?（限选二项）

(1) 饮食不规律　(2) 睡眠时间减少　(3) 视力下降　(4) 腰酸背疼
(5) 免疫功能降低　(6) 注意力不集中　(7) 现实交际减少

46. 以下事项发生频率?

	没　有	偶　尔	经　常
您在网上帮助过他人吗			
您在网上提醒过他人防止被诈骗、被引诱吗			
您在网上举报过网络不良信息吗			

47. 您在以下行为活动中,更倾向于传统方式还是网络方式?

	传统方式	网络方式
获取时政新闻		
约朋友聊天、谈事情		
购物		
捐赠		
工作		
看电影		
打牌、下棋		
写备忘录、日记等		

48. 您对绿色低碳生活的概念了解吗?

(1) 完全不了解　(2) 听说过,但不清楚　(3) 有一定了解　(4) 非常了解

49. 您主要通过什么途径了解到绿色低碳生活方式的?【限选三项】

(1) 互联网络　(2) 广播电视　(3) 书报杂志　(4) 学校课堂　(5) 家人朋友　(6) 讲座报告　(7) 其他(请注明)

50. 您觉得推进长三角生态环保一体化需要重点加强哪些举措?【多选题】

(1) 健全生态治理协作法规体系　(2) 建立应急联动机制　(3) 加强信息共享　(4) 深化生态补偿机制　(5) 完善生态政绩(绿色 GDP)评估体系(6) 创建"双赢"的利益协调观念　(7) 其他(请注明)

51. 您生活中做以下事情的频率是：

	从 不	有 时	经 常
关灯、捡起地上垃圾、关好水龙头等 1 分钟			
爬楼梯上楼等 5 分钟			
一站路时选择单车或步行等 10 分钟			
阅读和宣传环保知识等 1 小时			
参与街道义务清理劳动等 2 小时			

52. 您认为以下行为是否符合绿色低碳生活？

	是	否
少买不必要的衣物		
购买节能电器		
使用环保袋/手绢代替塑料袋		
购买有绿色食品标志的食物		
夏季空调温度调在 26 度及以上		
少开私家车,多乘坐公共交通		
及时制止或举报污染问题		
愿意为环境清洁支付更高费用		
珍惜粮食,"光盘"行动		
双面打印,必须单面时才打单面		

53. 您在生活中做以下事情的频率怎样？

	从 不	有 时	经 常
少买不必要的衣物			
购买节能电器			
使用环保袋/手绢代替塑料袋			
购买有绿色食品标志的食物			
夏季空调温度调在 26 度及以上			
少开私家车,多乘坐公共交通			

（续表）

	从　不	有　时	经　常
及时制止或举报污染问题			
愿意为环境清洁支付更高费用			
珍惜粮食，"光盘"行动			
双面打印，必须单面时才打单面			

54. 每个人都是垃圾的制造者，您认为推进生活垃圾分类的主要措施有？【多选题】

（1）深化法规操作性，加强配套制度政策研究　（2）完善垃圾分类标准
（3）因地制宜，区别对待城乡差异　（4）规范废品回收行业，鼓励垃圾产业化
（5）其他（请注明）

55. 您有没有参加学生社团？

（1）有　（2）没有

56. 在过去一年中，您有没有就学校/学生的公共事务向主管老师提出过意见或建议？

（1）有　（2）没有

57. 当您对社会上的青年民生问题有切身体会和想法时，您会选择：【多选题】

（1）在微信群、QQ、贴吧、微博等互联网空间发表看法　（2）向新闻媒体反映　（3）打政府热线电话　（4）在政府网络平台上反映　（5）联系人大代表
（6）联系和动员更多的青年采取行动　（7）什么也不做　（8）其他（请注明）

58. 对于网络公共热点事件，您的反应是：【多选题】

（1）关注　（2）转发　（3）评论　（4）采取行动　（5）不关心

59. 您是否同意下列看法：

	非常同意	比较同意	不太同意	完全不同意
青年普遍缺乏参与公共生活的热情				
我希望能为青年民生问题的解决发挥自己的力量				
青年参与公共生活的渠道不是很通畅				
青年不热心参与公共生活，是因为学习与生活压力大，无暇顾及				

60. 您最近一年内参加志愿服务活动的频次是：

(1) 12 次及以上 (2) 8—11 次 (3) 4—7 次 (4) 1—3 次 (5) 没有参加过

61. 您一般是如何获取志愿服务活动信息的：【多选题】

(1) 网络媒体宣传 (2) 学校组织 (3) 自愿参与学校志愿服务社团 (4) 朋友介绍 (5) 所居住社区组织 (6) 其他(请注明)

62. 您认为参与志愿服务活动最重要的三个方面的获益是什么？请选择三项并排序。

(1) 能贡献社会 (2) 能帮助他人 (3) 能锻炼自己的能力 (4) 能结识朋友 (5) 能和优秀的人一起共事 (6) 能增加简历的丰富度 (7) 能领取小礼品 (8) 能得到别人的高度评价 (9) 其他(请注明)

63. 阻碍您参与志愿服务活动的原因有哪些？【多选题】

(1) 学习生活忙碌,没时间参与 (2) 没有参与渠道 (3) 没人陪同一起参加 (4) 觉得对自己没好处 (5) 曾经志愿服务经历的体验感太差 (6) 其他(请注明)

64. 您所经历的志愿服务,有记录平台吗？

(1) 有,平台名称：( ) (2) 没有

65. 在您最近参与的一次志愿服务活动中,组织方在志愿者的能力建设方面的提供情况及您的满意度：

	有提供,满意	有提供,不满意	没有提供
志愿者能力建设方面			
相关培训(服务内容的培训等)			
激励举措(物质、精神激励等)			
保障服务(购买保险等)			
评估支持(对志愿服务过程进行督导服务等)			

66. 您近两年内捐款或捐物的频次是：

(1) 12 次及以上 (2) 8—11 次 (3) 4—7 次 (4) 1—3 次 (5) 没有

67. 您一般是通过什么渠道捐款或捐物的？【多选题】

(1) 通过单位(学校)的组织进行捐赠 (2) 通过网络平台捐赠,请注明捐赠平台：( ) (3) 通过基金会捐赠 (4) 直接捐赠给受赠人 (5) 其他(请

注明)

68. 您对什么方面的公益活动感兴趣?(限选三项)

(1)社区建设 (2)节能环保 (3)教育助学 (4)扶贫救灾 (5)心理健康服务 (6)公益培训 (7)法律维权 (8)弱势群体救助 (9)其他(请注明)

69. 毕业后,您是否愿意全职或兼职从事社会组织、基金会等公益领域的工作?

(1)我愿意全职或者兼职从事公益领域的工作 (2)我只愿意全职从事公益领域的工作 (3)我只愿意兼职从事公益领域的工作 (4)不愿意,请注明原因:( )

"长三角城市群青年民生
发展报告"调查问卷

（在职青年）

亲爱的青年朋友：

您好！

感谢您在百忙中接受我们的调查。本次调查是苏、浙、皖、沪三省一市共青团重要的合作研究项目。您的意见和所填写问卷的完整性、真实性对于研究结果的科学性评估很重要。问卷答案无对错之分。调查以匿名形式进行，您的回答会处于完全保密的状态，所有信息仅供研究之用，不会对您的利益、声誉、人身自由等产生任何不良影响。感谢您的支持与配合！

"长三角城市群青年民生发展报告"课题组

2018 年 9 月

一、基本信息

1. 您的性别：

（1）男　（2）女

2. 您的出生年份区间：

（1）1980 年之前出生　（2）1980—1984 年　（3）1985—1989 年
（4）1990—1994 年　（5）1995—1999 年　（6）2000 年以后

3. 您是否独生子女？

（1）是　（2）否

4. 您的户籍情况：

（1）本市户口（原住居民）　（2）本市户口（新市民）　（3）本市居住证
（4）既不是本市户口，也不是本市居住证

5. 请问您的受教育程度?

（1）初中及以下 （2）高中 （3）中专/技校/职校 （4）大专 （5）本科 （6）研究生

6. 请问您目前所在单位的性质是下列哪一项?

（1）国有/集体企业 （2）民营企业 （3）三资企业 （4）个体自由职业 （5）政府机关或事业单位 （6）社会组织 （7）其他（请注明）

7. 请问您目前所从事的职业是下列哪一个?

（1）行政领导层 （2）管理层（经理/厂长/总监等） （3）专业技术人员（如教师/医生/律师/工程师等） （4）政府机构、国有企业的工作人员/公务员 （5）私企//外企/三资企业公司普通职员（包括业务员、基层主管） （6）社会组织工作人员 （7）体力劳动者 （8）自由职业 （9）在校学生 （10）家庭主妇 （11）未就业或无业

8. 请问您的政治面貌是?

（1）共青团员 （2）中共党员或预备党员 （3）民主党派党员 （4）无党派人士 （5）群众

9. 请问您目前的婚姻状况是?

（1）未婚,单身 （2）未婚,有恋人 （3）已婚,未育 （4）已婚,已育 （5）离异,有孩子 （6）离异,没孩子

10. 与所在城市的职工收入相比,请问您目前的平均月收入大概属于下列哪一个层次?

（1）很低收入层次 （2）较低收入层次 （3）中等收入层次 （4）较高收入层次 （5）很高收入层次

11. 您所在的城市是:

（1）杭州 （2）宁波 （3）南京 （4）苏州 （5）合肥 （6）芜湖 （7）上海

二、主体问卷

1. 您今年最关注哪三个方面的事情?【限选三项】

（1）住房、租房问题 （2）校园安全 （3）物价上涨 （4）就业创业 （5）环境保护 （6）股市行情 （7）食品安全 （8）教育费用 （9）贫富分化 （10）看病难、看病贵 （11）贪污腐败 （12）二孩政策 （13）中美贸易摩擦 （14）个税改革 （15）假疫苗事件 （16）父母养老 （17）婚恋问题 （18）子

女教育 （19）范冰冰偷逃税 （20）其他(请注明)

2. 您是否享有下列各项社会保障?【多选题】

（1）社会养老保险 （2）工伤保险 （3）失业保险 （4）新型农村合作医疗保险 （5）城镇医疗保险 （6）生育保险 （7）住房公积金

3. 您对目前国内收入差距的看法是：

（1）不大 （2）比较大 （3）非常大 （4）说不清 （5）从不关注

4. 您对自己未来生活的看法是：

（1）充满信心 （2）比较有信心 （3）一般 （4）比较悲观 （5）充满悲观

5. 您对过去一年里政府改善民生所做的努力的评价是：

（1）非常满意 （2）比较满意 （3）不太满意 （4）非常不满意 （5）从不关心此事

6. 您对政府解决下列民生问题的看法如何,请分别作出选择：

	非常满意	比较满意	一 般	不太满意	非常不满意
就业问题					
教育问题					
收入问题					
社保问题					
安全问题					

7. 请问您对"长三角一体化"的了解程度如何?

（1）非常了解 （2）比较了解 （3）一般 （4）不太了解 （5）非常不了解 （6）没听说过

8. 通过您日常生活的体验,您最能感受到"长三角一体化"带来哪方面的变化?

（1）交通一体化(例如：动车/ETC(电子不停车收费系统)互联互通/公交一卡通)

（2）医保一体化(例如：医保卡联网刷卡享"同城待遇")

（3）就业一体化(例如：社会保险互联互通)

（4）旅游一体化(例如：景点联游)

（5）信息一体化(例如：电视广播信息共享)

（6）教育一体化(例如：异地升学/高考联考统招)

（7）环保一体化（例如：污染统一整治）

（8）无体验

9. 最近一年内您往来于长三角各地区的目的有哪些？【多选题】

（1）学习 （2）工作（长期）（3）临时性出差 （4）就医 （5）旅游/娱乐/休闲 （6）购物 （7）探亲访友 （8）其他（请注明）

10. 您对长三角医保一体化的建设有哪些期望？【多选题】

（1）节省就医的费用 （2）节省辗转异地的时间 （3）能享受到更高端的医疗服务 （4）方便查询长三角医疗资源 （5）其他（请注明）

11. 您希望长三角环保一体化能带来哪些成效？【多选题】

（1）提高城市空气质量 （2）减少水资源污染 （3）降低土壤污染 （4）协同治理污染，达到成效最大化 （5）其他（请注明）

12. 您认为阻碍"长三角一体化"的因素有哪些？【多选题】

（1）区域经济发展不平衡 （2）区域行政壁垒 （3）城市分工不明确 （4）缺乏统一规划布局 （5）地方政府招商引资不协调 （6）各区域投入资源不一致 （7）其他（请注明）

13. 您对"长三角一体化"推出的"长三角幸福生活城市圈"设想的认同程度如何？

（1）非常认同 （2）比较认同 （3）一般 （4）比较不认同 （5）非常不认同

14. 您对长三角在以下各方面一体化建设的评价如何？

	非常满意	比较满意	一般	不太满意	非常不满意	无体验
城际轨道交通建设						
高速公路电子不停车收费系统						
公交卡异地刷卡						
基本医疗保险定点医疗机构的互认（医保卡联网刷卡）						
医疗资源共享（异地名医交流）						
长三角地区景点联游、旅游资源共享						

（续表）

	非常满意	比较满意	一般	不太满意	非常不满意	无体验
社保一体化(养老金异地领取/社保地区转换)						
食品安全监管信息互认共享						
公共服务共享						
异地升学"同城待遇"						
教育资源共享						
长三角环境联防联控的政策						

15. 您如何看待长三角推动更高质量一体化发展,到 2030 年全面建成具有全球影响力的世界级城市群?

（1）充满信心 （2）比较有信心 （3）一般 （4）比较悲观 （5）充满悲观

16. 如果 0 分代表程度最低,10 分代表程度最高,请您对这一年来的生活进行评分。

（1）您对自己"身体健康"的满意程度

（2）您对自己"心理健康"的满意程度

（3）您对您的"工作情况"的满意程度

（4）您对自己"财务状况"的满意程度

（5）您对您"所住的地方"的满意程度

（6）总的来说,您对当地医疗的满意程度

（7）总的来说,您对当地政府的满意程度

（8）总的来说,您觉得您在生活中做的事情在多大程度上是值得的

（9）总的来说,您觉得长三角一体化发展在多大程度上是值得的

（10）总的来说,您这一年来的幸福程度

17. 您认为目前的工作压力主要来自?【限选三项】

（1）工作任务繁重,有时需要在紧迫的时间内完成 （2）工作中人际关系紧张 （3）工作职位晋升比较困难,竞争激烈 （4）工作需要多方面或高水平的技术和能力 （5）工作的薪酬制度不合理 （6）在工作中不能充分发挥自己的能力,缺乏价值感、成就感 （7）单位的信息沟通渠道不通畅 （8）社会对自己职

业评价不高 （9）其他（请注明）

18. 对于工作中的问题和困扰,您通常采取何种方式应对?【限选三项】

（1）制定一些克服困难的计划并按计划去做 （2）为了维护职场形象,常压抑内心的消极情绪 （3）向引起问题的人和事发脾气 （4）努力去改变现状,使情况向好的一面转化 （5）常以无所谓的态度来掩饰内心的感受 （6）常借吸烟、喝酒或娱乐活动来消除烦恼 （7）向有经验的同事、亲友求教解决问题的方法 （8）常爱幻想一些不现实的事来消除烦恼 （9）自感挫折是对自己的考验

19. 您认为所谓大龄未婚男性的年龄界限是:（在 25—45 岁之间选择）

20. 您认为所谓大龄未婚女性的年龄界限是:（在 25—45 岁之间选择）

21. 您择偶时最看重的是什么?请选择二项并排序。

（1）三观一致 （2）两情相悦 （3）相貌 （4）健康状况 （5）经济条件（6）性格脾气 （7）品德修养 （8）家庭背景 （9）学历 （10）职业 （11）户籍户口 （12）社会地位

22. 您认为影响您的婚恋观的主要因素是:【多选题】

（1）父母的婚姻状况和相处模式 （2）亲戚、朋友的婚姻状况和相处模式（3）自身素养 （4）家庭教育 （5）个人成长经历 （6）社会风气与媒体舆论（7）传统文化 （8）其他（请注明）

23. 您单身最主要的原因是:请选择二项并排序。

（1）追求事业发展,暂时不想谈恋爱 （2）不想过早稳定下来,想继续享受自由的人生 （3）房价太高,经济压力大,不敢恋爱、婚姻 （4）找不到比自己更优秀的人,身边的人都不如自己强 （5）不相信爱情 （6）缺乏择偶的主动性（7）其他（请注明）

24. 您是否赞同以下观点:

	是	否
青年结婚之前,可以试婚		
没有结过婚,人生就不完整		
青年可以有伴侣,但是可以不结婚		
找不到满意对象的情况下,会降低择偶标准		
没有得到家人认可,不会结婚		

25. 您最希望获得哪方面的婚恋资源？请选择二项并排序。

（1）网上交友平台　（2）现场相亲活动　（3）婚恋讲座　（4）一对一的婚恋心理辅导　（5）婚恋方面的小组心理辅导　（6）婚恋学习书籍　（7）其他（请注明）

26. 您认为,青年夫妻在婚姻生活中最需要进行哪方面的互相协调与适应？请选择二项并排序。

（1）情感表达与支持　（2）亲密与性　（3）沟通与解决冲突　（4）个人习惯　（5）价值观、人生观　（6）夫妻在家庭的地位与角色　（7）与双方父母和亲友的关系　（8）其他（请注明）

27. 您对绿色低碳生活的概念了解吗？

（1）完全不了解　（2）听说过,但不清楚　（3）有一定了解　（4）非常了解

28. 您主要通过什么途径了解到绿色低碳生活方式的？【限选三项】

（1）互联网络　（2）广播电视　（3）书报杂志　（4）学校课堂　（5）家人朋友　（6）讲座报告　（7）其他（请注明）

29. 您觉得推进长三角生态环保一体化需要重点加强哪些举措？【多选题】

（1）健全生态治理协作法规体系　（2）建立应急联动机制　（3）加强信息共享　（4）深化生态补偿机制　（5）完善生态政绩（绿色 GDP）评估体系　（6）创建"双赢"的利益协调观念　（7）其他（请注明）

30. 您生活中做以下事情的频率是:

	从 不	有 时	经 常
关灯、捡起地上垃圾、关好水龙头等 1 分钟			
爬楼梯上楼等 5 分钟			
一站路时选择单车或步行等 10 分钟			
阅读和宣传环保知识等 1 小时			
参与街道义务清理劳动等 2 小时			

31. 您认为以下行为是否符合绿色低碳生活？

	是	否
少买不必要的衣物		
购买节能电器		

(续表)

	是	否
使用环保袋/手绢代替塑料袋		
购买有绿色食品标志的食物		
夏季空调温度调在 26 度及以上		
少开私家车,多乘坐公共交通		
及时制止或举报污染问题		
愿意为环境清洁支付更高费用		
珍惜粮食,"光盘"行动		
双面打印,必须单面时才打单面		

32. 您在生活中做以下事情的频率怎样?

	从 不	有 时	经 常
少买不必要的衣物			
购买节能电器			
使用环保袋/手绢代替塑料袋			
购买有绿色食品标志的食物			
夏季空调温度调在 26 度及以上			
少开私家车,多乘坐公共交通			
及时制止或举报污染问题			
愿意为环境清洁支付更高费用			
珍惜粮食,"光盘"行动			
双面打印,必须单面时才打单面			

33. 每个人都是垃圾的制造者,您认为推进生活垃圾分类的主要措施有?【多选题】

(1) 深化法规操作性,加强配套制度政策研究　(2) 完善垃圾分类标准　(3) 因地制宜,区别对待城乡差异　(4) 规范废品回收行业,鼓励垃圾产业化　(5) 其他(请注明)

34. 您每天平均上网的时间是:

(1) 2 小时以内　(2) 2—3 小时　(3) 4—5 小时　(4) 6—7 小时

(5) 8 小时及以上

35. 业余时间里,您上网主要做些什么?【限选三项】

(1) 浏览信息、看新闻 (2) 聊天、逛论坛、看朋友圈 (3) 通讯或联络 (4) 看书、学习 (5) 下载软件或资料 (6) 看电影、听音乐 (7) 购物 (8) 公益活动 (9) 网络游戏 (10) 收发邮件

36. 您有过网络直播的经历吗?

(1) 经常 (2) 偶尔 (3) 从不

37. 您认为网络生活有没有改变您的生活态度?

(1) 没什么改变 (2) 改变较少 (3) 改变较多 (4) 有很大改变

38. 长时间上网时您通常会出现哪些症状?【限选二项】

(1) 饮食不规律 (2) 睡眠时间减少 (3) 视力下降 (4) 腰酸背疼 (5) 免疫功能降低 (6) 注意力不集中 (7) 现实交际减少

39. 以下事项发生频率?

	没有	偶尔	经常
您在网上帮助过他人吗			
您在网上提醒过他人防止被诈骗、被引诱吗			
您在网上举报过网络不良信息吗			

40. 您在以下行为活动中,更倾向于传统方式还是网络方式?

	传统方式	网络方式
获取时政新闻		
约朋友聊天、谈事情		
购物		
捐赠		
工作		
看电影		
打牌、下棋		
写备忘录、日记等		

41. 您目前的住房是:

(1) 自购商品房 (2) 住父母(或配偶父母)的房 (3) 租房 (4) 其他(请

注明）

42. 您买房时是：

（1）全额付清　（2）按揭贷款

43. 您每月的还贷金额占您每月家庭总收入的比例约为（％）：

44. 您目前租住的房屋是通过以下哪种途径获得的：

（1）通过房屋中介等租赁到的私房　（2）单位宿舍/人才公寓　（3）公共租赁房　（4）借住亲戚或朋友的房　（5）其他（请注明）

45. 您目前的租房形式是：

（1）单独租房　（2）合租房　（3）群租房　（4）其他（请注明）

46. 目前，您每月的房租费占您家庭月均总收入的比例约为（％）：

47. 您筹集购房款时，最主要的途径是，请选择二项并排序。

（1）自己积累　（2）父母资助　（3）配偶父母资助　（4）双方父母共同资助　（5）向亲戚朋友借款　（6）其他（请注明）

48. 租房生活过程中，您最担心的是？请选择二项并排序。

（1）房东违约　（2）房东随意提价　（3）房东提前收回房子　（4）中介欺诈　（5）遭"二房东"盘剥　（6）室内设施损害导致经济纠纷　（7）小区安全没保障　（8）孩子没处落户口，上学成问题　（9）其他（请注明）

49. 以下陈述符合您目前的居住状况或想法吗？请认真读完每一条后，做出选择。

	非常符合	比较符合	一般	不太符合	很不符合
总的来说,我目前的生活状态接近我想过的生活					
我通常会把租来的房子装扮成温暖的家					
我经常换房,为此我感到筋疲力尽					
我会因没有自己的房子而缺乏安全感					
我愿意请朋友到我租来的房子里做客					
我常因要买房而感到心烦					
我常因买房而与家人发生争吵					

(续表)

	非常符合	比较符合	一般	不太符合	很不符合
买不起房,结婚暂缓					
因无房或房子太小,暂缓生育					

50. 以下陈述符合您目前的居住状况或想法吗?

	非常符合	比较符合	一般	不太符合	很不符合
本地的住房保障政策还是很为青年考虑的					
政府应给青年租房提供政策支持					
本地房价高,生活成本大,我准备在外地置业					
这个城市对我充满着吸引力,我要努力留在这里					

51. 您目前的房屋在以下各方面的状况如何? 请分别勾出与您实际情况相符的一项。

	很差	较差	一般	较好	很好
建筑质量					
通风条件					
采光条件					
晾晒条件					
小区自然环境(住房密度、绿化等)					
小区人文环境(邻里文化水平、人际和谐状况)					
小区周边生活配套(超市、医院、交通便利等)					

52. 总的来说,您对目前的居住状况满意吗?

(1)非常满意 (2)比较满意 (3)不太满意 (4)很不满意 (5)说不清

53. 您认为青年住房问题的解决主要靠:

(1) 青年个人努力　(2) 政府的政策支持　(3) 家庭和亲戚的帮助
(4) 所在单位的支持　(5) 其他(请注明)

54. 如果 0 分代表一点都不满意,10 分代表非常满意:

(1) 请您就政府管理租房市场的表现打分

(2) 请您就政府调控房价方面所做的努力打分

55. 根据您的实际情况,您认为现有的医疗保障体系能否满足您的医疗需求?

(1) 基本能解决　(2) 能解决部分　(3) 帮助不大　(4) 没有帮助

56. 您认为目前的医疗保险制度有哪些需要改进的地方?【限选二项】

(1) 医保政策地方差异大,跨地医保报销难度大　(2) 报销比例较低
(3) 每年缴纳的参保费用太多　(4) 报销手续繁琐,报销费用时时常遇到阻碍
(5) 医保制度公平性较欠缺(如外地户口居民无法享受同等医保条件或城镇职工医保/城镇居民医保/新农合三种保障制度相距太大)　(6) 参保的病种和药物不全,保障体系不够细化　(7) 其他(请注明)　(8) 十分满意,没有什么不好的地方

57. 您认为在所在城市看病难不难?

(1) 难　(2) 不难　(3) 说不清

58. 您认为看病难,难在哪些方面?【限选二项】

(1) 医疗费用太高　(2) 患者多,预约挂号等耗时太久　(3) 医院距离住所太远　(4) 医护人员水平低,误诊情况较多,医生难以让人信任　(5) 医疗设备不先进　(6) 医疗资源过于集中,资源分配不均,城乡差距大　(7) 看病手续繁琐　(8) 医保制度不完善　(9) 医疗信息良莠不齐、真假难辨,找不到合适的就医信息　(10) 其他(请注明)　(11) 没有什么难度

59. 您认为您家庭(或个人)的医疗负担压力:

(1) 重　(2) 一般　(3) 轻　(4) 没有

60. 在您所在的城市,您对下列问题的看法如何,请分别作出选择:

	很满意	基本满意	一　般	不满意	很不满意
医院药品、医疗收费价格					
医疗机构的服务水平					
医护人员的服务水平					
医疗条件					

61. 您现在有跨省就医的需求吗?

(1) 有　(2) 没有

62. 您觉得异地就医最主要的困难是什么?

(1) 异地就医人员垫付费用高、报销周期长　(2) 异地医保政策地域壁垒明显,报销比例低　(3) 医疗信息不通畅　(4) 路途遥远,就医不便　(5) 其他(请注明)　(6) 没什么困难

63. 您对下列几个问题了解程度如何,请分别作出选择:

	非常了解	比较了解	基本了解	不太了解	根本不了解
长三角地区医疗一体化					
长江三角洲城市群医院协同发展战略联盟					
互联网+医疗					
医联体					
医疗保险的相关政策					

64. 在过去的一年中,您参加过哪些社区公共活动?【多选题】

(1) 垃圾分类　(2) 清洁家园　(3) 亲子教育　(4) 文娱活动　(5) 车辆停放与行车秩序　(6) 纠纷调解　(7) 扶贫帮困　(8) 敬老助老　(9) 业主维权(10) 民主选举　(11) 社区公共事务决策投票　(12) 其他(请注明)　(13) 都没参加过

65. 您参与社区公共活动的出发点是:【多选题】

(1) 为社区出份力　(2) 行使居民权利　(3) 获得社区服务　(4) 锻炼和展示能力　(5) 结交朋友　(6) 兴趣爱好　(7) 被动参加,自己没想法　(8) 其他(请注明)

66. 您参加的社区公共活动的组织者是:【多选题】

(1) 居委会　(2) 业委会　(3) 工作单位　(4) 公益组织　(5) 街道(6) 居民自主发起　(7) 其他(请注明)

67. 您使用过哪些社区新媒体工具或平台?【多选题】

(1) 社区微信公众号　(2) 社区居民微信群/QQ群　(3) 社区公共服务APP　(4) 社区业主论坛或居民论坛　(5) 其他社区新媒体平台(请注明)(6) 没使用过

68. 当您对青年民生问题有切身体会和想法时,您会选择:【多选题】

（1）在微信群、QQ、贴吧、微博等互联网空间发表看法　（2）向新闻媒体反映　（3）打政府热线电话　（4）在政府网络平台上反映　（5）联系人大代表（6）联系和动员更多的青年采取行动　（7）什么也不做　（8）其他（请注明）

69. 对于网络公共热点事件,您的反应是:【多选题】

（1）关注　（2）转发　（3）评论　（4）采取行动　（5）不关心

70. 您是否同意下列看法:

	非常同意	比较同意	不太同意	完全不同意
青年普遍缺乏参与公共生活的热情				
我希望能为青年民生问题的解决发挥自己的力量				
青年参与公共生活的渠道不是很通畅				
有些青年不热心参与公共生活,是因为学习与生活压力大,无暇顾及				

参 考 文 献

［1］陆道坤,王超,丁春云.论校外培训机构对基础教育的侵越与干扰［J］.中国教育学刊,
  2019(01)：79－84＋101.
［2］范国睿,杨文杰.走在治理现代化的路上［N］.中国教育报,2019－01－08(005).
［3］宫长海.校外培训要服务学生核心素养发展［N］.中国教育报,2019－01－02(002).
［4］全国中小学生校外培训机构管理服务平台培训在京举行［J］.基础教育参考,2019
  (01)：80.
［5］杨国营."疯狂"的校外培训终将回归正轨［N］.中国教育报,2018－12－18(002).
［6］王峰.建立校外培训机构治理的长效机制［N］.21世纪经济报道,2018－12－17(003).
［7］丁雅涌.校外培训,规范只是第一步［N］.人民日报,2018－12－14(005).
［8］陶凤.校外培训机构如何治标又治本［N］.北京商报,2018－12－11(002).
［9］赵旦红.探索如何让校外培训机构成为全日制学校的有益补充［J］.中国校外教育,2018
  (34)：1－2.
［10］佘颖.整治校外培训,校内教学要跟上［N］.经济日报,2018－12－03(009).
［11］赵清源.抚平幼升小焦虑不能只靠家长转变心态［N］.中国青年报,2018－11－27(002).
［12］马佳宏,覃菁.基于供需偏差分析的校外培训机构治理探寻［J］.现代教育管理,2018
  (11)：39－44.
［13］宋广玉.校外培训亟待建立行业规范［N］.南京日报,2018－11－06(B02).
［14］韩朝阳,张浩然.校外培训乱象成"顽疾",治本需打"组合拳"［J］.内蒙古教育,2018(21)：
  40－41.
［15］杨程.治理校外培训机构要有必胜的信念［N］.中国教育报,2018－10－08(002).
［16］杨东平.治理校外培训机构重在落实和源头治理［J］.重庆与世界,2018(18)：16.
［17］杨志成.遵循教育规律规范校外培训机构健康发展［J］.重庆与世界,2018(18)：17.
［18］破解"课后三点半"难题必须全覆盖［J］.领导决策信息,2018(35)：15.
［19］陈肇新.提升教育公平感的法律程序治理——以中小学校外培训机构的法律规制为视
  角［J］.全球教育展望,2018,47(09)：87－100.
［20］郑雁鸣.治理民办校外培训机构的关键点［N］.中国教育报,2018－08－30(005).
［21］熊丙奇.规范校外培训正在形成长效机制［N］.中国教育报,2018－08－24(002).
［22］李颖.校外培训：繁荣背后的病态［J］.中国质量万里行,2018(08)：48－50.
［23］贾建国.中小学校外培训机构治理的利益阻滞及其协调［J］.教育导刊,2018(08)：

28 - 32.

[24] 仰丙灿.影子教育治理的国际经验与启示[J].比较教育研究,2018,40(08)：5 - 13.

[25] 张萧然.校外培训不能"一棒子打死"[N].中国产经新闻,2018 - 07 - 17(001).

[26] 汪明.规范校外培训机构要建长效机制[N].中国教育报,2018 - 07 - 10(002).

[27] 范国睿.走出培训误区　回归教育本真[N].中国教育报,2018 - 07 - 10(005).

[28] 靳宁宁.让教育诗意的栖居在焦虑中——教育焦虑的逻辑与回归[D].宁夏大学,2016.

[29] 尹美恒.高校辅导员职业压力、自悯与职业倦怠的关系研究[D].石家庄河北师范大学 2017

[30] 约翰 W.桑特洛克著,王建中等译.心理调适[M].北京高等教育出版社 2008

[31] 北京大学国家发展研究院龙信数据.中国区域创新创业格局：1990 以后[J].中国市场监管研究,2017,(01)：19 - 26

[32] 袁晶,田贤鹏.新常态背景下高校创新创业教育的发展现状与路径选择——基于"长三角地区"八所高校的调研分析[J].现代教育管理 2008,(6)：35 - 41

[33] 人民网.以人民健康为中心实施健康中国战略[OL].http：//theory.people.com.cn/n1/2018/1016/c40531 - 30344212.html.

[34] 中华人民共和国中央人民政府.关于坚持以人民健康为中心推动医疗服务高质量发展的意见[EB/OL].http：//www.gov.cn/xinwen/2018 - 08/19/content_5314911.html.

[35] 朱张祥,刘咏梅.青年群体从传统就医渠道向移动医疗转移使用研究[J].管理学报,2016(11)：1728 - 1736.

[36] 杜本峰,苗锋.青年流动人口就医流向选择的影响因素与测度分析——基于北京、上海和深圳调查[J].人口研究,2012(06)：71 - 85.

[37] 沈键,孙婉萍,彭福群.门诊老年与青年患者就医心理的调查比较[J].中国老年学杂志,2009(21)：2788 - 2790.

[38] 吴伟东.医疗保障制度中的青年群体议题——美国医改的启示[J].中国青年研究,2011(04)：100 - 105.

[39] 吴伟东.美国医疗保障改革对青年群体的影响分析[J].广东青年职业学院学报,2012(01)：68 - 72.

[40] 姚雪.大庆城镇居民异地医疗保险报销一体化研究——基于区域一体化视角[J].大庆社会科学,2018(02)：132 - 134.

[41] 央广网.2018 年医疗保障事业发展统计：基本医疗保险参保覆盖面稳定在 95% 以上[OL].http：//health.cnr.cn/jkgdxw/20190303/t20190303_524527932.shtml.

[42] S.S.A. Guan, k. Subrahmanyam,. Youth internet use：Risks and opportunities. Current Opinion in Psychiatry Turkish Edition, 2009, 22(5), 130 - 137.

[43] Van de Belt Tom H, Engelen Lucien Jlpg, Berben Sivera Aa, Teerenstra Steven, Samsom Melvin, Schoonhoven Lisette, Internet and social media for health-related information and communication in health care：preferences of the dutch general population,Journal of medical Internet research, 2013, Vol.15 (10), pp.e220.

[44] 祝春兰,刘伟,陈超等.网络互动的心理学研究.科学,2015,67(2)：42 - 44

[45] Wright, Michelle F, & Li, Yan.. The associations between young adults' face-to-face

prosocial behaviors and their online prosocial behaviors. Computers in Human Behavior, 2011, 27(5): 1959 - 1962.

[46] 郑显亮,顾海根.人格特质与网络利他行为:自尊的中介作用.中国特殊教育,2012(2): 69 - 75.

[47] 郑显亮.现实利他行为与网络利他行为:网络社会支持的作用.心理发展与教育,2013, 29(1): 31 - 37.

[48] Kim, J., Lau, C., Cheuk, K., Kan, P., Hui, H., & Griffiths, S. Brief report: Predictors of heavy internet use and associations with health-promoting and health risk behaviours among Hong Kong university students. Journal of Adolescence, 2010, 33(1): 215 - 220.

[49] 刘敏岚.网络游戏与青少年心理健康关系分析.中国学校卫生,2013,34(9): 10961098.

[50] 张淼.维吾尔族大学生网络成瘾网络使用与心理健康关系.中国学校卫生,2014,35(10): 1559 - 1560.

[51] 习近平.在纪念五四运动 100 周年大会上的讲话,新华网,http://www.xinhuanet.com/ nzzt/99/

[52] 黎敏等.长株潭城市群生态一体化治理模式研究[J].中南林业科技大学学报,2007(6): 18 - 22.

[53] 习近平.推动形成绿色发展方式和生活方式为人民群众创造良好生产生活环境[N].人民日报,2017(5).

[54] 关于加快推动生活方式绿色化的实施意见[J/OL].中华人民共和国环境保护部网. http://www.zhb.gov.cn/gkml/hbb/bwj/201511/t20151116_317156.htm.

[55] 全国生态文明意识调查研究报告[J/OL].中华人民共和国环境保护网.http://www. zhb.gov.cn/xxgk/hjyw/201403/t20140325_269661.shtml.

[56] 童志锋.社会转型期的青年环保运动[J].中国青年研究,2016(8)

[57] 王伟光、郑国光.气候变化绿皮书:应对气候变化报告(2013)[M].社会科学文献出版社,2013(11)

后　记

2018 年下半年,上海青年管理干部学院在共青团上海市委的支持下,成立"长三角城市群青年民生发展调查"课题组,并牵头联络共青团江苏、浙江、安徽省委所属团校及团组织,开展调研工作。在此基础上,由上海青年管理干部学院(上海团校)领衔组织完成《2018—2019 年长三角城市群青年民生发展报告》。安徽省团校、浙江省团校共同参与了报告的框架设计、问卷的编制发放与报告撰写工作。江苏省青年管理干部学院王培智、苏州团市委、南京团市委等协助开展问卷发放工作。本报告由项目主持人上海青年管理干部学院副院长张恽担任主编,赵文、俞晓歆负责项目推进和成果整合等工作。

本报告是团队合作的成果,各章节分工撰写的情况为:第一章由赵文、林升宝撰写;第二章第一节由尉驰撰写,第二节由金燕娜撰写;第三章由葛凤、陈晓眯、沈媛、朱文欣撰写;第四章第一节由黎淑秀撰写,第二节由俞晓歆撰写;第五章第一节由陆烨撰写,第二节由车婧、宋丽撰写;第六章第一节由宋程、邓蕾撰写,第二节由程德兴、邓蕾撰写;第七章第一节由祝春兰、许昌秀、丁烜红撰写,第二节由佟欣、陈元元撰写;第八章由陈宁、何绍峰撰写;第九章第一节由赵凌云撰写,第二节由刘鸿方撰写;第十章由崔银、王晓华、戴启明撰写;专题报告一由张文婷、陈昕苗、卫甜甜、蔡宜旦撰写;专题报告二由王鑫、黄瑾撰写。

在本书出版过程中,上海交通大学出版社给予了大力支持和帮助,在此表示诚挚的谢意。

本报告难免存在错误疏漏之处,竭诚欢迎专家学者和广大读者批评指正。